ブルゴーニュ国家の形成と変容
―権力・制度・文化―

藤井美男［編］
ブルゴーニュ公国史研究会［著］

九州大学出版会

序

　本書は，北は仙台から南は宮崎まで，各地で活躍する専門家を糾合して結成された「ブルゴーニュ公国史研究会」のおよそ10年にわたる研究活動の集成である。

　「ブルゴーニュ公国史研究会」は，神戸大学で開催された日本西洋史学会第55回大会（2005年5月14日・15日）を機に開いた集会を初として旗揚げした。ヨーロッパ歴史学界が，国家や地域の歴史という分野に焦点を強く当てつつ，「近代国家の生成」というキーワードで，20世紀末から21世紀初頭にかけて旺盛な史学史的成果を示していたという背景を[1]，この研究会結成は持っていた。それ以降，2015年10月現在に至るまで年1〜2回のペースで研究集会を重ね研鑽を積んできた。

　2010年度から3年間科学研究費補助金が与えられたことで[2]，我々の活動には弾みがついた。そうした中，最初の大きな成果と言えるのが，関西学院大学で開催された社会経済史学会第79回全国大会（2010年6月19日・20日）において，パネル・ディスカッション「ブルゴーニュ国家における財政システムの形成」を発表できたことであろう（発表者：藤井美男・花田洋一郎・中堀博司・畑奈保美）。その内容は，各報告の個別論文として，会誌『社会経済史学』第77巻第2号（2011年8月）に発表されている。

　また研究会活動の一環として，中世ブルゴーニュ国家に関連した書物の邦

---

1) こうしたヨーロッパ学界の様相については，差し当たり，渡辺節夫「ヨーロッパ中世国家史研究の現状 —— フランスを中心として ——」『歴史評論』no. 559, 1996年, pp. 62-72, 藤井美男『ブルゴーニュ国家とブリュッセル —— 財政をめぐる形成期近代国家と中世都市 ——』（ミネルヴァ書房，2007年）pp. 1-3 を参照されたい。
2) 【研究種目名】独立行政法人日本学術振興会科学研究費補助金・基盤研究（B）（課題番号：22320146），【期間】平成22年度〜平成24年度，【研究課題名】「ヴァロワ朝ブルゴーニュ国家の社会・経済・文化に関する統合的研究」がそれである。

訳を企図し，ヘント大学（ベルギー）教授マルク・ボーネ氏の著書の訳書刊行を実現した[3]。その過程でボーネ教授を招聘する計画も持ち上がり，2015年3月に東京と九州で連続講演会を開催することができた[4]。氏はヨーロッパ中世都市研究の第一人者であり，ヨーロッパ学界の最新の成果を含んだその講演内容は，我々の研究会のみならず，広く西洋中世史の研究者諸氏に有益な示唆を与えてくれるものであった[5]。

　前述した科学研究費による研究は2014年3月で終了したが，この期間内に前記のパネル・ディスカッション以外にも，我々は独自の研究を個別に発表していた。そこで，それ以前からも積み重ねてきた成果の集大成として世に問おうというのが本書の主目的である。

　フランス南東部のブルゴーニュ公・伯領に，14世紀末からフランドルやブラバント，エノー，ホラントなどネーデルラント南北の諸邦を加えた広大な地政学的空間（＝ブルゴーニュ公国）を「ブルゴーニュ国家」と呼ぼう[6]。それは，政治史・経済史・都市史・文化史等様々な側面から接近できる豊饒な歴史的存在である[7]。そこで我々は，必ずしも通底する問題意識の集約といった仕方によるのではなく[8]，ヴァロワ朝ブルゴーニュ公国成立の前史にも着目しつつ，ハプスブルク家にネーデルラント領が継承されるまでの時代を射程に据えて[9]，ブルゴーニュ国家を構成する上記のような様々な

---

[3] マルク・ボーネ著（ブルゴーニュ公国史研究会訳）『中世末期ネーデルラントの都市社会：近代市民性の史的探究』（八朔社，2013年12月）（原書 Marc Boone, *A la recherche d'une modernité civique : la société urbaine des anciens Pays-Bas au bas moyen âge*, (Editions de l'Université de Bruxelles), Bruxelles, 2010）。

[4] 2015年3月17日，青山学院大学「高度に都市化された環境の中の君主国家：南ネーデルラントのブルゴーニュ公たち」（「ヨーロッパ中世史研究会」主催），2015年3月18日，首都大学東京「中世低地地方（ネーデルラント）は都市の〈世界〉か？　ヨーロッパのコンテクストにおける都市史」（「西洋中世史研究会」「比較都市史研究会」共催），2015年3月23日，九州大学「中世ネーデルラントは'都市的世界'か？――ヨーロッパ史の文脈から見た都市史――」（「ブルゴーニュ公国史研究会」主催「ヨーロッパ中世史研究会」共催）。

[5] ボーネ教授の訪日にあたっては，「ヨーロッパ中世史研究会（略称 R.E.N.研究会）」（渡辺節夫代表）に多大の御尽力を頂いた。ここに記して厚く謝意を表する次第である。

領域について，各自得意とする分野からアプローチする，という方針で臨むことにした。

そうした中で浮かび上がってきたいくつかの共通論点を整理し，全体として本書を次の3部構成に取りまとめた。

第Ⅰ部の「領邦と中間権力」では，齋藤，藤井，青谷，加来の4論文を配し，集権国家を目指す君主権力とその下位に存する都市や貴族などのいわゆる中間的権力主体との関係性を具体的事例に依りつつ論じていく。第Ⅱ部「都市と市民」においては，舟橋，花田，畑の3論文が，都市内外の経済的

---

6) B. シュネルプの名著（Schnerb, B., *L'État bourguignon 1363-1477*, Paris）を見よ。ブルゴーニュ公国を「国家形成」という観点で種々の側面から光を当てる仕事は，すでに70年代から見られる（Blockmans, W., De Bourgondische Nederlanden : De weg naar een moderne staatsvorm, in *Handelingen van de koninklijke kring voor oudheidkunde, letteren en kunst van Mechelen*, t.77, 1973, pp. 7-26）。80年代以降比較的最近に至る研究を幾つか挙げよう。Blockmans, W., Breuk of kontinuïteit ? De Vlaamse privilegiën van 1477 in het licht van het staatsvormingsprocess, in Blockmans, W.（dir.）, *Le privilège général et les privilèges régionaux de Marie de Bourgogne pour les Pays-Bas 1477*, Kortrijk/Heule, 1985, pp. 97-144. Blockmans, W., Princes conquérants et bourgeois calculateurs. Le poids des réseaux urbains dans la formation des états, in Bulst, N./Genet, J.-P.（eds.）*La ville, la bourgeoisie et la genèse de l'état moderne (XIIe-XVIIIe siècles). Actes du colloque de Bielefeld, 29 novembre-1er décembre 1985*, Paris, 1988, pp. 167-181. Boone, M., *Gent en de Bourgondische Hertogen ca. 1384-ca. 1453: Een sociaal-politieke studie van een staatsvormingsproces*, Brussel, 1990. Willems, B., Militaire organisatie en staatsvorming aan de vooravond van de Nieuwe Tijd. Een analyse van het conflict tussen Brabant en Maximiliaan van Oostenrijk, in *Jaarboek voor middeleeuwse geschiedenis*, t.1, 1998, pp. 261-286. Dumolyn, J., *Staatsvorming en vorstelijke ambtenaren in het graafschap Vlaanderen (1419-1477)*, Leuven/Apeldoorn, 2003. Zuijderduijn, C. J., *Medieval capital markets : Markets for renten, state formation and private investment in Holland (1300-1550)*, Leiden/Boston, 2009.

7) ここでは，「ブルゴーニュ公国」あるいは「ブルゴーニュ国家」の歴史に関する一般的叙述は割愛する。邦語で読めるものとして以下の文献があるので，詳細はそれらに譲りたい。堀越孝一『ブルゴーニュ家』（講談社，1996年7月），齋藤絅子「第2章 低地地方の政治的統一」森田安一（編）『スイス・ベネルクス史』（山川出版社，1998年4月）pp. 210-242，ジョゼフ・カルメット（田辺保訳）『ブルゴーニュ公国の大公たち』（国書刊行会，2000年5月），ヨハン・ホイジンガ（堀越孝一訳）『中世の秋Ⅰ・Ⅱ』（中央公論社，2001年4月）。

営為や政治力学といった，いわばミクロの側面に焦点を当てて論じる。第Ⅲ部の「宮廷と政治文化」に配された金尾，河原，中堀，河野の4論文は，ブルゴーニュ公の宮廷に主眼を置き，財政という可視的な側面から思潮や政治文化といった，いわば形而上学的な側面まで縦横に論じるものである[10]。

以上計11論文を諸賢に供する。我々研究会面々の個性あふれる，しかし重厚な内容の一書となったのではないかと自負している。実は「ブルゴーニュ公国史研究会」は本書執筆者以外にもメンバーを擁している。しかし，全員執筆という皆の当初の願望は叶わなかった。それが唯一残念な点であり，昨今の大学環境や研究事情というものを考えずにはいられない。

最後になったが，本書の企画と刊行に当たっては，一般財団法人九州大学出版会の永山俊二氏に大変な御協力を得た。ここに深く謝意を表したい。

編者記す

＊執筆者の多くが薫陶を受け，あるいは知遇を得た，故森本芳樹九州大学名誉教授に本書を捧げる。

---

8) ただし本書の多くの論考が，前述した「近代国家の生成」という問題関心を強く念頭においていることは明記しておきたい。
9) ハプスブルク期の統治は16世紀に入るため，形式的に言えば近世に区分されよう。しかし，我々は「中世のブルゴーニュ国家的なるもの」に光を当てることを重視しており，その意味で，本書の中で中世と近世との区別に本質的な意味を持たせてはいない。
10) 本書所収の各論文は，各執筆者の個性を尊重して詳細な記述統一を図ることは控えた。ただし，研究文献や史料を参照する場合は，章末に文献一覧を配して，編著者名と刊行年，頁数を文中に挿入して示す方式を原則として採用している。

目　次

序 ……………………………………………………………………………… 藤井　美男　i

第Ⅰ部　領邦と中間権力

第1章　ブルゴーニュ公国形成期における都市と領邦君主
──ヴァランシエンヌとモンス──
……………………………………………… 齋藤　絅子　3

　はじめに……………………………………………………………………………… 3
　Ⅰ．13・14世紀におけるエノー伯とヴァランシエンヌ／モンス………… 8
　　(1)　ヴァランシエンヌの「平和規約」
　　　(a)　女伯マルグリートとロマンス語訳（1275年）／(b)　アヴェーヌ家とヴァランシエンヌ
　　(2)　モンスの特権
　　　(a)　エノー伯とモンスの双務的関係／(b)　モンスの慣習法文書（1295年）
　Ⅱ．エノー伯の集権主義と都市の自立主義……………………………………… 17
　　(1)　エノー伯領の行政機構と都市の農村支配
　　　(a)　伯の行政組織／(b)　首邑慣習法文書と周辺農村支配
　　(2)　首邑の上訴裁判権係争と伯の制定法
　　　(a)　上訴裁判権をめぐるヴァランシエンヌの抗争／(b)　中世後期におけるエノー伯の制定法
　結　論……………………………………………………………………………… 27

第2章　15世紀中葉フィリップ＝ル＝ボンの対都市政策
──ブラバント都市ブリュッセルの事例を中心に──
……………………………………………… 藤井　美男　35

はじめに……………………………………………………………… 35
Ⅰ．ブラバント公の統治組織………………………………………… 37
 （1）　アンマン
 （2）　ブラバント顧問院
 （3）　上級統治官
  （a）　ドロッサール／（b）　森林長官
 （4）　領域管轄官
Ⅱ．ブリュッセルの特権……………………………………………… 46
 （1）　市外市民
 （2）　参事会証書
Ⅲ．フィリップ＝ル＝ボンの対都市政策とその変遷……………… 53
 （1）　公権による都市抑制策――1440年代――
  （a）　端緒――モルクマン事件――／（b）　公権の対応――「告発状」（1445年）――
 （2）　参事会証書をめぐる公権と都市――1450～1460年代――
  （a）　発端――レウヴェン参事会証書への査問――／（b）　1460～61年の公令――参事会証書の濫用抑制――／（c）　1465～66年の公令――都市抑制策の後退――
 （3）　ヴァン＝アウトフェン事件――再論――
  （a）　契機と経緯／（b）　結果と解釈
結　論………………………………………………………………… 63

第3章　15世紀後半のリエージュ紛争と北西ヨーロッパ都市
　　　　　　………………………………………青谷　秀紀　79
はじめに……………………………………………………………… 79
Ⅰ．リエージュ紛争概観……………………………………………… 80
Ⅱ．司教領の諸都市と紛争…………………………………………… 82
 （1）　親リエージュ派都市ディナンの動向
 （2）　親司教派都市ウイの動向

Ⅲ．ドイツ都市と紛争のインパクト………………………………………… 90
　　（1）リエージュとケルンの政治的コミュニケーション
　　（2）苦境に陥るケルンとドイツ都市
　Ⅳ．公国諸都市における紛争の意味と重要性……………………………… 95
　　（1）イープルとブルゴーニュ公
　　（2）ブルッヘとペロン
　　（3）ヘントの反乱とリエージュ紛争
　結　論……………………………………………………………………………… 103

第4章　ブルゴーニュ・ハプスブルク期のネーデルラント貴族
　　　　――フランスとの境界をめぐる問題とハプスブルクの平和条約での
　　　　　役割――
　　　　……………………………………………………… 加来　奈奈　107
　はじめに…………………………………………………………………………… 107
　Ⅰ．ネーデルラント貴族の動向……………………………………………… 111
　Ⅱ．ハプスブルクか？フランスか？――主従関係の選択――…………… 116
　　（1）1477年からカンブレ平和条約にかけての貴族の動向
　　（2）リュクサンブール家の動向
　Ⅲ．カール5世の帝国支配とネーデルラント貴族………………………… 125
　Ⅳ．カンブレ平和条約におけるネーデルラント貴族の態度……………… 129
　結　論……………………………………………………………………………… 138

第Ⅱ部　都市と市民

第5章　12・13世紀ブリュッセルにおける魚・肉業者
　　　　………………………………………………………… 舟橋　倫子　147
　はじめに――研究史と本論の課題――………………………………………… 147
　Ⅰ．都市における魚・肉業者………………………………………………… 149
　　（1）ブラバン公による魚市場用地譲渡文書

（2）　ブリュッセルにおける魚の販売
　Ⅱ．周辺未耕地における淡水魚の生産と供給………………………………… 158
　　（1）　修道院所領とブラバン公領
　　（2）　都市民による周辺未耕地への浸透：アッスとアランの事例
　Ⅲ．魚・肉業者家系の形成………………………………………………………… 163
　　（1）　Atrio-Nossegem-Saint Géry-Bole 家の事例
　　（2）　Vriendeken 家，Bote 家の事例
　結　論…………………………………………………………………………………… 169

第6章　ピエール・ダランティエールの陰謀……… 花田　洋一郎　180
　　　　── 15世紀前半トロワにおけるブルゴーニュ派と
　　　　　　アルマニャック派との対立の一幕 ──

　はじめに………………………………………………………………………………… 180
　Ⅰ．ピエール・ダランティエールと1417〜1420年のトロワ……………… 184
　　（1）　ピエール・ダランティエールの家系と経歴
　　（2）　1417〜1418年におけるトロワの社会状況と王国臨時政府の設置
　　（3）　モントロー事件とイングランドとの同盟
　　（4）　1420年5月21日　トロワ条約
　　（5）　王太子シャルルとジャンヌ・ダルクのトロワ入市
　Ⅱ．陰謀発覚と前後の状況……………………………………………………… 196
　　（1）　ピエール・ダランティエールの立場
　　（2）　1430年の陰謀
　　（3）　財産没収
　Ⅲ．ピエール処刑後のトロワ社会……………………………………………… 201
　結　論…………………………………………………………………………………… 207

第7章　15世紀フランドルのシャテルニーと市外市民
　　　　── 1429-30年ブルフセ・フレイエと都市ブルッヘへの協定を中心に ──
　　　　　　　　　　　　　　　　　　　　　　　　　　　　　　畑　奈保美　215

　はじめに………………………………………………………………………………… 215

Ⅰ．シャテルニーにおけるブルッヘ市外市民……………………… *218*
　（1）　当初の規定：「17点（XVII pointen）」第3点（1318年）
　（2）　シャテルニー財政と市外市民
Ⅱ．市外市民をめぐる都市とシャテルニーの協議………………… *223*
　（1）　見解の対立
　（2）　1429年協定
　（3）　1430年修正協定
　　（a）　支払期間の延長／（b）　援助金の割当の免除
結　論……………………………………………………………………… *236*

第Ⅲ部　宮廷と政治文化

第8章　御用金と借入金……………………金尾　健美　*243*
　　　　　── 1430年代ブルゴーニュ公領の事例 ──
はじめに…………………………………………………………………… *243*
Ⅰ．御用金徴収の概況……………………………………………………… *248*
Ⅱ．徴収の実務……………………………………………………………… *251*
　（1）　1433年御用金4万フランの徴収
　（2）　1435年の御用金徴収
　（3）　管区の負担
Ⅲ．借入金の「徴収」……………………………………………………… *257*
　（1）　御用金の代替・補填として
　（2）　御用金の繋ぎとして
　（3）　還付の事実
結　論……………………………………………………………………… *263*

第9章 15世紀後半ブルゴーニュ公国における 都市・宮廷・政治文化
—— シャルル・ル・テメレール期を中心に ——
……………………………………………… 河原 温 267

はじめに………………………………………………………………………… 267
Ⅰ. シャルル・ル・テメレール以前のブルゴーニュ公の
　　ネーデルラント統治………………………………………………… 268
Ⅱ. シャルル・ル・テメレールの統治とネーデルラント都市………… 271
Ⅲ. シャルルの統治イデオロギーと宮廷人脈………………………… 278
　(1) ギョーム・ユゴネ（Guillaume Hugonet）
　(2) アントワーヌ・アヌロン（Antoine Hanelon）
　(3) ヴァスコ・ドゥ・ルセナ（Vasco de Lucena）
Ⅳ. 君主儀礼としての冠婚葬祭と都市………………………………… 285
　(1) フィリップ・ル・ボンの葬儀
　(2) シャルルとヨークのマーガレットの婚姻
　(3) シャルルの都市入市式
おわりに………………………………………………………………………… 292

第10章 ヴァロワ家ブルゴーニュ公の遺言………… 中堀 博司 302
—— 伝来する3遺言書の比較分析より ——

序 ……………………………………………………………………………… 302
Ⅰ. 菩提教会シャンモル修道院………………………………………… 304
　(1) フランス諸侯の墓所形成
　(2) カルトジオ会とシャンモル修道院
Ⅱ. 遺言書の分析 —— 持続的側面 ——……………………………… 308
　(1) 3遺言書の概要
　(2) 墓所の選択
　(3) 定期金設定（カルトジオ会）
　(4) 定期金設定（ブルゴーニュ周辺有力修道院）

（5）　家政役人に対する慰労金
　Ⅲ．遺言書の分析 —— 変化 ——……………………………………… *323*
　　（1）　10司教区，13公・伯領における祈り
　　（2）　金羊毛騎士団とドル大学
　　（3）　相続
　　（4）　嫡出子および非嫡出子に対する財産分与
　　（5）　遺言執行人
　結　び……………………………………………………………………… *332*

第11章　ブルゴーニュ公国とエラスムスの君主論
　　　　—— 中近世における「君主の鑑」——
　………………………………………………… 河野　雄一　*337*
　はじめに…………………………………………………………………… *337*
　Ⅰ．中世における「君主の鑑」………………………………………… *340*
　　（1）　「君主の鑑」
　　（2）　ソールズベリーのヨハネス『ポリクラティクス』
　　（3）　トマス・アクィナス『君主の統治について』
　Ⅱ．15・16世紀におけるブルゴーニュ公国とフランスの君主論……… *343*
　　（1）　エラスムス著作におけるブルゴーニュ公国史
　　（2）　シャルル突進公時代の廷臣
　　（3）　16世紀初頭フランスの君主論
　Ⅲ．エラスムスの君主論………………………………………………… *350*
　　（1）　文学と統治
　　（2）　専制批判
　　（3）　君主・貴族・市民
　結　論……………………………………………………………………… *362*

ブルゴーニュ国家の諸領邦（1476年）と本書関連主要都市

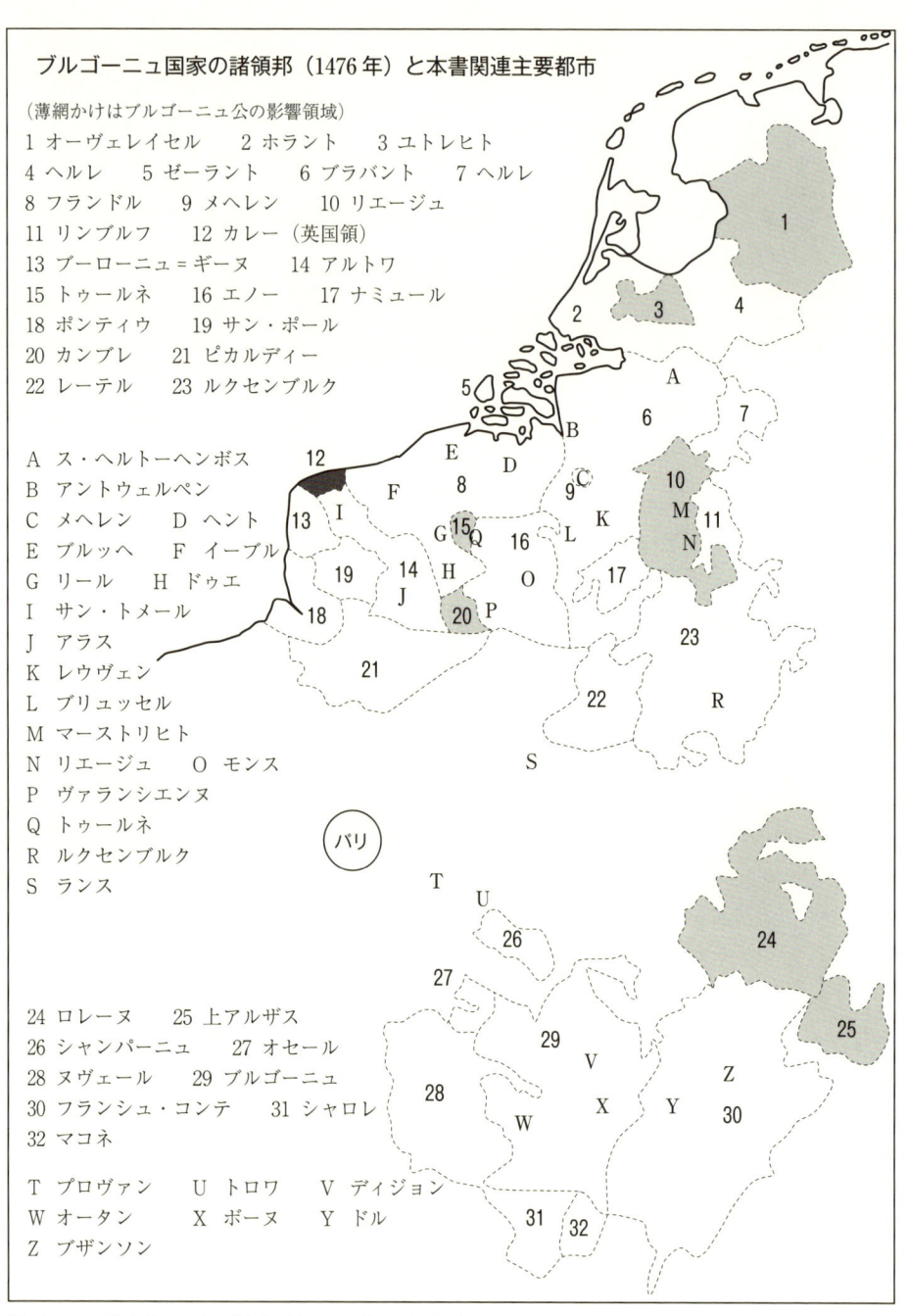

（薄網かけはブルゴーニュ公の影響領域）
1 オーヴェレイセル　2 ホラント　3 ユトレヒト
4 ヘルレ　5 ゼーラント　6 ブラバント　7 ヘルレ
8 フランドル　9 メヘレン　10 リエージュ
11 リンブルフ　12 カレー（英国領）
13 ブーローニュ＝ギーヌ　14 アルトワ
15 トゥールネ　16 エノー　17 ナミュール
18 ポンティウ　19 サン・ポール
20 カンブレ　21 ピカルディー
22 レーテル　23 ルクセンブルク

A ス・ヘルトーヘンボス
B アントウェルペン
C メヘレン　D ヘント
E ブルッヘ　F イーブル
G リール　H ドゥエ
I サン・トメール
J アラス
K レウヴェン
L ブリュッセル
M マーストリヒト
N リエージュ　O モンス
P ヴァランシエンヌ
Q トゥールネ
R ルクセンブルク
S ランス

24 ロレーヌ　25 上アルザス
26 シャンパーニュ　27 オセール
28 ヌヴェール　29 ブルゴーニュ
30 フランシュ・コンテ　31 シャロレ
32 マコネ

T プロヴァン　U トロワ　V ディジョン
W オータン　X ボーヌ　Y ドル
Z ブザンソン

Blockmans, W. & Prevenier, W., *De Bourgondiërs. De Nederlanden op weg naar eenheid 1384-1530*, Amsterdam, 1997, p. 199. Marti, S., Borchert, T.-H. & Keck, G.（dirs.）, *Splendeurs de la Cour de Bourgogne: Charles le Téméraire (1433-1477)*, Bruxelles, 2009, p. 25 より編者作成

第Ⅰ部

領邦と中間権力

第1章

ブルゴーニュ公国形成期における都市と領邦君主
―― ヴァランシエンヌとモンス ――

齋 藤 絅 子

はじめに

　低地地方南部では，領邦が政治権力として基盤を固めていく中で，諸都市のネットワークが形成され，都市の自由と自治の発展は各領邦の統一の進展と強くからみあってきた。12世紀以降，都市・農村の共同体は，領主権力から既存の慣習を成文化した慣習法文書（charte de franchises, charte-loi）を賦与された。20世紀半ば頃までの学界では，これらの文書に見られる「領主の恣意からの免除」「一般法からの解放」を人々が享受する「自由」と捉えてきたが，近年の研究においては，領主側の利益を強調する傾向が強い（齋藤［2002］pp. 246-247）。ただし，この動向は，領主ないし共同体いずれかに絶対的優位性を認めているわけではなく，協調と対立の相互作用を通して，中世都市の自由から近世都市の自由への変容を探ろうとしていると言える。
　ブルゴーニュ公国は領邦の寄木細工的国家と言われ，各領邦は独自の慣習・慣行を堅持し，領域拡大と相まって公国の集権化が進捗した後も，諸領邦の裁判機構，諸慣習法が存続した。領邦の「集権主義 centralisme」と特権を享受してきた有力都市の「自立主義 particularisme」が対峙する中で，市民が希求する「平和や自由」（Blockmans［1988］p. 177）をめぐる，領邦君主ひいてはブルゴーニュ公国と都市との相克が続き，武力的対立も引き起こされた。その際，君主権力と都市の自治とが直接対峙したのは，司法と税制の場であり，特に都市にとっての重要な問題は裁判権であった（Cauchies［1981］; Boone［1986］; ［1991］; ［2010］p. 149）。ではこの場合，自立とはいか

なる状態であったのか。領邦そしてブルゴーニュ国家の支配の中で，都市は専ら権力からの司法的独立を志向したのか，もしくはそれらの権力の装置の中に自らの自由を定置しようとしたのかが問われよう（Boone［2010］pp. 79-97）。

　ここで取り上げるエノー伯領は，低地地方南部の中で都市的発展が最も遅れた領邦と捉えられ，都市と領邦君主との関係も，フランドルやブラバントに比して，顕著な動きを示してはいない。その中で，エノー伯領の特殊な状況を生み出す要因となったのが，伯領をめぐるアヴェーヌ家とダンピエール家との対立，そして，領邦君主権力と有力都市ヴァランシエンヌおよびモンスとの結合もしくは対立関係であった。

　エノー伯ボードゥワン6世（在位1195-1206年）が十字軍遠征中にタルノボで死亡すると，後継者ジャンヌ（在位1206-1244年）の摂政ナミュール伯フィリップが親仏的姿勢を打ち出し，ジャンヌと妹マルグリートはパリで仏王の後見下におかれた（De Cant［1995］pp. 15-17）。ジャンヌは1211年フェラン・ド・ポルテュガルと，マルグリートは1212年エノーの貴族ブシャール・ダヴェーヌと結婚した。しかし，後者の結婚はブシャールが聖職についていたことを理由に1215年ラテラノ公会議で無効とされ，1223年マルグリートはシャンパーニュの貴族ギィヨーム・ド・ダンピエールと結婚した。1242年，マルグリートとブシャールとの結婚による子供は，その嫡出性と両親からの相続を認める証書を皇帝フリードリヒ2世から取得し（田口［2002］p. 1409），1244年ジャンヌの死去によってマルグリート（在位1244-1280年）がエノー伯に即位した後も，二度の結婚から生まれた子供たちによる相続争いが続くこととなる。マルグリートはこの係争をフランス王ルイ9世に委ね，1246年仏王と教皇インノケンティウス4世によって，フランドル伯領はダンピエール家に，エノー伯領はアヴェーヌ家に属することが決められ（Duvivier［1894］t. 2, pp. 165-168），1256年ルイ9世が，1246年の決定を確認する裁定をペロンヌで出して決着を見ることとなる（Duvivier［1894］t. 1, p. 269; t. 2, pp. 414-421）。マルグリートは死去するまでエノー伯にしてフランドル伯であったが，1280年その孫ジャン2世（在位1280-1304年）がエノー伯に即位した。その後1324年女伯マルグリート2世（在位

1345-56年）がバイエルンのヴィッテルスバハ家のルートヴィヒ4世と結婚し，1356年その息子ヴィルヘルム（ギィヨーム）3世（在位1356-1389年）が継承すると，エノー伯の所領はヴィッテルスバハ家の支配下におかれた。1428年デルフト条約によってブルゴーニュ公フィリップ・ル・ボン（在位1430-1467年）は女伯のジャックリーヌ（在位1417-1433年）の摂政にして後継者となったが，エノー伯領がブルゴーニュ公国に組み込まれるのは，フィリップが同伯領をジャックリーヌから相続した1433年であった（Devillers [1881-1896] t. 5, pp. 204-206）。

　12・13世紀のエノー伯領における慣習法の成文化は，領邦君主による法の制定以前に，バン領主によって発給された慣習法文書という形で現れていた（齋藤［1992］pp. 135-139）。その後，アヴェーヌ家のジャン2世の即位からフィリップ・ル・ボンのエノー伯即位に至る150年余の流れの中で，領邦君主権力がその司法権力を固めていくに従って，共同体の自由では，その刑法関係裁判権が後退し，領主制的賦課が目立っていった。都市が希求した自由，特に裁判に関する特権は，都市のブルジョアに関する裁判がエシュヴァンに属することの確認を意味した。では，領邦君主による全体法が制定され，都市・農村共同体が領邦行政の中に組み込まれていく過程で，都市の自由はどのような様相を示すことになったのか。本論の目的は，領邦君主の集権化が進展し，都市が中央行政の一環に定置していったことは，共同体が享受していた中世的自由の後退なのか，もしくは，その自由の保全・堅固化に繋がったのか，換言すれば，中世盛期から後期にかけての共同体的自由の変遷は，ブルゴーニュ公国下での近世的都市の自立とどのような繋がりを持っていたのか，を問いかけることにある。

　本論では，エノー伯領がブルゴーニュ公国に組み込まれる前夜における，都市共同体と領邦君主権力との関係を探るための具体例として，エノー伯領の大都市とされるヴァランシエンヌとモンスを取り上げる。エノー伯領において「都市」と呼ばれるのは，「村 villes bateices」と異なり，割り当て税を課され，14世紀以降領邦の全体議会に参加して投票権を持ち，都市法・裁判権・市壁・財政的自立・政治的能力を備えた「良き都市 bonnes villes」をさす（Arnould ［1956］p. 28）。エノー伯領の「良き都市」の数は時代ごとに

変化し，1501 年には 22 となっている（Arnould［1956］p. 304; 齋藤［1992］p. 123）が，最多の人口を抱え，最高額の税を負担して，エノー伯領の大都市（villes majeures）とされるのが，ヴァランシエンヌとモンスであった。

　一般にヴァランシエンヌは経済的中心，モンスは政治的中心と見られているが，後述するように，両都市はエノー伯領形成期から，伯領内での位置を異にしている。ヴァランシエンヌはそれ自身，ヴァランシエンヌ伯の下にある伯領であり，11 世紀にはボードゥワン 2 世（在位 1071-1098 年）はエノー伯にしてヴァランシエンヌ伯という 2 つの称号を具えていた。伯個人がヴァランシエンヌ伯領を取得したのであり，それはエノー伯領に結びつけられたわけではなかった。ヴァランシエンヌ市民にとって，都市ヴァランシエンヌは「地理的にエノーに位置しているが，エノーに属してはいない」のであり，この認識は，13 世紀後半の伯領継承をめぐるアヴェーヌ家とダンピエール家との争いにおいても，大きく関わってくることとなる。エノー伯領がブルゴーニュ公国に併合された後も，全国議会にヴァランシエンヌ領主領は代表を派遣しており，この意識は根強く存続した（Cauchies［2011］; Platelle［1982］pp. 23-25）。

　本論で分析の対象とする史料として，まずは両都市の慣習法文書を取り上げる。1114 年に発給されたヴァランシエンヌの「平和規約」は，この都市の市政機関の指導で 1275 年にロマンス語に訳された。さらに，その 20 年後の 1295 年にモンスでは伯と都市共同体の交渉によって協定書が作成され，慣習法文書が初めて伯から発給されている。まさに領邦権力がアヴェーヌ家の支配に移行するという新たな局面と向かい合う時期，両有力都市もその自立的権利の保持を志向しており，慣習法文書の内容は，両都市と伯との力関係を示す指標と言えよう[1]。エノー伯領の慣習法文書発給の全体的流れを見ると，1114 年ヴァランシエンヌの「平和規約」から 13 世紀前半までに第 1 波が，その後 1280 年から 14 世紀半ばにかけて第 2 波が見られる。前者では刑法関係条項に重心がおかれたのに対し，第 2 波ではそれに代って，領主制的賦課の廃止・固定化が強調されている。慣習法文書の性格が大きく変化する 13 世紀後半に，法的・自治的特権を含む大都市の文書が浮上している点は，有力都市の自立性と領邦君主の集権制との政治的・司法的関係を考える

際に極めて重要な材料となると思われる。

　さらに，14世紀以降両都市の政治的重要性と関わる文書と見なされるのが，慣習法文書の後継文書の一つである首邑慣習法文書（charte de loi de chef-lieu）である（齋藤 [1999]；[2001]）。これは，恒常的法を具えていない農村共同体が中心都市の市政機関に法を要請して，そこから与えられた文書である。この類型の文書の地域的分布からすると，ヴィッテルスバハ家・ブルゴーニュ家支配下で，ヴァランシエンヌとモンスはエノー伯領を二分する形で裁判管轄区の中心都市となっていった。さらに両都市は，伯の法廷に繋がる上訴裁判権をめぐって13世紀末から15世紀まで係争を続けており，上訴裁判権と最終審を掌握したのは，12世紀にはすでにエノー伯領の「首都（caput）」と呼ばれていたモンスであった。ここに，エノー伯領がブルゴーニュ公国の一部となる前夜，伯の裁判権を頂点とする縦の繋がりと，重要都市を核とする周辺地域との横のネットワークが形成されていったと言える。

　以下，まず13世紀第4四半期に生じた，慣習法文書をめぐる両都市と伯との関係を政治的状況に位置づけ，その後，伯の司法・行政機構の発展と，都市の自立主義による周辺農村の支配との関係を探り，最後に，アヴェーヌ家，ヴィッテルスバハ家治下で発布された全体法を分析することから，ブルゴーニュ公国成立前夜における都市と領邦君主との関係を探る糸口としたい。

---

1) エノー地方の法文書の集大成である Ch. Faider [1871-1883] では，伯領全体に適用される「全体慣習法 coutumes générales」に対し，一定の地域的枠内の慣習法に「地方慣習法 coutumes locales」の語があてられているが，ヴァランシエンヌとモンスの両文書は上記史料集成の「地方慣習法」にまとめられている。さらに，J.-M. Cauchies et Fr. Thomas (pub.) [2005] では，慣習法文書の中にこれらの2都市の文書を含んではいない。筆者は，Ed.ペランや J.シュネーデルによる広い慣習法文書の概念を受け入れて（齋藤 [1992] pp. 6-7），両都市の文書も慣習法文書として扱うこととする。

I. 13・14世紀におけるエノー伯とヴァランシエンヌ／モンス

(1) ヴァランシエンヌの「平和規約」

(a) 女伯マルグリートとロマンス語訳（1275年）

ヴァランシエンヌでは1114年に，エノー伯ボードゥワン3世（在位1098-1120年），妻ヨランド，侯，貴族，騎士および市民，全聖職者の同意でもって，《良き人々に愛を与え悪しき人々に敵意を示す平和が制定され確立された》[2]。この年に起草された平和の内容は68条項からなる。本章との関係で指摘される特徴は，約3分の2が刑法関係の罰則規定，その他が行政機構と訴訟手続きという点であり，それらが確立された状態が「平和」と呼ばれているのである。

エスコー河沿いに位置するヴァランシエンヌは，フランク王の宮廷所在地であり，9世紀には造幣所，そしてポルトゥスが出現した（Dessier-Nagels [1962] p. 62）。10世紀末にはそれに隣接して伯の城が建設され，伯行政の拠点となった。また，聖ピエール教会の市を中心とした商人定住区（後の「大ブール grand borch」）が形成され，その商人を主体として，1065-1070年ころ作成された「商人ギルド規約 Charte de la Frairie de la Halle Basse」（Caffiaux [1877] pp. 25-41）は，エノー伯ボードゥワン1世（在位 1051-1070年）から承認されている（Platelle [1982] p. 26）。従ってこの時期には住民の自立的組織が存在しており，この商人ギルドが都市のコミューンの基盤になっていったと見られる。行政機関として，1114年の「平和規約」では，平和の人々から選出された16人のジュレ（第13条，第48条）とそれを主宰するプレヴォが言及されている[3]。他方，エノー伯の勢力が本格的に強化されるのは12世紀第2四半期以降であり（Bruwier [1952] pp. 93-95；[1970]

---

2) Godding et Pycke [1981] pp. 100-101.「平和規約」の分析，ヴァランシエンヌの都市図については齋藤 [1992] pp. 81-100 を参照。

3) 後述する1302年のジャン2世の文書では任期1年の13人のジュレ（すなわちエシュヴァン）が見られる（Cellier [1873] pp. 312-314）。

pp. 495-496),「平和規約」の起草はその前夜ということになる。つまり「平和規約」に見られる市の安全や日常生活の治安の維持は，領邦形成途上における中心的都市に期待する伯の権力強化の要求と合致したと見られる。さらに，エノー伯は対フランドル戦争のために財政的困窮状況をきたしており (Cellier [1873] pp. 46-47 ; Lancelin [1933] pp. 33-38),「平和規約」の第64条では，市民が伯の借金を代替し，伯には，都市内にある伯の収入の買却等を禁止している。他の条項でも伯の権利と市民の特権の遵守を，両者は相互に約束している。都市内の裁判については，第50条で《この平和の裁判の故に，エシュヴァンもしくは平和のジュレの判決によって，伯はその権利または法的に彼に属する裁判管轄をいかなる形であれ失うことはない》[4]と明示されている。すなわち，ヴァランシエンヌには伯と都市共同体の2つの裁判権が存在し，都市は伯の権利を侵犯することはできないとされているのである。さらに，この文書の作成後付加された第65条でも，《伯の名誉も領主権も縮小され得ない》という形でこの平和は確定されたとし，他方，伯に対しては，《伯は平和の条項の遵守を誰に対しても免除することはできない》（第66条)[5]として，伯と都市の相互の権利を保証しているのである。

この「平和規約」起草から160年後の1275年8月，マルグリートの在位中に，ヴァランシエンヌの市政機関は，聖ジャン教会参事会員ロベール・ド・ヴィリエにこの文書をロマンス語に訳させた。ゴダンとピックは複数の写本を付き合わせて，ラテン語テクストとロマンス語テクストを対照した形で刊行している（Godding et Pycke [1981] pp. 100-142)。このロマンス語テクストはラテン語テクストの完全な翻訳ではなく，多くの加筆・削除が見られるが[6]，本章との関係で問題となるのは，エノー伯領の慣習法文書の中で最も早く1114年に伯から発給されたこの慣習法文書を，1275年に市政機関が

---

4) «Pro justicia huius pacis, per judicium scabinorum aut pacis juratorum, nullo modo comes debet perdere jus suum aut juridicionem qualemcunquum ad ipsum de jure pertinentem» (Godding et Pycke [1981] p. 130).
5) «li cuens ne relaira a nul omme nulle coze des lois de le pais» (Godding et Pycke [1981] p. 136).
6) この点の分析については齋藤 [2011] を参照。

なぜ改めてロマンス語に訳させたのかという点である。ゴダンとピックは，ラテン語の知識のない市政役人が参照できるようにという配慮と見ている（Godding et Pycke［1981］pp. 20-21）が，ロマンス語の序文で，《平和を望むべきであり，平和を探し求めねばならないし，すべての者に平和が維持されねばならない。平和以上に優しく輝かしいものはあろうか》[7]と，「平和」が称揚されていることは，平和を認識させようとする伯の志向を示していよう。女伯マルグリートとヴァランシエンヌとの関係については，1275年当時争いの気配はなく，むしろ未来のエノー伯ジャン２世に対する危惧により，公的平和を守り，自由を確保しようとする都市の要求がここに打ち出されているのではあるまいか。

　興味深いのは，ロマンス語訳の１ヵ月前の７月，女伯マルグリートが，ヴァランシエンヌの《同意と承諾》«l'assens et l'octroy»でもって，私闘を抑え平和を確保するために「和解文書 charte de trêve」を発布していることである（Cellier［1873］pp. 53-55, 306-308）。この文書は，《ヴァランシエンヌのブルジョアと彼らの息子たち，この邦の自由人について生じた争いと事件 «des destors et des mésescanches»に関する法》であり，ヴァランシエンヌの市政機関に対して，ブルジョアおよびよそ者に復讐が行われる危険があるごとに，和解を課す権利を与えている。21項目からなるが，その最初の条項では，最近親者に対して《和解》«triuwe»をなさねばならないとし，ヴァランシエンヌのバンリュー内に居住する者やその邦の自由人が拒否した場合，ジュレの判決によらねばならないとして（Cellier［1876］p. 306），裁判手続きが列挙されている。すなわち，ブルジョアが攻撃されると判断した場合，プレヴォに保護を求め，プレヴォとジュレの配下の役人が両者に和解勧告を行い，彼らが応じない場合，33リーブルの罰金と３年の追放に，逮捕に協力しなかった者は65スーの罰金と３年の追放に処せられる。犯罪者の親族による援助は禁止され，違反者は殺人者とみなされている。

　「平和規約」においても刑事的犯罪の比重の重さが指摘されたが（齋藤

---

7) «Pais fait à désirer, pais doit on querre , pais est à tous à garder, car quel coze est plus douce ne plus glorieuse de pais? » (Godding et Pycke［1981］p. 101).

[1992] pp. 91-93)，「和解文書」は，市民による平和の要求を自身の主導によって確実なものにしようとする伯の姿勢を示していると思われる。1278年には女伯マルグリートは，治安にあたる《平和管理人》«paisieurs»を設置している（Cellier [1873] p. 125）。その背景には，1275年の段階でヴァランシエンヌの特権を保全することで，やがてエノーを統治するアヴェーヌ家のジャン2世に対決しようとするマルグリートの権力維持の姿勢が推測されるのであり（Godding et Pycke [1981] pp. 20-21；Cauchies [1996a] p. 74），ヴァランシエンヌの側にも，新たに伯となるアヴェーヌ家に対する自立がすでに意識されていたと見られる。

(b) アヴェーヌ家とヴァランシエンヌ

先述の如く，1256年9月24日のペロンヌ条約で，フランドル伯領はダンピエール家への，エノー伯領はアヴェーヌ家への相続が決定された。同年10月29日，ヴァランシエンヌは，母伯の死後アヴェーヌ家のジャン（1257年死）をエノー伯の後継者として認めることを約束し（Duvivier [1894] t. 2, pp. 443-444），ジャンは，ヴァランシエンヌのプレヴォ，エシュヴァン，すべての人々に，先任者と同様，《慣行，慣習，法によって，良き主人として彼らを守り保護する》ことを聖遺物にかけて誓った（Duvivier [1894] t. 2, p. 445；Cellier [1873] p. 309）。

ロマンス語訳作成の時期は，ボードゥワン家からアヴェーヌ家へと支配が移る前段階であった。1280年マルグリートが死去すると，同年にその孫ジャン2世が即位した。ジャン2世は慣例に従って主要な都市に入市式を行い，父ジャンの遺体を聖ヴォードリュ参事会教会から受けとり，ヴァランシエンヌに埋葬し（Scuffraire [1950] pp. 91-94），その際ヴァランシエンヌに対し《都市のフランシーズと法を慣行・慣習・フランシーズに従って遵守し守り維持すること》を宣誓した。この特権で重要性を持ったのは，《ジュレの裁判記録》«recours des jurés»であり，エシュヴァン，平和のジュレ，有力市民について，係争がどのような形であれ，都市の慣行・慣習・法・フランシーズの変更が生じた場合，エシュヴァンの裁判記録によって裁判する特権を認めているのである。ここに言う特権とは，都市の基本的文書，すなわち「平和規約」の解釈が困難な場合，エシュヴァンが決定できるという権利

を意味し，この裁判記録の権利がヴァランシエンヌの都市としての自立の指標となると言ってよい（Lancelin [1933] p. 68 ; Platelle [1982] p. 58）。

しかし，この約束は守られず，伯はフランドルの脅威を前にして，ヴァランシエンヌのブルジョアをモンスの裁判権に服させることで，都市の自由を制限し，伯の権力を強化しようとした。伯は私闘における復讐を回避すべく，加害者の親族が加害者との《絶縁》«fourjure» を表明するためにモンスに行くことを要求し，さらにエシュヴァンの裁判記録権の廃止を求めたのである。それに対し，1290 年 1 月 8 日ヴァランシエンヌはブルジョアに親族絶縁のためにモンスに行くことを禁止し，それによって生じる被害の賠償を約束し[8]，同日反乱を起こした。1290 年 7 月 23 日市政役人は住民に終身の援助を宣誓させ，9 月には，伯は《ヴァランシエンヌのジュレとエシュヴァンの裁判記録が宣誓によって信用され，彼らが記録したものが都市の慣行・慣習・フランシーズ・法として遵守されねばならない》[9] ことを約束させられた。その後叔父のボードゥワン・ダヴェーヌの介入で 1 年間の休戦に入るが，この期間は双方が次の戦闘を準備する時間となった。ヴァランシエンヌが伯の要塞の前に 2 つの塔を建設したのに対し，伯はドイツ王ルードルフ 1 世に接近し，1291 年 6 月 20 日の文書によれば，ルードルフ 1 世は前述 1290 年の伯の文書を無効とし，伯をその宣誓から解放した（Wauters [1875] p. 312 ; 田口 [2002] p. 1424）。

1292 年市民はエノー伯の城を占拠し，都市貴族に好意的な仏王フィリップ 4 世に服属し，仏王は彼らにフランドル伯の保護下に入るように要請した（Wauters [1875] p. 325）。しかし，手工業者がジャン 2 世に忠誠を誓ったことから，1294 年に戦闘が開始され，フランドル軍に支援された都市貴族側

---

[8]《我々ヴァランシエンヌのプレヴォ，ジュレ，エシュヴァン，共同体は，ブルジョアがエノー伯とそのバイイによって，都市の慣行とフランシーズに対して，モンスに絶縁のために行く «aller au forjur à Mons» ことを強制されたことに関して，これについてかれらが受けた被害を支払うという意見を出した》（Delcambre [1928] pp. 24-25）。

[9] «li recors des jurés et des esquievins de leditte ville de Valenciennes, de chou fait sout leur sairement en doit iestre creus et devons tenir pour usage, pour coustume, pour frankise, u pour loy de le ville» （Lacroix [1846] p. 6 ; Cellier [1873] p. 310）.

が勝利した（Wauters [1875] p.328)。ジャン2世は，仏王フィリップ4世の仲介を望み，仏王は使者をヴァランシエンヌに派遣したが，エシュヴァンが彼らの入市を拒否した。最終的には，フランドル伯から離反されたヴァランシエンヌの市政役人と都市貴族は，1296年3月29日にフランドル伯に忠誠を誓い（Delcambre [1928] pp.131-135)，1297年に係争は終結した（Wauters [1875] p.331 ; Platelle [1982] p.59)。1302年5月4日ジャン2世は文書でヴァランシエンヌの特権を確認して，《市民の助言によって，市民が平和に生活できるように，適切なる救済措置をとることに同意する》（Cellier [1873] p.314）として，市政役人と市民との間の不和を解消し，自らは市民の同意によってなされた上述のすべてのことを，《よき領主として》«comme boins sires» 遵守することに同意した。

ヴァランシエンヌが求めた都市の自治は，具体的にはエシュヴァンの裁判記録保持の権利と，市民の上訴が伯個人の裁判で行われるという権利であった。しかし，伯がモンスに上訴裁判権を与えたことから，ヴァランシエンヌの自立主義と伯の統一的権力との対立が浮上していく。

(2) モンスの特権

(a) エノー伯とモンスの双務的関係

モンスは，政治的・司法的・軍事的に伯に忠実な都市とみなされており（De Keyser [1996] p.35)，実際に上述のヴァランシエンヌと伯との抗争に直接姿を現してはいない。エノーの聖ヴォードリュ参事会教会はエノー地方最大の参事会教会であり，そのアヴエにして俗人修道院長であったモンス伯（後のエノー伯）のレニエ家の下で，956年頃修道院近くの丘に《城塞》« oppidum » が建設され，Mons, Montes の語が10-11世紀に出現する（Piérard [1983] p.1011)。1124年バンシュが伯によってモンスの法を賦与されていることから，この時期にはモンスはすでに法を保持していたと思われる（Duvivier [1898] p.532 ; Lejeunne [1887] p.25)。13世紀には人口は6,500人に達したと見られ（Piérard [1975] p.155 ; Bousmar [2000] p.46)，ヴァランシエンヌとともにエノーの大都市にランクされている。注目されるのは，12世紀末に書かれたジスルベール・ド・モンス『エノー年代記』が，

ヴァランシエンヌの平和規約の起草に関して《良き都市にして多くの人口をもつヴァランシエンヌがいかなる法にも服さず，それ故に安寧を欠いている》[10]と述べているのに対し，《モンスはエノー全体の首都であったし，現在もそうであり，永久にそうであろう》（Vanderkindere [1904] p. 3）と記していることである。

モンスの共同体に関しては，《モンスのブルジョア》《burgenses de Montibus》の語が 1194 年のブラバント公とエノー伯の協定文書（De Reiffenberg [1844] p. 319）に出現しており，13 世紀初にはコミューンが存在し，行政に携わるエシュヴァンがブルジョアから選出されている（Piérard [1969] p. 49）。13 世紀になって注目されるのは，都市による伯への財政的援助と交換に，共同体に特権が賦与されている点である。伯によってモンスに制定された最初の法は，1251 年の女伯マルグリートによるものである（Devillers [1875] t. 2, pp. 263-264 ; Bousmar [2001] p. 157）。《モンスの都市の平和とその利益のために，エシュヴァンの助言と同意によって》，エシュヴァンおよびエシュヴァンの指名によって徴税を行う者に対する悪口・傷害への罰金が細かく規定されている。この時期以降の文書には，エシュヴァン・ジュレ・共同体の市政に関する権限が規定されており，市政機関の確立を窺わせる。

また，この文書では，女伯は都市にターユ徴収権を認め，徴収分から伯への援助を約束させ，翌年には，50 リーブルと引き換えに，モンスのブルジョアが負っている流通税収入を都市に貸与している（Devillers [1875] t. 2, p. 265）。都市は，1279 年にはターユ徴収権と引き換えに伯に 300 リーブルを与えている（Devillers [1875] t. 2, pp. 265-266）。1282 年には定期金を 400 リーブルで売って伯に渡し，その代償として都市は伯に負っている 150 リーブルの廃止と，水車・流通税・メール職及び伯がモンスに所有している全財産から徴収される 250 リーブルを与えられているのである（Devillers [1875] t. 2, pp. 266-267）。さらに 1287 年都市共同体は，伯がアラスの市民と契約し

---

10) «videns Valencenas, villam bonam multisque hominibus populatam, quasi nulli legi subjacere, unde ipsa villa minima pace gaudebat» （Vanderkindere [1904] p. 78）.

た1,170リーブルを保証し，伯は代償として，ビールやぶどう酒に関するマルトートを2年間徴収し，その収入を市壁の建設にあてることを都市に認めている（Devillers［1875］t. 2, pp. 269-272）。1290年には，伯はペンテコステの前後各8日間《大市》«fieste franke»の開催を共同体に承認し，代償として，そこに集まる商人は流通税，店舗税，マルトート，アシーズから免除され，都市はこの期間の流通税を伯に支払うこととされた（Devillers［1875］t. 2, pp. 272-273）。さらに同年伯は4ドニエの年サンス受領と引き換えに，門，漁労，牧草地から生じる収入を都市に与えること（Devillers［1875］t. 2, pp. 273-274）を約束しているのである。

　この時期，他の都市が伯と同様の関係を持っていたわけではない。例えばソワニは都市領主たる伯から慣習法文書を1142年に賦与されているが，この文書を根拠にして1280年ジャン2世の騎士叙階に際しての金銭的援助を拒否し（Nazet［1968］pp. 117-125），また，モーブージュも課税を受け入れず反乱を起こしている（Poncelet［1952］pp. 150-152）。それに対し，上述の状況における伯とモンスとの双務的関係は，1295年の特権賦与という形に収斂していくこととなる。

(b)　モンスの慣習法文書（1295年）

　13世紀末のモンスについて，重要な位置を占めるのが，1295年に伯ジャン2世から発給された慣習法文書であるが，他の慣習法文書の賦与状況とは大きく異なっている[11]。1295年夏，モンスの城で伯側の代表者と都市共同体との交渉によって，草案と協定書が作成され，個々の点について伯が確認文書を作成させているが，さらに都市・伯の封臣・皇帝の文書局によるコピーを合わせると，この時の文書数は12通に上る（De Keyser［1996］pp. 57-79）。しかし，これらの文書はヴァランシエンヌの文書と比較すると，行政・司法に関する詳細な項目は少ない。ド・ケイゼルは，ジャン2世の意図はヴァランシエンヌを抑えてモンスの力を増大させようとしたことにあるとする（De Keyser［1996］p. 35）。その際，都市の強化をめぐって伯にとって重要な関心事は人口の誘致であったと思われる。8月26日の文書（Devillers

---

11）モンスの慣習法文書の詳細については齋藤［2004］；［2007］を参照。

［1875］t. 2, pp. 279-284；De Keyser［1996］pp. 70-74）の冒頭には，この都市に来住する者は，《農奴身分や外来者》«de servage et et d'aubain»であることを理由に何らかの賦課を負っていたことから，多くの者がこの都市を去り，来住することをやめており，伯は都市人口の増大を望んで，《すべてのマンモルト，メイユール・カテル，生死に関わりなく外国人財産没収権》を廃止した（Devillers［1875］t. 2, pp. 279-280）と述べられている。モンスの人口は，13世紀末に作成されたブルジョア台帳（rôles de bourgeoisie）によれば，1296年に1,142世帯，1299年には1,418世帯とされ，この間276世帯（1,240人）の増加が見られる[12]。

他方，都市共同体の要求（齋藤［2004］pp. 192-193）は，モンス都市内に居住している男女について，聖人衆・よそ者・農奴の死亡に際してのマンモルトもしくはメイユール・カテルの免除，モンスの都市内に来住して満1年平和裡に居住した農奴およびその子孫についても同様の税からの免除，聖ヴォードリュ教会の副アヴエに属するカンタンプレをモンスのエシュヴァンの裁判権のもとにおくことであり，さらに，最終的協定ではアシーズ徴収期間の延長，大市期間の罰金規定，伯の水車の使用強制が加えられている。モンスの場合，城内での討議で草案に基づいて最終的文書が起草され，他の慣習法文書と比べると，その作成手続きに格段の差が見られる。しかし，内容については，都市独自の法的・行政的権利に関する項目は弱く，伯と都市間の裁判をめぐる関係は安定していることから，1295年の協定文書作成の場は，都市と伯の権利の主張よりも，両者の全体的状況についての討議の場となったと見られる。モンスの慣習法文書は12世紀以来醸成されてきた両者の関係の集成であり，伯領の「首都」としてのモンスの地位を対外的にも確認させようとしたと思われる。

1294年にはアヴェーヌ家とヴァランシエンヌとの争いが再開されており（Delcambre［1929］pp. 114, 134；Cauchies［1996b］p. 12），1295年は伯が財政的援助を必要とする時期であった。エノー伯が改めて1295年にモンスに文書を与えた背景には，ヴァランシエンヌと対立するこの状況が重なってく

---

[12] Archives de la ville de Mons, 1334-1336；Piérard［1969］p. 49.

る。伯にとっては単に財政的援助だけではなく，領邦支配の核となる都市との関係を強固なものとする必要があったと思われる（De Keyser [1996] p. 35）。このようなモンスの裁判権を早期に領邦の統一的支配に結びつけていくために重要となったのが，首座裁判権の成立と周辺農村の支配，そして，首邑間の上訴裁判権の確定であった。以下でこの点を順次探っていくこととする。

II．エノー伯の集権主義と都市の自立主義

(1) エノー伯領の行政機構と都市の農村支配

(a) 伯の行政組織

ここでは，領邦君主がその司法機関を都市に設置し，それに対し都市が市民に関する自己の裁判権を主張した状況を考察する。

エノー伯家の起源は，ロタランジー公の家系に属するレニエ家が921年以後エノー伯として出現した時点に遡及する（Dhondt [1945] p. 123）。957年レニエ3世がケルン大司教ブルーノから放逐された後，伯領はモンスとヴァランシエンヌを各々中心とする2伯領に分かれた。973年頃レニエ4世（在位998-1013年）が帰還した後，両伯領はレニエ家の所領に戻ったが，各伯領は自立性を維持し，特にヴァランシエンヌはモンスへの対抗意識を持ち続けた（Platelle [1982] p. 24）。後にヴァランシエンヌとアヴェーヌ家との対立の要因となる地域的状況もこの時期に見られる。低地地方南部におけるフランス王国と神聖ローマ帝国の境界はエスコー河であるが，ヴァランシエンヌの一部は左岸に沿ったオストルヴァンのパーグスに属しており（Duvivier [1894] t. 2, p. 479; Delcambre [1927] pp. 246-247），この地がフランドル伯領とエノー伯領間の戦略的地点であったことから，13・14世紀にはフランス王の介入を招くこととなる。

エノー伯領において，伯の行政機構の核となる宮廷顧問会（curiales）が史料に出現するのは，11世紀第3四半期であった（Genicot [1947] pp. 41-60; Bruwier [1963] p. 4）。この会議は，全体会（curia）と狭義の顧問会

（consilium）に分かれ，前者はフランクにおける全体集会に遡及し，1171年の降誕祭には500人が参加したとされている（Vanderkindere [1904] c. 68）。厳密な意味での宮廷顧問会を構成するのは，全体会議の間隙に開催される，少数の有力者による顧問会であり，多様な身分の者からなるが，俗人が重要な位置を占めた（Genicot [1947] p. 48）。

エノー伯領がブルゴーニュ公国の領域となった時期には，2種類の君主の法廷，すなわち，モンスの法廷（Cour de Mons）とエノー顧問会（Conseil de Hainaut）が存在した（Cauchies [1981] p. 49）。モンスの法廷は封建法廷に起源を持つが，その管轄は封建法を超えて私法領域に広がった。「エノー伯のバイイ」（後述）が主宰する，邦の慣習法による裁判が行われ，この法廷は下級裁判権からの上訴を受け付ける首座裁判権（chef de sens）となった。ただし，モンスとヴァランシエンヌに関する上訴裁判権が留保されたことが，後述するように係争を引き起こすこととなった。顧問会は領主の所領，収入，特権に関する事件を裁判する機構であったが，ブルゴーニュ公国時代には，伯行政の重要な補佐として機能した。

領邦の行政において重要な段階を示すのが，バイイ，プレヴォ，シャトランといった領邦君主の代理人の設置であった（Bruwier [1952]）。12世紀末に地方行政管轄区をなしたのは，古くからのバイイ管轄区であったが，1203年にバンシュとモンスにプレヴォ職が現れ，彼らが13世紀以降バイイにとって代わることとなる（Bruwier [1952] p. 109；[1963] p. 8）。その結果13世紀半ばには，モンス，バンシュ，モーブージュ，バヴェ，ル・ケノワ，ヴァランシエンヌの領域はプレヴォによって，アット，ブレイヌ・ル・コント，ブシャンのそれはシャトランによって統括された。14世紀には伯領は15管轄区に分かれ（Platelle [1987] p. 23；Piérard [1990]），伯領行政の基礎として，裁判管轄区を構成し，伯による租税の徴収単位をなした。これらのバイイとは別に，1200年の全体法の「封建法書」には，《エノー伯のバイイ》«baiulus domini comitis hainoensis»が，伯の家臣の証言のもとですべてのバイイの上に立つ者として設置された（Faider [1871] t. 1, p. 5）。彼らはあらゆる件について伯の代理として裁判を行う権限を持ち，上層貴族に属し，伯に代わって封建法廷を主宰することを認められている（Bruwier [1952] p.

97)。

　これらは伯の行政機構であったが，それとは別に，多くの都市・農村を包摂する地域の単位として，首邑 (chef-lieu) が存在した。首邑とは，重要な都市が首座裁判権として，下位のエシュヴァン裁判権からの要求に応えて，訴訟を調査し，判決を起草する領域を意味する (Verriest [1916-17] p. 86; Platelle [1987] pp. 21-22: Cauchies [1988] pp. 193-195)。小都市や農村では共同体内に法的知識を持つ人材が欠如しており，これらの共同体は首座裁判権を持つ中心都市に調査と判決を要請したことから，中心都市は管轄地域の上訴審の役割も果たした。首座裁判権を持つ都市は複数存在するが，その中で最重要都市はモンスとヴァランシエンヌであり，結果的にこれら2都市を首座裁判権とする領域がエノー伯領を二分することとなった[13]。

　首邑という地域的範囲は最初から画定されていたわけではなく，従って各居住地は裁判について諮問すべき都市を強制されていたのではない。慣例的に依存してきた都市を中心に領域が固まっていき，その後伯による法の制定領域として，首邑の名称が使用されることとなったと見られる。ここで問題となるのは，モンスとヴァランシエンヌの上訴裁判権の管轄である。伯が，モンスでの裁判を最終審とし，ヴァランシエンヌでの訴訟の上訴審をモンスでの裁判で行うことを要求したことによって，両都市間の係争，そして伯とヴァランシエンヌとの対立が生じることとなったのである。以下，13-14世紀における伯とモンスおよびヴァランシエンヌとの関係，両都市の周辺地域の農村に対する支配の形態を探りたい。

　(b)　首邑慣習法文書と周辺農村支配

　周辺農村からの判決内容に関する諮問は，すでに12世紀後半には見られる[14]。13世紀になると具体的手続きが規定されており，例えば1238年に

---

13) 首邑の領域および首邑慣習法文書の分布については，齋藤 [1999] p. 135: [2001] p. 181 の地図を参照。

14) 例えば，ボードゥワン6世が1197年に出したアスプルのアヴエ職規定では，《エシュヴァンは，知らないことについてはヴァランシエンヌに調査に行かねばならない》《Li eskievins doivent aler à enqueste à Valenciennes de che qu'il ne saront》(Duvivier [1898] p. 351) とされている。

ヴィック=エスコーポンに賦与された慣習法文書では，エシュヴァンが必要な調査もしくは裁判をできない件で，領主がエシュヴァンを《邦の首座裁判所》«au sens dou pais»に派遣する場合，エシュヴァンはそこに行くごとに28スーを使用することができるとされている（Verriest［1901］p. 12）。首邑を形成するのはモンスとヴァランシエンヌの地域のみではなく，バンシュ，シメ，ル・ルー，プリッシュを中心とする地域も首邑をなしており，エノー伯はその枠組みで法令を出しているのである（Faider［1878］t. 3, pp. I–II）。その中でより重要な都市へ調査を依頼する動きがモンスとヴァランシエンヌの法的地位の早期的上昇を強めた。しかし，首邑慣習法文書の起草は，モンスとヴァランシエンヌから出された文書ですら，14世紀に入ってからであり，また，両都市の文書には時間的差異がある。伝来している最古の文書は，モンスの首邑から出されたジャンリの文書（1321-1322）であり（Verriest［1946］pp. 20-21），以後1512年のニミ=メジェール（Verriest［1946］pp. 252-260）の文書までモンスから与えられた文書が続く。他方，ヴァランシエンヌの首邑慣習法文書の初出は1419年のペルーウェルツの文書（Verriest［1946］pp. 96-106）であり，モンスとヴァランシエンヌの首邑慣習法文書の発給の間に100年の差が見られる。まずは，モンスによる周辺農村の法的支配が整備され，その後他首邑へとその動きが広がっていったと言える。

ところで，首座裁判所のエシュヴァンから呈示された法は，領主による強制的側面を持ち，全体法を浸透させる役割を果たしていた。1388-1389年のニミ=メジエールの文書では《(裁判は)エノーの邦の，特にモンスの首邑地域の全体法と慣習法によって》«par le général loy et coustume dou pays de Haynnau, espétialement dou kief-liu de Mons»（Verriest［1946］p. 66）なされねばならないと述べている。その後100年以上を経た同村の1512年の文書においても，エシュヴァンが諮問のためにモンスに出頭し，その調査の後に法が受容されるとなっている（Verriest［1946］p. 252）。エシュヴァンによって各居住地に持ち帰られたこれらの法は，領主，エシュヴァン，共同体の合意で成文化され，3通のシログラフが作成されている[15]。

首邑慣習法文書の賦与が普遍的形式となり，全体法に繋がっていった状況

を窺わせるのが，モンスの首座裁判所にエシュヴァンを派遣した居住地の記録である。1940年に焼失したこの史料は，ファン・オードナルドによって《1396年から1426年までにモンスの首座裁判所に新しい法を求めた裁判領主の記録》«Registre des seigneurs justiciers qui ont demandé de nouvelles loix au chef-lieu de Mons de1396 à 1426»として再刊された[16]。その序文には，依頼した領主のエシュヴァンについて，《今後彼らの領主に属する罰金と犯罪に関してモンスの法を享受し，最高首座裁判所 «souverains kieflieus»によって，本文書を通して真実についての知見が教示されることを望んだが故である》としている。その内容については拙稿（齋藤 [1999]）で紹介したが，各犯罪（傷害・喧嘩，家畜による被害，収穫への被害，道路・共同地の維持，役人の選出，エシュヴァンへの悪口，食料管理，度量衡，風紀，領主の財産の保全）に関する罰金が明示されている。モンスの首邑慣習法文書の起草は，大半はエノー伯領がヴィッテルスバハ家の支配に入った時期以降に，ヴァランシエンヌのそれはジャックリーヌの治世末に始まり，ブルゴーニュ公フィリップ・ル・ボン，さらにカール5世（在位1506-1555年）の治世まで続いているのであり，ここに見られる罰金の定額化は首邑における法の統一化の素地となっている。首邑の役割は，このように，判決内容を起草して与えることで，上訴審によって裁判の系列化を進めることにあったと言えよう。

　ところで，モンスとヴァランシエンヌの裁判は最終審となるが，ヴァランシエンヌ市民に関する上訴をモンスで行うことを伯が要求したことが，ヴァランシエンヌと伯との係争を引き起こした。これらからすると，この時期，上訴を通して首邑という司法領域を上位権力組織に組み入れる縦の関係と，中心的都市の裁判による周辺農村部の支配という横の関係とを結びつける素地が固められている，と言えよう。注目されるのは，このような状況の進展と並行して，エノー伯領全体を対象とする法が伯によって制定されているこ

---

15) 例えばクエームの文書（Verriest [1946] pp. 62-64；齋藤 [1999] pp. 138-139）．
16) Verriest [1946] pp. 77-85；Van Haudenard [1943] pp. 61-126．記録されている居住地については齋藤 [1999] を参照．

とであり，後述するように，ギィヨーム 4 世（在位 1404-1417 年）は伯領全体に向けて，「共通善」の追求を強く打ち出した法を出しているのである。以下で，13 世紀末以降におけるヴァランシエンヌの上訴裁判権の要求と伯の姿勢を探り，それを 15 世紀初に出された全体法の内容と対照させることで，領邦君主の集権的政策を検討していくこととする。

(2) 首邑の上訴裁判権係争と伯の制定法

(a) 上訴裁判権をめぐるヴァランシエンヌの抗争

ヴァランシエンヌが自由の指標として維持しようとしたのが，上訴裁判の管轄であった。「平和規約」の第 67 条は，モンスとヴァランシエンヌとの裁判関係にすでに触れており，ヴァランシエンヌ市民による上訴について，1 マルク以下のものについて訴えた場合，モンスのエシュヴァンの裁判で判決がなされるが，1 マルクを超える件についてはヴァランシエンヌのエシュヴァンの判断によるとされ（Godding et Pycke [1981] p. 137），ヴァランシエンヌの平和の人に対するモンスのエシュヴァンの管轄を制限している。すなわち，12 世紀初にはすでにヴァランシエンヌとモンスの間で裁判権をめぐる対立があり，ヴァランシエンヌはロマンス語訳を経て，その権利を保持しようとしているのである。これは 1280 年以降，殺人を犯した親族との絶縁義務（fourjur）について，伯がヴァランシエンヌ市民をモンスの裁判に服させようとする際に問題となってくる。エノーの全体法では，私闘の禁止のため殺人者の親族は，殺人者との関係を断絶することを強制されており（Cattier [1893] pp. 134-145），後述するように 1200 年，1323 年の全体法に明記されている。

1280 年ジャン 2 世はヴァランシエンヌの自由と慣習法の遵守を宣誓したにもかかわらず，先述したごとく，ヴァランシエンヌのブルジョアをモンスの最終審に服させようとしたのであった。1285 年，つづいて 1290 年にヴァランシエンヌの市政機関は，《ブルジョアが，都市の慣行とフランシーズに反してモンスに親族との断絶のために行くことをエノー伯と伯のバイイによって強制された》[17] ことについて，ブルジョアにモンスに行くことを禁じ，ここから，ヴァランシエンヌと伯との戦争（1290-1297）が勃発すること

になった。

　ヴァランシエンヌが求めた自由は，エノー伯領とは区別され，独立した伯領であったという認識に基づくものであった（Cauchies [1996a] p. 78）。すなわち，ヴァランシエンヌの上訴はモンスの法廷にではなく，ヴァランシエンヌ領主であるエノー伯の法廷にであり，ここには，「エノーに位置するが，エノーの都市ではない」という意識が働いていた。エノー伯は，このヴァランシエンヌの認識を自らの中央集権化に利用していったのである。1337年1月2日ギィヨーム2世（在位 1337-1341 年）は「管轄文書 Charte de resort」（Faider [1883] t. 3, pp. 383-388）を出して，ヴァランシエンヌの訴えが伯の法廷，すなわち顧問会（curia）になされることを命じた（Platelle [1982] p. 84 ; Cauchies [1996a] pp. 78-79）。その前年1336年，伯のプレヴォであるベルニエが《悪しき，様々な不忠な行政》«mauvais, divers et desloyal gouvernement»（Cellier [1873] p. 330）を行ったことに対し，市民がその不満を《エノー伯たる余とその後継者に提訴する》（Cellier [1873] p. 333）ことを認めたのである。伯は，ヴァランシエンヌを伯自身の裁判に繋げることで，権限強化による領邦の中央集権化と，裁判の階層化を志向したと思われる。しかし，その後1394年，逆にヴァランシエンヌがモンス住民を召喚しようとし，エノー伯がそれを拒否したことから，1446年までの長きにわたるモンスとヴァランシエンヌとの争いが継続していくこととなるのである（Cauchies [1997]）。

　(b)　中世後期におけるエノー伯の制定法

　都市の自治確立と領邦君主の権力拡大とが，いかなる対峙的もしくは依存的関係にあったのかを見る場合，中世盛期の段階では，都市・村落共同体に賦与された慣習法文書と伯による制定法が重要な軸となる。エノー伯と慣習法文書との関係については拙著（齋藤 [1992] pp. 140-144）で触れたが，注目されるのは，ソワニ（1142年），ル・ケノワ（1180年），シエーヴル（1194

---

17) «les bourgeois sont constrains par le conté de Hainnau et sen bailli d'aller au forjur à Mons, quy est contre l'usaige et ly franchise de le ville» (Delcambre [1928] pp. 24-25 ; Platelle [1982] p. 53).

年), トラズニ (1220 年), ラ・シャペル・レ・ゼルレモン (1222 年), オナン゠クワルーブ (1247 年) の 6 文書に《邦の法》«lex patrie» の語句が見られる点である。伯権力の確立とあいまって, 伯領全体の共通法制定の志向が強まり, 稀少な成文法であった慣習法文書に同質の内容を導入することで, 伯の権限の確立に利用したのである[18]。

　この《邦の法》を具体的に示すのが, エノー伯による最初の成文法として 1200 年に起草された「封建法書 charte féodale」と「刑法法書 charte pénale」(Faider [1871] t. 1, pp. 3-18 ; 齋藤 [2013] pp. 114-115) である。ジスルベール・ド・モンスによれば, すでに 1171 年ボードワン 5 世が《エノーにおいて平和を制定した》際に, タリオ主義, 証人による立証の採用, そして特に被害者の親族と加害者の間での私闘の禁止が定められており, その内容を成文化したものであった。これらの文書は, エノー伯領のその後の制定法の基礎となるもので (Faider [1883] Introduction, pp. III-LVIII), 1619 年の全体法 (Faider [1873] t. 2) に包摂されていくこととなる。「封建法書」は, 封・自有地, 未成年の後見などを,「刑法法書」は伯領の平和と治安, 私闘の禁止, 特に親族による加害者との絶縁を細かく規定している[19]。なかんずく伯の集権化の核となる裁判と結びついたのは私闘の禁止であり,「刑法法書」第 4 条に,《人が人を殺し, その殺人者が逃亡した場合, 彼の親族や近親者は彼との親族関係を絶縁しなければならず》«eius amici et proximi eum abjurare et forjurare debent», 親族関係を絶縁することを欲しない場合, 絶縁するまで, 逃亡した殺人者と同様 (Faider [1871] t. 1, pp. 7-8) とされ, さらに 7 条項がこの親族との絶縁に関連している。この法の内容はいくつかの慣習法文書に入り込んでいる[20]。

　刑法法書の後にまとまった形で伯領全体を対象とする制定法として現れる

---

18) 拙著 (齋藤 [1992] p. 140-144) 参照。例えば 1142 年のソワニの法では《判決に含まれていない件が生じた場合, それは邦の共通法に依拠される》«si aliqui casus quorum judicium in hoc rescripto non contineatur emiserint, ad commune legem patrie recurratur» (Nazet [1968] p. 125)。

19) 齋藤 [2013] 表 II, III 参照。

20) 例えば, 1220 年のトラズニの文書 (Wauters [1869] pp. 76-82)。

のは，120 年後，1323 年 12 月にギィヨーム 1 世（在位 1304-1337 年）によって出された《モンスの法廷でエノーのバイイであるカステル領主の時代に与えられたエノーの邦の複数の慣習法と勅令》«plusieurs coustumes et ordonnances du pays de Haynnau acordées en le court à Mons du temps mon seigneur du Casteler adont bailliu de Haynnau» (Faider ［1871］ t. 1, pp. 20-23) である。この文書は序文と末文を除くと 38 条項からなるが[21]，大きな比重を占めるのは裁判管轄と刑法手続きであり，なかでも殺人に関する条項が 17 条項を占め，うち 7 条項は加害者の親族による加害者との絶縁に関するものである。特に注目されるのは伯とモンスの法廷の権限が明記されている点である。第 1 条では《加害者を逮捕した領主はモンスの法廷に連行しなければならない》«li sire qui le （li malfaitiers）tient le doit amener en le court à Mons»とされ，殺人・肢切断については伯のみが裁判権を持ち（第 6 条），殺人者もしくは彼と絶縁しない親族の追放は《邦の法によって》«par loy du pays»行われている（第 16 条）。また，教会間もしくは教会と俗人間の財産に関する係争もモンスの法廷で行われている（第 33 条）。伯の絶対的権限を示しているのが第 24 条で，《伯のすべての裁判は同一の状態であり，伯はすべての宗主であるが故に，邦の慣習によって伯領内の小裁判も大裁判と同様，大裁判も小裁判と同様，公然と適法な形で所有する》[22]とされ，第 25 条で《本文書に違反するすべての慣行，すべての訴訟手続きは常にいかなる価値をも持たない。事件が生じた場合には本文書によらねばならず，本文書は良き状態で保存されねばならない》[23]とされている。この文書は，《エノー伯領内の良き都市，城，人々》«bonne ville, castiaux, ne nulz en le comté de Haynnau»（第 17 条）を対象としており，伯とモンスの法廷を頂点

---

21) 齋藤［2013］表 IV 参照。
22) «touttes les justices le comte sont d'une meisme condition, et ossi francquement et ossi justiciablement par le coustume du pays tient le plus petis se justice dedens le comté de Haynnau, comme fait li plus grans et ossi fait li plus grans comme li plus petis» (Faider ［1871］ t. 1, p. 22).
23) «tout usage et tout maniement qui ont esté fait contre les poins de le chartre sont et doivent estre de nulle valeur à tousjours» (Faider ［1871］ t. 1, p. 22).

とする司法制度を明示し，それと齟齬を生じる慣習法の廃止を明示することで，君主の集権的意図をはっきりと打ち出していると言える。

　1324 年アヴェーヌ家のマルグリートと皇帝ルートヴィヒが結婚し，マルグリートの死によって 1356 年にその息ギィヨーム 3 世が即位すると，首邑全体にわたる勅令が出されていく。ヴィッテルスバハ家治下でモンスの首邑に出された最も重要な伯の文書は，1410 年 5 月 10 日のギィヨーム 4 世の文書（Faider [1878] t. 3, pp. 35-46）で，モンスのエシュヴァン裁判権によって行われる訴訟手続きを規定したものである。本文は 25 条項からなるが，農地の相続に関する条項が 8，土地についての訴訟に関する条項が 4，その他は訴訟手続きであり，《共通善》«le bien commun»の語のもとに記載されて，首邑全体にわたる法が出されているのである。その序文では《悪しき規定と慣行を非難し破壊することで，余（ギィヨーム）の邦の善と名誉を熱心に拡大し配慮し命じ心を配ること，その代わりに，余の民と臣下のために良き理にかなった言葉を配置し設定し，法と理性に従って維持し遵守することが，余と余の領主権にとって許され，属することである》とされている。続いて本文書発布の理由を細かく説明している。すなわち，モンスのエシュヴァンが判断するに際して，長い間，法の実証のための規定も文言も増えておらず，《共通善に反しかつ理性や正義に反して》«contre le bien commun et contre raison et droiture»おり，不都合があることから，モンスの都市・首邑・管轄に属する他の都市や場所の《善と繁栄》«bien et augmentation»を望んで起草された，としている。

　さらに，1200 年の勅令と共に全体法として画期をなすのが，ギィヨーム 4 世によって出された 1410 年 7 月 7 日の法（Faider [1871] t. 1, pp. 88-108）である。36 条項からなるが，冒頭で，この文書は，長きにわたって存在した《悪しき慣習と慣行を廃し，良きかつ合理的関係，法と慣行をうち立てる》[24]ことを伯は望み，伯と臣民の権利を守ろうとするものと述べている。

---

24) «en condempnant et destruisant telles mauvaises coustumes et usages, et en ce lieu remettre et constituer boins et raisonnables termes, lois et usages» （Faider [1871] t. 1, p. 88）.

そのために，《エノーの邦の全体法と慣習法に関係し監視することができる限りにおいて，人々を理性と正義において支配するために，モンスの法廷は努力する》[25]としている。そして，上訴裁判権について，伯の法廷の権利に属し，法廷がその創設以来関わってきたその他の件に関して，《管轄に属することもなく上訴もなく至高の法廷として，余の邦において余の法廷以外でなされた裁判の上訴もしくは判決を受け入れることができ，受け入れなければならない》[26]として，伯の法廷の絶対性を明言している。各条項の内容は，殺人などの訴訟手続き，加害者の親族による加害者との絶縁，債権・債務関係についてであり，上述のように，モンスの裁判を最終審としている。全体法の制定過程で，殺人・肢切断といった上級裁判が最終審・上訴審としてのモンスの法廷に吸収され，さらに伯領全体に適用される制定法に繋がっているのである。

結論

中世都市を象徴してきた「自由と自治」は，中世後期・近世の領邦君主権力の成長の流れにおいて，どのように位置づけられるのか。「自由と自治」を保証した慣習法文書は，エノー伯領の場合，12世紀初から14世紀半ばまで，つまりエノー伯領がブルゴーニュ公国に組み込まれる前段階という時間的枠でまとまりを持っていた。注目されるのは，慣習法文書の内容自体も13世紀半ばを境に変化している点である。13世紀前半までは，行政・刑法裁判関係の規定が顕著であったが，後半以降では領主制的賦課関係の条項に絞られている。この時期は刑法を規定する他の文書の出現時期と重なり，それによって刑法関係規定は補完されたと見られる。13世紀にはエノー伯の

---

25) «ycelui gouvrener en raison et en justice, en tant qu'il puet touchier et rewarder à le général loi et coustume d'icelui nostredit pays de Haynnau, nostre cours de Mons a depiechà servit» (Faider [1871] t. 1, p.89).
26) «comme cours impériauls sans ressort ne appiel elle puet et doit recevoir les appiaus des jugemens ou sentences fais eu nodit pays ailleurs que en nodite cour pour iceuls» (Faider [1871] t. 1, p. 89).

領邦支配政策の最初の動きが進行しているが、領邦全体にわたる成文法が稀少な時代にあって、伯は複数の文書に領邦全体にわたる法の存在を明記し、特に慣習法文書の刑法関係の条項に《邦の法》としての機能を求めた。1200年に統一法が発布された後、13世紀後半から14世紀前半の第2波の時期には慣習法文書の比重は縮小し、1323年12月に伯によって、殺人・肢切断に関する勅令が出されている。さらに、共同体に対する文書として、14世紀初以降中心都市から周辺農村に首邑慣習法文書が出されていったが、その内容は刑法関係の統一的内容の条項を多く含んでいる。都市に賦与された特権は共同体にとって「自由」と認識されながら、領主権力の強化と表裏をなしているのであり、それは逆に領主の権限を裏打ちするからこそ、共同体に与えられた確実な代償でもあったと言えよう。

　本論では裁判権を軸として君主の集権主義と都市の自立主義との関係を捉えようとした。その際具体的例として、エノー伯領で大都市と見なされるヴァランシエンヌとモンスを取り上げたが、これらの都市が望んだことは、領主から離反した形での自立ではない。ヴァランシエンヌが希求したのは、11世紀半ばエノー伯に支配された時点でのヴァランシエンヌ伯領としての自立であり、その上訴裁判権は都市モンスの法廷にではなくエノー伯の法廷にであった。他方モンスはその起源において、伯の裁判の所在地、そして伯領の「首都」としての位置にあり、これはそのまま伯の集権主義に繋がっていた。モンスを上訴裁判権に位置づけることは、伯を宗主とする裁判権を階層化・等級化するというその政策の実現であったと言えよう。

　領邦の平和・治安の維持は、慣習法文書から読み取れる共同体の「自由と自治」に重なると同時に、広範囲にわたる居住地が統一的法のもとに統括されている点で、領邦権力の確立の基盤となっている。都市の自立主義と領邦君主の集権主義とを区別する枠組みが明確に存在するわけではなく、かなりの部分で重なり合いながら、両者がより強く認識している点——特に上訴裁判権——がそれぞれの要求として浮かび上がっていると言えよう。

　慣習法文書に現れる共同体の自由と君主の権力をめぐる絡み合いの中では、領主と共同体との相互扶助が配慮されており、領主による所領民の強い収奪があっても、共同体との対立のみならず協力関係が認識され、それに

よって異なる身分の人々が結び付けられていたと思われる。少なくとも、君主の中央集権体制と共同体の自立主義は相互依存的であり、君主が多様な支配の内容を成文化して明示しなければならなかった点に、君主に対する共同体の力を見ることができようし、そこに既存の権利を確定させようとした点に、共同体の君主権力への依存を認めることができるのではなかろうか。

本論では、各都市の《条例制定の権利》«jus statuendi»に触れるには至らなかった。条例の中に取り込まれる多様な層が、どのような状況を「安寧」と認識したのかを探ることが、今後近世都市の自立主義のあり方により接近する手段となろうと考える。

[文献目録]

史料

Cauchies, J.-M et Thomas, Fr.（pub.）［2005］ *Chartes-lois en Hainaut (XIIe-XVe siècles). Edition et traduction*, Mons.

De Reiffenberg, Le Baron（éd.）［1844］*Monuments pour servir à l'histoire des provinces de Namur, de Hainaut et de Luxembourg*, t. 1, Bruxelles.

Devillers, L.（éd.）［1873-1875］*Cartulaire des rentes et cens dus au comte de Hainaut (1265-1286)*, 2 vols., Mons.

Devillers, L.（éd.）［1881-1896］*Cartulaire des comtes de Hainaut de l'avènement de Guillaume II à la mort de Jacqueline de Bavière*, 6 vols., Bruxelles.

Duvivier, Ch.［1894］*Les influences française et germanique en Belgique au XIIIe siècle. La querelle des d'Avesnes et des Dampierre jusqu'à la mort de Jean d'Avesnes (1257)*, 2 vols. Bruxelles/ Paris.

Duvivier, Ch.［1898］*Actes et documents anciens intéressant la Belgique*, Bruxelles.

Faider, Ch.（éd.）［1871-1883］*Coutumes des pays et comté de Hainaut*, 4 vols., Bruxelles.

Vanderkindere, L.（éd.）［1904］*Gislebert de Mons. Chronicon Hanoniense*, Bruxelles.

Verriest, L.［1946］*Corpus des records de coutumes et des lois de chefs-lieux de l'ancien comté de Hainaut*, Mons/Frameries.

Wauters, A.［1869］ *Les libertés communales. Essai sur leur origine et leurs premiers développements en Belgique, dans le nord de la France et sur les bords du Rhin. Preuves*, Bruxelles（réimp. Bruxelles, 1968）.

文献

欧語

Arnould, M.-A. [1956] *Les dénombrements de foyers dans le comté de Hainaut (XIVe -XVIe siècles)*, Bruxelles.

Bauchond, M. [1904] *La justice criminelle du Magistrat de Valenciennes au Moyen Age*, Paris.

Blockmans, W. [1988] Princes conquérants et bourgeois calculateurs. Le poids des réseaux urbains dans la formation des états, in N. Bulst et J. Ph. Genet (éd.), *La ville, la bourgeoisie et la genèse de l'État moderne. Actes du colloque de Bielefeld (29 novembre-1er décembre 1985)*, Paris, pp. 167-181.

Boone, M. [1986] Particularisme gantois, centralisme bourguignon et diplomatie française. Documents inédits autour d'un conflit entre Philippe le Hardi, duc de Bourgogne et Gand en 1401, *Bulletin de la Commission royale d'Histoire*, t. 152, pp. 46-113.

Boone, M. [1991] Gestion urbaine, gestion d'entreprises : l'élite urbaine entre pouvoir d'état, solidarité communale et intérêts privés dans les Pays-Bas méridionaux à l'époque bourguignonne (XIVe-XVe siècle), *Studia historica Gandensia*, t. 275, Gent, pp. 840-862.

Boone, M. [2010] *A la recherche d'une modernité civique : la société urbaine des anciens Pays-Bas au bas Moyen Age*, Bruxelles（ブルゴーニュ公国史研究会訳『中世末期ネーデルラントの都市社会――近代市民性の史的探究』八朔社，2013年）.

Bousmar, E. [2000] La diplomatique urbaine montoise et la spécificité des textes législatifs : bans de police et ordonnances (fin XIIIe-début XVIe siècles). Une mutation, des permanences, in W. Prevenier et Th. De Hemptinne, *La diplomatique urbaine en Europe au moyen âge*, Louvain/Apeldoorn, pp. 45-79.

Bousmar, E. [2001] «Si se garde cascun de méfaire». La législation communale de Mons (Hainaut) dans son contexte régional (XIIIe-XVIe siècle). Sources, objets et acteurs, in J.-M. Cauchies et E. Bousmar (dir.), *«Faire bans, edictz et statuz» : légiférer dans la ville médiévale. Sources, objets et acteurs de l'activité législative communale en Occident ca. 1200-1550. Actes du colloque international tenu à Bruxelles les 17-20 novembre 1999*, Bruxelles, pp. 153-181.

Bruwier, M. [1952] Aux origines d'une institution : baillis et prévôts de Hainaut du XIIe au XIVe siècle, *Anciens Pays et Assemblées d'Etats*, t. 3, pp. 93-124.

Bruwier, M. [1963] L'administration d'une principauté au Moyen Age : le Hainaut, *Bulletin du crédit communal de Belgique*, n. 63, pp. 5-12.

Bruwier, M. [1970] Le domaine des comtes de Hainaut du Xe au XIIIe siècle, in *Gouvernement des Principautés au Moyen Age* (*Revue de l'Université de Bruxelles*, mai-juillet 1970, n°. 5, n° spécial), pp. 491-509.

第1章　ブルゴーニュ公国形成期における都市と領邦君主　　　　　　　　　　　31

Caffiaux, H. [1877] *Mémoire sur la charte de la Frairie de la Halle Basse de Valenciennes (XIe et XIIe siècles)*, Paris.

Cattier, F. [1893] *Evolution du droit pénal germanique en Hainaut jusqu'au XVe siécle*, Bruxelles.

Cauchies, J.-M. [1976] Un épisode d'une lutte séculaire pour la primauté en Hainaut : Mons et Valenciennes devant le Grand Conseil de Philippe le Bon, *Revue du Nord*, t. 58, pp. 141-142.

Cauchies, J.-M. [1981] Centralisation judiciaire et particularismes : les procédures de recours en Hainaut au début des temps modernes, in H. Hasquin (éd.), *Hommages à la Wallonie. Mélanges d'histoire, de littérature et de philologie wallonnes offerts à Maurice A. Arnould et Pierre Ruelle*, Bruxelles, pp. 45-64.

Cauchies, J.-M. [1982] *La législation princière pour le comté de Hainaut. Duc de Bourgogne et premiers Habsbourg (1427-1506). Contribution à l'étude des rapports entre gouvernants et gouvernés dans les Pays-Bas à l'aube des temps modernes*, Bruxelles.

Cauchies, J.-M. [1984] Services publics et législation dans les anciens Pays-Bas. Questions d'heuristique et de méthode, in *L'initiative publique des communes en Belgique. Fondements historiques (Ancien Régime), 11e colloque international, Spa 1-4 sept. 1982, Bruxelles*, Bruxelles, pp. 639-691.

Cauchies, J.-M. [1988] Les chartes-lois dans le comté de Hainaut (XIIe-XIVe siècle) : essai de bilan, in *Charte de Beaumont et les franchises municipales entre Loire et Rhin. Actes du colloque organisé par l'Institut de recherche régionale de l'Université de Nancy II (Nancy, 22-25 septembre 1982)*, Nancy, pp. 185-205.

Cauchies, J.-M. (éd.) [1989] *Sainte Waudru devant l'histoire et devant foi. Recueil d'études publié à l'occasion du treizième centenaire de sa mort*, Mons.

Cauchies, J.-M. [1996a] Valenciennes et les comtes de Hainaut (milieu XIIIe-milieu XVe siècle), in L. Nys et A. Salamagne (dir.), *Valenciennes aux XIVe et XVe siècles. Art et Histoire*, Valenciennes, pp. 67-88.

Cauchies, J.-M. [1996b] Jean d'Avesnes, comte de Hainaut (1280-1304), législateur en son temps, in *700 ans de franchises à Mons : les privilèges de Jean d'Avesnes (1295). Actes du colloque du 14 octobre 1995 (Annales du cercle archéologique de Mons*, t. 77), pp. 17-30.

Cauchies, J.-M. [1997] Mons et Valenciennes devant le Grand Conseil du duc de Bourgogne : un conflit de longue durée (1394-1446), *Bulletin de la Commission royale des anciennes lois et ordonnances de Belgique*, t. 38, pp. 99-171.

Cauchies, J.-M et Bousmar, E. (dir.) [2001] *«Faire bans, edictz et statuz» : légiférer dans la ville médiévale. Sources, objets et acteurs de l'activité législative communale en Occident ca. 1200-1550. Actes du colloque international tenu à Bruxelles les 17-20 novembre 1999*, Bruxelles.

Cauchies, J.-M. [2010] Franchises et conscience villageoise en Hainaut aux XIIe-XIIIe

siècles : une ésquisse, in J.-M.Yante et A.-M. Bultot-Verleysen (éd.), *Autour du «village». Etablissements humains, finages et communautés rurales entre Seine et Rhin (IVe-XIIIe siècles)*. Actes du colloque international de Louvain-la-Neuve, 16-17 mai 2003, Louvain-la-Neuve, pp. 431-441.

Cauchies, J.-M. [2011] Valenciennes, ville «en Hainaut» sans être «du Hainaut», ou comment se forger un droit à la lumière de la mémoire..., in *Le gouvernement des communautés politiques à la fin du Moyen Age. Entre puissance et négociation : villes, finances, état*. Textes réunis par C. Leveleux-Teixeira, A. Rousselet-Pimont, P. Bonin et F. Garnier, Paris, pp. 31-41.

Cellier, L. [1873] Une commune flamande. Recherches sur les institutions politiques de la ville de Valenciennes, *Mémoires historiques sur l'arrondissement de Valenciennes publiés par la Société d'agriculture, sciences et arts*, t. 3, pp. 27-387.

De Cant, G. [1995] *Jeanne et Marguerite de Constantinople, comtesses de Flandre et de Hainaut au XIIIe siècle*, Bruxelle.

De Keyser, W. [1996] Jean d'Avesnes et la ville de Mons à la fin du XIIIe siècle, in *700 ans de franchises à Mons : les privilèges de Jean d'Avesnes (1295). Actes du colloque du 14 octobre 1995* (Annales du cercle archéologique de Mons, t. 77), pp. 31-143.

Delcambre, Et. [1927] L'Ostrevent du IXe au XIIIe siècle, *Le Moyen Age*, t. 28, pp. 241-279.

Delcambre, Et. [1928] Recueil de documents inédits relatifs aux relations du Hainaut et de la France de 1280 à 1297, *Bulletin de la Commission royale d'Histoire*, t. 92, pp. 1-163.

Delcambre, Et. [1929] *Les relations de la France avec le Hainaut depuis l'avènement de Jean II d'Avesnes, comte de Hainaut, jusqu'à la conclusion de l'alliance franco-hennuyère (1280-1297)*, Mons/Frameries.

Deligne, C. [2007] Petites villes et grands marchands? Pour une reconsidération de l'histoire des villes hainuyères (XIIIe-XIVe siècle), in Ch. Deligne et C. Billen, *Voisinages, coexistences, appropriations. Groupes sociaux et territoires urbains (Moyen Age-16e siècle)*, Bruxelles, pp. 255-284.

Dessier-Nagels, Fr. [1962] Valenciennes, ville carolingienne, *Le Moyen Age*, t. 68, pp. 51-90.

Devillers, L. [1867] Les foires de Mons, *Annales du cercle archéologique de Mons*, t. 7, pp. 236-296.

Dhondt, J. [1945] Note critique sur les comtes de Hainaut au dixième siècle, *Annales du cercle archéologique de Mons*, t. 59, pp. 123-144.

Duvivier, Ch. [1865] *Recherches sur le Hainaut ancien du 7e au 12e siècle*, Bruxelles (réimp. Bruxelles, 1981).

Genicot, L. [1947] Le premier siècle de la < curia > de Hainaut (1060 env.-1195), *Le Moyen Age*, t. 53, pp. 39-60.

Godding, P. et Pycke, J. [1981] *La Paix de Valenciennes de 1114*, Louvain-la-Neuve.

Hervetius, A.-M. [1991] Avant la ville. La campagne : recherches sur les paroisses primitives et les domaines anciens autour de Mons en Hainaut, in J.-M. Duvosquel et A. Dierkens (éd.), *Villes et campagnes au Moyen Age. Mélanges Georges Despy*, Liège, pp. 367-381.

Lacroix, A. (pub.) [1846] *Guerre de Jean d'Avesnes contre la ville de Valenciennes et mémoires sur l'histoire, la juridiction civile et le droit public, particulièrement des villes de Mons et de Valenciennes. XIe-XVIIIe siècle*, Bruxelles.

Lancelin, H. [1933] *Histoire de Valenciennes depuis ses origines*, Valenciennes.

Lejeunne, Th. [1887] *Histoire de la ville de Binche*, Binche.

Nazet, J. [1968] L'apparition des chartes-lois dans le comté de Hainaut : Soignies (1142), *Annales du cercle archéologique et folklorique de la Louvière et du Centre*, t. 6, pp. 85-132.

Piérard, Ch. [1969] Le développement territorial de Mons et ses virtualités économiques ou les occasions manquées, in *Le Hainaut français et belge*, Mons, pp. 45-61.

Piérard, Ch. [1975] L'hôtel de ville et la Grand-Place de Mons, in *L'hôtel de ville et la vie communale*, Mons, pp. 31-59.

Piérard, Ch. [1983] Mons, in H. Hasquin (dir.), *Communes de la Belgique. Dictionnaire d'histoire et de géographie administrative*, 4 vols., Bruxelles, t. 2 p. 1011.

Piérard, Ch. [1990] La prévôté de Mons (fin XVe-début XVIIe siècle), in J. M. Duvosquel(éd.), *Album de Croÿ*, t. 6, Bruxelles, pp. 15-34.

Platelle, H. (dir.) [1982] *Histoire de Valenciennes*, Valenciennes.

Platelle, H. [1987] La prévoté-le-comte de Valenciennes et la châtellenie de Bouchain, in J.-M. Duvosquel (éd.), *Albums de Croÿ*, t. 7, Bruxelles, pp. 15-37.

Poncelet, E. [1952] Le soulèvement de Maubeuge en 1193 et les premiers sceaux de la commune, *Mélanges Georges Smets*, Bruxelles, pp. 149-156.

Scuffraire, A. [1950] Les serments d'inauguration des comtes de Hainaut (1272-1427), *Anciens Pays et Assemblées d'Etats*, t. 1, pp. 79-132.

Van Haudenard, M. [1943] Chartes-lois accordées aux échevinages soumis au chef-lieu de Mons en Hainaut (1396-45), *Bulletin de la Commission royale d'Histoire*, t. 108, pp. 61-126.

Vaughan, R. [1970] *Philippe the Good*, Woodbridge.

Verriest, L. [1901] Trois chartes inédites, *Bulletin de la Commission royale d'Histoire*, t. 78, pp. 1-22.

Verriest, L. [1916-17] *Le régime seigneurial dans le comté de Hainaut du XIe siècle à la Révolution*, Louvain.

Wauters, A. [1875] Le Hainaut pendant la guerre du comte Jean d'Avesnes contre la ville de Valenciennes (1290-1297), *Bulletin de la Commission royale d'Histoire*, t. 2, pp. 295-342.

Yante, J.-M. [2013] Places et sociabilité urbaine en Hainaut (XIIIe-XVe siècle), in A. Dierkens et al. (pub.), *Villes et villages. Organisation et représentation de l'espace*, t.

2, pp. 989-998.

Zylbergeld, L. [1983] Les villes en Hainaut au moyen âge. Origines et premiers développements (XIe-XIIIe siècles), in J.-M. Cauchies, et J.-M. Duvosquel (éd.), *Recueil d'études d'histoire hainuyère, offertes à M.-A. Arnould*, 2 vols., Mons, t. 1, pp. 141-186.

邦語

齋藤絅子 [1992]『西欧中世慣習法文書の研究 —— 「自由と自治」をめぐる都市と農村 ——』九州大学出版会。

齋藤絅子 [1999]「中世後期エノー伯領の農村共同体 —— 首邑慣習法文書と「自由と自治」——」『人文科学研究所紀要』（明治大学）第 44 冊，pp. 131-148.

齋藤絅子 [2001]「中世後期エノー伯領の農村共同体 —— ヴァランシエンヌの首邑慣習法文書と「自由と自治」——」『人文科学研究所紀要』（明治大学）第 48 冊，pp. 179-191.

齋藤絅子 [2002]「慣習法文書をめぐる最近の研究動向 —— 西欧中世における「権力と自由」——」『アジア文化研究 別冊』(ICU) pp. 245-257.

齋藤絅子 [2004]「慣習法文書としてのモンスの特権」藤井美男・田北廣道（編著）『ヨーロッパ中世世界の動態像 —— 史料と理論の対話 ——』九州大学出版会，pp. 189-209.

齋藤絅子 [2007]「13 世紀末モンスにおける移住者と都市共同体」『駿台史学』第 132 号，pp. 1-22.

齋藤絅子 [2011]「ヴァランシエンヌの「平和規約」(1114) —— ロマンス語訳 (1275) 作成の背景 ——」『駿台史学』第 142 号，pp. 139-152.

齋藤絅子 [2013]「中世エノー伯領における共同体の「自由」と制定法」『駿台史学』第 14 号，pp. 101-125.

田口正樹 [2002]「エノー伯ジャンとドイツ国王裁判権」『北大法学論集』第 52 巻第 5 号，pp. 1405-1452.

第2章

15世紀中葉フィリップ=ル=ボンの対都市政策
―― ブラバント都市ブリュッセルの事例を中心に ――

藤 井 美 男

はじめに

　筆者は，2007年の拙著（藤井［2007a］）において形成期ブルゴーニュ国家と中世都市ブリュッセルとの関係を，領邦国家財政の制度進化という視点から取りまとめ，形成期近代国家の財政運営へ都市の経済・財政が組み込まれていく過程を論じた。続く論稿では，ブリュッセルの市政構造の史的変遷を明らかにした上で（藤井［2007b］），第3代ヴァロワ家ブルゴーニュ公のフィリップ=ル=ボン治世期に至るブラバント公領の統治組織，ブラバント顧問院の成立過程を瞥見し（藤井［2010］），他方で，アンマンやドロッサールといったその他の政権装置の機能と意義を概観しながら，フィリップ=ル=ボン期の市外市民をめぐる紛争事例とその背景・顛末を辿ることによって（藤井［2011］），拙著で残した課題の一部を検討した。それらは，1980年代から主としてヨーロッパ学界で生起してきた「近代国家形成史」に関わる主要論点――「徴収と分配」及び「都市・市民と国家」――への貢献を念頭に置いたものであった[1]。

　本論は，主として上記後段の議論の延長線上に位置している。とりわけ前稿で十分に検討し得なかった部分に関して，15世紀半ばを中心論点の時期として絞り，集権的国家政策を目指したフィリップ=ル=ボンの権力[2]とブリュッセルの都市的特権との接触状況を浮き彫りにすることで，中世後期に

---

1) それ以外の論点を含め「近代国家形成史」に関する学界状況については、ひとまず拙著（藤井［2007a］pp. 151-177）を参照されたい。

おける君主権と都市との関係性を改めて明らかにしようというのである。14-15世紀におけるブラバント公（ブルゴーニュ公）とブリュッセルとの関係については，1950年代まで，公の宮廷たる地位を確認することでそのブラバント公領の首都的性格が強調されてきたが[3]，中世都市の外部諸権力との関わり合いを正面から据えて議論した第4回ブラバント都市史学会を経て[4]，社会・経済的，財政的なその成長を再確認する中で[5]，宮廷都市という単なる受動的な捉え方から，都市自治の拡大，他都市あるいは周辺農村への影響力増大といった論点を組み入れつつ，それまでの見方を再検討する研究潮流が現れ[6]，その後に続いている[7]。

　以下ではまず，一部再論を含めブラバント公の統治組織——主として裁判機能のそれ——の在りようを整理し，次いでブリュッセルの対外的特権——市外市民と参事会証書にその基礎を置く——の諸相について検討した上で，1440年代から1460年代にかけて見られるフィリップ=ル=ボンの都市政策とその変遷を明らかにしていく。

　本論は，こうした作業を通じて，前々稿から引き継いできた課題を補完し

---

2) 南部本領と北部ネーデルラントに大きく分かれた，モザイク的領邦国家たるブルゴーニュ公国の集権化と一体性追求に関わる史学史的議論は，なお古くて新しいものであり続けている。残念ながらこれについて本論で詳述する紙幅はないので，最新のものを含めひとまず豊富な研究蓄積の一端を挙げるに留める。Blockmans [1980]：[1985a]：[1988a・b]：[1994]：[1997]：[1999]/Cauchies[2010]/Schnerb [1999]/Stein [2014].
3) 例えば次の諸論を見よ。Henne [1845] t. 1, p. 96/ Des Marez [1927]/Kerremans [1946]/Bonenfant [1953]/Martens [1953]：[1954].
4) 1974年に開催されたこの学会の会議録は翌年に刊行された。De Brabantse Stad [1975] の諸論を参照されたい。
5) ディックステイン=ベルナールの仕事（Dickstein-Bernard [1976]：[1977]：[1979]）を見よ。
6) そうした研究として，Martens [1973]/Godding [1975]/Baerten [1979]/Bartier [1979]/Decavele[1979]/Dickstein-Bernard [1989]/Smolar-Meynart[1985]/Billen [1995] が挙げられる。なお，上級権力と都市との関係という点で浮上してくる個々の側面については，次節以降該当箇所で必要な研究史の素描を行う。
7) 例えば，ブルゴーニュ公統治期における財政負担という視点から，身分制議会でのブリュッセルの位置づけに関する言及（Stein [2014] pp. 256-257）を見よ。

つつ総合化を試みる，いわば一応の完結編を目指そうとする論考である[8]。

I. ブラバント公の統治組織

すでに旧拙稿（藤井［2010］：［2011］）において，ブラバント公の主要な政権装置のうち，アンマンとブラバント顧問院，ドロッサールの三者については各々概要を論じた。詳細はそれらに譲るとし，以下まず前二者を簡単に整理して述べるとともに，本論後段での行論に必要な限りで，他の統治組織についても論じていこう。

(1) アンマン

まず，アンマンとは，10世紀末に遡るブリュッセル伯領の城代職を出発点とし，都市ブリュッセル周辺の広大な統治領域アマニー（図1参照）を掌握するブラバント公の代官職である（Bonenfant［1934］pp. 23-31）。13世紀半ばからは，ブリュッセル都市貴族がその地位を獲得するようになったこともあり，14世紀半ばまでにはブリュッセル内外の司法権限がその手中で次第に強化され，市内の治安維持を担うとともに，ブリュッセル市民権保持者に対する司法権執行も都市当局と連携して担うようになった。しかし，公の代官でありかつ都市の司法・行政担当者でもあるというアンマンの二面性は，15世紀前半にブラバント公ジャン4世（1415-1427年在位。以下同）と，また16世紀前半ブルゴーニュ公マリー＝ド＝ブルゴーニュ（1477-1482年）と対立状態に陥った際のブリュッセルにとっては，両刃の剣ともなった点には留意が必要である[9]。

---

8) そういった性格上，以下の行論において既刊の拙稿と重複する場合がしばしばある。もちろんその都度該当部分を明記して示すが，ここで予め御海容を願いたい。
9) 以上，藤井［2011］pp. 123-125/Godding［1975］p. 127/Smolar-Meynart［1963］pp. 238-239：［1981］p. 234を見よ。なお，以下ブラバント公とブルゴーニュ公に関わる家系図については，図2参照。

Smolar-Meynart [1991] p. 547 より筆者作成。

図1　中世後期ブラバント公領の各統治領域

(2) ブラバント顧問院

　1430年のフィリップ゠ル゠ボン（1430-1467年）の登位以前，ブラバント公の政権基盤は脆弱で必ずしも十分な統治組織を有していたわけではない。特に司法組織の脆弱性は否めず（Godding [2001] pp. 103-104），14世紀を通じて次第に貴族たちが顧問官となって活動を開始してはいたものの，それはまだ一つのまとまった政権運営装置へと昇華するに至っていなかった。15世紀初頭に公アントワーヌ（1406-1415年）が，自身が領内不在時に活動す

第2章 15世紀中葉フィリップ=ル=ボンの対都市政策

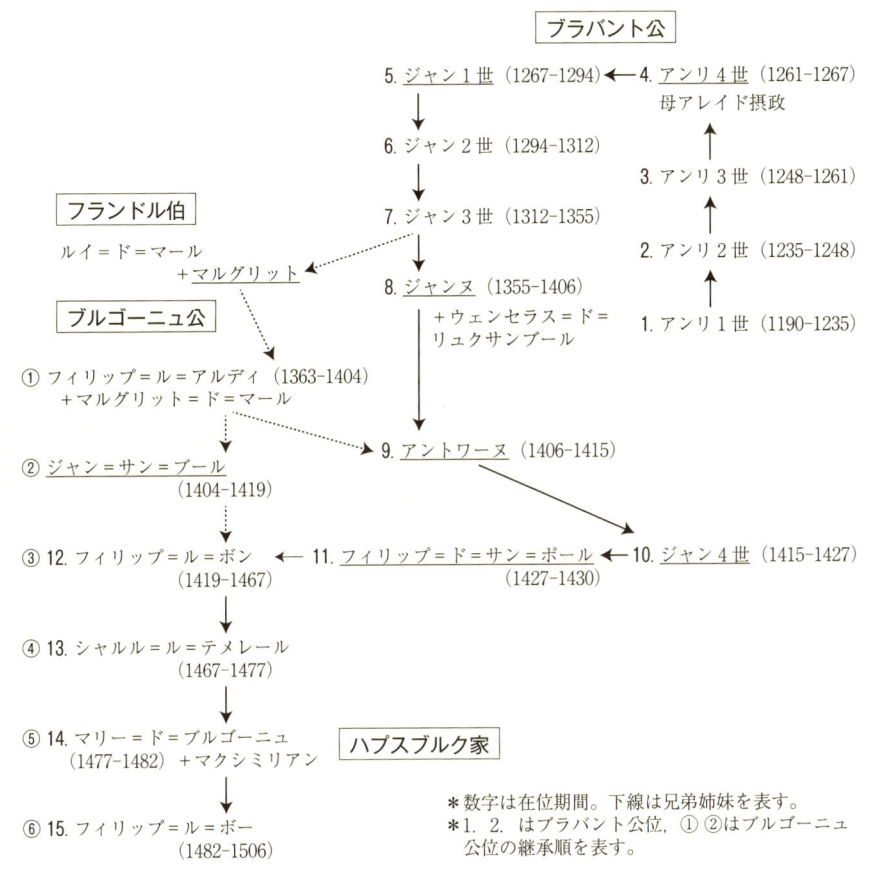

```
                            ブラバント公
                5. ジャン1世（1267-1294）← 4. アンリ4世（1261-1267）
                        ↓                    母アレイド摂政
                6. ジャン2世（1294-1312）      ↑
                        ↓                3. アンリ3世（1248-1261）
  フランドル伯   7. ジャン3世（1312-1355）      ↑
   ルイ=ド=マール        ↓                2. アンリ2世（1235-1248）
      +マルグリット← 8. ジャンヌ（1355-1406）    ↑
  ブルゴーニュ公        +ウェンセラス=ド=   1. アンリ1世（1190-1235）
                       リュクサンブール
① フィリップ=ル=アルディ（1363-1404）
   +マルグリット=ド=マール
                    ↘
② ジャン=サン=プール → 9. アントワーヌ（1406-1415）
      （1404-1419）                              ↘
③ 12. フィリップ=ル=ボン ← 11. フィリップ=ド=サン=ポール ← 10. ジャン4世（1415-1427）
      （1419-1467）         （1427-1430）
         ↓
④ 13. シャルル=ル=テメレール
      （1467-1477）
         ↓
⑤ 14. マリー=ド=ブルゴーニュ    ハプスブルク家
      （1477-1482）+マクシミリアン
                         ＊数字は在位期間。下線は兄弟姉妹を表す。
⑥ 15. フィリップ=ル=ボー      ＊1. 2. はブラバント公位，① ②はブルゴーニュ
      （1482-1506）             公位の継承順を表す。
```

図2　家系図（12世紀末〜16世紀初頭）

る統治機関として顧問院創設を構想したのを皮切りに，1410年代にその息子ジャン4世が初の組織体として執政顧問院を設置し，やがてその中で中枢を占める顧問官たちが，常任顧問院を構成するようになった。そして，諸都市と対立を繰り返したジャン4世に代わり，公弟フィリップ=ド=サン=ポール（1427-1430年）が都市寄りの'新体制' Nieuw Regiment を敷いた1420年代には[10]，常任顧問院と大貴族の構成する政務顧問院とが公領統治機関として並存する状態となった（Vanrie [2000] pp. 77-78）。

やがて，1430年にフィリップ=ル=ボンが統治を開始すると，ひとまず

公は上記両顧問院体制を維持する一方で，7名の高位貴族からなる政務顧問院に官房長を置くなど一定の刷新を行っている。しかしながら，1431年以降それは殆ど活動実態を持たなくなり，常任顧問院を補佐するだけの組織となっていく（Godding [1999] pp. 74-76）。

一方の常任顧問院は1431年6月以降，その構成が上層市民と小貴族という特徴を示すようになり，しかも政務顧問院が形骸化した結果，ブラバント公唯一の司法統治組織たるブラバント顧問院へと変貌を遂げる（Godding [2006] pp. 20-23）。身分制議会と都市参事会への配慮から，当初裁判特に上級審に限定されていたその機能は，フィリップ＝ル＝ボン治世から時間を経るにつれて拡大し，かつては管轄外だった裁判領域にまで及ぶようになった。こうして，1430年以降ブラバント公領の行政・司法全体は，以下で述べるいくつかの組織とともに，官房長と顧問院に大きく依存する体制を敷くことになるのである[11]。

(3) 上級統治官

ブラバント公領全域にまたがる統治組織として，顧問院に加え，ドロッサール，森林長官と狩猟長官[12]という3大官職——上級統治官と呼ぶ——を挙げることができる（Smolar-Meynart [1991] pp. 9 sqq.）。

---

10) '新体制' とは，15世紀初めジャン4世が行った専横的な統治に対し，諸都市が反抗を企て，やがて摂政となった公弟のフィリップ＝ド＝サンポールが，ジャン4世派の都市貴族を排して，手工業者寄りの都市特権を認める改革を行った結果実現した，1420年代以降の状況を指す。これについて詳細は，藤井 [2007] p. 231/Martens [1953] pp. 35-36/Uyttebrouck [1980] pp. 224-240/Stein [2004] pp. 167-169/Godding [2006] pp. 12-14 を参照されたい。

11) 以上の通り，ここではブラバント顧問院成立過程に限定した叙述に留める。その裁判機能の変遷に関しては，拙稿（藤井 [2010] pp. 89-93）に記している。なお，官房長についてここでは詳述する余裕がない。差し当たり，Put [2000] pp. 137-138 を挙げる。

12) 森林に関するブラバント公権の官職と密接に関連し合うものとして，狩猟長官も存在した。紙幅の都合上それについて本論では割愛する。詳細は Smolar-Meynart [1991] pp. 49 sqq., Aerts [2011] pp. 112-114 を参照されたい。

(a) ドロッサール

ドロッサールについてはすでに拙稿で詳述したので，ここではその概略を述べるに留めよう。ドロッサールあるいはセネシャル職はその起源をメロヴィング期に遡るとされ，《家令》を意味する«dapifer»に始まり，12世紀にはブラバント公領の内政・軍事に携わることで，13世紀末までに最上級の司法・統治権限を持つに至った官職である（藤井 [2011] pp. 125-127）。

13世紀から14世紀にかけて有力貴族による世襲から任免制へと変遷を見せる一方，15世紀初めに公アントワーヌが前述の顧問院を創設した際，官房長と並ぶ地位にドロッサールを据えている。しかし，15世紀前半フィリップ＝ド＝サン＝ポールによる'新体制'のもとでは，身分制議会の影響を強く受けたためその権威が揺らぐこととなった。その後，フィリップ＝ル＝ボン期になると，再びブラバント公の官房長と並ぶ任務をあてがわれ，しかもナッサウ家が16世紀前半までドロッサール職を世襲することとなる（表1参照）[13]。

(b) 森林長官

森林長官とは，当初ソワーニュの森（図1参照）を管理する役職として発展し，やがて公領内の森林に関して最上級の統治・司法権を持つに至った官職である。しかしながら，その起源はドロッサールほど定かではなく，またその組織としての確立もかなり後になってからである。

ブラバント公の家産にとって重要な公領内の森林を管理する役人は，12世紀前半から在地の森林官として複数その姿を認めることができ，13世紀には公領南部を含め多数の森林官の存在が看取される[14]。しかし，それら在地の役人を統括する者としての長官が出現するのは13世紀末に至ってのことである。それは，ソワーニュの森の経済的・財政的重要性をブラバント

---

13) なお，本来農村を司法管轄とするドロッサールであるが，ヴァン＝アウトフェン事件（後述）に見られる通り，市外市民に関係した裁判では都市民を訴追することもあった（Smolar-Meynart [1963] p. 2/藤井 [2011] pp. 138-143）。

14) 1225年アンリ1世（1190-1235年）の命令では森林官への言及が，また，1290年ジャン1世（1267-1294年）の命令においては森林官の任命に関する言及が確認できる，という（Smolar-Meynart [1991] p. 40, n. 114）。

表1 15〜16世紀ブラバント公のドロッサール

在職年	氏　　名	在職年	氏　　名
1399-1402	Jean d'Immerzeel	1420-1421	Guillaume de Montenaken
1402	Jean de Glymes	1421-1422	Jean de Wittem
1403-1404	Henri de la Lek	1422-1427	Jean de Glymes
1405-1406	Henri de Hornes	1427-1428	Guillaume de Sayn
1406-1412	Guillaume de Sayn	1428-1430	Jean de Rotselaer
1412-1416	Henri de Bergen	1430-1431	Jacques de Gaasbeek
1416-1418	Jean de Rotselaer	1431-1436	Jean de Hornes
1418	Jean de Wezemael	1436-1441	Jean de Nassau
1418-1419	Jean de Rotselaer	1441-1442	Pierre Mouillaert
1419	Corneille de Liedekerke	1442-1475	Jean IV de Nassau
1419	Jacques de Gaesbeek	1475-1504	Englemert II de Nassau
1419-1420	Renier de Berg	1504-1538	Henri III de Nassau

Smolar-Meynart [1991] pp. 527-528 より作成。

公が認識した結果でもあった[15]。とはいえ，長官と思しき最初の人物はフランコン゠ド゠パルクとジャン゠ド゠ブースダールの2名で，ジャン3世（1312-1355年）の封与による職位という以外詳細は不明とされる（Smolar-Meynart [1991] pp. 41-42)[16]。

その後森林長官の職名が再度史料に浮上するのは1351年である（Smolar-Meynart [1991] pp. 42-43)。女公ジャンヌ（1355-1406年）期には世襲制から任免制へと変更され，その中で森林長官となった者は14世紀末までに少なくとも6名を挙げることができる[17]。15世紀に入ると再び封として与えられる官職となり，その地位を得たのがフィリップ゠ヒンカールト1世という貴族であった（Smolar-Meynart [1991] p. 72)。その後ヒンカールト家は，4代にわたり森林長官職を世襲することとなるが[18]，15世紀半ば以降再び森林長官は任免官職制となって，それはシャルル゠ル゠テメレール期（1467-

---

15) 1284年に，ソワーニュの森での木材伐採区域の設定や，木材価格の設定，木材運搬の役務賦課などを統括する機能を負うのが森林長官とされたのである（Smolar-Meynart [1991] p. 41)。

16) ただし，フランコンは1311年に《Forstarius domini ducis》の肩書で言及されている，という（Smolar-Meynart [1991] p. 42, n. 122)。

表2 14～16世紀ブラバント公の森林長官

在職年	氏　　名	在職年	氏　　名
1311	Francon de Park	1443-1458	Jean II Hinckaert
1351-1356（?）	Gérard de Malines	1458-1468	Philippe II Hinckaert
1357-1373	Lionnet de Wezembeek	1468-1479	Guillaume de Stakenborch
1374-1375	Jean de Wittem	1479-1482	Augustin vanden Eynde
1376-1389	Jean Clutinc	1482-1489	Gautier de Carloo
1389-	Jean Daneels	1489-1490	Henri Taye
1392-1397	Jean II de Wittem	1490-1504	Thierry de Heetvelde
1398-1405	Siger Tserarnts	1505-1507	Jean de Heetvelde
1405-1419	Philippe I Hinckaert	1507-1516	Thierry de Heetvelde
1419-1443	Jean I Hinckaert		

Smolar-Meynart［1991］pp. 529-530 より作成。

1477年）に至って定着することとなる（Smolar-Meynart［1991］pp. 73-74）。

(4) 領域管轄官

ブリュッセルがブラバント公領の7大都市の1つとして成長し[19]，前述のアンマン管轄区域とともにその影響権を拡大する中で（Bonenfant［1934］pp. 30-31），14世紀以降次第に公領の他地域においても農村を対象とする裁判領域が形成されていった[20]。最終的にそれは，6つの領域管轄区となり（図2参照），それぞれの司法的統括者は，ブリュッセルのアンマンを筆頭

---

17) 以下森林長官の氏名と任期について表2にまとめた。なお，14世紀最後の森林長官シジェル＝ツェランツは，当初任免の職位とされた後に終身での任命を受けている。しかし，1405年にはフィリップ＝ヒンカールト1世にその地位を譲らねばならなかった，とされる（Smolar-Meynart［1991］p. 72）。ちなみに，騎士身分のジャン＝ツェランツなる人物が，1405-1406年と1412-1413年の2度ブリュッセルの参事会に名を連ねている事実は（Laurent［2010］pp. 58-59），アントワーヌ統治期におけるツェランツ家系の地位を示しており興味深い。
18) ジャン＝ヒンカールト2世が森林長官だった時，本章後段で詳述するモルクマン事件が勃発する。
19) 他は，レウヴェン・アントウェルペン・ス＝ヘルトーヘンボス・ティーネン・ザウトレーウ・ニヴェルの6都市である（Van Gerven［1998］pp. 389-390）。

に，レウヴェンのメール，ティーネンのメール，ワロン・ブラバントのバイイ，アントウェルペンのマルグラーヴ，ス＝ヘルトーヘンボスの上級エクテートであった[21]。彼らには，犯罪者に対する捜査・逮捕・拘留権が付与され，またブラバント公の命令を発布する任務など大きな権能を保持した。そのため，狩猟場や森林，水流の保全，放浪罪の抑止などの活動分野で，前述の上級統治官たちに対してさえ領域管轄官の営為に対する尊重がうたわれた。もちろん，彼らの下部には区域管轄官とも言えるメール，バイイ，エクテートが配され，更に地区管轄官とも言える下級メール，在地森林官，村代官たちが存在していた（表3参照）(Smolar-Meynart [1991] pp. 362-363)。

　領域管轄官たちの活動範囲は，上級統治官たちのそれらとしばしば重なり合った。都市を除いてブラバント公領全体にわたるドロッサールの刑事司法権を（藤井 [2011] p. 127)，また，森林や狩猟に関係する営為と犯罪に対する執行権限を考えればそのことは容易に理解できる。時に両者は協力し合うこともあったが[22]，両者間で権限分掌が必ずしも穏便に行われたわけではない。違法者の断罪とその財産処理をめぐって，両者が争う場合がしばしばあった[23]。逆に，森林長官などの権限に対する領域管轄官や区域・地区管轄官の越権行為も少なからず見られた。森林長官の権限を侵す形で，罰金徴収などを行った事例がある一方で，森林経営に関する裁判権の執行に際し

---

20) こうした司法的管轄領域は，フランス王権やその影響が強い隣接領邦でのバイイ管区に相当すると考えてよい。これについては，例えば Nowé [1928]/Bruwier [1952]/Guenée [1961]/Van Rompaey [1967]/Demurger [1980] を参照されたい。

21) ブラバント公領の地域形成史に関する比較的最近の研究として，ス＝ヘルトーヘンボス管轄区の初期史を論じた Steurs [1993] がある。こうした分野でのより一般的な叙述としては，古典的な研究を含め，Jansen [1946]/Dhondt [1952]/Steurs [1973]/Avonds [1982] が挙げられよう。

22) 例えばティーネンのメールは，3人の安全護送違反者をザウトレーウの法廷へ引き立てる際，その権威が非力であったためドロッサールの助力を得ている (Smolar-Meynart [1991] p. 368, n. 106)。

23) ドロッサールについては，1460年頃に2つの事例が看取される。ドロッサールが断罪した者の財産差押えをめぐって，ワーテルマールのメールとアントウェルペンのマルグラーヴとの間に対立が生じたため，ブラバント顧問院が介入し，いずれもドロッサール側の主張が認められている，という (Smolar-Meynart [1991] p. 368, n. 109)。

表3 ブラバント公領の6領域管轄官とその配下役人

(1)	(2)	(3)	(4)	(5)	(6)
Bruxelles	Leuven	Tienen	Brabant wallon	Antwerpen	's-Hertogen-bosch
アンマン	メール	メール	バイイ	マルグラーヴ	上級エクテート
メール　バイイ　エクテート（区域管轄官） 下級メール，在地森林官，村代官（地区管轄官）						

＊数字は図1に対応

て，区域ないし地域管轄官たちと森林長官側の対立も頻繁に見られるのである[24]。

　ブラバント公の統治機構において，最終的に末端へ至る統治・裁判権限がこのように不分明な境界領域を保ったまま推移したことが，後述する公権による対都市政策をいっそう複雑かつ困難にしていったことに，ここで留意しておかねばなるまい[25]。

[24) 1470年頃に，ソワーニュの森での違法伐採を独断処理したとして，あるメールが森林長官をブラバント顧問院へ訴え出たという例が見られる。これは森林長官側の勝訴となり，この時顧問院は，森林に関する裁判権がすべて森林長官に属すことを確認している。また逆に，本来森林長官の権限であるはずの修道院所領に対する介入が，バイイなどによって行われた事例も見ることができる（Smolar-Meynart [1991] pp. 369-370）。

25) 15世紀前半からのドロッサールの権威低下は（藤井 [2011] p. 127），すべての司法官をブラバント顧問院ないし会計院へ服属させる，という1459年のフィリップ＝ル＝ボンの命令に繋がり（Smolar-Meynart [1991] p. 367, n. 103），それは更に1469年のシャルル＝ル＝テメレールの命令へと至る。後者は，ドロッサールの職権を初めて明確にすると同時に，領域管轄官たちのそれとを完全に分離する内容を含んでいた。端的に言えば，前者は大権侵害や重大犯罪と浮浪罪を取り扱い，後者は通常犯罪（刑事）と民事事件を処理するという仕分けである。とはいえ現実には，両者の権限が完全に分離されることはなかった（Smolar-Meynart [1962] pp. 362-365）。15世紀後半シャルル＝ル＝テメレールの死とその後の混乱期に，領域管轄官たちがドロッサールに対して権限分掌を再確認しようとしたが，ドロッサールはそれを拒んでいる。2つの司法組織は16世紀に入っても相互介入を続け，16世紀半ば以降になって次第に解消されていく，という。また，森林長官とその部下が森林経営に関する裁判権を広く執行することで，区域，地区管轄官たちの反発を買うという状況は18世紀まで続くのである（Smolar-Meynart [1991] pp. 370-372）。

II. ブリュッセルの特権

(1) 市外市民

　市外市民（制）bourgeois forain, buitenpoorter とは，都市法域外に居住しながら市民権を有する者及びその制度を指す。中世ヨーロッパにおいて南ネーデルラントはそれが広く発達した地域として知られ（Godding [1987] pp. 60-61）[26]，戦前には散発的な研究状況だったものが，1950年代以降ベルギー都市史研究の重要な一角を占める対象となった[27]。1970年代までは，市外市民の制度的探究・人口把握・地理的分布といった，どちらかといえば基礎的な領域の解明にとどまっていたが[28]，第4回ブラバント都市史学会が一つの転機となった[29]。それ以降，都市と上級権力との関係という視点から改めて光が当てられるようになったのである[30]。

---

[26] フランドル伯領を典型例として（Boone [1996] p. 714），高度な都市化と稠密な人口という条件が南ネーデルラントで市外市民制を発展させることになったことは疑いない。なお，南ネーデルラントの市外市民の義務と特権については，前稿で概要を記している（藤井 [2011] pp. 129-133）。

[27] 1940年代までの研究については，Vander Linden [1933]／Prims [1936]／Huys [1938]／Verriest [1940]／Gorissen [1948] を見よ。我が国でもドイツ都市に関する研究に続き（瀬原 [1962]／林 [1984]），南ネーデルラントの市外市民制についていくつか考察が加えられてきた（藤井 [1985]：[1987]／齋藤 [2010]）。なお，市外市民を直接の対象としたものではないが，畑 [2013] によるフランドル都市ブルヘへの市民登録に関する検討もこれに加えられよう。また Marchal [2002] は，ドイツ・フランス・ネーデルラントにおける市外市民制の研究状況を整理・総覧した好著であることを記しておきたい。

[28] その典型的なものとして，フルベーメンによる一連の著作とブリュヴィエの論文をひとまず挙げる（Verbeemen [1957]：[1958]：[1960]：[1963a・b]／Bruwier [1955]）。

[29] 前注4参照。

[30] 例えば，Godding [1975]／Decavele [1981]／Verbesselt [1982]／Maddens [1986]／Thoen [1988] を見よ。また，ヴァロワ家ブルゴーニュ公期のヘントを軸に，公権側が抑圧の対象としたフランドル諸都市の市外市民について研究成果を示した，M. ボーネの諸論をここで特筆しておきたい（Boone [1986]：[1991]：[1996]）。

ここでは 14-15 世紀のブリュッセル市外市民の変遷に絞って概観しよう[31]。起源は不明であるが、この都市で市外市民が出現したのは 13 世紀末頃と考えられており（Calbrecht［1922］p. 159），具体的な氏名が初めて言及されるのは 1339 年である[32]。1356 年に行われたアンマン管区の調査で、ブリュッセル市外市民は約 200 人と数えられている（Bonenfant［1960］/Verbesselt［1982］p. 352）。他都市より多いとはいえ、この時点では大規模とは言えない状況にあった（Godding［1962］p. 4, p. 23）[33]。というのも、一般に市外市民には一定期間の市内居住義務があったからである[34]。これは物的移動を伴うが故に、市外市民権保有者には大きな負担であり[35]，結果的に市外市民拡大の軛となっていた。しかし、市内居住といういわば物的義務は 1377 年に取り払われ、代わって一定額の貨幣納付義務が課されるようになった[36]。これが転機となって、ブリュッセル市外市民の新規登録数は

---

31) 南ネーデルラント全般の市外市民の在りようについては、拙稿（藤井［1985］：［1987］）を参照。なお、ブリュッセル市外市民をめぐって生起する諸問題については、前稿（藤井［2011］pp. 133-136）でも瞥見している。

32) この年に、«Arnould de Kraainem»と«Daniel de Kraainem»という 2 名の騎士についての言及がある（Godding［1962］p. 3）。

33) ただ絶対数の大小はともかくとして、«maisniedeliede»と呼ばれたブラバント公の家人 gens de ménie を含め、14 世紀半ばには一定数の市外市民がアンマン管区に存在するという事実は（Bonenfant［1960］），ブラバント公が領内統治を安泰にすべく市外市民制度を意識的に活用した可能性を示しており（Verbesselt［1982］pp. 351-352）──ここで、エノー伯領の市外市民が「伯の市民」としての存在であった（Dugnoille［1977］/齋藤［2010］p. 156）ことを想起せよ──，このことは、後述する 15 世紀半ば以降の状況──市外市民制が君主から抑制の対象となる──との対比を浮き彫りにしている。他面で、貴族が市外市民となることは、両者がいわば臨機応変の同盟を結ぶという意味を持っていた、とする G. クルトの言も銘記したい（Kurth［1909］pp. 243-244）。なお、市外市民の初期と盛期の状況比較は、その制度的変容過程を知る上で非常に重要である。今後の研究課題であろう。

34) 市内での居住義務や住居設定義務あるいは軍役負担など、南ネーデルラント市外市民の一般的な義務や権利について、詳細は拙稿（藤井［1985］pp. 160-165）を見られたい。

35) ブリュッセル当局の 1348 年の規定では、市外市民は家族と共に 6 週間の市内居住を年間 3 度行うことが定められている（Godding［1962］p. 3）。

36) 年額フィレンツェ貨 2 フロリンで、この額を冬と夏の 2 度に分けて支払うというものである（Godding［1962］pp. 10-11）。

徐々に増加していく[37]。

　残念ながら，15世紀末以前には史料の欠如により定量的な推計は困難ではあるものの（Godding [1962] p. 22）[38]，14世紀末から15世紀前半にかけてブリュッセル市外市民は，北部を中心にブラバント公領のほぼ全域に拡散したことが分かっている[39]。そのことは，すでに言及した通り（藤井 [2011] pp. 135-136），市外市民をめぐって発生するブリュッセルと在地領主層あるいはブラバント公役人との係争の頻発，という形で間接的に示すことが可能である。ブルゴーニュ公フィリップ＝ル＝ボンがブラバント公位を襲った1430年以降，とりわけ1450～60年代においては，後述の如く対都市抑制策が施行されたこともあって，ブリュッセルの市外市民はかなりその数を減じることになるが[40]，マリー＝ド＝ブルゴーニュ期の15世紀末に至って事情が一変する。

　1480年以降にアンマンが作成した新市民登録簿では，氏名・職名と共に出身地が記載されるようになった。そのため，出身地名と職名の有無から市外市民か否かの判別がかなりの確度で可能となるのである。つまり，記された氏名・職名・出身地データの記載の仕方を見ると，職名が記載されておらず，かつ出身地が記されている新規登録者は市外市民と考えられる。他方で，職名のみが記されている場合は市内在住の市民（市内市民）だと想定さ

---

37) 1380年以前のブリュッセル市外市民は，そのほとんどがアンマン管区内に在住していたと想定されている（Godding [1962] pp. 23-24）。

38) 単なる史料の欠如だけではない。1458年以降伝来するアンマンの新市民徴税リストのように，市民登録に関する情報が伝来している場合でも，その中で市内市民と市外市民とを明瞭に区別する指標が記されておらず，そのため，市外市民の実数を補足することが困難となっている（Godding [1962] p. 26）。

39) 北部ではトルハウト，ブレダなど11地域，南部ではリマルやジョドワーニュなど8地域を数える（Godding [1962] p. 25, n. 93）。なお，15世紀末におけるブリュッセル市外市民の分布については，拙稿（藤井 [2011] p. 132）を参照されたい。

40) アンマンの市民登録簿から，市外市民を含め次のような新市民総数が看取できる，という（Godding [1962] pp. 26-27）。1459年213人，1460年258人，1461年171人，1462年127人，1464年102人。1460年を境とした減少は，フィリップ＝ル＝ボンのブラバント諸都市への市外市民権濫用禁止令に起因している。この公令がなかったものとして単純に計算すれば，1460年前後の新規市外市民登録数は年間100名弱と推定される。なお，公権による対都市抑制策は本章第Ⅲ節での主題となる。

れる，ということである[41]。こうして，P. ゴダンによる仔細な検討から，ブリュッセル市外市民は恐らく 1478 年頃から再び増加に転じ，1480 年から 1500 年にかけて最大規模となり[42]，この間年平均 125 人で，20 年間の総数では 2,500 人以上の新規登録数となる，との結論が得られるのである (Godding [1962] pp. 27-32)。

(2) 参事会証書

市外市民と並んで，ブリュッセルが都市法域外へ広くその権限[43]を行使する際に梃子となったのが，（都市）参事会証書 lettre échevinale, schepenbrief である。これは，「……参事会が発行する文書で，定められた形式のもと，当該参事会の前で法行為を行うことを記したもの」である (Godding [1954] p. 308)。つまり，主として私的に交わされる契約内容を参事会が公的に保証する文書である。その意味でそれは一種の「非訟業務」文書であり，「非訟裁治権」あるいは「訴訟外裁治権」juridiction gratieuse を行使するための根拠証書だと言える。別言すれば，広義の「公証」文書である[44]。

南ネーデルラントにおける公訟ないし非訟裁治に関する研究は，1920 年代の H. ネリスの諸論と H. ヴァンデル＝リンデンの史料刊行に遡る[45]。また公証機能を担ったブリュッセルの書記役について，戦後の概観

---

41) これは，15 世紀前半のアントウェルペンに関するものと同様の想定でもある (Verbeemen [1958]/Godding [1962] pp. 28-29)。
42) この間出身地名では，南部と比較して北ブラバントとりわけカンピンヌ地域のそれが圧倒的多数を占めている (Godding [1962] pp. 32-33)。そこはアントウェルペンの方が地理的には近く，より遠いブリュッセルの市外市民となる者が多いということは一見奇妙な現象に思える。しかし，むしろ都市当局からの市民権保有者に対する徴税を忌避しようとする場合には，遠距離在住の方が有利に作用するという点と，強力なブリュッセルの市民権が当該地域居住者にとって一種の保険として捉えられていた可能性とを考慮する必要がある (Godding [1962] pp. 33-35)。
43) ここで，都市が法域外へ行使する権力を S. ストレンジの「パワー」として捉えたい。即ち「パワーとは，単に個人が，あるいは個人の集まりが持つ能力であって，それによって自らの選好を他者の選好より優先させるよう，結果に対して影響力を及ぼすことのできるものをいう」(ストレンジ [1998] p. 38)。これについて国際政治学の分野からするより詳細な考察は，藤井 [2007] p. 7 を参照されたい。

(Bonenfant-Feytman [1949]）とそれを補完すべくヴァン＝フッフェルという具体的な人物に焦点を当てた研究（Martens [1996]）を挙げることができるが，いずれにせよこれらは決して多産な研究領域とは言えない状況にあった[46]。参事会証書についても筆者未見のものを含め，戦後になって主として史料の発掘・刊行という点に主眼を置いた仕事がいくつか見られるものの[47]，包括的な文脈で言及される事例[48]を除けば，それを直接の主題として論じたものは，ブラバント都市に関するゴダンの労作（Godding [1954]）とアントウェルペンを対象にした R. ドゥエールの仕事（Doehaerd [1962]）以外にほとんど見ることはなかった。

しかしながら，20世紀末以降「中世における紛争とその解決」といった視点に対して内外の関心が高まり[49]，それへ随伴するかのように「西欧中世都市と司法実践」あるいは「私的法行為と文書作成」という命題がヨーロッパ学界で注目を浴び（Zorzi [2007] p. 1），幾つかの研究集会の開催と共にその成果も世に問われるようになってきた（Prevenier [2000a]/Chiffoleau [2007]）[50]。その中で南ネーデルラントについては，フランドル伯領の非訟

---

44) 「訴訟外裁治権とは，公的と見なされる主体が，私人間の私的な法行為の効力を保証するもので，その形式はさまざまである。……南の公証人に対して，北の地方では教会，君主，都市などが関与する制度として現われたものとされている」（岡崎 [2010] pp. 141-142）。なお，公証制度自体についてはここでの主題ではないため決して網羅的ではないが，中世のフランス，イタリア及びブルゴーニュ公・伯領に関する邦語での論考として，大黒 [1980]/岡崎 [2013]：[2014]/清水 [1975]：[1990b]/髙山 [2005] p. 281, pp. 288-289/中堀 [2013] を，またヨーロッパでの研究状況については，Bautier [1958]：[1989]/Carolus-Barré [1963]/Rigaudière [1986]/Rousseaux [1996]：[2007]/Faggion [2008] を挙げたい。
45) Nélis [1923]：[1924]：[1937]/Vander Linden [1933]。
46) それでも公証営為の研究としてさらに，Oosterbosch [1982]/Murray [1986]：[1995] がある。
47) 例えば，Blockmans, F. [1949]/Beterams [1954]：[1959]/Vanbossele [2001] を参照せよ。
48) Godding [1960]：[1999]/Smolar-Meynart [1991]：[1996] を見られたい。
49) これに関して詳細に触れるゆとりはないが，差し当たり以下の仕事を挙げよう。ボーネ [2006]/髙橋 [2005]/轟 [2011]/畑 [1998]/服部 [2004]：[2005]：[2006a・b]：[2011]/歴史学研究会 [2000]。

裁治に関する考察が，都市の文書学や法制度論という観点から行われているのを見ることができる（Leroy [2000]/Prevenier [2007]）。

本論で対象とするブラバント公領については，13世紀に入る以前から諸都市が，契約締結や生前贈与の保証あるいは都市法域内不動産の権利移動の手続き証明，などの非訟業務を行っていたと推定されている[51]。13世紀前半までは，不動産など実物の移動を伴わない行為の契約において，関係する二者は必ずしも都市や農村の参事会ではない者——例えば教会関係者——を証人としていた（Nélis [1924] p. 59, p. 251）。しかしそれも，参事会を保証機関とする方が契約締結・実行の面で有利であることが広まり，13世紀以降参事会証書が浸透していったのである[52]。

というのも，ブラバント有力都市の参事会証書を保有する者は，そもそも一般的に3つの利点——①当該都市の法域を超えて裁定の効力が及ぶこと[53]，②参事会証書自体が，債権者にとっての証拠能力と執行権限を有す

---

50) 2013年10月14〜15日にストラスブール大学にて開催された研究集会「西欧及び日本中世の都市空間における私文書の公証」が，こうした動向の最新のものであろう（人間文化研究機構連携研究 [2014]）。その成果は翌年一書にまとめられ公刊された（臼井 [2014]）。

51) 都市だけでなく村落の参事会も，土地移動，租税徴収などに関する法廷関係者であり，その参事会員らも村落管轄内の不動産贈与手続きに関する法的処理を執行していた（Godding [1954] pp. 308-309）。なお，非訟裁治に関わる民事の法廷以外に，ブリュッセルやレウヴェンといった大都市では，市民間の暴力的紛争の解決に当たって特別な仲裁法廷が設置されていた，という事情も付記しておきたい（Smolar-Meynart [1981] p. 241）。

52) 私人間の法行為とそこから派生する係争の訴訟に関与する機能と権限とが，都市や村落の参事会に集中するという状況は，北フランスやネーデルラントにおいてはアンシャン・レジームまで続くとされる。そうした制度的定着により，特に不動産（売買・貸借・相続）に関する事情の把握が関係者にとって明瞭となると共に，領主にも相続税徴収を確かなものとする効果をもたらすこととなったのである（Godding [1954] pp. 309-310）。

53) 法理的には，都市法域外に所在する物件の法的処理については，その在地の法廷に任せるということが原則ではあるが，現実にはブラバント大都市は，管轄外であるはずの地域についても参事会証書発給の要請を容認している。これには，後述のような単なる影響権の拡大というだけでなく，当該参事会側の手数料収入増加といった理由もあったとされる（Godding [1954] pp. 308-311）。

こと、③参事会証書に記された内容は、他都市の法域を除いてブラバント公領全域に妥当し、それを在地公権が保証したこと——を享受することができたからである（Godding [1954] p. 316-317）。しかもそれらに加え、ブリュッセルの参事会証書は[54]、絶対的な挙証力及び迅速な法的処理とその強制執行力、つまりすでに13世紀から《ブリュッセルの保証》«Brussels waerscap» (Godding [1975] p. 132) と呼ばれたほどの権能（パワー）を誇示していたのであった[55]。

こうした背景を考えれば、本来的な権利の追求はごく当然のこととして、さらに参事会証書の濫用を図る者が出現することも自然な成り行きであった。例えば、参事会証書を根拠に、当該地の法廷で相続に関する正式な手続きを行わないまま土地の譲渡を行ったり、参事会証書に偽装債務を設定することで、本来の債権者に対する債務を免れるという事例がそれである（Godding [1954] p. 318）。14世紀を通じてこうした状況が次第に露わとなり、都市と外部権力との軋轢が拡大していった[56]。当初都市当局は、参事会証書の濫用問題を認識し、それを抑制する方針を打ち出した[57]。とりわけ、土地譲渡に際して当該土地にすでに設定されている義務・負担を記さないという詐称については、厳しい姿勢を示している（Godding [1954] pp. 318-319）。

しかしながら、ブラバント公権の脆弱性と不安定な政権が、特に有力都市の台頭を許すこととなった15世紀前半以降[58]、参事会証書をめぐる係争が

---

54) 本文で言及した通り、ブリュッセルをはじめブラバント都市の参事会証書自体はほとんど刊行されていない。ここでは、数少ない刊行史料であるメヘレンの参事会証書を具体的な事例として挙げておこう（本章末尾記載【史料1】参照。以下同）。
55) 前注43参照。ブリュッセル参事会の法的効力は、その参事会証書の適用を基礎に地理的に拡大していき、1291年のジャン1世による承認（【史料2】参照）以降、例外的法域を除き、その強力な参事会証書の内容はブラバント公領全体に適用されるようになった（Godding [1975] p. 132）。
56) 都市参事会証書に起因する問題に関して、1375年6月19日にジャンヌとウェンセラスの令が発布されている（Godding [1954] p. 318, n. 27）。
57) ブリュッセル当局による1407年の濫用禁止令を見よ（【史料3】）。
58) 前注10参照。

まず諸都市間で勃発する[59]。次いで、ブルゴーニュ公フィリップ＝ル＝ボンが集権的統治策を強化し始めた15世紀半ばには、市外市民の場合と同様、参事会証書をめぐって公権対都市という対立の構図が明確となるのである（Godding [1975] pp. 133-134)。

Ⅲ．フィリップ＝ル＝ボンの対都市政策とその変遷

(1) 公権による都市抑制策 —— 1440年代 ——

(a) 端緒 —— モルクマン事件 ——

フィリップ＝ル＝ボンによるブラバント公領統治の開始後10年以上を経て[60]、次第に顧問官の増員を柱とするブラバント顧問院の司法権限が強化されるとともに[61]、1440年代には市外市民や参事会証書などの都市特権に起因した係争が増加したことも手伝って、フィリップ＝ル＝ボンのブラバント都市に対する抑制策はより強められたものとなっていく[62]。その大きな契機となったのが1445年の出来事である。この年ブリュッセル参事会が、ブラバント公の森林官ジャン＝モルクマンなる人物を、アンマンの配下に命じソワーニュの森の外に連れ出して逮捕させた、というのがそれである

---

59) ブラバント諸都市は、関係物財の所在地に由来する非訟裁治業務について、排他性を主張し他都市のそれを容認しなかった。そのことが、15世紀30年代以降とりわけ勢力顕著となった4大都市 —— ブリュッセル・アントウェルペン・レウヴェン・ス＝ヘルトーヘンボス ——（Bonenfant [1934] p. 37/Van Gerven [1998] pp. 394-395）を中心として諸都市間の対立や紛争という結果を招くことになったのである（Godding [1954] p. 310）。中世都市と国家という視点からしても、こうした現象は興味深く、中世都市史研究における今後の課題の一つであろう。これについてはひとまず、Godding [1954] pp. 319-327：[1975]/Bousse [1975]/Van Uytven [1975] を参照されたい。
60) フィリップ＝ル＝ボン統治後の略年表を後掲の表4に示している。
61) 本章第Ⅰ節第（2）項参照。
62) フィリップ＝ル＝ボン期の公権とフランドル都市との関係については、Blockmans [1990] を、特にブルッヘとのそれに関しては、河原 [2003]：[2007]：[2011] を見よ。

(Smolar-Meynart［1991］p. 370)。森林官は森林長官の部下であり，前者の処遇は本来後者にあるべきことは言うまでもない。

逮捕されたモルクマンに対してはブリュッセルで裁判が行われ，断罪・処刑された（【史料4】）。捕縛と処刑の理由は分かっていない。しかし，ソワーニュの森はしばしば，犯罪者が都市当局からの逮捕や訴追を免れるための避難場所となっていたこともあり，長年にわたってブリュッセル当局とアンマンが森林長官と対立を繰り返すとともに，ソワーニュの森へ介入する権利を得ようと公権へ訴えていた（Smolar-Meynart［1991］p. 370, p. 389)，という背景があることは間違いない[63]。

モルクマンの一件は，森林長官ジャン＝ヒンカールト2世という人物によりフィリップ＝ル＝ボンの耳へ入ることとなった[64]。ブリュッセル都市貴族出身のヒンカールトは当時宮廷で公の寵愛を受けていた人物であった。その報告を受けたフィリップ＝ル＝ボンのブリュッセルに対する怒りは大いに沸騰した。なぜなら前節で言及した通り，ブリュッセルやその他の都市が，市外市民や都市参事会証書をめぐって他の組織や上級裁判権との紛争，市法域外やブラバント公領内での権利濫用といった問題をそれまでにたびたび引き起こし，そうした状況が公にも届いており（Smolar-Meynart［1996］p. 377)，1440年10月にはアントウェルペンとス＝ヘルトーヘンボスに対し，また同年12月には公領全体に対し，参事会証書の発給と効力に制約を課す公令を出していたからである（Godding［1954］p. 327)。

　(b)　公権の対応──「告発状」（1445年)──

モルクマン事件を受けて，フィリップ＝ル＝ボンはブラバント顧問院で問題の調査をさせると同時に（Smolar-Meynart［1991］p. 389)，ブリュッセル

---

[63] 都市には，森林や御狩場などにおける介入権や犯罪訴追権がないため，ブリュッセル参事会は，ジャン＝モルクマンの逮捕をアンマンの配下に命じソワーニュの森で実行させたのだ，とされる（Smolar-Menart［1996］pp. 376-377)。【史料4】中「言辞によって森の外へ誘い出され……」とあるのは，それを象徴する言葉であろう。

[64] ヒンカールト家は14-15世紀森林長官の地位を世襲的に占めていた，という本章第Ⅰ節第(3)項での記述を想起せよ。

代表者たちを 1445 年 12 月頃ベルヘン゠オプ゠ゾームに召喚し（Godding [1954] p. 327, n. 51）、ブリュッセル市外市民が、市民権取得前に犯した罪を都市法廷へ持ち込むという権利濫用を数多く行っていること、そのため、ブラバント公役人が執行するはずの罪と罰に関する権限が侵害されている、と論難したのであった（Godding [1962] pp. 17-18）。

都市当局は公の怒りを緩和すべく、官房長ニコラ゠ロランとブラバント顧問院に対して、都市の諸特権に関する交渉を入念かつ頻繁に行う必要に迫られた。そうした折衝と巨額の謝意金の支払いを受けたこともあって、当初頑なだった公も態度を軟化させ、ブリュッセルの謝罪を受容するとともに（Godding [1962] p. 18）、1446 年 3 月から 4 月初旬のリルにおいて、ブリュッセルの都市特権濫用を抑制する「告発状」cédule を発布したのであった[65]。ただしこの告発状は、事件後のブリュッセル当局と公側の交渉を受けた上で成立した、両者の和解宣言とも言えるものであることに留意が必要である。それは正式な公令でもなく、また種々の都市特権の見直しが、公領内他都市のそれを精査・検討するまで保留とされているからである（Smolar-Meynart [1996] pp. 377-378）[66]。

こうして、モルクマン事件を一つの契機に 1440 年代後半からフィリップ゠ル゠ボンによる都市特権への強い関与が開始される。彼は、ロラン及びブラバント公官房長アントワーヌ゠ド゠クロワ他高官数名へ命じて、市外市民と都市参事会証書に関する特権について、アントウェルペンとレウヴェン、ス゠ヘルトーヘンボスをも対象に含めて調査・検討させる一方、ブリュッセル代表者たちへ、ブラバント顧問官たちとともに正式な公令の布告草案を作成するための協議に当たらせた[67]。そして、次項で述べる通り、レウヴェンの参事会証書をめぐる係争とその処理結果を踏まえ、正式な公令が 1461 年に下されるのである。

---

65) Godding [1954] pp. 327-329/ Smolar-Meynart [1996] pp. 376-377. ただし、この「告発状」自体は現存しておらず、それを遵守する旨のブリュッセル参事会による 1446 年 4 月 10 日の命令書（Den Luyster [1998] t. 2, pp. 112-114）に併記される形で伝来している（Godding [1953] p. 388：[1954] p. 329, n. 55）。【史料 5】参照。
66) 告発状における当該箇所は、Den Luyster [1998] t. 2, pp. 14-20 を見よ。

(2) 参事会証書をめぐる公権と都市 —— 1450〜1460 年代 ——

(a) 発端 —— レウヴェン参事会証書への査問 ——

ブルゴーニュ（ブラバント）公権の都市に対する施策は，15 世紀中葉の参事会証書に起因した紛争に色濃く映し出される。その大きな発端となったのは，農民間の土地に対する債権債務問題であった。ある農民ジャン＝ゴルデインが，レウヴェン参事会証書に記載された定期的な借地料を土地所有者のジャン＝ブールゴワンジオンなる人物に払わなかった，という理由で，1449 年にレウヴェン都市役人がゴルデインを逮捕しその動産と家畜を差し押さえた。そこで，ゴルデインの妻がブラバント顧問院へ提訴した，という事件である（Godding［1954］pp. 329-330）。

1449 年 5 月 10 日ブラバント顧問院は，レウヴェンで投獄されていたゴルデインを釈放する命令を下す一方で，調査団をレウヴェンへ派遣した。この時ブラバント顧問官が検事役としてレウヴェンを訴追する立場に立った。このことは，単なる農民間の係争処理ではなく，レウヴェン当局ないし参事会証書それ自体を追及する目的を持っていたことを物語る。レウヴェン側は，都市に認められた参事会証書にもとづく権利を主張し，訴追側は，ブラバント全土での差し押さえ乱発といった都市参事会証書の濫用を追及したのだった（Godding［1954］pp. 330-331）。

(b) 1460〜61 年の公令 —— 参事会証書の濫用抑制 ——

ブラバント顧問院はこの紛争問題の査問を終了した後，時間をかけて評議し，1460 年 4 月 28 日に裁決を出した。レウヴェン側の敗訴という結果である。それと同時に，フィリップ＝ル＝ボンは，参事会証書の効力に制限を課す公令（全 32 条）を布告している（Godding［1954］p. 331, n. 62）。そこには「夫は妻の同意なくして妻の財産への担保設定はできない」（第 18 条）のよ

---

67) 15 世紀中葉都市の特権濫用を抑制しようとする公令の起草に当たっては，ブラバント顧問院の果たした役割が非常に大きい。この点については，Godding［1991］pp. 341-346/ 藤井［2010］pp. 91-93 を参照されたい。なお，この時の 4 大都市に対する抑制命令が実現するのは，後述する通り 1460 年以降である（Godding［1962］p. 18）。

うな細かな条項が含まれるが，全体として枢要な点は，一方でレウヴェン参事会の都市法域外での権限削減，他方で土地の担保化を当該地の領主へ通知する義務，という2点にあった。つまり，都市外の地域での財産と債務者に対する都市の強制執行力に制約をかけるというのが基本的な趣旨だったのである。しかし，この時の公令には，古く1282年に都市に認められたブラバント公命令の遵守もうたわれているため[68]，現実の変化はさほど大きいものではなかった，とゴダンは指摘する（Godding [1954] pp. 331-333）[69]。

　ともかく以上の経緯を経て，15世紀前半に確立したあの'新体制'以来認められてきたブリュッセルやアントウェルペン，レウヴェンの都市特権に対し一定の規制を設ける公令が，1446年のそれを土台とし，かつ前年のレウヴェンに対する改革を踏まえて，1461年5月21日サン＝トメールで公布されることとなったのである[70]。

　ブリュッセルについて見るとそれは，市外市民と参事会証書の特権及び森林への関与権を大きく制限するものであり，モルクマン事件以降ブラバント公側が追求してきた懸案の一応の解消とも言えるものであった（Smolar-Meynart [1996] pp. 380-381）。特に市外市民について，フィリップ＝ル＝ボンは大きく2つの改善点を指示している。第1に，市外市民権取得前の訴訟案件を都市法廷が扱うことの禁止，第2に，市民権を喪失ないし放棄した者の裁判については当該者が居住する在地法廷が行うこと，である。そしてこれ以降，ブリュッセル参事会と在地法廷とに対立が生じた場合，ブラバント公官房長とブラバント顧問院がそれを扱うこととなったのである（Godding [1962] p. 18）。

　しかもこの時アンマンの職分と権限――ブリュッセル参事会員の不正断

---

68) 1282年9月5日公布のレウヴェンに対するブラバント公ジャン1世の命令については，Godding [1954] p. 314, n. 16を見よ。
69) それに加え，わずか3ヵ月後の1460年7月7日にはレウヴェンに対して，参事会証書の有効性を認める「緩和措置令」provision（Godding [1954] p. 339）を出している点にも留意が必要である。
70) これは全35条から成る長大な命令書となっている（Den Luyster [1998] t. 2, pp. 137-138）。【史料6】にその序文部分と第1条とをひとまず掲げる。

罪と都市の行政・司法への介入権 ―― が初めて正式に確認されることとなった[71]。しかしながらそこでは，ブリュッセルの旧来からの権利を容認する項目がなお一部含まれており，有力都市に対する公側の配慮が依然として働いていた（Godding [1991] pp. 341-342）。つまり，公領内の他の諸都市や諸身分のことを配慮しつつ，旧来の都市特権をある程度容認するという，ブリュッセルにとって比較的穏健な決定をフィリップ＝ル＝ボンは下しているのである（Smolar-Meynart [1996] pp. 376-377）。

また，レウヴェンとアントウェルペンも含めて俯瞰すれば，この公令での強調点は，参事会証書を盾にした都市法域外の土地に対する強制執行を禁じる，ということが一方にあり[72]，他方で，ブラバント3大都市の参事会証書の処理と債権執行手続きの権限をブラバント顧問院へ移管する，という点にあった[73]。しかしながら後者の制度変更は，膨大な参事会証書の処理を顧問院にもたらし，実務に支障を来すという結果を招いた。そこで，アントウェルペンからの苦情申し立てもあって，わずか3ヵ月後の1461年8月21日には，大きな問題のない範囲での債権執行処理をアントウェルペンの都市法廷へ差し戻す，という皮肉な決定が下されたのであった（Godding [1991] p. 346）[74]。

(c) 1465～66年の公令 ―― 都市抑制策の後退 ――

その後1465年に至り，8月19日フィリップ＝ル＝ボンは新たな命令を公

---

71) サン＝トメールの公令第30条（【史料7】）を見よ。なお，古い起源を持つアンマン職であるが（藤井 [2011] p. 123），この時まで明文化された職務規定のようなものは存在しなかった，とされる（Gilissen [1954] p. 580/Smolar-Meynart [1996] pp. 377-378）。

72) ただし他方で，ブリュッセル法域外でも，ブラバント公領内に在住する者に対してブリュッセル参事会証書に基づいた一般的な訴追は何ら禁じるものではない，としている点（Godding [1954] p. 334）には留意すべきであろう。

73) 都市に対する公権の優越という視点からするこうした事情については，拙稿（藤井 [2010] p. 91）を参照せよ。

74) この差し戻しがブリュッセルとレウヴェンにも適用されたかどうかはっきりしないが，それでも公権の大幅な後退を印象付けるに十分であろう。しかもこの件は，集権的国家制度構築における理念と現実との乖離（藤井 [2007a] p. 89），という実相を改めて我々に提起している。

布し，1430年と1461年の間に発給された都市参事会証書をめぐる係争処理について再び変更を命ずることとなる。それによれば，ブラバント公の官房長とブラバント顧問院は紛争処理を当該都市参事会へ差し戻し，都市は顧問院が提示した場合その付帯意見を尊重すべし，というものであった（Godding [1954] p. 338）。つまり，ブラバント顧問院が参事会証書に関わる案件をすべて処理することが不可能であることを表明したのであり（Godding [1991] p. 346），これは，かつて1460年と1461年に布告した参事会証書規制策のほぼ全面撤回を確認させるに十分な事実である。

翌1466年8月7日に布告された公令（＝緩和措置令）では[75]，公権の都市に対する態度は更に後退する（Godding [1954] p. 339）。つまり，それ以前からの折衝を受けて同年7月に妥結した在地領主層と諸都市との交渉結果[76]を背景に，参事会証書の内容を強制執行する権限を都市参事会に認め，ブラバント顧問院は一切関与しないというのである。こうして都市参事会証書への公権による介入は消滅したのであった（Godding [1991] pp. 345-346）[77]。

以上のように，1450年から60年代半ばにかけてブラバント公の対都市政策は，都市参事会証書に関わる分野で象徴的に示される通り，大きな揺らぎを持ちつつ進められた。そして，こうした公権の対都市政策のぶれをより典型的に浮き彫りにする出来事が，市外市民権をめぐって生起したあのヴァン＝アウトフェン事件なのである。

(3) ヴァン＝アウトフェン事件――再論――

(a) 契機と経緯

ブリュッセル当局とドロッサールを巻き込んで推移したヴァン＝アウトフェン事件については，前稿（藤井 [2011] pp. 138-142）ですでに論じた。詳細はそちらに譲り，以下ではその概要を俯瞰した上でブラバント（ブル

---

75) これは「新緩和措置令」とでも言うことができる。前注69参照。
76)【史料8】参照。1466年7月3日に妥結した，領主側が都市側にかなり譲歩した妥協内容については，Godding [1954] pp. 341-342を見られたい。
77)【史料9】参照。

ゴーニュ）公の都市政策という観点から改めてその意義を検討していこう（表 4 参照）[78]。

1464 年初めころ，ミールロー領主でメーガン伯のジャン＝ディクビエが，領民であるアンリとギヨーム，トマのヴァン＝アウトフェン 3 兄弟を告発・逮捕するという出来事が発生した。理由は都市リエージュ近郊での若い女性の誘拐・強姦容疑であった。ディクビエはブラバント公領外のリエージュ都市法廷へ提訴したのだが，案に相違してそこでは敗訴となってしまった。しかしそれにもかかわらず，彼は強引にトマとアンリ兄弟の土地を没収したのであった（Smolar-Meynart [1963] p. 6）。

これに対し，ブリュッセルの市外市民権を保持していたトマとアンリが，土地没収を不服としてブリュッセル当局へ提訴することとなった。リエージュ法廷の再来を恐れたメーガン伯は，ドロッサール職のジャン＝ド＝ナッサウ 4 世[79]に訴え出て兄弟の死刑を求めた。この時ジャン＝ド＝ナッサウ 4 世は，訴訟指揮を副ドロッサールのゴドフロワ＝ド＝カゥクに委任した。ディクビエに恐らく買収され結託したド＝カゥクは[80]，アンリとトマをブラバント公の獄舎へ秘密裏に投獄した。そして，拷問による自白[81]とミー

---

78) 15 世紀初頭初代ブルゴーニュ公のフィリップ＝ル＝アルディ期に，ヘント市民フルピーレンゾーネを都市当局の了解なしに高等バイイのド＝リヒテルヴェルデが処刑したことに対し，ヘント市参事会はもとよりフランドル四者会議をも通じた抗議と折衝の結果，1402 年 1 月にド＝リヒテルヴェルデの解任と追放刑に処すこととなった，フランドル伯領での高名な一件をここでは想起すべきであろう。これについては，Lichtervelde [1943]／Boone [1986]／畑 [1998]／ボーネ [2013] pp. 242-243 を参照されたい。

79) ナッサウ家は，1436 年以降ほぼ 1 世紀にわたってドロッサール職を襲った家系である（表 1 参照）。また，シャルル＝ル＝テメレール期のその高い地位については，Smolar-Meynart [1960] を見よ。

80) ド＝カゥク家もディクビエ家もブラバント公領北部の有力貴族であり（Cuvelier [1921] pp. 57-70／Jansen [1946] p. 84／Coldeweij [1981]），副ドロッサールの地位を得るほどの家系であった（Smolar-Meynart [1991] p. 163, n. 8, p. 529）。

81) 前述の高等バイイ追放事件の際（前注 78 参照），発端となったフルピーレンゾーネの処刑も，「……自白をもとにごく簡単な裁判で行われた。これは，当時のフランドル伯の高等バイイが持つ，警察権，裁判権のもとではごく普通のことであった。」（Boone [1986] p. 52）点を想起したい。

表4 フィリップ＝ル＝ボン治世期の略年表

時　期	内　　容
1430年	ブルゴーニュ公フィリップ＝ル＝ボン，ブラバント公位継承
1445年	モルクマン事件発生
1446年4月	フィリップ＝ル＝ボン，ブリュッセルへ「告発状」発布
1449年5月10日	ゴルデイン事件を機にブラバント顧問院がレウヴェンを訴追
1460年4月28日	レウヴェン敗訴
1460年4月28日	フィリップ＝ル＝ボン，参事会証書の制限令公布
1460年7月7日	フィリップ＝ル＝ボン，レウヴェンへ緩和措置令公布
1461年5月21日	フィリップ＝ル＝ボン，サン＝トメールの公令公布
1461年8月21日	アントウェルペンの参事会証書執行権，都市へ差し戻し
1464年初め	ヴァン＝アウトフェン事件発生
1464年9月25日	ブラバント顧問院による，副ドロッサールのゴドフロワ＝ド＝カゥクとメーガン伯ジャン＝ディクビエの裁判開始
1465年3月21日	ディクビエに対する投獄刑判決
1465年9月4日	ド＝カゥク斬首刑
1465年7月7日	フィリップ＝ル＝ボン，レウヴェンへ参事会証書規制に関する緩和措置令
1465年8月19日	官房長と顧問院による参事会証書への関与縮小命令
1466年7月3日	在地領主と都市間の参事会証書をめぐる妥協成立
1466年8月7日	フィリップ＝ル＝ボン，3大都市へ参事会証書規制に関する新緩和措置令

ルロー参審人団の偽証にもとづく裁判でブリュッセル当局を懐柔したディクビエ側は，ド＝カゥクから勝訴判決を獲得することに成功する。結局トマは処刑され，兄弟の財産も没収という結果となったのである。

メーガン伯と副ドロッサールは，残るアンリも同様に処刑しようと目論んだが，やがて彼らの不正な裁判手続きの噂が広がり，ブリュッセル都市当局もこれを無視できなくなったため，改めて，ブリュッセル市民に対する不正な拘留と処刑に対する補償をブラバント顧問院へ提訴することになるのである。

(b) 結果と解釈

1464年9月25日ブラバント顧問院の法廷がブリュッセルで開催された。副ドロッサールのド＝カゥクはそこに出廷したものの，メーガン伯ディクビエは姿を見せることはなかった。1465年3月21日に出された判決は，ディクビエに対して10年の投獄と2,000£の罰金というものであった。また，彼の部下に対しても投獄刑と財産没収が科されている。他方，ド＝カゥクについては判決結果に関する直接の史料は伝来していない。しかしながら，恐らくはヴァン＝アウトフェン事件とその後の訴訟の進め方について断罪され，責任を取らされたのだと推察される。彼は1465年9月4日に斬首刑となっているからだ（Henne [1845] t. 1, p. 265）。

1445年のモルクマン事件を一つの契機として，1450年代から1460年代にかけて強化されていったフィリップ＝ル＝ボンの対都市抑制策は，1461年のサン＝トメールの公令に結実した。それにもかかわらず，ほぼその直後と言ってよい時期に勃発したヴァン＝アウトフェン事件とその後の顛末からは，ブラバント公政権が都市に対して常に政治的優位を保っていたわけではないことが明らかである。

もちろん，誘拐・強姦事件や裁判内容の詳細な事実関係と真相は不明な部分も多い。しかし，公の強力な統治機関たるはずのブラバント顧問院が，ヴァン＝アウトフェン事件においては，1465年に副ドロッサールと有力貴族のメーガン伯をブリュッセルの市外市民権侵害のかどで断罪する結論を出したという事実は，15世紀半ば以降の公権と都市，特にブリュッセルとの関係が[82]，決して単純かつ直線的に定まっていったわけではないというこ

とを示しているのである。

結　論

　南ネーデルラントの有力領邦として成立したブラバント公領は，13世紀末頃から徐々に成立してきた司法・行政組織——アンマン・ドロッサール・顧問院・上級統治官・領域管轄官——を整備しつつ，14世紀後半から15世紀にかけて発展を遂げた[83]。しかし統治機構の成長は決して直線的に進んだわけではなく，また，公権の政治的安定も長期に持続することはなかった。公位継承に絡む政治的動乱を経て成立したジャンヌとウェンセラスの政権以後も，1420年代まで経済的台頭著しい都市と公権との軋轢が完全に止むことはなかったのである（藤井［2010］pp. 83-87）。

　ブルゴーニュ公フィリップ＝ル＝ボンも，ブラバント公領を支配下に収めた後しばらくは，統治機構の大幅な改革・刷新などを保留していた。都市との対立を避けるべく慎重な政権運営を行い，領内の安定統治を心掛けていたのである[84]。そうした中1440年代に入って公政は，それまでの比較的宥和的な態度から都市に対する引締めへという施策上の転換を図ることとなる。その大きな契機となったのが，特に有力都市で発達・拡大した市外市民制度と参事会証書の濫用問題であった。

　これらの制度は，中世後期において都市側が君主権力へ対抗する際の強力な梃子として作用し[85]，集権的統治の実現を目指したブルゴーニュ公に

---

82) この事件の裁判がブリュッセルにとって極めて重い意味を持ったことは，①副ドロッサールのド＝カウク逮捕の日がブリュッセル側史料にわざわざ記されていること（Den Luyster［1998］pp. 149-151），②訴訟に際して巨額の賄賂が支出された可能性があること（Smolar-Meynart［1991］p. 407, n. 258），③この事件には，ブリュッセル市政の3会派（藤井［2007b］）が一致して対処していること（藤井［2011］p. 143, n. 70）から窺うことができる。
83) 社会経済的な意味でのブラバント公領の発展という側面については，Van Uytven［2004］pp. 155-179を見よ。
84) この点については，Godding［2001］p. 103, pp. 105-106／藤井［2010］p. 88, n. 30参照。

とって極めて厄介な存在となっていた。1445年のモルクマン事件を直接のきっかけとして，フィリップ＝ル＝ボンは官房長やブラバント顧問院を通じてブリュッセルなど諸都市の特権濫用を調査し，それらに歯止めをかけるべく1461年にサン＝トメールの公令を布告した。しかしながら，参事会証書に起因して発生する膨大な紛争処理をブラバント顧問院でこなすことが不可能となり，1465年から1466年にかけてその命令を撤回する羽目に追い込まれた。

他方，それとほぼ時を同じくして発生したヴァン＝アウトフェン事件も，ブリュッセルの市外市民制度が公権に対抗する手段としてなお有効に機能していたことを示している。都市側の意向を無視できなかったブラバント顧問院が，公政において有力な地位を占めるはずの官職保有者を断罪処分している点からもそれは明らかである。1440年代に開始されたフィリップ＝ル＝ボンの対都市抑制策は，1460年代に至り頓挫したというのがひとまずの結論と言えよう。

しかしながら，以上の結論を都市的権能の公権への優越と一面的に捉えてはなるまい。M. ボーネが強調するように（Boone [1996] p. 721），参事会証書や市外市民の特権濫用は，君主権及びそれに連なる在地諸権力と対峙することになったのはもちろんであるが，他方で同様に，都市間での対立をしばしば引き起こす一因ともなった。そして都市と都市の間で生じる不和は逆に，ブラバント（ブルゴーニュ）公の政権を強化し，その集権的姿勢を助長することにつながる可能性を提供したからである[86]。都市と君主間の権勢のこうした秤動は，本論で対象としたフィリップ＝ル＝ボン期には確かに存在し，第4代公シャルル＝ル＝テメレールそしてその後継者たるマリー＝ド＝ブルゴーニュ期にかけても[87]，近代国家形成過程における重要な一要素であり続けるのである。

---

85)「……市外市民という……制度は，……君主側によってその都度標的となった。逆に言えば，詰まるところこの種の制度は，君主権力に対する都市の権力の構築において期待された制度だったのである」（ボーネ［2013］p. 200）。

86) この点，Van Rompaey [1973] p. 300 の記述を見よ。

第 2 章　15 世紀中葉フィリップ＝ル＝ボンの対都市政策　　　　　　　　　　　　　　　　　　　　65

[史料]

【史料 1】15 世紀メヘレン都市参事会証書の事例

(Beterams [1955] p. 168)

«1 Februari 1460. Laurentius De Smed verkoopt aan Gerard Pijls en Adeliana Lenaerts een huis met plaats aand Drapstraat.»
《1460 年 2 月 1 日。ラウレンティウス＝ド＝スメットは，ヘラール＝ペイルスとアデリアーナ＝レナールツにドラストラートにある土地付きの家を売却した。》
«12 Januari 1462. Jan van Beersele, vader, verkoopt aan Nicasius Chamble, zoon, een stuk land van 3 dagwand in het Hoog Rogbroek.»
《1462 年 1 月 12 日。父親の方のヤン＝ヴァン＝ビールセールは，息子の方のニカシウス＝シャンブルにホーフ＝ロフブルールにある 3 dagwand の土地を売却した。》

【史料 2】ブラバント公ジャン 1 世によるブリュッセル参事会証書の承認（1291 年）

(Favresse [1938] no. 40, pp. 477-478)

«Voirt willen wij wies men scepenen oft scepenen letteren heeft van dien van buyten, waer dat zij geseten sijn in onse landt, dat wij … .»
《我は，（ブリュッセルの）参事会員あるいは我が領内の他地にてブリュッセルの参事会証書を持ちたるものに以下のことを命ず……。》

【史料 3】ブリュッセル参事会証書の濫用問題に関する都市側の対応（1407 年）

(Den Luyster [1998] t. 2, p. 15)

«In het selve jaer 1407, de Wethouderen van Brussel siende, datter wederom nieuwe Abuysen waren ingeslopen, in materie van Schepene-brieven, daer Waerschap in belooft was, en dat men pretendeerde de gene, die alsulcke Waerschap belooft hadden, niet te moghen vanghen, oft arresteren, sonder hun den Amman ende twee Schepenen ten minsten in't aengesicht te wysen, … »
《1407 年ブリュッセル参事会は，真正と信じ得る参事会証書に関し，新たな濫用問題が浮上してきたことに鑑み，以下のようにみなすこととする。つまり，当該参事会証書が真正と信じられる保有者については，アンマンと最低 2 名の都市参事会員が立ち会うことなく，何人も捕縛や逮捕することはできない……》

【史料 4】ジャン＝モルクマン処刑に対する，フィリップ＝ル＝ボンのアンマン，ブリュッセル当局への指弾（1445 年）

(Den Luyster [1998] t. 2, p. 114)

---

87) ここで，15 世紀末-16 世紀前半について「ブルゴーニュ国家」のハプスブルク期への連続を主張した論文（畑 [2000]）を挙げたい。また，Blockmans [1985b] も参照せよ。

« ... vng nommé Iehan Molqueman de leur commandement à esté prins par aucuns Sergeants de nostre Amman de Bruxelles en nostre forest de Zoynie, ou au moins seduit, & par parolles mené au dehors d'icelle forst, & d'illecq prins, & mené en nostreditte Ville, en laquelle il at esté esté executé à mort, nonobstant que comme maintenons nostre Amman de Bruxelles ne sesdits Sergeants ou serviteurs, ne aussi ceux de la Loy de nostreditte Ville ne doibvent avoir alcune cognoissance ou authorité de pouvoir prendre ou faire aulcun exploict en nostre-dite Forest ... »

《……ジャン゠モルクマンなる人物が，(都市当局の) 命令に沿いアンマンの部下の手によってソワーニュの森の中で，あるいは言辞によって森の外へ誘い出されて捕らえられ，都市に連行された後処刑された。これは，ブリュッセルのアンマンとその部下や配下の者たち，また都市（ブリュッセル）当局の者たちには，かの森において何人も捕縛，逮捕する権限を有すべきではないにもかかわらず行われたものである……》

【史料5】フィリップ゠ル゠ボンから指弾を受けたブリュッセル側の対応 (1446年)

(Den Luyster [1998] t. 2, p. 112)

«In de Jare 1445 wasser een groot Veschil op ghestaen tusschen den Hertogh, ende de stadt van Brussel, over eenighe Poincten, in de welcke die van Brussel hun hadden misgrepen, ende hunne Jurisdictie te verre willen uytspreyen, waer over hun van den Hertogh eene Cedule Wiert toeghesonden, in de welcke hy sich over hun beclaeghde over eenige principale Poincten. »

《1445年に，ブリュッセルの者達が誤解をし，また都市の司法関係者が拡大解釈しようとしてきたいくつもの点について，公と都市ブリュッセルの間で大きな対立が生じたため，公の側から告発状が突き付けられた。その中で公は，いくつかの原則的なことがらについて定めている。》

【史料6】サン゠トメールの命令 (1461年)

(Den Luyster [1998] t. 2, p. 137, § 1)

«Op den 21 Mey van den Jare 1461 wiert geghevhen ende ghepronconceert het Vonnis van St. Omer, in houdende de naer volghende Articulen.
1. Dat de Beley Brieven sullen ter executie ghestelde worden binnen Brussel ende hare limiten, maer nier voorder. »

《1461年5月21日サン゠トメールの命令が発せられた。それは次のような条項である。
1．都市参事会証書は，ブリュッセルとその都市法域内で適用されるものとし，それ以外 (の場所) では (認められない)。》

【史料7】ブリュッセルに対するアンマンの介入権限の強化を指示する公令 (1461年)

(Den Luyster [1998] t. 2, p. 143, § 30)

«XXX. Touchant les estatus & ordonnances, qui se font audit Lieu de Bruxelles, mondit Seigneur decalre, que les Bourgemaistres & Eschevins dudit Bruxelles ne pourront faire aucun estatus, & ordonnances sans l'Ammann d'icelle Ville, ou son Lieutenant, mais

seront tenus de ausdits estatus, & ordonnances faire appeller ledit Amman ou sondit Lieutenant, & sur ce obtenir leur consentemant ... »
《第30条．ブリュッセルの地において起草される法規や命令について，我が公は次のように命ずる。すなわち，ブリュッセルのブルグ長と参事会は，この都市のアンマンあるいはその代官不在のまま，法規や命令を作成することはできない。それらを起草するにはアンマンあるいはその代官が必ず列席し，彼らの同意を得ねばならない……》

【史料8】都市参事会証書に関する領主層と都市間での妥結内容（1466年7月3日）
(Den Luyster [1998] t. 2, p. 153)
«In de Jare 1466, wierrer een advys ghesloten binnen Vilvoorden, tusschen de Edelen ter eenre, ende de Gedeputeerde van de Steden van Loven, Brussel, en Antwerpen ter andere syden, op het onderhouden van de Schepene Brieven &c. behelsende de volghende Articulen. »
《1466年ヴィルヴォールドにおいて，一方は貴族の方々，他方はレウヴェン・ブリュッセル・アントウェルペンの都市代表者たちとの間で，参事会証書などの存続について次の諸事項を含む約定が交わされた。》

【史料9】公フィリップ＝ル＝ボンによる対都市緩和措置令（1466年8月7日）
(Den Luyster [1998] t. 2, p. 161)
«I. Premierement que tous ceux qui presentement tiennent & possedent aucuns Biens ou Rentes, Heritables, ou a vie dedans nostre Pays de Brabant, par veu ou soubs tiltre de Lettres Eschevinables, & investures ou autres seurtez, faites & passées pardevant la Loy de nostre Ville de Bruxelles, & desquels ils, ou leurs predecesseurs, ont eu possession auparavant l'an mil quatre cens & trente, & encore il avoint au jour de laditte Sentence, seront tenus en iceux Biens, & Rentes, selon le contenu de leurs Lettres & seurtez, sans ce que icelles pourront estre impugnées en aucun temps avenir, ... »
《第1条．我がブラバントの地で，相続によりあるいは一代で成した財産や定期金を現在所有する者はすべて，それらが都市ブリュッセルの参事会において作成され承認された参事会証書や公認状ないし保証書の名のもとに明らかにされており，その者あるいは祖先がそれらを1430年以前より有しているのであるならば，本命令の日以降将来にわたって参事会証書や保証書などの内容が侵害されることのない形で，その内容に即して，それら財産や定期金を所有し続けることができる……》

[文献目録]

欧語
Actes [1988] *Les structures du pouvoir dans les communautés rurales en Belgique et dans les pays limitrophes (XIIe-XIXe siècle), (Actes du 13e colloque international Spa, 3-5 sept. 1986),* (Crédit communal, collection histoire, série in-8°, no. 77), Bruxelles.

Actes [1989] *Notariado público y documento privado, de los origines al siglo XIV. Actas del VII Congreso internacional de diplomatica, (Valencia, 1986)*, t. 2, Valencia.

Aerts, E. [2011] et al., *De Hertog en de Staten, de Kanselier en de Raad, de Rekenkamer, het Leenhof, de Algemene Ontvangerij, de Drossaard en de Woudmeester, het Notariaat en het Landgraafschap Brabant : Acht bijdragen tot de studie van de instellingen in het Hertogdom Brabant in de Middeleeuwen en de Nieuwe Tijd*, Brussel.

Avonds, P. [1982] Brabant en Limburg 1100-1403, in *Algemene Geschiedenis der Nederlanden*, t. 2, Haarlem, pp. 452-482.

Baerten, J. [1979] Brussel, hoofdstad van een hertogdom. Politieke en economische aspecten, in Stengers [1979] pp. 56-67.

Bariter, J. [1979] Brussel, hoofdstad van de Nederlanden. De Bourgondische en Habsburgse centralisatie, in Stengers [1979] pp. 77-90.

Bautier, R.-H. [1958] L'exercice de la juridiction gracieuse en Champagne du milieu du XIIIe siècle à la fin du XVe, in *Bibliothèque de l'Ecole des Chartes*, 116, pp. 29-106.

Bautier, R.-H. [1989] L'authentification des actes privés dans la France médiévale. Notariat public et juridiction gracieuse, in Actes [1989] pp. 701-722.

Beterams, F. C. G. [1954-1958] De Mechelse schepenbrieven op het Rijksarchief te Antwerpen, in *Handelingen van de koninklijke kring voor oudheidkunde, letteren en kunst van Mechelen*, Jg. 58, 1954, pp. 17-62 ; Jg. 59, 1955, pp. 154-181 ; Jg. 60, 1956, pp. 152-166 ; Jg. 61, 1957, pp. 145-240 ; Jg. 62, 1958, pp. 141-183.

Beterams, F. C. G. [1959] *Antwerpse schepenbrieven, bewaard op het Rijksarchief te Antwerpen 1300-1794*, (Algemeen Rijksarchief), Brussel.

Billen, C. [1995] Bruxelles-capitale?, in Morelli [1995] pp. 219-232.

Blockmans, F. [1949] De (voorlopig?) oudste, originele Dietse schepenbrief van Antwerpen, 25 Oktober 1296, in *Revue belge de philologie et d'histoire*, t. 27, pp. 726-735.

Blockmans, W. [1980] /Van Herwaarden, J., De Nederlanden van 1493 tot 1555 : Binnenlandse en buitenlandse politiek, in *Algemene Geschiedenis der Nederlanden*, t. 5, Haarlem, pp. 443-491.

Blockmans, W.[1985a] (dir.), *Le privilège général et les privilèges régionaux de Marie de Bourgogne pour les Pays-Bas 1477* (Standen en Landen: Anciens Pays et Assemblées d'Etats, t. 80), Kortrijk-Heule.

Blockmans,W. [1985b] Breuk of kontinuïteit? De Vlaamse privilegiën van 1477 in het licht van het staatsvormingsprocess, in Blockmans [1985a] pp. 97-144.

Blockmans, W. [1988a] La répression des révoltes urbaines comme méthode de centralisation dans les Pays-Bas bourguignons, in Cauchies [1988] pp. 7-9.

Blockmans, W. [1988b] Princes conquérants et bourgeois calculateurs. Le poids des réseaux urbains dans la formation des états, in Bulst [1988] pp. 167-181.

Blockmans, W. [1990] *Handelingen van de Leden en van de Staten van Vlaanderen. Regering van Filips de Goede (1419-1467). Deel 1 : Tot de onderwerping van*

Brugge (4 maart 1438), Bruxelles.
Blockmans, W. [1994] Voracious states and obstructing cities: an aspect of state formation in Preindustrial Europe, in Tilly [1994] pp. 218-250.
Blockmans, W. [1997]/Prevenier, W., *De Bourgondiërs. De Nederlanden op weg naar eenheid, 1384-1530*, Amsterdam.
Blockmans, W. [1999]/Prevenier, W., *The Promised Lands : The Low Countries under Burgundian rule, 1369-1530*, Philadelphia.
Bonenfant, P. [1934] Quelques cadres territoriaux de l'histoire de Bruxelles (comté, ammannie, quartier, arrondissement), in *Annales de la sociëeté royale d'archéologie de Bruxelles*, t. 38, pp. 5-45.
Bonenfant, P. [1953] Bruxelles et la Maison de Bourgogne, in Bruxelles [1953] pp. 21-32.
Bonenfant, P. [1960] Un dénombrement brabançon inédit du XIVe siècle : gens de ménie et bourgeois forains dans l'ammanie de Bruxelles, in *Bulletin de la commission royale d'histoire*, t. 125, pp. 295-345.
Bonenfant-Feytmans, A. -M. [1949] Note sur l'organisation de la secrétairerie de Bruxelles au XIVe siècle, in *Le moyen âge*, t. 55, pp. 21-39.
Boone, M. [1986] Particularisme gantois, centralisme bourguignon et diplomatie française. Documents inédits autour d'un conflit entre Philippe le Hardi, duc de Bourgogne, et Gand en 1401, in *Bulletin de la commission royale d'histoire*, t. 152, pp. 49-115.
Boone, M. [1991] Gestion urbaine, gestion d'entreprises : L'élite urbaine entre pouvoir d'état, solidarité communale et intérêts privés dans les Pays-Bas méridionaux à l'époque bourguignonne (XIVe-XVe siècle), in Cavaciocchi [1991] pp. 839-862.
Boone, M. [1996] Droit de bourgeoisie et particularisme urbain dans la Flandre bourguignonne et habsbourgeoise (1384-1585), in *Revue belge de philologie et d'histoire*, t. 84, pp. 707-726.
Boone, M. [1997] Destroying and reconstructing the city. The inculcation and arrogation of princely power in the Burgundian-Habsburg Netherlands (14th-16th centuries), in Gosman [1997] pp. 1-33. →邦訳ボーネ [2006]
Boone, M. [2010] *A la recherche d'une modernité civique : La société urbaine des anciens Pays-Bas au bas moyen âge*, (Ed. de l'Université de Bruxelles), Bruxelles. →邦訳ボーネ [2013]
Bousse, A. [1975] De verhouding tussen Antwerpen en het platteland, in De Brabantse Stad [1975], pp. 139-163.
Bruwier, M. [1952] Aux origines d'une institution: Baillis et prévôtés de Hainaut du XIIe au XIVe siècle, in *Standen en Landen* (*Anciens Pays et Assemblées d'Etats*), t. 3, pp. 91-124.
Bruwier, M. [1955] La bourgeoisie foraine en Hainaut au moyen âge, in *Revue belge de philolgie et d'histoire*, t. 33, pp. 900-920.

Bruxelles [1953] *Bruxelles au XVe siècle*, (Editions de la Librairie Encyclopédique), Bruxelles.

Bulst, N. [1988]/Genet, J.-P. (eds.) *La ville, la bourgeoisie et la genèse de l'état moderne (XIIe-XVIIIe siècles)*, (Actes du colloque de Bielefeld, 29 novembre-1er décembre 1985), (Centre national de la recherche scientifique), Paris.

Buntinx, J. [1981] *Liber Amicorum Jan Buntinx : Recht en instellingen in de oude Nederlanden tijdens de middeleeuwen en de nieuwe tijd*, Leuven.

Calbrecht, J. [1922] *De oorsprong der Sinte Peetersmannen : Hunne voorrechten, hunne inrichting en de evolutie dezer instelling tot bij den aanvang der XVIe eeuw*, Leuven.

Carolus-Barré, L. [1963] L'organisation de la juridiction gracieuse à Paris, dans le dernier tiers du XIIIe siècle. L'Officialité et le Châtelet, in *Le Moyen Age*, t. 69, pp. 417-435.

Cauchies, J.-M. [1988] *Actes. Rencontres de Milan (1er au 3 octobre 1987) : Milan et les Etats bourguignons : Deux ensembles politiques princiers entre moyen âge et Renaissance (XIVe -XVIe siècles)*, (Publication du Centre européen d'études bourguignonnes (XIVe-XVIe siècles), no. 28, Bâle.

Cauchies, J.-M. [2010] Etat bourguignon ou états bourguignons? De la singularité d'un pluriel, in Hoppenbrouwers [2010] pp. 49-58.

Cavaciocchi, S. [1991] (dir.), *L'impresa, industria, commercio, banca secc. XIII-XVIII. Atti della XXII Settimana di Studi Prato, 30 Aprile-4 Maggio 1990*, (Istituto internazionale di storia economica «F. Datini»), Prato.

Chiffoleau, J. [2007] /Gauvard, C. /Zorzi, A. (eds.) , *Pratiques sociales et politiques judiciaires dans les villes de l'Occident à la fin du moyen âge*, (Ecole française de Rome), Rome.

Coldeweij, J. A. [1981] *De heren van Kuyc 1096-1400*, Tilburg.

Cuvelier, J. [1921] *Les origines de la fortune de la maison d'Orange-Nassau. Contribution à l'histoire du capitalisme au Moyen Age*, (Académie royale de Belgique, classe des lettres et des sciences morales et politiques, mémoires in-8°, 2e série, t. 16, fasc 2), Bruxelles.

De Brabantse Stad [1975] *IVe colloquium (Brussel 29-30 maart 1974) : De verhoudingen tussen stad en platteland in Brabant : Stedelijk imperialisme of zelfbescherming? (Bijdragen tot de geschiednis*, Jg. 58).

Des Marez, G. [1927] L'origine et le développement de la ville de Bruxelles, le quartier Isabelle et Terarken, Paris/Bruxelles, (réimpr., Bruxelles, 1982).

Decavele, J. [1979] Brussel, hoofdstad van de Nederlanden; Reformatie en contrareformatie, in Stengers [1979] pp. 93-113.

Decavele, J. [1981] De Gentse poorterij en buitenpoorterij, in Buntinx [1981] pp. 63-83.

Demurger, A. [1980] Le rôle politique des baillis et sénéchaux royaux pendant la guerre civile en France (1400-1418), in Paravicini [1980] pp. 282-290.

Den Luyster [1998] *Den Luyster ende glorie van het hertoghdom van Brabant,*

(Algemeen Rijksarchief en Rijksarchief in de Provindiën, Reprints 106), 2 vols., Brussel.

Dhondt, J. [1952] *Proloog van de Brabantse geschiedenis. Een inleiding tot de politieke geschiedenis van Noord-Brabant in de 9e en 10e eeuw* (*Bijdragen tot de studie van het Brabantse heem*, t. 3), Bergen-op-Zoom.

Dickstein-Bernard, C. [1976] Une ville en expansion (1291-1374), in Martens [1976] pp. 99-138.

Dickstein-Bernard, C. [1977] *La gestion financière d'une capitale à ses débuts : Bruxelles, 1334-1467*,(*Annales de la société royale d'archéologie de Bruxelles*, t. 54), Bruxelles.

Dickstein-Bernard, C. [1979] Activité économique et développement urbain à Bruxelles (XIIIe-XVe siècles), in *Cahiers bruxellois*, t. 24, pp. 52-62.

Dickstein-Bernard, C. [1989] Zichtbare en onzichtbare handen tussen de stad en de omliggende dorpen, in Smolar-Meynart [1989] pp. 118-129.

Doehaerd, R. [1962] *Etudes anversoises: Documents sur le commerce international à Anvers*, t. 1, *Introduction 1488-1514*, 1963 ; t. 2, *Certificats 1488-1510*, 1962 ; t. 3, *Certificats 1512-1513, Lettres échevinales 1490-1514*, 1962, Paris.

Dugnoille, J. [1977] Aspects d'une ville franche en ses débuts: Ath du XIIe au XIVe siècle, in *Annales du cercle royal d'histoire et d'archéologie de la région d'Ath*, t. 46, (1976-77), pp. 113-146.

Duvosquel, J.-M. [1991] /Dierkens, A. (eds.), *Villes et campagnes au moyen âge. Mélanges Georges Despy*, Liège.

Duvosquel, J.-M. [1996] /Nazet, J. /Vanrie, A. (eds.), *Les Pays-Bas bourguignons : Histoire et institutions. Mélanges André Uyttebrouck*, Bruxelles.

Ennen, E. [1973] /Van Rey, M. (eds.), *Westfälische Forschungen. Mitteilungen des Provinzialinstituts für westfälische Landes- und Volksforschung des Landschafts-verbandes Westfalen-Lippe*, (*Probleme der frühneuzeitlichen Stadt, vorzüglich der Haupt- und Residenzstädte*, Band 25), Münster.

Faggion, L. [2008]/Mailloux, A. /Verdon, L. (dirs.), *Le notaire, entre métier et espace public en Europe : VIIIe-XVIIIe siècle*, (Publications de l'Université de Provence), Aix-en-Provence.

Favresse, F. [1938] Actes intéressant la ville de Burxelles 1154-2 décembre 1302, in *Bulletin de la commission royale d'histoire*, t. 103, pp. 355-512.

Garnot,B. [1996] (ed.), *L'infrajudiciaire du moyen âge à l'époque contemporaine: Actes du colloque de Dijon, 5-6 octobre 1995*, (Publications de l'Université de Bourgogne, t. 81), Dijon.

Gilissen, J. [1954] Les villes en Belgique. Hisotoire des institutions administratives et judiciaires des villes en Belgique, in *La ville. Recueil de la société Jean Bodin*, t. 6, Bruxelles, pp. 531-604.

Godding, P. [1953] Liste chronologique provisoire des ordonnacnes intéressant le droit privé et pénal de la ville de Bruxelles (1229-1657), in *Bulletin de la commission*

royale des anciennes lois et ordonnances de Belgique, t. 17, pp. 339-400.
Godding,P. [1954] Les conflits à propos des lettres échevinales des villes brabançonnes (XVe-XVIIIe siècles), in Revue d'histoire du droit, t. 22, pp. 308-353.
Godding, P. [1960] Le droit foncier à Bruxelles au moyen âge, Bruxelles.
Godding, P. [1962] La bourgeoisie foraine de Bruxelles du XIVe au XVIe siècle, in Cahiers bruxellois, t. 7, pp. 1-64.
Godding, P. [1975] Impérialsme urbain ou auto-défence: Le cas de Bruxelles (XIIe-XVIIIe siècles), in De Brabantse Stad [1975] pp. 117-138.
Godding, P. [1987] Le droit privé dans les Pays-Bas méridionaux du 12e au 18e siècle (Académie royale de Belgique — Mémoires de la classe des lettres, Collection in 4°, 2e série, t. 14, fasc. 1), Bruxelles.
Godding, P. [1991] Le Conseil de Brabant au XVe siècle, instrument du pouvoir ducal à l'égard des villes? in Duvosquel [1991] pp. 335-354.
Godding, P. [1999] Le Conseil de Brabant sous le règne de Philippe le Bon (1430-1467), (Académie royale de Belgique), Bruxelles.
Godding, P. [2001] Le conseil de Brabant sous Philippe le Bon. L'institution et les hommes, in Stein [2001] pp. 101-114.
Godding, P. [2006] La législation ducale en Brabant sous le règne de Philippe le Bon (1430-1467), (Académie royale de Belgique), Bruxelles.
Gorissen, P. [1948] Hasselts buitenpoorterschap in de 14e en 15e eeuw, in Miscellanea J. Gessler, Leuven, pp. 552-557.
Gosman, M. [1997] /Vanderjagt, A. /Veenstra, J. (eds.), The propagation of power in the medieval West. Selected proceedings of the International conference, Groningen 20-23 November 1996, (Mediaevalis Groningana 23), Groningen.
Guenée, B. [1961] La géographie administrative de la France à la fin du moyen âge : Elections et bailliages, in Le moyne âge, t. 16, pp. 293-323.
Henne, A. [1845]/Wauters, A., Histoire de la Ville de Bruxelles, 3 vols., Bruxelles.
Hoppenbrouwers, P. C. M. [2010] /Janes, A. /Stein, R. (eds.), Power and Persuasion. Essays of the Art of State Building in honor of W. P. Blockmans, Turnhout.
Huys, E. [1938] Etudes sur la bourgeoisie foraine de Courtrai, in Handelingen van de koninklijke geschied- en oudheidkundige kring van Kortrijk, t. 17, pp. 3-35.
Jansen, J. E. [1946] Turnhout en de Kempen in het raam der Vaderlandsche en kerkelijke geschiedenis, Turnhout.
Kerremans, C. [1946] Etude sur les circonscriptions judiciaires et administratives du Brabant et les officiers placés à leur tête par les ducs antérieurment à l'avènement de la maison de Bourgogne (1406), Gembloux.
Kurth, G. [1909] La Cité de Liège au moyen âge, t. 1, Bruxelles.
Laurent, R. [2010]/Roelandt, C. (eds.), Les échevins de Bruxelles (1154-1500). Leurs sceaux (1239-1500), t. 1, Bruxelles.
Leroy, M. [2000] Les débuts de la prodution d'actes urbains en Flandre au XIIIe siècle,

in Prevenier [2000] pp. 267-279.
Lichtervelde, J. de [1943] *Un grand commis des Ducs de Bourgogne: Jacques de Lichtervelde, seigneur de Coolscamp*, Bruxelles.
Maddens, K. [1986] De poorterij en buitenpoorterij in Vlaanderen, in *Vlaams centrum voor genealogie en heraldiek*, (Jaarboek, 3), pp. 103-128.
Marchal, G. P. [2002] Pfahlbürger, bourgeois forains, buitenpoorters, bourgeois du roi : Aspekte einer zweideutigen Rechtsstellung, in Schwinges [2002], pp. 333-367.
Martens, M. [1953] Bruxelles: Capitale, in Bruxelles [1953] pp. 33-52.
Martens, M. [1954] *L'administration du domaine ducal en Brabant au moyen âge (1250-1406)*, Bruxelles.
Martens, M. [1973] Bruxelles, capitale de fait sous les Bourguignons, in Ennen [1973] pp. 180-187.
Martens, M. [1976] (dir.), *Histoire de Bruxelles*, Toulouse.
Martens, M. [1996] Une notoriété peu commune au XIVe siècle. D'un clerc de la ville de Bruxelles: Pierre van Huffel, in Duvosquel [1996] pp. 297-311.
Morelli, A. [1995] (dir.), *Les grands mythes de l'histoire de Belgique, de Flandre et de Wallonie*, (Editions Vie Ouvrière), Bruxelles.
Murray, J. M. [1986] Failure of corporation: Notaries public in medieval Bruges, in *Journal of medieval history*, vol. 12, pp. 155-166.
Murray, J. M. [1995] /Oosterbosch, M./Preveniers, W., *Notarial instruments in Flanders between 1280 and 1452*, (Commission royale d'histoire), Bruxelles/Turnhout.
Nélis, H. [1923] Les origines du notariat public en Belgique 1269-1320, in *Revue belge de philologie et d'histoire*, t. 2, pp. 267-277.
Nélis, H. [1924] Les doyens de chrétienté. Etude de diplomatique sur leurs actes de juridiction gracieuse en Belgique au XIIIe siècle, in *Revue belge de philologie et d'histoire*, t. 3, pp. 59-73, pp. 251-278, pp. 821-840.
Nélis, H. [1937] Etude diplomatique sur la juridiction gracieuse des échevins en Belgique (1150-1300), in *Annales de la société d'émulation de Bruges*, t. 80, pp. 1-57.
Nowé, H. [1928] *Les baillis comtaux de Flandre: Des origines à la fin du XIVe siècle*, (Académie royale de Belgique, classe des lettres; Mémoires, t. 35), Bruxelles.
Oosterbosch, M. [1982] Het openbare notariaat te Hasselt tijdens de middeleeuwen (14de-15de eeuw), in *Het Oude Lande van Loon*, t. 37, pp. 223-273.
Paravicini, W. [1980] /Werner, K. F. /Stegman, A., *Actes du XIVe colloque historique franco-allemand (Tours, 27 mars-1er avril 1977)*, München.
Prevenier, W. [2000a] /De Hemptinne, T. (eds.), *La diplomatique urbaine en Europe au moyen âge: Congrès de la commission internationale de diplomatique, Gand, 25-29 août 1998*, (*Studies in urban social, economic and political history of the Medieval and early Modern Low Countries*, no. 9), Leuven/Apeldoorn.
Prevenier, W. [2007] Les sources de la pratique judiciaire en Flandre du XIIe au XVe sièlce et leur mise en œuvre par les historiens, in Chiffoleau [2007] pp. 105-123.

Prims, F. [1936] Binnenpoorters, buitenpoorters, in *Antwerpensia*, t. 10, pp. 144-151.
Put, E. [2000] Kanselier van Brabant (begin 15de eeuw-1795), in Van Uytven [2000] pp. 137-146.
Rigaudière, A. [1986] Le notaire et la ville médiévale, in *Revue internationale d'histoire du notariat*, no. 48, pp. 47-59.
Rousseaux, X. [1996] Entre accommodement local et contrôle étatique: Pratiques judiciaires et non-judiciaires dans le règlement des conflits en Europe médiévale et moderne, in Garnot [1996], pp. 87-107.
Rousseaux, X. [2007] Politiques judicaires et résolution des conflits dans les villes de l'Occident à la fin du Moyen Age : Quelques hypothèses de recherche, in Chiffoleau [2007] pp. 497-526.
Schnerb, B. [1999] *L'Etat Bourguignon: 1363-1477*, (Perrin), Paris.
Schwinges, R. C. (ed.) [2002] *Neubürger im späten Mittelalter, Migration und Austausch in der Städtelandshaft des alten Reiches (1250-1550)*, (*Zeitschrift für Historische Forschung*, Beiheft 30), Berlin.
Smolar-Meynart, A. [1960] Un gouverneur de Brabant sous le règne de Chalres le Téméraire, in *Bulletin de la commission royale d'histoire*, t. 126, pp. 137-152.
Smolar-Meynart, A. [1962] L'instruction de 1469 pour le sénéchal de Brabant et son application, in *Bulletin de la commission royale pour la publication des anciennes lois et ordonnances de la Belgique*, t. 20, (1961-1962), pp. 361-402.
Smolar-Meynart, A. [1963] Un conflict entre la ville de Bruxelles et la justice ducal: L'affaire Van Uytven (1465), in *Cahiers bruxellois*, t. 8, pp. 1-12.
Smolar-Meynart, A. [1981] Les guerres privées et la cour des apaiseurs au moyen âge, in *Mélanges Mina Martens* (*Annales de la société royale d'archéologie de Bruxelles*, t. 58), pp. 237-254.
Smolar-Meynart, A. [1985] Bruxelles : L'élaboration de son image de capitale en politique et en droit au moyen âge, in *Bijdragen tot de geschiedenis, inzonderheid van het oud hertogdom Brabant*, t. 68, pp. 25-45.
Smolar-Meynart, A. [1989] /Stengers, J. (eds.), *Het gewest Brussel. Van de oude dorpen tot de stad van nu*, Bruxelles.
Smolar-Meynart, A. [1991] *La justice ducale du plat pays, des forêts et des chasses en Brabant, XIIe-XVIe siècles. Sénéchal, Maître des bois, Gruyer, Grand Veneur*, (*Annales de la société royale d'archéologie de Bruxelles*, t. 60), Bruxelles.
Smolar-Meynart, A. [1996] Bruxelles face au pouvoir ducal: la portée des conflits de juridiction et d'autorité sous Philippe le Bon, in Duvosquel [1996] pp. 373-384.
Stein, R. [2001] (ed.), *Powerbrokers in the late middle ages : the Burgundian Low Countries in a European context*, (*Burgundica*, IV), Trunhout.
Stein, R. [2004] Vreemde vorsten op de troon, in Van Uytven [2004] pp. 157-169.
Stein, R. [2014] *De hertog en zijn Staten. De eenwording van de Bourgondische Nederlanden, ca. 1380-ca. 1480*, Hilversum.

Stengers, J. [1979] et al. (eds.), *Brussel. Groei van een hoofdstad*, Antwerpen.
Steurs, W. [1973] Les franchises du duché de Brabant au moyen âge, in *Bulletin de la commission royale pour la publication des anciennes lois et ordonnances de Belgique*, t. 25, pp. 139-295.
Steurs, W. [1993] *Naissance d'une région. Aux origines de la mairie de Bois-le-Duc. Recherches sur le Brabant septentrional aux XIIe et XIIIe siècles*, Bruxelles.
Thoen, E. [1988] Rechten en plichten van plattelanders als instrumenten van machtspolitieke strijd tussen adel, stedelijke burgerij en graferijk gezag in het laat-middeleeuwse Vlaanderen: Buitenpoorterij in de kasselrijen van Aalst en Oudenaarde, vooral toegepast op de periode rond 1400, in Actes [1988] pp. 496-511.
Tilly, C. [1994] /Blockmans, W. P. (eds.), *Cities and the rise of states in Europe, A. D. 1000 to 1800*, Boulder/San Francisco/Oxford.
Uyttebrouck, A. [1980] Brabant-Limburg 1404-1482, in *Algemene Geschiedenis der Nederlanden*, t. 4, Haarlem, pp. 224-246.
Van Gerven, J. [1998] De Brabantse steden: één groep? Belangentegenstellingen en-conflicten tussen de steden onderling van de dertiende tot de vijftiende eeuw, in *Bijdragen tot de geschiedenis*, Jg. 81, pp. 385-406.
Van Rompaey, J. [1967] *Het grafelijke baljuwsambt in Vlaanderen tijdens de Boergondische periode*, (*Verhandelingen van de Koninklijke Vlaamse Academie voor Wetenschappen, Letteren en Schone Kusnten van België, Klasse der Letteren*, no. 62), Brussel.
Van Rompaey, J. [1973] *De Grote Raad van de Hertogen van Boergondië en het Parlement van Mechelen*, (*Verhandelingen van de Koninklijke Academie voor Wetenschappen, Letteren en Schone Kunsten van België, Klasse der Letteren*, no. 73), Bruxelles.
Van Uytven, R. [1975] Imperialisme of zelfverdediging. De extra-stedelijke rechtsmacht van Leuven, in De Brabantse stad [1975] pp. 7-71.
Van Uytven, R. [2000] /Bruneel, C., et al. (eds.), *De gewestelijke en lokale overheidsinstellingen in Brabant en Mechelen tot 1795*, 2 vols. Brussel.
Van Uytven, R. [2004] /Bruneel, C. et al. (dirs.), *Geschiedenis van Brabant: Van het hertogdom tot heden*, Leuven.
Vanbossele, J. [2001] Twee Kortrijkse schepenbrieven uit de eerste helft van de 13de eeuw, in *De Leiegouw*, t. 43, pp. 241-246.
Vander Linden, H. [1933] Oorkonde van Filips den Schoone betreffende de privilegiën der Leuvensche buitenpoorters en de Leuvensche schepenbrieven (1501), in *Bulletin de la commission royale d'histoire*, t. 97, pp. 337-349.
Vanrie, A. [2000] De hertogelijke Raad vóór de komst van het huis van Bourgondië, in Van Uytven [2000] pp. 73-94.
Verbeemen, J. [1957] De buitenpoorterij in de Neerlanden, in *Bijdragen voor de geschiedenis der Nederlanden*, t. 12, pp. 81-99, pp. 191-217.

Verbeemen, J. [1958] De Antwerpse buitenpoorterij, in *Bijdragen tot de geschiedenis inzonderheid van het oud hertogdom Brabant*, Jg. 41, pp. 43-64.

Verbeemen, J. [1960] Liste d'émigrants venus de Malines achetant la bourgeoisie (1341-1798), in *Tablettes du Brabant*, t. 5, pp. 259-351.

Verbeemen, J. [1963a] Emigratie uit Mechelen, in *Handelingen van de koninklijke kring voor oudheikunde, lettren en kunst van Mechelen*, t. 67, pp. 26-37.

Verbeemen, J. [1963b] De Lierse poortersboeken: Hun belang voor de immigratie te Lier (XVe-XVIIIe eeuw), in *'t Land van Rijen*, t. 13, pp. 77-88.

Verbesselt, J. [1982] Meiseniers en buitenpoorters in de Ammanie Brussel rond 1356, in *Eigen schoon en de Brabander*, Jg. 65, pp. 343-372.

Verriest, L. [1940] La bourgeoisie foraine à Ath, in *Annales du cercle royal archéologique d'Ath et de la région*, t. 26, pp. 207-302.

Zorzi, A. [2007] Introduzione, in Chiffoleau [2007] pp. 1-29.

邦語

臼井佐知子［2014］（他編）『契約と紛争の比較史料学 —— 中近世における社会秩序と文書 ——』（吉川弘文館）。

大黒俊二［1980］「中世南北商業とシャンパーニュの大市 —— 主としてジェノヴァの公証人文書よりみたる ——」『西洋史学』第 119 号, pp. 21-43.

岡崎敦［2010］「教会訴訟外裁治権の形成（12 世紀）—— パリ司教文書の分析 ——」『史淵』（九州大学）第 147 輯, pp. 141-171.

岡崎敦［2013］「パリにおける教会非訟事項裁治権と司教代理判事制度の生成（13 世紀はじめ）」『史淵』（九州大学）第 150 輯, pp. 95-128.

岡崎敦［2014］「12 世紀北フランスにおける私的な法行為の認証について」『史淵』（九州大学）第 151 輯, pp. 85-109.

河原温［2003］「15 世紀フランドルにおける都市とブルゴーニュ公権力 —— フィリップ善良公のブルッヘ「入市式」(1440 年) を中心に ——」渡辺［2003］pp. 361-386.

河原温［2007］「中世フランドル都市における君主の「入市儀礼」—— ブルゴーニュ公フィリップ・ル・ボンのブルッヘ入市式を中心に ——」『中国の王権と都市 —— 比較史の観点から ——』（大阪市立大学大学院文学研究科 COE 重点研究共催シンポジウム報告書）pp. 107-127.

河原温［2011］「15 世紀ブルゴーニュ公国における地域統合とフランドル都市 —— ブルゴーニュ公とブルッヘの儀礼的関係を中心に ——」渡辺［2011］pp. 243-261.

齋藤絅子［2010］「エノー伯領における都市共同体と市外市民」『明治大学人文科学研究所紀要』第 66 冊, pp. 155-169.

清水廣一郎［1975］「14 世紀ピサにおける一公証人の活動」『史学研究』第 101 号, pp. 1-15.

清水廣一郎［1990a］『イタリア中世の都市社会』（岩波書店）。

清水廣一郎［1990b］「中世イタリア都市における公証人」清水［1990a］pp. 45-65.

ストレンジ, S. [1998]（櫻井公人訳）『国家の退場 —— グローバル経済の新しい主役たち ——』（岩波書店）．
瀬原義生 [1962]「ドイツ中世都市における Pfalbürger について」『立命館文学』第 200 号, pp. 189-215．
高橋清徳 [2005]「法と紛争解決に関するチェイエットの研究 —— ポスト・カロリング期の司法制度をめぐって ——」『公法の諸問題』（専修大学）VI, pp. 97-108．
高山博 [2005]/池上俊一（編）『西洋中世学入門』（東京大学出版会）．
轟広太郎 [2011]『戦うことと裁くこと —— 中世フランスの紛争・権力・真理 ——』（昭和堂）．
中堀博司 [2013]「両ブルゴーニュにおける公証制度の展開 —— ブルゴーニュ公国形成期を中心に ——」『宮崎県地域史研究』第 28 号, pp. 79-94．
人間文化研究機構連携研究 [2014]『9-10 世紀文書資料の多元的複眼的比較研究：2013 年度年次報告書』（「文化資源」の総合的研究），（人間文化研究機構）．
畑奈保美 [1998]「15 世紀初頭フランドルにおける高等バイイの'追放'事件」『比較都市史研究』第 17 巻第 1 号, pp. 29-42．
畑奈保美 [2000]「1477 年マリー・ド・ブルゴーニュの「大特権」—— 低地の自立主義と「ブルゴーニュ国家」をめぐって ——」『歴史』（東北大学）第 94 輯, pp. 1-31．
畑奈保美 [2013]「（研究ノート）15 世紀フランドル都市ブルッヘの市民登録簿」『ヨーロッパ文化史研究』（東北学院大学）第 14 号, pp. 135-147．
服部良久 [2004]「中世ヨーロッパにおける紛争と紛争解決 —— 儀礼・コミュニケーション・国制 ——」『史学雑誌』第 113 編第 3 号, pp. 60-82．
服部良久 [2005]「中世ヨーロッパにおける紛争と秩序 —— 紛争解決と国家・社会 ——」『史林』（京都大学）第 88 編第 1 号, pp. 56-89．
服部良久 [2006a]（編訳）『紛争のなかのヨーロッパ中世』（京都大学学術出版会）．
服部良久 [2006b]「序文 中世紛争研究の課題」服部 [2006a] pp. i-viii．
服部良久 [2011]『中・近世ヨーロッパにおけるコミュニケーションと紛争・秩序』（科学研究費補助金，基盤研究（A），成果報告書 I, 2011 年 3 月）．
林毅 [1984]「中世都市ケルンの Aussenbürger について」『阪大法学』第 132 号, pp. 1-23．
藤井美男 [1985]「南ネーデルラント『市外市民制』に関する一考察」『経済論究』（九州大学）第 61 号, pp. 145-172．
藤井美男 [1987]「中世後期南ネーデルラントにおける都市＝農村関係の研究 —— 1960 年以降ベルギー学界の動向を中心に ——」『商経論叢』（九州産業大学）第 27 巻第 4 号, pp. 259-296．
藤井美男 [2007a]『ブルゴーニュ国家とブリュッセル —— 財政をめぐる形成期近代国家と中世都市 ——』（ミネルヴァ書房）．
藤井美男 [2007b]「中世都市ブリュッセルの市政構造 —— 第三会派の形成と変容に至る過程 ——」『経済学研究』（九州大学）第 74 巻第 1 号, pp. 57-93．
藤井美男 [2010]「（研究ノート）15 世紀ブラバント顧問院の成立について」『経済学研究』（九州大学）第 76 巻第 6 号, pp. 81-98．

藤井美男［2011］「中世後期ブリュッセル市外市民とブラバント（ブルゴーニュ）公権 —— ヴァン＝アゥトフェン事件を事例として ——」『経済学研究』（九州大学）第78巻第2・3合併号, pp. 121-155.
ボーネ, M.［2006］（青谷秀紀訳）「都市は滅びうる —— ブルゴーニュ・ハプスブルク期（14-16世紀）低地地方における都市破壊の政治的動機 ——」服部［2006a］pp. 278-308. → Boone［1997］
ボーネ, M.［2013］（ブルゴーニュ公国史研究会訳）『中世末期ネーデルラントの都市社会 —— 近代市民性の史的探求 ——』（八朔社）。→ Boone［2010］
歴史学研究会［2000］（編）『紛争と訴訟の文化史』（シリーズ歴史学の現在 2）（青木書店）。
渡辺節夫（編）［2003］『ヨーロッパ中世の権力編成と展開』（東京大学出版会）。
渡辺節夫（編）［2011］『ヨーロッパ中世社会における統合と調整』（創文社）。

［付記］　本論文は，独立行政法人日本学術振興会の科学研究費補助金（平成27年度〜30年度，基盤研究（C），課題番号（15K02940），課題名「市外市民と上級権力：西欧中近世における都市・国家関係の研究」による研究成果の一部である。

第3章
15世紀後半のリエージュ紛争と北西ヨーロッパ都市

青谷 秀紀

はじめに

　リエージュ司教領は，ルイ・ド・ブルボン（司教選出は1456年，叙階は1466年）の治世下で，領邦の政治秩序を根底から覆すような，大きな政治的混乱を経験した。ブルゴーニュ公家の影響下にあるこの君主に対して，都市リエージュが反旗を翻し，1460年代には長期にわたる君主－都市間の深刻な対立が生じる。その帰結が，ブルゴーニュ公シャルル・ル・テメレール（在位1467-77年）によるリエージュの破壊（1468年）であった。このように劇的な結末を迎えた紛争だが，従来の研究では，君主であるルイ及びその背後に控えるブルゴーニュ公と，反乱の中核を担った都市リエージュの対立に焦点をあてる傾向が強かったように思われる[1]。しかしながら，司教領の首座である都市リエージュの反乱は，これに与するにせよ君主の側につくにせよ，ルイが支配下に置くリエージュ司教領やロース伯領の他都市に大きな影響を及ぼした。また，帝国領への侵出を目論むブルゴーニュ公とリエージュの対立は，公国周辺のドイツ都市にも大きなインパクトを与えるものであった。さらに，ブルゴーニュ公による都市への苛烈な処罰は，フランドルをはじめとする公国諸領邦の反乱都市の肝を冷やすに十分なものであったに違いない。こうした点から，本章では，ブルゴーニュ公国内外の北西ヨーロッパ都市とリエージュ紛争の関係に注目し，この紛争を君主－都市リエージュ間の関係においてのみではなく，より広がりのあるコンテクストに位置づけて

---

1) Kurth [1910] pp. 137-352; Liège et Bourgogne [1972]; Vaughan [2002b] pp. 1-40, とくに pp. 11-40; Schnerb [1999] pp. 395-405; Blockmans and Prevenier [1999] pp. 178-182. 筆者の論考（青谷 [2015]）もここに含まれる。

みたい。これによってリエージュ紛争の同時代的意義もより明確になるであろう。

　もっとも，より先行研究との関係に踏み込んでみるならば，都市リエージュと周辺地域の関係についての議論がこれまでに存在しなかったわけではない。本章でとくに触れることはないが，リエージュとフランス王の関係については，伝統的に数多くの言及がなされてきた[2]。また，より広範な外部との関係については，G. シャイエの研究が重要である。都市の諸集団と外部勢力との関係を私的なレベルから公的なそれに至るまで詳細に扱った彼女の考察には，本章も多分に恩恵を被っている。ただし，その分析は，1250年から1468年までの政治社会を構造的に把握しようと試みるものであり，15世紀後半のリエージュ紛争をめぐる都市リエージュと他都市，そして君主とそれら他都市の間で展開された濃密な政治的コミュニケーションについては，補うべき点が数多く見受けられる[3]。シャイエの研究をそうした面から補完し，よりニュアンスに富んだものにすることが，ここでの目標となるだろう。

I. リエージュ紛争概観

　まずは，本格的な分析に入る前に，君主と都市リエージュの対立を中心とした紛争の展開について振り返っておこう[4]。この紛争の契機となったのは，司教君主の交代である。1455年，司教ジャン・ド・ハインスベルクが，第3代ブルゴーニュ公フィリップ・ル・ボン（在位1419-67年）の圧力により退位させられ，翌年，これにかわって同公の甥ルイ・ド・ブルボンが司教君主に選出される。弱冠18歳でこの地位についたルイは，経験や能力に乏

---

2) 注1のKurth [1910] やHarsin [1972] が代表的なものである。
3) Xhayet [1997]. リエージュ紛争については，とくに第5部第2章（pp. 427-450）の関係箇所を参照。また，都市リエージュとブルゴーニュ公の関係については，次の文献も参照。Masson [2013] pp. 51-66.
4) ここでの，紛争の全般的な展開に関する叙述は，とくに明記がない限り注1の諸文献によっている。

しく，また都市リエージュをはじめ司教領の事情にも通じていなかったため，就任当初から領邦民たちの間に大きな不満の渦を引き起こした。とりわけ，1460年代に入ってからは，役人たちの財務不正とその調査をめぐり，両者の対立は強まる。筆者が別稿で論じたように（青谷［2015］415-437頁），61年にはルイが都市リエージュ及び司教領に聖務停止令を下し，68年に解除されるまで，これがときに都市内の分裂さえ引き起こしつつ紛争の一つの軸となった。その間，両者は，ブルゴーニュ公や教皇使節による仲裁のもと交渉を重ねるも和解には至らず，過激派により牛耳られた都市リエージュは，ルイのみならずその背後に存在するブルゴーニュ公との戦争へと突き進む。とくに，1465年4月には，都市がルイに代わる君主としてバーデンのマルクなる人物を摂政に選出し，対立は激化していた。マルクの摂政体制は，彼の逃亡により半年弱で終わりを告げるものの，同年10月にはモンテナーケンで戦闘が生じブルゴーニュ軍が勝利を収めた。その後，65年12月22日の和では，ブルゴーニュ公が自らをリエージュ司教領の相続的守護者として認めるよう要求している。翌年にも新たに和平条約が結ばれ，ブルゴーニュ家による支配体制が確固たるものにされようとするなか，これに反発する都市リエージュは，フランス王による煽動も受けつつブルゴーニュ公とのさらなる戦争準備を進める。しかし，1467年6月に新たにブルゴーニュ公に即位したシャルル・ル・テメレールに，同年10月，ブルステムの戦いで破れたリエージュは，市壁の解体などの重い処罰を科せられる。それでも，リエージュはこれに懲りず，シャルルが対仏戦に忙しいのを横目に，1468年，再び反旗を翻した。フランス王と急遽休戦を結ぶことで背後を固めリエージュに進軍した公は，情け容赦なく反乱軍を叩き潰し，都市は，11月はじめ以来，数週間にわたる破壊と略奪を経験した。以後，もはや司教座都市の名に値しないものとされたリエージュは，ブルゴーニュ公の側近ギィ・ド・ブリムと司教ルイによって支配され，1477年のシャルルの戦死に至るまで屈辱を耐え忍ぶこととなるのである[5]。

5）この時期のブルゴーニュ支配については、次の文献を参照。Cauchies［2012］pp. 341-352.

Ⅱ. 司教領の諸都市と紛争

　リエージュ紛争は，都市リエージュのみが司教君主及びブルゴーニュ公に抵抗することで生じたわけではない。同時代人の言葉を借りるならば，リエージュは「地域の首座 chief de paiis」(Jacques d'Henricourt [1931] p. 55)，「国に属するすべての都市の母かつ頭 mater et caput omnium oppidorum dicte patrie」(Fairon [1939] p. 120; Xhayet [1997] p. 241) であり，司教支配下の多くの都市は君主への反乱においてリエージュと行動をともにしたのである。そうした親リエージュ派の都市のなかでも，ディナンは，反乱の報いとして，リエージュと同じくブルゴーニュ公による都市破壊を経験したという点で特別な言及に値する。本節では，まずこのディナンを中心に，親リエージュ派の都市にとって紛争がどのようなものであったのかを検証する。ただし，それだけでは十分でない。司教領には，リエージュに対立し，司教派的な立場をとる都市も存在したからである。ウイ及びマーストリヒトがそれである。これらの都市は，14世紀以来の君主と都市リエージュをめぐる政治的紛争においても司教派の立場をとることがあった (Xhayet [1997] pp. 242-252, とくに p. 244)。ルイ・ド・ブルボンもまた，リエージュを離れ，これらの都市に滞在することが多かった。とりわけ，同君主と都市リエージュの対立においては，ウイの動向が注目に値する。同市と都市リエージュとの交渉や戦闘行為を通じて，司教領は必ずしも首座リエージュのもと一枚岩の如くに結束していたわけではないことがわかるからである。

(1) 親リエージュ派都市ディナンの動向

　では，はじめに親リエージュ派の都市について見てみよう。1465年12月から翌年1月にかけての和平条約やその批准をめぐる文書を参照するならば，都市リエージュはもちろんのこと，トンヘレン，シント・トライデン，ロース，ハッセルトを中心とした諸都市がルイ及びブルゴーニュ公に反旗を翻していたことがわかる (De Ram [1844] pp. 529-541; Fairon [1939] pp. 167-169)。また，1466年3月23日の文書によれば，リエージュとディナン，ト

ンヘレン，ハッセルトのほか，数都市が同盟関係を結んでいる[6]。しかし，これらの諸都市の大半とリエージュの関連を個別の形で詳細に跡付けるのは史料的にも難しい。そうしたなか，司教領でリエージュにつぐ政治的・経済的重要性を保持しており，史料的にもっとも具体的にリエージュとの関連を明らかにできるのは，先に言及した 65 年 12 月の和平条約から外されていた都市ディナンである。ディナンは，リエージュからムーズ川を 60 km ほど遡った場所に位置するが，川を挟んだ対岸はナミュール伯領であり，軍事的・政治的観点から司教領全体の要衝であった。そのディナンとリエージュは，紛争の当初から君主役人の不正をめぐって連絡を取り合っていた[7]。しかし，残された書簡等の史料からわかる範囲では，1465 年 4 月のバーデンのマルクによる摂政就任以来，両者のコミュニケーションはより緊密となってくる。まず，リエージュはこのとき，彼を摂政として受け入れるようディナンに要請している[8]。そして，6 月には，リエージュ司教領がフランス王と同盟を結ぶことを知ったディナンから，マルクに商業目的でイングランドもその条約に含めてもらいたいとの要望が出されている（Bormans [1881] pp. 99-102）。その後も，ディナンからリエージュに向けて頻繁にコンタクトがとられているが，前者がムーズ川を挟んで 2 km 下流に位置する都市ブヴィニュとの交渉について後者に報告している点は注目に値する。先に述べたように，ムーズ川を挟んだディナンの対岸の地はナミュール伯領に属していた。したがって，これほど近い位置にもかかわらずディナンとブヴィニュは異なる領邦に属しており，強く対立するライヴァル関係にあった。さらに，1429 年以来，ナミュール伯領はブルゴーニュ公の手に帰していたこともあり，1460 年代の半ばには，両者の関係はいっそう緊張感に満ちたもの

---

6) De Ram [1844] pp. 558-567. この時期のこれらの都市についての情報は乏しいが，そのいくつかについては，次の文献を参照。Dubois, Demoulin & Kupper [2012], t. 1, pp. 899-1194.
7) たとえば，Adrien d'Oudenbosch [1902] pp. 72-73. 以下，Adrien [1902] と表記。
8) Fairon [1939] p. 138（ただし，この史料のテクストそのものは未収録。注 9 の Fairon 編のものについても同様）。同月下旬から翌月はじめにかけて，ディナンが周辺の都市クヴァンに送った，紛争にまつわる 3 通の書簡については，次の文献を参照。Bormans [1875] pp. 51-56.

となっていただろう。ディナンが報告しているブヴィニュとの交渉も，都市の防備や囚人の交換など，両者にとって政治的に重要な課題をめぐるものであった (Bormans [1907] pp. 337-345)。

そうしたなか，1465 年 8 月 28 日にブルゴーニュ公に対してリエージュから宣戦布告文書が送付される。紛争がいよいよ立ち戻り不能な場所にまで行き着くと，その深刻度がディナンとリエージュのコミュニケーションにも反映されてゆく。9 月 3 日の書簡では，ディナンがまもなく包囲されようとの知らせを受けて，リエージュに，敵軍の状況を知らせ，援軍を呼ぶための伝令を用意するよう依頼している (Bormans [1881] pp. 123-125)。同月 16 日の書簡は，司教派の都市ウイが，ルイ・ド・ブルボンとの折衝のために協力を要請してきたことを受けて，リエージュにどう対応すべきかを問うものであった (Bormans [1881] pp. 125-126)。その 6 日後の書簡では，リエージュがディナンへの相談なしにフランス王へ使節を派遣したことを知り，リエージュが，とりわけディナンの防衛についてどのような見解をもって王と協議をしたのかを尋ねている (Bormans [1881] pp. 127-128. フランス王その他への直接の援助要請については同 pp. 129-138)。これに対する回答は知られていないが，その 4 日後，ディナンは周辺シャテルニーの住民に武装準備を命じている (Bormans [1881] pp. 138-140)。

さらに，10 月 11 日及び 11 月 5 日にリエージュ宛で送られた書簡は，ディナンの苦悩をまざまざと物語る。前者は，周囲から孤立し，置き去りにされたディナンへ，リエージュが直ちに援助の手を差し伸べてくれるよう訴えたものである (Bormans [1881] pp. 142-144)。後者は，フランス王の仲立ちで和平を守り戦争を放棄する旨の意思を示したにもかかわらず，ブヴィニュによる侵入と攻撃が絶えないことを嘆いている[9]。前者に示された，敵軍の脅威に苛まれ援軍を待ちわびる都市の姿は，11 月 12 日にリエージュがムール伯とオルヌ伯の仲介で君主側と和平を結ぶことが発表されてからも変わることがなかった。11 月 13 日 (Bormans [1881] p. 157) 及び 12 月 2 日 (Gachard [1834] pp. 267-269 ; Fairon [1939] pp. 163-164) の書簡では，敵軍の包囲の恐怖がディナンの都市全体を深く包み込んでいたことがわかる。

そうこうするなか，ディナンでは騒乱が勃発する。これについては，同年

12月20日のディナンによるリエージュ宛書簡に記されているが，重要なのはその原因である。騒乱は，リエージュ及び諸都市とブルゴーニュ公の間で結ばれた和平からディナンが外されたとの噂に由来するという[10]。翌1466年1月9日には，やはりブルゴーニュ公との和平に，自都市が含まれているかどうかを，ディナンはリエージュの要人たちに問うている[11]。これに対するリエージュ側の答えは知られていないが，ディナンは同月12日のリエージュ宛書簡で，後者が約束したにもかかわらず，前者はどうして12月22日の和平文書から，正確には締結が遅れていたその和平の再起草版文書から排除されたかの説明を求めている[12]。その後，ディナンの不安はいったん和らいだように思われる。1466年1月23日にはブルゴーニュ側によって8日間の停戦が認められ（Bormans［1881］pp. 209-210），同24日の都市リエージュ宛書簡では，ディナンを含めずには和平を受け入れるわけにはいかないとの姿勢をくずさなかったことに対して，感謝の意を示しているからである[13]。3月4日には，シャテルニーの住民たちに対して，リエージュに

---

9) Fairon［1939］p. 159. ナミュール伯側に宛てた同様の書簡も参照（Bormans［1881］pp. 149-151）。なお，翌年1月27日のブヴィニュのバイィ及びキャプテン宛文書からも，紛争にまつわる市民の悩みを読み取ることができる（Bormans［1881］pp. 213-214；Gachard［1834］pp. 328-330）。また，3月12日の文書にも，ブヴィニュ市民による敵対行為とこれに対するディナン市民の報復が語られている（Bormans［1881］pp. 228-229）。さらに，3月23日の，ブヴィニュのキャプテン宛書簡でも，ブルゴーニュ公による停戦措置とともに，やはり両者の敵対行為が話題となっている（Bormans［1881］pp. 236-240）。その後，ディナンがブルゴーニュ公との交渉に入ると，ブヴィニュのそうした行為を訴えてもいる。これについては，Bormans［1881］pp. 244-249 を参照。

10) Gachard［1834］pp. 283-284；Bormans［1881］pp. 190-192. 文面では，リエージュとロース伯領の者たちの間での和と記されているが，実際には，この時期の状況からして，彼らとブルゴーニュ公との間の和としか理解し得ず，上記の史料編纂者たちもそのように解している。また，1465年12月22日の文書では，実際にディナンが和平から外される旨が記されている。Bormans［1878］p. 598. なお，11月から12月にかけて確認される，ルイやブルゴーニュ公との和解に向けたディナンの様々な動きについては Bormans［1881］pp. 162-185 を参照。

11) Gachard［1834］pp. 312-314；Bormans［1881］pp. 196-199.

12) Gachard［1833］pp. 315-317；Bormans［1881］pp. 200-203. pp. 206-207 も参照。

13) Bormans［1881］pp. 211-212；Gachard［1833］pp. 322-324.

おける和平の公布と，君主側に対するあらゆる敵対行為の禁止を通告している（Bormans［1881］pp. 224-227）。また，3月22日の書簡では，ディナンが和平交渉のための40日間の停戦をブルゴーニュ側に要求しており[14]，これは無事に認められた[15]。ディナンは，こうして自ら公との関係を改善しようと努めただけでなく，リエージュに仲介を要請してもいる。3月3日の書簡では，ディナンがより穏便な処罰を与えられるようリエージュが立ち回ったことに対する謝意が，再び示された[16]。4月2日には，和平交渉の状況を報告する書簡もリエージュ宛に送られている（Gachard［1834］p. 353；Fairon［1939］p. 188）。

　しかし，ディナンの都市内部の混乱が，和平への動きに影を落としていた。1466年4月23日に，ディナンのブルジョワ及び金属職人から，自都市の9ギルドを戦争回避の方向へ導くよう仲介を依頼する書簡がリエージュに送られている[17]。これは，リエージュの都市内部同様に，ディナンにおいても戦争と和平をめぐる見解の分裂が存在したことを示している。また，そうした政治的努力を土台から蝕むような出来事が，すでに1465年の夏に生じていた。モンレリの戦いでシャロレ伯シャルルがフランス王ルイに敗れたとの誤った噂を耳にしたディナン市民は，ブヴィニュ市外まで出かけ，シャルルに見立てた像を絞首台に吊るした。そして，ブヴィニュ市民に向かって，シャルルが，前リエージュ司教ジャン・ド・ハインスベルクと公妃イザベルの間に設けられた卑しい私生児に過ぎないと叫んだという[18]。その後，ディナンは11月中旬にブルゴーニュ公に赦しを乞う使節を派遣した（Bormans［1881］pp. 158-162. 同 pp. 151-156 も参照）。この直接的な効果については明らかでない。しかし，いずれにせよ，こうした侮辱が公側のディ

---

14) Bormans［1881］pp. 232-233. ディナンは，同日のルイ・ド・ブルボン宛書簡で，ブルゴーニュ公のもとから使者が戻るまで交渉を延期するよう依頼してもいる（pp. 234-235）。

15) Bormans［1881］pp. 240-243. また，pp. 230-231 も参照。

16) Gachard［1834］pp. 339-340；Bormans［1881］pp. 220-221. pp. 222-234 も参照。

17) Gachard［1834］pp. 363-369；Bormans［1881］pp. 254-261.

18) Jacque du Clercq［1836］p. 204；Gachard［1834］pp. 221-222；Marchandisse［1998］p. 82.

ナンに対する心証を著しく害したことは間違いない。そして，この件が，その後のディナンが見せた和平への試みに影を落とし，公側の厳格な対処を引き出してしまった可能性も否定できない。

父フィリップ・ル・ボンに代わってディナンへの遠征を指揮したシャルルは，1466年8月に同市を占拠すると，都市を破壊し，略奪した[19]。G. クルトがいうように，リエージュが，ディナンの救済を真剣に考えていなかったのかどうかは明らかでない（Kurth［1910］p. 225）。しかし，都市リエージュと同じ側に立ちつつも，ディナンの動向が，司教領の辺境に位置するがゆえに，リエージュのそれと微妙なずれを示していた点は間違いない。同じ都市破壊を経験するとはいえ，当然ながら，ディナンにとってリエージュ紛争は首座とは異なる意味と重みを持っていたのである。

(2) 親司教派都市ウイの動向

こうした同盟都市とは別に，司教側につく都市も存在した。ウイとマーストリヒトである。これらについては，リエージュとの間で残された直接的なコンタクトの記録は乏しい。しかし，前者については，叙述史料を中心に，リエージュとの関係についていくらかの側面を浮かび上がらせることは可能である。

ウイは紛争の初期からルイ・ド・ブルボンの滞在地となっており，司教派の拠点となっていた。先に触れたように，ウイは14世紀の司教−リエージュ間の対立においても司教派の立場をとっており，これは何も目新しい事態ではない。ただし，ウイは，15世紀後半のリエージュ紛争の最中，常に変わることなく司教派の立場をとり続けたわけでもない。1465年4月に，リエージュでルイに代わる存在としてバーデンのマルクが摂政に選ばれる。以後，マルクが逃亡する9月までの間に，この摂政をドイツから連れてきたリントレ領主ラースが，都市リエージュでは実質的な指導者として一種の恐怖政治を展開し，教会と都市の間で揺れる聖職者たちを震え上がらせてい

---

19) Bormans［1881］pp. 264-270. ディナンの破壊については，さしあたり次の文献を参照。Marchandisse et Coura［2010］pp. 289-307.

た[20]。そうしたなか，6月中旬ウイで内乱が生じ，アメの住民が都市の一部を占拠するという事件が起こった。彼らに援軍を要請されたリエージュは兵を派遣し，ただちにウイを支配下に置いた。ルイ・ド・ブルボンは，内乱勃発時に側近の者たちと逃亡していたが，ルイとともに逃れた者たちの家は，このとき破壊の対象となった（Adrien［1902］p. 118）。その後，ウイはバーデンのマルクを摂政として受け入れることとなる（Adrien［1902］p. 121）。

　こうして都市リエージュの側についたウイだが，摂政マルクが9月上旬にリエージュから逃亡するや，困難な状況へと追いやられる。リエージュ軍はマルクの逃亡後も近隣地域への遠征と略奪を展開するが，ウイは，リエージュとその遠征の被害者であるブラバント地方の領民の仲介に努力しており，都市内部でも，そもそもの内乱の原因となった葡萄酒関連業者3人をムーズ川へ投げ込み処罰した。そのうえで，ブリュッセルへ使節を派遣し，ルイ・ド・ブルボンと交渉を行っている（Adrien［1902］p. 124）。このときは何らの成果も生まれず，ウイの苦境は続く。リエージュ市内でも一般市民らの厭戦気分が支配的となり，彼らはラースのブラバント遠征案に従おうとしなかったが，それでもウイがこのとき提案した休戦が聞き入れられることはなかった（Adrien［1902］p. 125）。その後，ウイはナミュールの領民と15日間の停戦で合意し（Adrien［1902］p. 126），独自の動きを見せる。11月24日に使節の任命を行ったウイは，12月4日付でブルゴーニュ公への降伏条件をまとめ，彼らを派遣した（Bormans［1878］pp. 587-589）。和平が公にされたのは12月12日であった（Adrien［1902］p. 129）。こうした先手の行動によってウイは自身を守ることに成功した。リエージュが遅まきながらブラバントと休戦協定を結び，和解のためにブリュッセルのルイに使節を派遣するも，司教領の聖職者には重い経済的負担が課せられた。ただし，ウイの聖職者は例外としてそこから除かれたのである（Adrien［1902］p. 128）。

　このようにして再び君主側に付いたウイが，その後の紛争の過程で再度リエージュと同盟を組むことはなかった。その点で，1467年6月にブルゴー

---

20) この点については，以下の文献を参照。Xhayet［1987］pp. 409-442；青谷［2015］415-437頁。

ニュ公フィリップ・ル・ボンが没し、再びリエージュで反乱の機運が高まった際、首座の問いかけに対してウイが返した言葉が興味深い。このとき、リエージュは、ウイに対し、その母なる都市を認めるべしとの要求を投げかけた。それに対し、ウイの市民は、自らを《聖なる、母なる教会の息子》«filii sanctae matris Ecclesiae»であると答えている（Adrien [1902] p. 166）。司教領における首座としての都市リエージュの論理と、君主側の都市の論理がこれほど対照的な図式を描いている点は特筆に価する。

　君主の側でも、こうしたウイに対して好ましい印象を抱かないはずはない。1466 年 12 月 23 日の文書で、ルイ・ド・ブルボンは、ルーヴァン、ついでウイへの司教座の移転に言及している（De Ram [1844] pp. 570-572）。ただし、このルイの言葉は、ブルゴーニュ公の思惑と微妙なずれを示しているようにも思われる。1467 年の反乱鎮圧後の和平条約では、都市リエージュがもはや司教座に値せず、その教会法廷もルーヴァン、ナミュール、マーストリヒトへと移ることが要求されているからである（Gachard [1833] p. 437 ; Bormans [1878] p. 619）。ここでなぜウイが選ばれていないのかについては多分に推測を交えるしかないのだが、おそらく同市が司教領の中核に位置していたというのが理由であろう。ルーヴァンにせよナミュールにせよ、それぞれブラバント公領及びナミュール伯領の中心都市であり、世俗君主ブルゴーニュ公が直接支配権を行使しうる場であった。その点、マーストリヒトは司教領の中心都市であったが、じつはこの都市に関してはリエージュ司教とブラバント公が二重に支配圏を及ぼしてきたという歴史的背景が存在した（Xhayet [1997] p. 247）。もちろん、マーストリヒトが伝統的に宗教都市として機能してきたという点も見逃せないが、リエージュ紛争の最中にルイが二大拠点として重用した 2 つの都市のうち、ウイではなくマーストリヒトがブルゴーニュ公によって教会法廷の場として選ばれたのには、以上のような理由が存在したと考えられるのである。

　ウイとディナンの間に連絡があり、一時ディナンが和平の可能性を模索したことは先に述べた。そのウイ自体もまた内部の分裂により、一時リエージュ側に付いたことも先に触れた。このように、紛争の諸過程で様々に結びあい、対立しあう司教領内部の状況も考慮に入れねば、リエージュ紛争の動

態的な側面は把握しきれないように思われるのである。

Ⅲ. ドイツ都市と紛争のインパクト

これまで見てきたように，リエージュ紛争のインパクトは，単に君主と都市リエージュという2つの主体の関係のみを追うだけでは，正確に測り知ることのできないものであった。しかし，リエージュ司教支配下の他都市を見るだけではなお十分ではない。紛争の影響は，さらに大きな広がりを持っていた。神聖ローマ帝国西部の中心である都市ケルン及びケルン大司教座は，紛争の渦中にあるリエージュと頻繁に連絡を取り合っており（Xhayet [1997] pp. 409-411; 青谷 [2015] 415-437 頁），その他の帝国諸都市もリエージュ紛争にただならぬ関心を抱いていたのである。以下で，その点を詳しく検討してみよう。

(1) リエージュとケルンの政治的コミュニケーション

E. フェロンが編纂した史料集では，ルイ・ド・ブルボン期においてリエージュと都市ケルンの間で交わされた現存最古の書簡は，1460年9月15日付のものである。ここでは，リエージュ市長らがケルンにて拘束された同市の商人の解放を求めている（Fairon [1939] pp. 21-22）。同年10月2日（Fairon [1939] pp. 22-24），さらに翌年2月27日（Fairon [1939] pp. 26-27）にも同内容の書簡が再度送付されている。しかし，これらはリエージュ紛争について何らかの情報を直接教えてくれるものではない。

注目すべき展開が見られるのは，同年末のことである。筆者が別稿で述べたとおり（青谷 [2015] 415-437 頁），1461年10月29日にルイ・ド・ブルボンが，自らの支配下にあるリエージュ司教領やロース伯領に聖務停止令を下して以来，紛争は激化する。聖務停止が実行される場合，この霊的処罰が下された地域において，聖職者は聖務を執り行うことができなくなる。これはすなわち，日常的なミサに始まり，洗礼や結婚，埋葬に至るまでの聖務が実行されず，処罰が長期にわたればわたるほど，俗人信徒の間で不満の声が強まることを意味している。リエージュの都市政府は，そうした事態を避ける

べく,聖務停止が解除されるよう様々な場所に働きかけをなした。とりわけ,その対象となったのが,ケルン大司教座であり,ケルンの聖職者たちである。ケルン大司教座は,リエージュ司教区を管轄下に含んでおり,リエージュの都市政府は司教ルイよりも上位に位置する権威に訴えかけることで,聖務停止の解除を実現しようとした。1461年12月19日のケルン教区裁判長による文書は,その望みどおりルイによる聖務停止を中断するよう命じるものであった(De Ram [1844] pp. 498-500)。ただし,リエージュがコンタクトをとろうとしたのはケルン大司教座だけではない。1462年9月21日のリエージュ市長による書簡は都市ケルンの市長や参審人らに宛てられており,そこでは,やはり聖務停止の効力について専門家の見解を仰ぐべくケルン大学の博士たちへの仲介が依頼されているのである(Fairon [1939] pp. 48-50)。また,同日,ケルン大学法学部に向けても使節の派遣を告げる書簡が送られており(Fairon [1939] p. 50),翌月19日の書簡では,都市ケルンに,ある博士が3,4ヵ月の間リエージュの案件に専心するのを許可してくれるよう依頼がなされている(Fairon [1939] p. 51)。これらの博士たちの活動は,結局のところ何ら実を結ぶことはなかった。しかし,紛争のきわめて中心的な課題をめぐって,リエージュがケルンの都市及び大司教座と頻繁に連絡を取り合っていたことは注目に値する。さらに,1463年11月1日には,リエージュ司教支配下の諸都市が,宮中伯にしてバイエルン公であるフリードリヒ及びケルン選帝侯ルプレヒトと軍事的な防衛ならびに商人の安全に関する同盟関係を結んでいる(Fairon [1939] pp. 74-79)。また,1464年5月27日には,バーデン家とケルンで面談するために,リエージュやトンヘレン,ハッセルトの市長が同市に安全通行許可証の発行を求めている(Fairon [1939] pp. 84-85)。

その後,1465年4月に都市リエージュは,ルイ・ド・ブルボンに代わる領邦の指導者として,バーデンのマルクを摂政に任命した。この摂政が9月に夜逃げの形で逃亡した後,見捨てられた都市では,当然,彼に対する反発や嫌悪が生じる。実質的な都市の指導者で,マルクをリエージュに連れてきたリントレのラースはこの時期,独裁者的な性格を顕わにしていたが,逃亡した摂政の財産を没収しつつ,厳しく彼を断罪した(Adrien [1902] pp.

125-126)。しかし，都市社会には，逃亡後も依然としてマルクに摂政としての期待を抱き続ける人々がいた。マルクの方でも復帰に向けた動きが見られるが，その際，ケルンがやはり重要な役割を果たしている。1466年の聖霊降臨祭の日，同市でバーデン家に関連する集会が開催され，都市リエージュの32ギルドやロース伯領の代表たちが派遣されたのである（Adrien [1902] p. 138 ; Fairon [1939] pp. 194-195）。その集会の内容については明らかでないものの，その直後，リエージュでは少年たちが《バーデン家万歳！》と叫びながら都市で破壊活動を展開し，教会や聖職者が略奪の対象となった。その暴挙は，教会がラースや市長に助けを求めたものの沈静化できないほど過激な様相を呈したという（Adrien [1902] p. 138）。

(2) 苦境に陥るケルンとドイツ都市

また，ケルンとの関係はこうしたものにとどまらない。ケルン都市会計簿の1464年10月12日の項目には，リエージュ，トンヘレン，シント・トライデン，そしてハッセルトの諸都市に，ケルンが2,500グルデンの貸付を行ったことが記されている（Fairon [1939] p. 118）。これに関連して，1465年9月28日のリエージュからケルン都市政府への書簡では，現下の戦争が通商その他にもたらしている困難について謝罪の言葉が並べられている[21]。

なお，1466年4月28日には，かつての貸付金である2,500グルデンの返済を迫る書簡がリエージュ宛に送られている（Fairon [1939] pp. 189-190）。これに対して，同年5月10日，リエージュ市長らは弁明を綴るとともに返済期限延期を願う書簡を送付する。しかし，同月19日には，ケルンから，リエージュ，ハッセルト，トンヘレン，シント・トライデン宛で，やはり借金の返済を迫る書簡が届けられた[22]。こうした矢のような催促に対して，リエージュは7月27日，ブルゴーニュ公との和平における負担を理由に，未返済に対する再度の弁明を行った（Fairon [1939] pp. 196-197）。しかし，

---

21) Fairon [1939] pp. 155-156. 1466年3月7日にも，リエージュはケルンに，かつての都市財務役人を派遣する旨の書簡を送っている（p. 183）。
22) Fairon [1939] pp. 192-194.

ケルン側の催促は続く。同年 10 月 20 日（Fairon［1939］pp. 208-210），さらに翌年 5 月 12 日の書簡で（Fairon［1939］pp. 220-221），リエージュその他上記の 3 都市への返済が要求されている。リエージュ側は，5 月 22 日の書簡でとうとう近日中の返済を約束したが（Fairon［1939］pp. 221-222），これも実現されることはなく，ケルン側は 8 月 3 日に再度約束の履行を求める書簡を送りつけた（Fairon［1939］pp. 227-228）。ほぼ 1 年後の 1468 年 8 月 1 日にもケルンはリエージュその他の都市に返済を迫っている（Fairon［1939］pp. 294-295）。ここにきて，事態に変化が生じる。8 月 17 日のケルン宛書簡で，リエージュの都市政府が，とうとう返済を拒否したのである。リエージュ側の言い分によれば，2,500 グルデンの借入は，自分たちの同意なく，当時支配的であった反逆者たちによって行われた非合法な行為であったため，返済の義務はないという（Fairon［1939］pp. 295-296）。この後，両市は，リエージュでのケルン市民にまつわる揉め事をめぐって交渉を持つなどしているが（Fairon［1939］pp. 296-300），10 月 19 日のリエージュ市長によるケルン宛書簡では，同市が置かれた困難な状況のため，事態に進展がないことが報告されている（Fairon［1939］pp. 300-301）。この後，まもなくリエージュはブルゴーニュ公による破壊の対象となった。

　最終的にケルンは，返済を拒否した上に，反乱鎮圧後に苛烈な処罰を科せられたリエージュからこの債務を回収することはできなかったように思われる。しかし，ケルン側の苦悩はこれにとどまらなかった。1467 年のリエージュの反乱が鎮圧されたあと，同年 12 月 7 日の司教ルイ・ド・ブルボン宛の書簡で，ケルン政府はリエージュの反逆者たちに決して援助を与えたわけではなく，リエージュの難民についても最近追放処分を下したとの必死の弁明を行っている（Fairon［1939］pp. 256-258）。1468 年の反乱鎮圧後には，弁明の対象がブルゴーニュ公に変わる。ケルン政府は，1469 年 4 月 4 日のブルゴーニュ公宛書簡で，やはりリエージュの難民を受け入れたことについて弁明し，この君主の意向に従う旨を表明しているのである[23]。

---

23) Fairon［1939］pp. 324-325. ただし，ケルンは，その後，1470 年 2 月に再度ルイ・ド・ブルボンに対する弁明の準備を行っている（p. 342）。

このようなケルンの弁明は，ドイツ都市にとって，リエージュの破壊が単なる対岸の火事ではなかったことを示している。ケルンの他，やはりリエージュに程近いアーヘンも，ブルゴーニュ公に都市の鍵を委ねることで服従の意を表明している（ボーネ［2006］278-308, とくに 293 頁）。そこまでの行為に走ることはなくとも，リエージュの悲劇的な運命に関心を寄せる都市は他にもあり，情報は帝国内のネットワークを通じて拡散した。リエージュ陥落後間もなくの 1468 年 11 月 19 日，ニュルンベルクの都市政府は，リエージュに関する情報問い合わせの書簡をケルンに送った（Kurth［1910］p. 360; Fairon［1939］pp. 307-308）。ニュルンベルクは，同日付で，フランクフルト・アム・マインにも同様の書簡を送付している（Kurth［1910］p. 363）。そのフランクフルト・アム・マインからは，同月 26 日にケルンに向けて問い合わせの書簡が送られ（Kurth［1910］p. 360; Fairon［1939］p. 309），ケルンからこれに対し，簡素ながらも破壊や虐殺の様子を伝える回答がなされている（Kurth［1910］p. 362; Fairon［1939］pp. 311-312）。また，翌月 3 日にはアーヘンの都市政府からもフランクフルト・アム・マイン宛にリエージュの破壊についての報告が送られており（Kurth［1910］p. 361; Fairon［1939］pp. 309-311），ライン河沿岸都市のフランクフルトがこの事件に強い関心を持っていたことがわかる。

　これらドイツ諸都市の関心は，言うまでもなくブルゴーニュ公シャルル・ル・テメレールの公国拡張政策に由来している。すでに，シャルルの父フィリップの時代から，ブルゴーニュ公国を一つの王国として独立させるべく神聖ローマ皇帝との交渉が行われていた（Vaughan［2002a］pp. 268-302）。しかし，シャルルの治世にその傾向はますます強まる。ヘルレ公領の獲得や都市ノイスの包囲戦など，帝国領への侵出も公国の拡張と独立を実現すべく展開されたシャルルの政策の一環であり（Vaughan［2002a］pp. 123-155），帝国西部の諸侯や都市はこれに大きな脅威を感じていたに違いない。そして，リエージュ司教領への干渉と，都市リエージュの破壊は，まさにそうした帝国領侵出の先駆けであった。その点で，リエージュ紛争は，ブルゴーニュ公国の枠組みを越え，ドイツ都市にとっても大きなインパクトを持つ出来事だったのである。

本節の最後に，ケルンが紛争時のリエージュと恒常的な関係を維持していた点の重要性を改めて強調しておきたい。リエージュは，大司教座，大学，そして都市政府といったケルンの様々な組織体と連絡をとりつつ，紛争の諸局面を乗り切ろうとした。しかし，リエージュ自体がリントレのラースを中心とした過激派の都市指導層に翻弄され，破滅を迎えると，ケルンにも大きな影響が及ぶこととなった。1467年及び68年の反乱鎮圧後，都市ケルンは立て続けに司教ルイ・ド・ブルボン及びブルゴーニュ公シャルルに必死の弁明を行い，シャルルの帝国侵出によりもたらされるであろう脅威の芽を摘んでおかねばならなかった。また，リエージュをはじめとする司教領諸都市への貸付を通じて経済的な損害まで被ることになった。こうしたケルンの失敗と同市を核とした情報の流布を通じて，逆にブルゴーニュ公の帝国内部へのプロパガンダが，容易に浸透した可能性は否定できない。最終的に，ブルゴーニュ公の王国建設の野望は，1473年に行われた皇帝フリードリヒ3世とのトリーア会談の失敗と，1477年のスイス軍との戦いにおけるシャルル・ル・テメレールの戦死によって潰えることとなる。しかし，それらのエピソードに至るまでに生じたリエージュ紛争とケルンを中心としたドイツ都市との関係は，従来フランス及びフランス王との関係に注目が集まりがちなブルゴーニュ公国の歴史において，帝国が持つ重要性を示唆しているのである。

Ⅳ. 公国諸都市における紛争の意味と重要性

これまで，リエージュ司教支配下の諸都市及びドイツ都市にとっての紛争の意味とインパクトについて検討してきたが，最後にブルゴーニュ公国内部にも目を向けてみたい。ブルゴーニュ公がリエージュ司教領を実質的な支配下に収めようとした際，その目が帝国領へと向けられていたことは間違いない。しかし，ディナンやリエージュの破壊は怒りに任せた君主の突発的行動などではなく，見せしめとして念入りに計画された都市破壊政策の一部をなしていたというのが，M. ボーネの指摘するところである（ボーネ［2006］278-308頁）。そうであるならば，これらの都市を見せしめとして利用するこ

とで，君主への服従を引き出そうとした対象は公国内部の都市ということになる。その際，これらの都市は，司教支配下の諸都市やケルンとは異なり，直接紛争の当事者となったわけでなく，紛争をまったく別の立場から経験したことだろう。この点を明らかにするのが本節の目的である。ただし，公国全体を対象とすることは難しいため，ここでは，ヘントやブルッヘ，イープルといったフランドル都市が分析の中心となる。1468年のリエージュの反乱に際して，ブルゴーニュ公シャルルはフランドル諸都市から様々な形で物資あるいは兵力の提供を要求しており（Vaughan［2002b］pp. 17-18），ブルッヘは200人の槍兵を中心とした軍を派遣している（Gilliodts-Van Severen［1876］pp. 554-555）。また，その反乱が鎮圧されたあと，上記のフランドル三大都市には，リエージュが経験した過酷な処罰についての詳細がただちに知らされることとなった（Paravicini［1995］pp. 335-339；ボーネ［2006］292頁）。こうした点を掘り下げてゆくことで，都市征圧者としての君主の姿を印象付けようとするブルゴーニュ公の目論見や，公国政治における三大都市の重要性が明らかとなるだろう。

　まず，フランドル三大都市のなかでもっとも規模の小さかったイープルから見てみよう。それによって，各都市のブルゴーニュ公との関係やリエージュ紛争への向き合い方が特徴的に浮かび上がってくるからである。

(1) イープルとブルゴーニュ公

　イープルは毛織物工業で大いに栄え，最盛期には2万人程度の人口を有するフランドル三大都市の一つであった。14世紀後半以降，人口面での縮小を経験するが，15世紀にも依然としてヘントやブルッヘ，そしてブルッヘ周辺のシャテルニーとともに，フランドル伯領の合議体である「四者会議」の一者を構成し，伯領政治において少なからぬ役割を果たしていた。そのイープルにも，他のフランドル都市やシャテルニーに対するのと同様，1467年9月中旬から下旬にかけて派兵に関する文書が，ブルゴーニュ公より送付されている[24]。ついで，10月8日には大軍の維持に必要な食糧の供給に関する命令も下されたが（Gachard［1833］pp. 163-164），同月20日には，この命令が十分に実行されていないとの理由で再度の要求がなされている

第 3 章　15 世紀後半のリエージュ紛争と北西ヨーロッパ都市　　　　　　　　　　　*97*

(Gachard［1833］pp. 165-166)。そして，同月 24 日の書簡では軍の状況について (Gachard［1833］p. 167)，11 月 2 日の書簡ではブルステムの戦いやシント・トライデンの降伏についての報告がなされている (Gachard［1833］pp. 168-172 ; Fairon［1939］pp. 233-235)。また，同月 16 日には，トンヘレン，ロース伯領，リエージュ，ウイの陥落について記す[25]，また同月 24 日にはブルゴーニュ公のリエージュ入城と司教領の平定を知らせる書簡がイープルへと送られている (Gachard［1833］pp. 182-183)。

　これらの君主による都市宛の書簡が，当初の派兵をめぐる命令文書を除いて，都市側から送られた書簡に応える形で送付されているのは興味深い。つまり，そもそも都市側が，君主の近況を尋ねる書簡を送付し，リエージュ紛争の推移について情報を得ようとしていたということである。都市側のこうした関心は，君主への問い合わせとは別に，市民をリエージュ地方に派遣し，情報を入手している点からも明らかである。都市のペンシオナリスであったロデウェイク・ファン・デン・リーネは，イープルの高等バイイや都市政府要人たちに，シャルルの書簡と同様な内容を持つ書簡を複数，同じ時期に送付している。まず，彼は，1467 年 10 月 29 日に，リエージュ軍がブルゴーニュ軍に大敗を喫したブルステムの戦いについての報告を，シント・トライデンから書き送っている (Fairon［1939］pp. 233-235)。次いで，11 月 1 日には，同じくシント・トライデンから，同市のブルゴーニュ軍への降伏と，リエージュ−ブルゴーニュ間の交渉についての報告が送られている[26]。さらに，11 月 6 日には，ブルステムの戦い以後の状況報告が (Fairon［1939］pp. 240-242)，同月 16 日には，リエージュのブルゴーニュ公への降伏を物語る書簡が送付された[27]。

---

24) Gachard［1833］pp. 156-159. 9 月 17 日付，同月 21 日付，25 日付のシャルルの書簡が残されているが，これらについては，編者のガシャールが上記のブルッへの派兵との関連で簡単な考察を加えている (p. 160)。

25) Gachard［1833］pp. 178-182. また pp. 180-182 においても，ガシャールは，同件に関連するイープル市民による報告を紹介している。

26) Fairon［1939］pp. 236-238. Gachard［1833］pp. 170-172 の注釈部には，11 月 2 日に送付された，ファン・デン・リーネによるものとされる，同じ出来事に関する報告書の内容が記されているが，これらが同一のものを指すのかはわからない。

1468年に入ってからの書簡に，前年ほど多くのリエージュ関連のものが見られるわけではない。それでも，十分示唆的な書簡がそこには含まれている。シャルル・ル・テメレールがフランス王ルイ11世との戦いに専心するかに見えたことが，1468年のリエージュによる再度の反乱に繋がったことは先に触れた。この反乱の知らせを聞いたシャルルは，急ぎペロンヌの会談で同王と和議を結び，リエージュへの進軍を始める。イープルには，10月9日付でこの会談の様子を記した書簡が届けられている[28]。以後も公側からの複数のイープル宛書簡が残されているが，興味深いのはペロンヌの和が結ばれた直後の10月14日付書簡である。ここでシャルルは，和議が結ばれたにもかかわらず，自身によるリエージュ征圧が完了するまで，イープルの都市内で花火あるいはその他の祝祭的行事が行われるのを禁止している（Gachard［1833］pp. 199-200）。フランドル都市において，君主の戦勝や和平の成立が知らされた場合，しばしば，神に感謝を捧げるプロセッションが組織された（Brown［2011］pp. 73-99），そうした類の行為が君主の意向によって統制されたものと解釈できよう[29]。そして，反乱の鎮圧が完了するや否や，シャルルはこれを報告し，末尾では神への感謝の要求を示唆する書簡を都市に送付している（Fairon［1939］pp. 301-302）。これらの書簡は，都市側の求めに応じてではなく，シャルルのイニシアティヴによって認められ，都市へと送られた。イープルのように，少なくとも恭順の意を示す都市に対しては，喜びの声をあげ，神に感謝を捧げる行為までもが，君主の意向に沿う形で実践されるべく求められたように理解できるのである。

---

27) Fairon［1939］pp. 248-250. 他，10月30日には，ブーシンヘム領主ヤン・ファン・ハレウェインからイープルの住民にブルステムの戦いについての報告が送られている。Cf. Fairon［1939］pp. 235-236 ; Gachard［1833］pp. 170-172.
28) Gachard［1833］pp. 196-198. ガシャールによれば，これについてもファン・デン・リーネによるものと，公の財務官によるものの2つの別報告が存在するという。
29) 書簡の文面を見る限りでは，これが明確に宗教的な祝祭に対するものであったかどうかは明らかでない。ただし，同書簡にガシャールが付した，同日付のイープル宛フラマン語書簡では，ペロンヌでの神に感謝を捧げる祝祭の様子が記されている。Cf. Gachard［1833］p. 200.

(2) ブルッヘとペロン

　フランドル第2の都市ブルッヘもまたこの時点では君主と比較的良好な関係を保っていたが，リエージュ紛争の影響はイープルと異なる形で現れる。ブルッヘは，すでに1466年のディナンの破壊の前後から，ルイが援助を求めてブルゴーニュ公を訪ねるなど，間接的ながらもリエージュ紛争にまつわる政治的動向の舞台となっていた（Gilliodts-Van Severen [1876] pp. 454-462）。しかし，この都市は，リエージュ紛争の勝利者であるブルゴーニュ公のプロパガンダの場となることで，より直接的にこの出来事に関係することとなる。

　1467年の反乱が鎮圧された際，ブルゴーニュ公シャルルは，都市リエージュの広場に設置されたモニュメント，ペロンを剝奪した。この措置は，同年の47項からなる和平条約において，処罰の一環として第11項に明記されており（Gachard [1833] p. 452; Bormans [1878] p. 620），単なるブルゴーニュ公の気まぐれで実施されたものではない。リエージュの都市自治を象徴するこのモニュメントを奪うことで，市民のアイデンティティを掘り崩そうとの狙いがあったと考えられるのである。しかし，その後，シャルルはペロンを破壊したわけでも，どこかに仕舞いこんだわけでもなかった。ペロンは，ブルッヘにて見世物として展示されることになったのである（Gilliodts-Van Severen [1876] pp. 555-557）。さらに，展示に際しては，柱状のモニュメントに《かつてリエージュのペロンであったこの私を／公シャルルが征服された／私は，その昔，リエージュとその一帯が自由なる地であることの象徴であった／……／高貴なる公が私をここに置かれたのである／その勝利のしるしとして》[30]といった銘文が刻まれることとなった。こうした文言を目

---

30) «Je fus Perron de Lige／Duduc Charles conquis ; Signe estoye que lige／Fut Lige et le pays. ／ … . Le franc ducq m'y a mis／En signe de victoire.»（Kurth [1910] pp. 279-281）．この銘文には，複数のヴァージョンが伝えられているが，ここではクルトのテクスト及び解釈に従った。その他のフランス語銘文及びラテン語銘文については，クルトの上記頁及びそこに示された諸文献や次のものを参照。Gilliodts-Van Severen [1876] p. 556.

にしたものが，都市征圧者としての公の姿を思い浮かべるようにとの意図が，そこには読み取れる。しかし，なぜこのモニュメントは，ブルゴーニュ公がもっとも好んだ宮廷都市であるブリュッセルではなく，また公国最大の反乱都市であったヘントでもなく，それらよりもさらに遠い場所に位置するブルッヘに置かれることになったのか。その点を考えるにあたっては，都市ブルッヘの性格を考慮に入れねばならない。14世紀以来，北ヨーロッパ最大の国際商業都市として栄えたブルッヘでは，ハンザ商人とイタリア商人をはじめとして，南北を問わずヨーロッパ各地から外国商人が集い，商業活動を展開していた[31]。こうした国際的な都市に上記の銘文を刻ませたペロンを展示することで，ブルゴーニュ公の権威と強大さは，ヨーロッパ中に知れ渡ることになるだろう。このような目論見は，都市ブルッヘの，どこにペロンが展示されたのかという点から明らかである。ペロンは，ジェノヴァ商人の館，ヴェネツィア商人の館，そしてフィレンツェ商人の館などが密集し，ハンザ商人の館にも程近いブールス広場に設置されたのである。この場所がブルゴーニュ公自身によって選定された可能性を示唆する都市側の記録が存在する。そこでは，1468年1月2日に，ミヒール・フートヘビュール及びコルネリス・ステュールマンが，ペロンの設置に関する君主のアドヴァイスを求めてブリュッセルに派遣されたと記されており，その後別の項では，同じくミヒール・フートヘビュールがブールス広場へのペロンの設置作業に関して支払いを受けたことが記録されている（Gilliodts-Van Severen [1876] p. 556）。こうした点から，ブルゴーニュ公は，ペロンの取り扱いを通じて，自身の権威を国際的に高めようと考えていたことが明らかとなる

(3) ヘントの反乱とリエージュ紛争

　以上のような，ブルゴーニュ公と密な関係を保っていたイープルやブルッヘとはまったく異なる状況に置かれていたのが中世フランドル最大の都市ヘントである。正確な日付は明らかでないものの，リエージュは1467年夏にメヘレンやヘント，ブラバント諸都市へ使者を派遣し，反ブルゴーニュの同

---

31) この点については，次の文献を参照。Murray [2005]；河原 [2006]．

盟締結を持ちかけたという。後に，シャルル・ル・テメレールにこの点を詰問されたリエージュは，使者の派遣については認めたものの，そうした陰謀については否定している（Adrien [1902] p. 170）。しかし，この件について報告しているブルゴーニュ派のジャン・ド・エナンによれば，ヘント市民は，リエージュからの使節をブルゴーニュ公に引き渡しており（Jean de Haynin [1906] p. 205 ; Kurth [1910] p. 257)，公ははっきりとその証拠を掴んでいたことになる。14世紀以来，ヘントは北西ヨーロッパにおける反乱都市の象徴であり，パリやルアンなどの都市が反乱にあたってヘントと連絡をとり，ときに《ヘント万歳！》の声とともに気勢をあげたことは知られている（青谷 [2011] 165-172頁）。そうした点から，リエージュがヘントに援軍を要請したということは十分ありえる[32]。上記のように，この使者の派遣がいつのことか正確にはわからない。しかし，ジャン・ド・エナンが，1467年6月15日のフィリップ・ル・ボンの死を伝え，その後明確に「公」の称号とともにこの件について報告していることから，おそらくこれがシャルル・ル・テメレールのブルゴーニュ公即位の後のことであろうことは推測できる。そして，シャルルの即位後であれば，ヘントが，かつての盟友であったリエージュに対する裏切り行為を働いた理由も明らかである。なぜならば，ヘントもまた，この時期反乱を経験し，君主との関係の再構築に苦心していたからである[33]。

経緯を見てみよう。1467年6月末，新たな君主となったシャルル・ル・テメレールの入市式において，ヘント市民は1450年代初頭の反乱後に科せられた処罰の撤回を要求し，一時的に君主の同意を取り付けるのに成功した。しかし，態勢を立て直したブルゴーニュ公の前に都市は屈服せざるを得なかった。ヘントは，同年8月及び1469年1月にブリュッセルの宮廷で屈

---

32) フィリップ・ル・ボン治世初期のリエージュの騒乱とヘントの関係については，Kurth [1910] p. 99を参照。
33) なお，ヘントは，1467年秋のブルゴーニュ公によるリエージュへの派兵要請を断っており，私的な軍がこれに参加した。この点については，なお考察が必要だが，反乱後の微妙な関係がこうした中途半端な措置に繋がっていることは間違いないだろう。Cf. Vaughan [2002b] p. 18.

辱的な謝罪儀礼を繰り返した後，ようやく君主と最終的な和解を実現することができたのである[34]。同時期に反乱を展開したにもかかわらず，ディナンやリエージュが君主による都市破壊の憂き目にあい，ヘントがこれを免れた理由として，後者が公国形成の初期から領土に組み込まれ，その中心的な場所を占めるフランドル伯領に位置していた点が指摘できる。綿密な計算の上で展開されたブルゴーニュ公の都市破壊政策において，両者は，君主の飴と鞭が対照的に行使される事例を提供しているわけである（ボーネ［2006］278-308頁）。とはいえ，ヘントの側に破壊への切実な恐怖が存在したことは間違いない。1468年11月のリエージュの破壊に際し，フランドル都市がその詳細を周知された点については先に触れたが，ヘントはその直後の1469年1月8日，恐れをなしたかのように，ブリュッセルの宮廷で2度目の謝罪儀礼を行った。このとき，リエージュを見せしめとした公の意図は，ヘントに正確に伝わっていたのである。

　しかし，ヘントが都市破壊を免れたのには，ブルゴーニュ側の政策を念頭に置いた上での都市側からの積極的な処罰回避策が功を奏したことも忘れてはならない。この点について筆者はすでに別稿で論じたが，ヘントは，1467年の反乱が鎮圧された直後，贖宥の都となっている。そもそも，ブルゴーニュ公国では，1450年のローマの聖年を引き継ぐ形でメヘレンが巡礼地として賑わい，公国内の小ローマとして全贖宥が信徒たちにもたらされる場となっていた。ブルゴーニュ公はこの際，ローマ教皇と都市の間に入る形で，メヘレンを聖地に変容させるかどうかのイニシアティヴを握っていた（Aotani［2013］pp. 28-37）。メヘレンにおける全贖宥のイヴェントは1465年に終了を迎えていたが，ヘントはこれを引き継ごうと，67年9月以降，ブルゴーニュ公と交渉を繰り返した。最終的にブルゴーニュ公はこれを認め，67年末から翌年初頭にかけて，そして68年春から秋にかけて，ヘントは公国における小ローマ，聖なる贖宥の都となるのである（Aotani［2014］pp.

---

34) Vaughan［2002b］pp. 1-40；Arnade［1991］pp. 59-94；Arnade［1996］pp. 127-158；Boone［2001］pp. 139-151；Lecuppre-Desjardin［2004］pp. 294-311；河原［2002］207-227頁．

191-206)。こうした過程は，反乱都市ディナンやリエージュを破壊し，都市の守護聖人の庇護のもとリエージュを再建する聖なる君主として自らを表象しようとするブルゴーニュ公の都市破壊政策及び宗教的領域への関心という同時代的コンテクストの上で考察されねばならない。シャルルは，リエージュの破壊の際，サン・ランベール教会を中心とした都市の諸教会を破壊と略奪から守り，都市の守護聖人聖ランベールの庇護下で都市の再建を行う姿勢をアピールしたのである（Velden［2000］；青谷［2015］415-437頁）。ヘントは，こうした君主の志向を十分理解し，自らを聖なる都市へと変容させることで破滅を免れようとした。リエージュ紛争とヘントの反乱がセットにして考えられるべきであるのは，明白であろう。それと同時に，ブルゴーニュ公がヘントの反乱で示した「赦し」もまた，リエージュに対する処罰の厳格さと対照的な図式を描きながら，君主による都市支配のあり方を外部に向けて提示するプロパガンダの役割を果たしたのである。

　以上のように，フランドルの三大都市は，ブルゴーニュ公との間で，リエージュ紛争を契機とする政治的コミュニケーションを展開した。そのコミュニケーションの様態は三者三様であるものの，ブルゴーニュ公がそれぞれの都市に対し，あるいはそれぞれの都市を通じ，より外部の世界に向けて自己の対都市政策を発信した点は共通している。フランドルは，ブルゴーニュ公が14世紀後半にネーデルラントではじめて獲得した地域であり，公国が形成され，発展してゆく際の中核地であった。こうした地域においても，公国の東側，厳密には公国の東隣で展開された紛争は，強力にその爪痕を残したのである。

結　論

　ルイ・ド・ブルボン及びその背後に控えるブルゴーニュ公に対する都市リエージュの反乱が，様々な形で周辺諸地域の北西ヨーロッパ都市に対して大きな影響を及ぼしたことは以上の分析から明らかであろう。都市リエージュとネットワークで結ばれた司教支配下の諸都市及び帝国の諸都市，またこれと対立する立場にあった諸都市の動向は，リエージュ紛争が単なる君主と一

都市の争いとしてではなく，相当な広がりを持つコンテクストの上で考察されねばならないことを示している。そして，そのコンテクストの広がりは，そのまま，ブルゴーニュ公国史を外部，とりわけ帝国諸勢力との開かれた関係のうちに眺めることの必要性と可能性を示しているようにも思われる。ただし，こうした外部との関係が，そのまま内部，すなわちフランドルのようなブルゴーニュ公国の中核地における君主・都市間の関係に直接的かつ大きな影響を及ぼしていたことも忘れてはならない。むしろ，こうした外と内の関連性・連動性こそは，常に拡張を志向し，また常に公国の各領邦内における君主・都市間の権力バランスの変容を見ながら，四代の君主たちの治世において完成することのなかったブルゴーニュ公国の特徴を明らかにしているのかもしれない。なお，本章では，公国内部についてはフランドル都市を扱うのみで，ブラバント公領をはじめとする諸領邦の都市を議論に組み込むことができなかった。この点を今後の課題としつつ，筆をおきたい。

［文献目録］
欧語

Adrien d'Oudenbosch［1902］*Chronique*, Borman, C. De（éd.）, Liège.

Aotani, H.［2013］"Mechelen's Jubilee Indulgence and 'Pardon' in Burgundian Political Culture", *Proceedings of Medieval Identities : Political, Social and Religious Aspects. The Eighth Japanese-Korean Symposium on Medieval History of Europe, August 21, 2013-August 22, 2013, Tokyo, Japan*, pp. 28-37.

Aotani, H.［2014］"The Papal Indulgence as a Medium of Communication in the Conflict between Charles the Bold and Ghent, 1467-69", in : Hattori, Y.（ed.）, *Political Order and Forms of Communication in Medieval and Early Modern Europe*, Roma, pp. 191-206.

Arnade, P.［1991］"Secular Charisma, Sacred Power : Rites of Rebellion in the Ghent Entry of 1467", *Handelingen van de maatschappij voor geschiedenis en oudheidkunde te Gent*, 45, pp. 59-94.

Arnade, P.［1996］*Realms of Ritual : Burgundian Ceremony and Civic Life in Late Medieval Ghent*, Ithaca and London.

Blockmans, W. and Prevenier, W.［1999］*The Promised Lands : The Low Countries under Burgundian Rule, 1369-1530*, translated by E. Fackelman and edited by E. Peters, Philadelphia.

Boone, M.［2001］"Législation communale et ingérence princière : La 'Restriction' de

Charles le Téméraire pour la ville de Gand (13 Juillet 1468)", in : Cauchies, J.-M. et Bousmar, E. (éds.), '*Faire bans, edictz et statuz': légiférer dans la ville médiévale : sources, objets et acteurs de l'activité législative communale en Occident, ca. 1200-1550*, Bruxelles, pp. 139-151.

Bormans, S. (éd.) [1875] *Cartulaire de la commune de Couvin*, Namur.

Bormans, S. (éd.) [1878] *Recueil des ordonnances de la principauté de Liège : première série 974-1506*, Bruxelles.

Bormans, S. (éd.) [1881] *Cartulaire de la commune de Dinant*, t. 2, Namur.

Bormans, S. (éd.) [1907] *Cartulaire de la commune de Dinant*, t. 7, Namur.

Brown, A. [2011] *Civic Ceremony and Religion in Medieval Bruges c. 1300-1520*, Cambridge.

Cauchies, J.-M. [2012] "Institutions bourguignonnes (1467-1477)", in : Dubois, S., Demoulin, B. & Kupper, J.-L. (éds.), *Les institutions publiques des principauté de Liège (980-1794)*, t. 1, Bruxelles.

De Ram, P. F. X. (éd.) [1844] *Documents relatifs aux troubles du pays de Liège, sous les princes-évêques Louis de Bourbon et Jean de Horne, 1455-1505*, Bruxelles.

Dubois, S., Demoulin, B. & Kupper, J.-L. (éds.) [2012] *Les institutions publiques de la principauté de Liège (980-1794)*, t. 2, Bruxelles.

Fairon, E. (éd.) [1939] *Régestes de la Cité de Liège*, t. 4, Liège.

Gachard, L. P. (éd.) [1833] *Collection de documents inédits concernant l'histoire de la Belgique*, t. 1, Bruxelles.

Gachard, L. P. (éd.) [1834] *Collection de documents inédits concernant l'histoire de la Belgique*, t. 2, Bruxelles.

Gilliodts-Van Severen, L. (éd.) [1876] *Inventaire des archives de la ville de Bruges. Section 1 : treizième au seizième siècle*, t. 5, Bruges.

Harsin, P. [1972] "Liège entre France et Bourgogne au XVe siècle", in *Liège et Bourgogne. Actes du colloque tenu à Liège les 28, 29 et 30 octobre 1968*, Paris, pp. 193-256.

Jacques d'Henricourt [1931] *Œuvres de Jacques d'Henricourt*, Borman, C. de, Bayot, A. et Poncelet, É. (éds.), t. 3, Bruxelles.

Jacque du Clercq [1836] *Mémoires*, De Reiffenberg, F. (éd.), t. 4, Bruxelles.

Jean de Haynin [1906] *Mémoires de Jean, Sire de Haynin et de Louvignies, 1465-1477*, Brouwers, D. D. (éd.), t. 2, Liège.

Kurth, G. [1910] *La Cité de Liège au Moyen-Age*, t. 3, Paris.

Lecuppre-Desjardin, E. [2004] *La ville des cérémonies. Essai sur la communication politique dans les anciens Pay-Bas bourguignons*, Turnhout.

Liège et Bourgogne [1972] *Liège et Bourgogne. Actes du colloque tenu à Liège les 28, 29 et 30 octobre 1968*, Paris.

Marchandisse, A. [1998] "Jean de Heinsberg (1419-1455) ou le dilemne d'un prince évêque de Liège écartelé par des options politiques antagonistes", in : *Publication du*

Centre Européen d'Etudes Bourguignonnes, t. 38, Turnhout, pp. 69-87.
Marchandisse, A. et Coura, G. [2010] " Les lendemains des guerres bourgondo-liégeoises du XVe siècle", in: Pernot, F. et Toureille, V. (éds.) *Lendemains de guerre... De l'Antiquité au monde contemporain : les hommes, l'espace et le récit, l'économie et le politique*, Bruxelles, pp. 289-307.
Masson, Ch. [2013] "Des ambassadeurs entre Liège et Bourgogne. Pour une étude des relations diplomatiques des pouvoirs liègeois avec les ducs valois", in : *Publication du Centre Européen d'Etudes Bourguignonnes*, t. 80, Turnhout, pp. 51-66.
Murray, J. M. [2005] *Bruges, Cradle of Capitalism, 1280-1390*, Cambridge.
Paravicini, W. [1995] *Der Briefwechsel Karls des Kühnen (1433-1467). Inventar*, t. 1, Frankfurt.
Schnerb, B. [1999] *L'État bourguignon 1363-1477*, Paris.
Vaughan, R. [2002a] *Philip the Good. The Apogee of Burgundy*, Woodbridge (originally published in 1970).
Vaughan, R. [2002b] *Charles the Bold. The Last Valois Duke of Burgundy*, Woodbridge (originally published in 1973).
Velden, H. van der [2000] *The Donor's Image. Gerard Loyet and the Votive Portraits of Charles the Bold*, Turnhout.
Xhayet, G. [1987] "Raes de Heers, un "Condottiere" liégois du XVe siècle", *Le Moyen Âge*, t. 93, pp. 409-442.
Xhayet, G. [1997] *Réseaux de pouvoir et solidarités de parti à Liège au Moyen Âge (1250-1468)*, Genève.

邦語
青谷秀紀［2011］「反乱の記憶――中世後期フランドル都市における過去表象の象徴的機能――」，服部良久編『中・近世ヨーロッパにおけるコミュニケーションと紛争・秩序』科学研究費基盤研究（A）研究成果報告書 Vol. 1，165-172 頁。
青谷秀紀［2015］「聖なる権威の在り処をもとめて――15 世紀後半のリエージュ紛争とブルゴーニュ公――」，服部良久編『コミュニケーションから読む中近世ヨーロッパ史――紛争と秩序のタペストリー――』，ミネルヴァ書房，415-437 頁。
河原温［2002］「15 世紀フランドルにおける都市・宮廷・儀礼――ブルゴーニュ公のヘント『入市式』を中心に――」，高山博・池上俊一編『宮廷と広場』，刀水書房，207-227 頁。
河原温［2006］『ブリュージュ――フランドルの輝ける宝石――』，中公新書。
ボーネ，M.（青谷秀紀訳）［2006］「都市は滅びうる――ブルゴーニュ・ハプスブルク期（14-16 世紀）低地地方における都市破壊の政治的動機――」，服部良久編訳『紛争のなかのヨーロッパ中世』，京都大学学術出版会，278-308 頁。

＊本稿は，平成 26 年度科学研究費基盤研究 C（課題番号：25370873）による研究成果の一部である。

第4章

ブルゴーニュ・ハプスブルク期のネーデルラント貴族
—— フランスとの境界をめぐる問題とハプスブルクの平和条約での役割 ——

加来奈奈

はじめに

　14世紀から16世紀にかけて，ブルゴーニュ公家とその継承者たるハプスブルク家の君主のもとで，ネーデルラントが一つの国家的領域として形成される[1]。それまではばらばらであったフランドル伯領やブラーバント公領などの各領邦の貴族が一人の君主の宮廷に集い，さらに君主主催のイベントに参加することで，領邦を越えたブルゴーニュ国家，もしくはネーデルラントとしてのアイデンティティが形成され，さらに入市式や地方機関の人員のパトロネージを通じて，深く浸透した（Prevenier [1998] pp. 9-11）。

　「ブルゴーニュ国家の貴族」ないし「ネーデルラント貴族」を扱った研究は，20世紀初めにアンリ・ピレンヌにより始められる。ピレンヌは，ブルゴーニュ公やハプスブルクの君主による集権化の促進力がそれまでの地方自立主義を超越し，貴族たちに国家的な領域意識を芽生えさえ，最終的にはその領域意識によりネーデルラントの反乱では自らの君主に対抗することにも繋がったとしている（Pirenne [1929] pp. 191-195 ; Buylaert [2010a] pp. 3-4）。

---

[1] ブロックマンスらの研究では，ブルゴーニュ公のもとで栄えた文化が各領邦の境界を越え，"ネーデルラントの文化や生活様式"として浸透したのが1530年頃とし，1531年の行政改革以降は君主のネーデルラント離れが一層顕著となり，宗教の問題も影響力を増すため，1530年をネーデルラントにおけるブルゴーニュ支配の画期とみなしている（Blockmans and Prevenier [1999] pp. xii, 232-234）。とはいえ，1477年のシャルル・ル・テメレールの死後のハプスブルク家の支配の影響も無視できない。本章では1477年から1530年をブルゴーニュ支配の連続性とハプスブルク統治の影響の両方が現れる時期とし，ブルゴーニュ・ハプスブルク期とする。

```
M   メヘレン
R   ヘルレ公領ルールモント地区
T   トゥルネジ
WF  ワロン=フランドル
    リエージュ司教領
```

出典：Israel [1995] p. 36 をもとに筆者作成。

地図1　カール5世治世下のネーデルラント

1960年代から70年代にかけて，フランスのアナール学派やE. P. トムスンなどのイギリスのマルクス主義歴史学者による歴史学パラダイムの転換が生じ，80年代には日常史やサバルタン・スタディーの流行に伴ってより下位の社会層が注目されるようになった。これによって，君主や貴族を主役とした実証研究による伝統的な「戦史」は下火となり，貴族はエリート研究の中で考察され，社会の一部として扱われるようになった（De Hemptinne and Dumolyn [2008] p. 481）。とりわけ，1980年代より日本にも大きな影響を与えた近代国家生成のプロジェクト[2]やプロソポグラフィ研究の流行によって，ブルゴーニュ君主による宮廷や評議会，会計院，金羊毛騎士団の構成員

を対象としたエリート研究が活発に行われる。およそ 15 世紀から 1510 年までのブルゴーニュ国家に関するプロソポグラフィのプロジェクトが，ブロックマンス，ボーネ，パラヴィッチーニらによって進められ（Blockmans et al. [1997]），その成果により，現在ウェブサイトで多くの高官や役人の検索ができるようになっている[3]。さらに，行政機関の研究発展に伴い，機関そのものよりも各機関の構成員の役割が議論されるようになり，その中で中央の君主と地方当局の対立構造が見直され，相互作用や地域ごとの多様性が明らかになってきた（Stein [2001] pp. vii–ix）。このような研究展開を受け，2008 年にド・ヘンプティンヌとデュモレインがネーデルラント貴族の研究史と最新の研究動向をまとめ，その中で中世から近世初期にかけての貴族が多角的に論じられるようになり，近年ではブルゴーニュ公やハプスブルク君主が与えた集権化の影響の大きさについては，懐疑的に論じられるようになったことが示されている（De Hemptinne and Dumolyn [2008]）。

しかしながら，近年の活発な貴族研究の成果の中でも，ブルゴーニュ公の支配の終着点とも言える 16 世紀の貴族の研究は多いとは言えない。16 世紀まで目を向けた代表的な研究は，まずコールスの集権化政策の中枢を担う高位貴族に関する研究が挙げられる。コールスは，君主のもとにある中央行政機関の役職者に注目し，出身地の分布，有力家系とそのネットワーク，地方当局からの昇進，さらに地方の所領獲得の在り方などを明らかにし，特にこうした貴族が集権化の中で中央と地方の仲介役を果たしたことに着目している（Cools [2001]）。一方，バイラールトは，フランドルやブラーバントなどの領邦貴族の視点から，より下位の貴族を考察し，ブルゴーニュ公の支配以前から結婚を通じてのインターローカル（超領邦的）な結びつきはすでに存在したことを明らかにし，ネーデルラント貴族の誕生は社会背景よりも観念的に考察する必要があるとしている（Buylaert [2009]；[2010a]；[2010b]）。

---

2) 代表的なものは Coulet and Genet [1990]；渡辺 [1996]；藤井 [2007]；花田 [2010] がある。

3) Prosopographia Burgundica の website（http://www.prosopographia-burgundica.org/）より，ブルゴーニュ国家の役人に関するデータベースのサイトへ移動できる（2015 年 10 月 10 日確認）。

前者は君主の周辺に新たに生まれた貴族集団に焦点をあてており，後者はすでに領邦内で活動していた貴族に注目しているため，集権化の度合いに関する評価に温度差はあるが，いずれにしても中央と地方の単なる対立の中で貴族を捉えるのでなく，ブルゴーニュ公やハプスブルク君主の支配が貴族に与えたインパクトや領邦間を超えた人的ネットワークの多様な在り方を強調している。さらに，16世紀の貴族に関しては，内部の動きだけに目を向けるのではなく，ハプスブルク君主が統治する結果によるフランス王家とネーデルラント貴族の関係の変化や，さらに，ネーデルラントが複合国家ともされるハプスブルク支配領域の中の一部となることも考慮しなければいけない。近年，スーンらの研究で示されているような"トランスリージョナル（超地域的）"といった視点から，フランスとの境界を超えた貴族の関係性やハプスブルク支配下の貴族のネットワークにも目を向け，ネーデルラントの貴族をネーデルラントという領域の枠を超えて考察する必要性がある（Soen and Cools [2014] pp. 210-212) [4]。

多くの研究では，1530年までには，ネーデルラントの高位貴族がフランス王家とハプスブルク家のどちらに臣従するかが明らかになるとしている（Cools [1999] pp. 372-373 ; Soen and Cools [2014] p. 228）。また，同時期に，そういった貴族が外交交渉において仲介者的役割を果たしたが[5]，仲介者に関するほとんどの具体的な事例研究は1470年代から1510年頃に限られている。加えて，1482年のアラス平和条約から1559年のカトー・カンブレジ平和条約まで，ハプスブルク君主とフランス王の平和条約の多くはネーデルラントとフランスの境界で締結された（加来 [2013b] p. 230）。こうしたことから，交渉における貴族の役割は，16世紀半ばとの連続性の中でも考察されるべきである。

では，ブルゴーニュ公の後継者としてネーデルラントを継承したハプスブルク家の君主のもと，ネーデルラント貴族は，どのような立場におかれ，ど

---

[4] ベルギーのルーヴェン大学スーンやトーマスらによる transregional history の研究プロジェクトの website（http://transregionalhistory.eu/）が作られている。
[5] 例えば，Cauchies [2007] p. 15 や Soen and Cools [2014] pp. 221 などでそういった事例を見ることができる。

のような態度をとったのだろうか。本章では，まずは1470年代から1530年頃までのネーデルラントの高位貴族について，ネーデルラント内部での動向，フランスとの関係，さらに皇帝カール5世[6]との関係を考察したうえで，ハプスブルクとフランスの和平交渉で重要な交渉役になることに注目し，ネーデルラントの領域に関する重要な規定を含む1529年締結のカンブレ平和条約における貴族の態度を検討する。これによって，複合国家的領域を有したハプスブルク家の統治という新しい状況下におけるネーデルラント貴族の適応の様相を浮き彫りにする。

Ⅰ．ネーデルラント貴族の動向

16世紀前半までのネーデルラント貴族のヒエラルキーを考えてみると，宗主として神聖ローマ皇帝かフランス王，その下にフランドル伯やブラーバント公などの領邦君主，その下に半自律的な封土などを持った領主，さらにその中にも小規模な所領を持つ領主がいた。中世ネーデルラントでは領邦の中に所領を有する貴族の称号はそれほど普及しておらず，貴族と呼べる大半は領邦の中に1つまたはいくつかの小規模な所領を持っているような領主であった（Cools [2001] p. 49）。15世紀から19世紀の南ネーデルラントに関する貴族の統計はヤンセンスによって行われ（Janssens [1998]），15世紀末から17世紀の初めに37の称号を与えられたことが明らかにされている（Janssens [2002] p. 102）。その一方で，君主がその他にも大勢存在した貴族を法的に定義するのは17世紀以降であり，15世紀前半から16世紀にかけての貴族を定義するには，所領，軍事奉仕，家紋の使用などを検討しながら，個々の社会的状況とともに判断せねばならず（Buylaert [2010c] pp. 377-378），容易ではない。そのため，官職や所領，もしくは経済力や特権など，焦点をどこにあてるかでその定義は変化する。

1475年から1530年の中央行政機関のネーデルラント貴族に関するコール

---

[6] カール5世の主な称号と在位期間：ブルゴーニュ公1506-1555年，神聖ローマ皇帝1519-1556年，スペイン王（アラゴンおよびカスティーリャ王）1516-1556年。

スの研究は，主に5つの役職に注目した。第1に君主の家政機関[7]としての宮廷の寝室侍従（シャンベラン），宮内侍従と年金保有者，第2に宮廷顧問会から派生しカール5世の時代には諮問評議会や財務評議会となる一連の中央の評議会の評定官となった貴族，第3に前述した2つの条件いずれかに加えて金羊毛騎士団団員となった貴族，第4に中央から派遣される地方総督（例えば，フランドル総督，ホラント総督）と提督，第5に常備軍隊長やその他軍隊の将校である。これらの役職の合計数は577になる。多くの者が兼任するためその577の役職に268名を確認でき，そのうち11人については名前以上を判断するのが困難なため，残りの257人を対象にプロソポグラフィ研究が行われた（Cools [2001] pp. 29-46）。ここでは，コールスの研究成果をもとに，高位貴族の状況を概観する。

　ネーデルラント貴族の家系に関する表1は，先に述べた577の役職数から，一つの家系において何人が中央の役職に就いたのか，その家系ごとの合計と，全体で比較した時の割合について統計を出し，そのうち多くの役職を得た家系の上位26家系まで示している。

　ここに挙げられている上位の家系に関して，単純に人数と役職数を割れば一人につき2から4つの役職を兼任していると予測できる。特に上位に挙がっているクロイ家，ラノワ家，ラレン家などはアルトワ，エノー，ワロン＝フランドル[8]などフランスとの境界領域の領邦内に起源を持つ貴族家系である（Cools, Gunn and Grummitt [2007] p. 129）。さらに，577の役職のうち，2人以上の役職者を出している家系は49家系あり，全体で400の役職を占めているので，中央での要職獲得には家系が重要であったことが窺える。

　また，貴族の主とする称号をもとに拠点とする地域に関して作成したのが表2，表3である。表2はネーデルラント内に主となる所領を有する貴族のみで比較し，表3ではネーデルラント外の地域を拠点とする貴族を含めて比

---

7) ブルゴーニュ公の家政機関に関しては金尾［1999］を参照。
8) ワロン＝フランドルはガリカ＝フランドルとも呼ばれ，リール，オルシ，ドゥエの3つのシャテルニーからなる地域である。フランドル伯領の一部であるが，1312年から1369年の間はフランス王に併合されており，フランドル伯の元に戻った後も，独自の財政，法，行政が認められた（Derville [1992] p. 25）。

第4章 ブルゴーニュ・ハプスブルク期のネーデルラント貴族

表1 1477-1530年ネーデルラント貴族の有力家系と役職数

家　　系	人数	役職数	577の役職数の中の割合（％）
クロイ Croÿ	11	39	6.8
ラノワ Lannoy	9	31	5.4
グリムス＝ベルヘン Glymes-Bergen	9	25	4.3
ブルゴーニュ公の庶子	7	24	4.2
エグモント Egmond	6	21	3.6
リュクサンブール Luxemburg	6	20	3.5
ナッサウ Nassau	4	14	2.4
ラレン Lalaing	3	13	2.3
ホルン Horn	7	12	2.1
メールン Melun	3	11	1.9
クレーフ Kleef (Cleve)	3	10	1.7
ヌーシャトー Neufchâtel	3	9	1.6
ハーレウェイン Halewijn	4	9	1.6
バーデン Baden	3	8	1.4
ラ・ボーム La Baume	3	8	1.4
ブルッヘ Brugge	2	7	1.2
シャロン Chalon	3	7	1.2
リネ Ligne	3	7	1.2
ロラン Rolin	3	7	1.2
トラズニー Trazegnies	3	7	1.2
ワッセナール Wassenaar	3	7	1.2
ヒステル Gistel	2	6	1.0
ポルハイム Polheim	2	6	1.0
ウィッテン Wittem	2	6	1.0
ボトン Bouton	3	6	1.0
ヴォドレ Vaudrey	4	6	1.0
合　　計	111	326	56.4

出典：Cools [2001] p.94 をもとに筆者作成。

較している。ちなみに両ブルゴーニュとはブルゴーニュ伯領及びブルゴーニュ公領を指す。

　表2からは，ブラーバント，エノー，アルトワやピカルディの貴族が多く，とりわけワロン＝フランドルなどについては人口や面積の割に多くの役

表2 1477-1530年 中央行政に関わる貴族の拠点とする地域
（ネーデルラント内）

地　　　域	1470年頃の人口の割合	人数	割合%
ブラーバント	18.1	34	19.0
フランドル	28.6	28	15.6
ホラント/ゼーラント	15.4	24	13.4
ワロン=フランドル	3.3	13	7.3
エノー	9.1	34	19.0
アルトワ/ピカルディ	17.7	34	19.0
リュクサンブール/シニー	6.3	6	3.4
リンブルク	0.7	3	1.7
ナミュール	0.7	3	1.7
	100	179	100.0

出典：Cools［2001］pp. 67-68をもとに筆者作成。

職者を輩出していることがわかる。エノー，アルトワ，ピカルディ，ワロン=フランドルといった地域は，封建領主が多いため伝統的に高位貴族の多い地域であり，フランスとの境界であるため戦場と化すことも多く，城塞が多数ある（Cools［2001］pp. 68-69）。一方，人口の割にヘントやブルッヘなどの重要な都市のあるフランドルの貴族は中央の要職を保持していない。

しかしながら，称号の所在や拠点地域と家系について考察する際には，1475年から1530年の間に拠り所とする主要な領土が変化したことも注目すべきである。この表に関しては，明らかに肩書だけのものは除いて，第1に貴族がその時の称号の一番高いものはどの地域に属するか，続いてその貴族が権力や財力の基盤としている活動の拠点はどの地域に属するかについて分類し，割合を算出している（Cools［2001］pp. 66-67）。つまり，同じ家系でも，世代が変われば，違う地域に所属するとみなしている。以下，ラレン家とクロイ家に注目して，15世紀末から16世紀前半における所領の拡大および変化について見ていきたい。

もともとフランスとの境界周辺に所領を持っていた有力貴族は，メヘレンやブリュッセルといった政治の中心がおかれたブラーバント公領内に所領を

表3 1477-1530年 中央行政に関わる貴族の拠点とする地域（全体）

地　　域	人数	割合%
（ネーデルラント内の所領）		
ブラーバント	34	13.2
フランドル	28	10.9
ホラント/ゼーラント	24	9.3
ワロン＝フランドル	13	5.1
エノー	34	13.2
アルトワ/ピカルディ	6	13.2
リュクサンブール/シニー	3	2.3
リンブルク	3	1.2
ナミュール	3	1.2
（ネーデルラント外の所領）		
両ブルゴーニュ	55	21.4
その他の神聖ローマ帝国内の所領	16	6.2
イベリア半島	3	1.2
リエージュ司教領	2	0.8
イングランド	1	0.4
イタリア半島	1	0.4
合　　計	257	100
ネーデルラント外の所領の割合 内：外＝69.6：30.4		

出典：Cools［2001］pp. 67-70 をもとに筆者作成。

持つことの重要性から，結婚政策や所領獲得を通じて，次第にブラーバントに所領を持つようになった（Cools［2001］pp. 75-77, 200, 243-244）。エノーを起源に持つラレン家とクロイ家も同様に，中央の評議会で活動するために，ブラーバントに領地を拡大した。このような例はマクシミリアンの摂政期以降，顕著に見られ，さらにカール5世の時期には，こうした貴族はブラーバントの領地を拠点とするようになる。ラレン家から初代ホーフストラーテン伯，クロイ家から初代アールスホット侯が出ているが，この地名はブラーバント公領内に位置する（Cools［2001］pp. 65-66）。

さらにこうした貴族は，君主の北部支配の拡大に伴って，ラレン家などを筆頭に，ホラントやゼーラントへ所領を広げていく（Cools［2001］p. 244）。

結婚による結びつきと同様に，地方総督就任によって現地に派遣されることも所領獲得のチャンスとなった。派遣先で築いたネットワークによる土地の購入・贈与などは領域を広げることに繋がった。全体として，中央貴族の家系所領は南から北へ拡大するという大きな流れが確認できる（Cools［2001］pp. 74-80）。この動きは，中央から北部へと所領を拡大した貴族のみに有益なのではなく，北部出身者が中央への足掛かりを作ることにも繋がり，中央とのネットワークを確保するのにも役立つものであった（Cools［2001］pp. 78-80）。16世紀後半にはネーデルラント貴族として有名になるマルニクス家の祖先となったジャン・ド・マルニクスはサヴォワ公国出身であり，サヴォワ公妃であったネーデルラント総督マルグリットの書記官としてネーデルラントで仕えはじめ，カール5世の書記官にもなり，1528年にマリー・ド・リュクサンブールから没収したアントウェルペンとメヘレンの間にあるルムストという所領から年金を得ることが決定された（Houssiau［1998］pp. 250-251）。この家系はアルトワなど境界の領域の家系と婚姻関係を深めた（Goethals［1850］）。このように君主の結婚や移動を通して，統合過程のネーデルラントに所領を獲得し，そこに根付く者もいた。

　この時期の高位貴族は，本来の出身地，獲得した所領，任務地との結びつきなどを考慮すると，出身地や領域的な所属を一つに限定することは難しい（De Schepper［1987］p. 3）。こうした広い結びつきによって，まさしく「ネーデルラント貴族」としか呼べないような状況であったと言えよう。

II．ハプスブルクか？フランスか？──主従関係の選択──

(1) 1477年からカンブレ平和条約にかけての貴族の動向

　15世紀末から1530年の間のネーデルラント貴族にとって，単純にネーデルラント内での地位や役割を確保するだけでなく，ハプスブルク側につくか，フランス側につくかということも問題であった。この間，フランス王権とハプスブルク支配下のネーデルラントとの境界は何度も変更され，また当時は宗主と実際の統治者が異なることもあり，そこに所領を持つ貴族はフラ

ンスとハプスブルクのどちらにつくかということに関して極めて不安定な状況にあった。このような支配権が接する，ないし重複する境界領域をめぐる貴族に関して，フランスの視点からポッター（Potter [1993]）がピカルディを，ネーデルラントの視点からコールス（Cools [1999]）がアルトワやワロン＝フランドルなどを論じている。ブルゴーニュ公は本来フランス王家の傍系であり，1529年のカンブレ平和条約締結までは，ブルゴーニュ公やハプスブルクの後継者がフランドル伯やアルトワ伯として実質的な統治を行っていたが，宗主権はフランス王が保持していた。おおよそ1470年以前では，ピカルディ，ワロン＝フランドル，アルトワといった境界領域の貴族たちは宗主であるフランス王と，フランス王にオマージュして実質的に統治していたブルゴーニュ公の両方の宮廷や行政機関に属することができた（Paravicini [1975] pp. 542-544; Caron [1995]; Cools [1995]; Potter [1993] pp. 45-51, 308-311）。とりわけブルゴーニュ公時代の前半は，公がフランス王国統治に強く関与していたため，公の臣下は公と王の両方に属することで，収入や昇進において利益を享受することもあった（Cools [2001] p. 99; 花田 [2011] pp. 9-24; 中堀 [2011] pp. 26-29）。しかし，シャルル・ル・テメレールのフランス王国からの自立政策が顕著になると，両方との主従関係の維持や中立的立場の保持は困難になる。公とフランス王の間で曖昧な立場をとっていたサン＝ポール伯ルイ・ド・リュクサンブール（1418-1475）はシャルル・ル・テメレールに捕えられた後，フランス王に引き渡され，王によって1475年に反逆罪で処刑された。これを目の当たりにして，境界領域に所領を持つ貴族は，どちら側につくのかを明確に選択する必要性に迫られた（Cools [1999] pp. 373-378）。加えて，神聖ローマ皇帝を輩出するハプスブルク家の君主がブルゴーニュ公の後継者になると，フランス王との関係が一層複雑になった。

　1477年のシャルル・ル・テメレールの死後，所領がフランス王領内に編入される可能性のある貴族は，フランスとハプスブルクのどちらにつくか不安定な立場におかれた。そういった所領が敵側の侵略の危険にさらされたり，平和条約の際に何度も境界領域が変更されたりする際に，貴族は大きく分けて，以下の3つの態度をとることになった。第一に，服従する君主に従

うために，土地の交換，売買，または放棄を行った。第二に，そのような状況下で，ネーデルラントとフランス王国に家系を分割した。最後に，新しい所領や役職など，新たな利益を与えてくれる君主を選択したのである（Cools [1999] p. 376）。

　ここでは1477年以降の境界領域の貴族が，選択を迫られる大きな転機を確認する。まず，シャルル・ル・テメレールの死後，ブルゴーニュ公領やピカルディをフランス王が併合する時である。シャルルの娘マリーは残された所領を維持するために，各領邦に特権と慣習の維持を認めた「大特権」を与え，さらにフランス王に対抗できる人物としてハプスブルク家のマクシミリアンを結婚相手に選ぶ。その一方で，フランス王もアルトワやピカルディ内の都市や貴族に接近し，多くの特権を与えるなどして，フランス側に取り込むことに成功している（Cools [2001] p. 103）。1478年のマクシミリアンを団長とした金羊毛騎士団の集会では，マリーの信頼のおける人物を選任し，フィリップ・ド・ブルゴーニュ[9]，ジャック・ド・サヴォワ，ピエール・ド・リュクサンブール，ジャック・ド・リュクサンブール，ウォルフェルト・ヴァン・ボルセール，ジョゼ・ド・ラレン，ウィレム・ヴァン・エグモントなど新しい世代を担う人物が団員となった（Cools [2001] pp. 110-111）。

　続く転換期は1482年である。この年にマリーが死去したことで，フランドル評議会は，マクシミリアンが自由にネーデルラントを統治することを懸念し，さらにフランス王の侵攻を恐れ，マクシミリアンに譲歩させる形で，アラス平和条約をフランスと締結させる。この時，マリーとマクシミリアンの娘マルグリットと後のフランス王シャルル8世の結婚が決定され，マルグリットの嫁資としてブルゴーニュ伯領やアルトワ伯領などがフランスのものとなった。以後，1480年代後半にはネーデルラント都市のマクシミリアンに対する反乱の中で，ネーデルラントの貴族は，フランス側につく者や，ネーデルラントとの関係も維持しながらも，フランスの貴族との婚姻やフランスで役職を得るなどして，フランス王国との結びつきを強める者もいた

---

[9] ブルゴーニュ公の庶子家系の人物。ブルゴーニュ公のフィリップ・ル・ボーとは別人。

（Cools［1999］p. 378）。

　しかし，フランス王シャルル8世がマルグリットとの結婚を解消し，ブルターニュ女公との結婚を決めると事態は再び変化する。フランス王はブルターニュ公国の人材を重用し，フランス宮廷の元ブルゴーニュ派の貴族は王の恩顧を失った。同時に1490年代初めにフランドルを中心に起きていたマクシミリアンに対する反乱が終結し，マクシミリアンも味方を増やすためにフランス側についた貴族を積極的に歓迎したため，この時期にハプスブルク側に戻ってくる者もいた（Cools［2001］pp. 112-117）。1493年のサンリス平和条約によって，マクシミリアンはマルグリットと彼女の嫁資の大半を取り返し，フランスがピカルディ，ハプスブルクがアルトワを支配することが確認された（Potter［1993］p. 44）。

　最終的に，ネーデルラント出身の君主であるカール5世が神聖ローマ皇帝となることで，フランス王との対立関係は避けられないものとなる。カール5世は，ネーデルラントにおいてフランス王権の権限を完全に切り離すことを試みた。それが実現するのが1529年締結のカンブレ平和条約である。ハプスブルクとフランスのイタリア戦争の和約でもあるカンブレ平和条約には，ネーデルラントとフランスの境界領域に関する取り決めが多く含まれている。特に重要なのは，フランス王によるフランドル伯領とアルトワ伯領に関する宗主権の放棄である。ブルゴーニュ公やカール5世がフランドル伯やアルトワ伯としてその領域を統治する一方，宗主権はフランス王が保持していたため，パリの高等法院がそれら伯領の最高裁判権を有していた[10]。同時に，シャルル・ル・テメレールによる支配領域の統一政策の中，メヘレンにその領域を統括すべく高等法院（のち大評議会）が設置されたことから，アルトワやフランドルに関する最高裁判権をめぐる対立がネーデルラントとフランスの間で生じていた。カンブレ平和条約によって，フランス王がその宗主権を放棄したため，カール5世支配下のネーデルラントすべてが神聖ローマ皇帝の宗主権下におかれることになった。

---

10) ブルゴーニュ公からカール5世の治世のフランドル伯領に関するパリの高等法院の訴訟問題は，ダーシー（Dauchy［1995］：［2002］）が詳細に検討している。

加えて，カンブレ平和条約はネーデルラントとフランスの境界線を詳細に決めた初めての条約でもある（Potter [1993] pp. 273-238）。境界領域に関する項目内容[11]を見てみると，アルトワ伯領が新たにできた宗主権の境界を越えてフランス王国内に持つ飛び地に関する決定を確認できる。第 40 条ではネーデルラント貴族のジャック・ド・リュクサンブールにオキシを回復することが決定されている。また，1526 年のマドリッド条約ではネーデルラント貴族アドルフ・ド・ブルゴーニュがクレヴェクール，アル，リュミニなどを獲得したのであるが（Du Mont [1726] vol. 3, part 1, p. 409），フランス貴族ラ・アルジュリもその領土を主張していた。これに関して，カンブレ平和条約では，後日，再びカンブレで調停を行うことが決められた。

　カンブレ平和条約の境界領域をめぐる規定の中で注目すべきはヴァンドーム公女マリー・ド・リュクサンブールの所領に関する取り決めである。この条約で，人質となっていたフランス王子の身代金として 200 万エキュが支払われることが決定された。その身代金のうちフランス王の臣民がネーデルラントに持つ所領から 51 万エキュが支払われることになっている。このフランス王の臣民がマリー・ド・リュクサンブールである。彼女自身もカンブレでの会談に参加しており（Russell [1992] p. 117），彼女が所有するとされたアルトワ内所領など主に境界領域を中心とした所領からの年金によって，20 年間を通じて，その金額が支払われることが決められたのである（Le Glay [1845] vol. 1, pp. ccvi-ccvii, n. 1）。この彼女の所領に関する決定は，マリーの所有権は認めつつも，フランス王がその収入を利用することによって，かなり譲歩的な内容となっている。

　カンブレ平和条約においてマリーの持つ所領が重要な役割を果たすまでのリュクサンブール家の動きは，ハプスブルクとフランスの境界貴族の主従関係選択の動向をよく示している[12]。そこで次に，15 世紀末からカンブレ平和条約までのこのリュクサンブール家の動向を見ていく。

---

11) カンブレ平和条約の条項は，Du Mont [1726] vol. 4, part 1, pp. 7-13 に記載されている。

(2) リュクサンブール家の動向

　アルトワ，ピカルディなど境界領域に多くの所領を保持していたサン＝ポール伯ルイ・ド・リュクサンブールが1475年フランス王によりパリで絞首刑となった後，ルイの息子ピエールとルイの弟ティボーはハプスブルクを選び，ネーデルラントにおいて役職を得る。その一方でルイの弟ピエールはフランス王側についた。

　ハプスブルク側についたリュクサンブール家は，婚姻家系などを通じて，主にピカルディ内のフィエンヌ領主，フランドルのゾッテヘム領主となり，さらにカール5世により，フランドル伯領内のガーヴェレ伯の称号が与えられ，主に拠点をフランドルにおくようになった。ジャック1世は寝室侍従や金羊毛騎士団団員となり，ジャック2世からはワロン＝フランドル総督やアルトワ総督などの地方総督職を兼任するようになる。ジャック3世（以下，単にジャック・ド・リュクサンブールと記すときにはこの人物を指す）は，当時ネーデルラントでもっとも権力のある貴族として有名なアントワーヌ・ド・ラレンとともに財務評議会長官（Gorter-van Royen［2008］pp. 25-28）にも任命されていたが（Cools［2001］pp. 257-261），後継者を残さず死去したため，多くの所領や地位はエグモント家に嫁いだ妹の息子ラモラール・ヴァン・エグモントに継承された。彼はネーデルラントの反乱の際に，オラニエ公とスペインの間に立って調停を試み，ネーデルラント史においてピースメーカーとして位置づけられる人物である（Woltjer［1976］pp. 229-321；［1999］pp. 185-200；Soen［2008］p. 738）。

　フランスとハプスブルクの両方で重要な役割を果たしたフィリップ・ド・クレーヴは，マリー・ド・リュクサンブールの妹と結婚している。フィリップは全ネーデルラントの提督としての経歴を持つが，1480年代のマクシミ

12）リュクサンブール家として有名なのは，14世紀初めにドイツ王に選出されたリュクサンブール公家であるが，彼女の直系のリュクサンブール家はすでに13世紀に分家となり，エノー，ピカルディ，アルトワなどフランスとブルゴーニュ支配下のネーデルラントに領域を拡大し，サン＝ポール伯となったリュクサンブール家である（Soen and Cools［2014］pp. 212-214）。

リアンに対する反乱の中心人物となったため，マクシミリアンが再びネーデルラントで権力を取り戻すと，1492年ごろにフランス側についた。その一方で，マクシミリアンとマリー・ド・ブルゴーニュの息子でブルゴーニュ公のフィリップ・ル・ボーの従者として公文書に名を連ね，フランスからの代理としてフィリップ・ル・ボーとの交渉役を担うなど，ネーデルラントとの繋がりは維持された（Cauchies［2007］pp. 12-19）。フランス王の名の下でナポリ提督などを経験するも，大した成果を挙げることはできず（Cools［2007］pp. 101-115），結局，フィリップ・ル・ボーの死をきっかけに，その息子で幼少のカール（のちの皇帝カール5世）の摂政としてネーデルラント総督となったマルグリットの尽力により，正式にネーデルラントに戻り，金羊毛騎士団団員になった。マリー・ド・リュクサンブールの妹が子供を残さず死去した後，1528年にフィリップ・ド・クレーヴも死去したため，マリーが彼の所領を継承することになった（Le Glay［1845］vol. 2, p. 680）。

　さらに，フランス側についたリュクサンブール家を見るならば，処刑されたルイの息子シャルル，アントワーヌ，ルイはフランス側につくものの，ステイタスを上げることができずにいた。その一方で，ハプスブルク支配下となった地域に持つ自身の所領を維持する目的を含みながら，マクシミリアンやフィリップ・ル・ボーのもとへの使節として何度か派遣されている（Soen and Cools［2014］pp. 220-221）。

　最後に，マリー・ド・リュクサンブールについて見ていく。処刑されたルイの息子のうちハプスブルク側についたピエールの娘マリーは，父の死と同年の1482年に，ネーデルラントで重要な役割を果たしていたロモン伯ジャック・ド・サヴォワと結婚した。それにより，祖父の時代のリュクサンブール家の多くの所領は回復された。しかしながら，ジャックの死後，当時シャルル8世の摂政であったアンヌ・ド・ボーシュの戦略もあり，ヴァンドーム伯フランソワ・ド・ブルボンと結婚することで（Potter［1993］pp. 48-49），その後彼女自身はフランス寄りとなった。とはいえ，カール5世治世下のネーデルラント総督マルグリット（総督期1507-1515，1517-1530）とマリア（総督期1531-1555）とは友好関係を維持した（Thelliez［1970］pp. 29-35；Soen and Cools［2014］p. 221）。カンブレ平和条約に至るまでのカール

5世とフランス王の争いの中で，マルグリットは一時的に，自身の所領であるシャロレ伯領がフランス王により没収されたことを受け，フィリップ・ド・クレーヴの死後，マリー・ド・リュクサンブールが得るはずであったネーデルラント内の所領を没収した。これについてイングランド王を含め使節や書簡を通して交渉がなされ，1528年締結のネーデルラント，フランス，イングランド間のハンプトン＝コートでの休戦条約で，マリーの所領についてそれぞれが納得した解決を行うことが約束されている[13]。カンブレでの平和交渉には，フランス側の交渉団の一人として，実際にマリーも参加している (Thelliez [1970] p. 29)。

　カンブレ平和条約では，フランス王子の身代金200万エキュのうち約4分の1である51万エキュが，主としてフランスの臣民であるマリー・ド・リュクサンブールのネーデルラント内に持つ所領の年金として支払われることになった。この取り決めによって，フランス側は直接の支払いを免れる代わりに，境界領域の要所に位置する彼女の所領に関するフランス王の買い戻し権などをすべて放棄することが決定された。一方でネーデルラント側も所領の収益や一連の所領の最終的な権限を神聖ローマ皇帝が持つことは確認されつつも，マリー・ド・リュクサンブールの個人の所領であることは認めており，フランスとハプスブルクの妥協的な要素を多く含む内容となっている。ちなみに，マリーはネーデルラントで得ることができなくなった所領に関する補償として，フランス王によって王国内に別の所領が与えられた (Potter [1992] p. 32)。この時点において，マリー・ド・リュクサンブールは，フランス王側の臣下として明確な立場ではあるが，具体的な収入や交渉を見るならば，結果としてフランス王から収入を獲得し，ネーデルラント総督との交渉役にもなっているように，彼女はフランスとハプスブルクの間の重要な仲介者の一人であった。

---

13) マリー・ド・リュクサンブールの所領の没収に関しては以下を参照せよ。Du Mont [1726] vol. 4, part 1, pp. 515-518 ; *Letters and Papers, Henry VIII*, vol. 4, pp. 1971-2023, passim ; Le Glay [1845] vol. 2, p. 680.

第Ⅰ部　領邦と中間権力

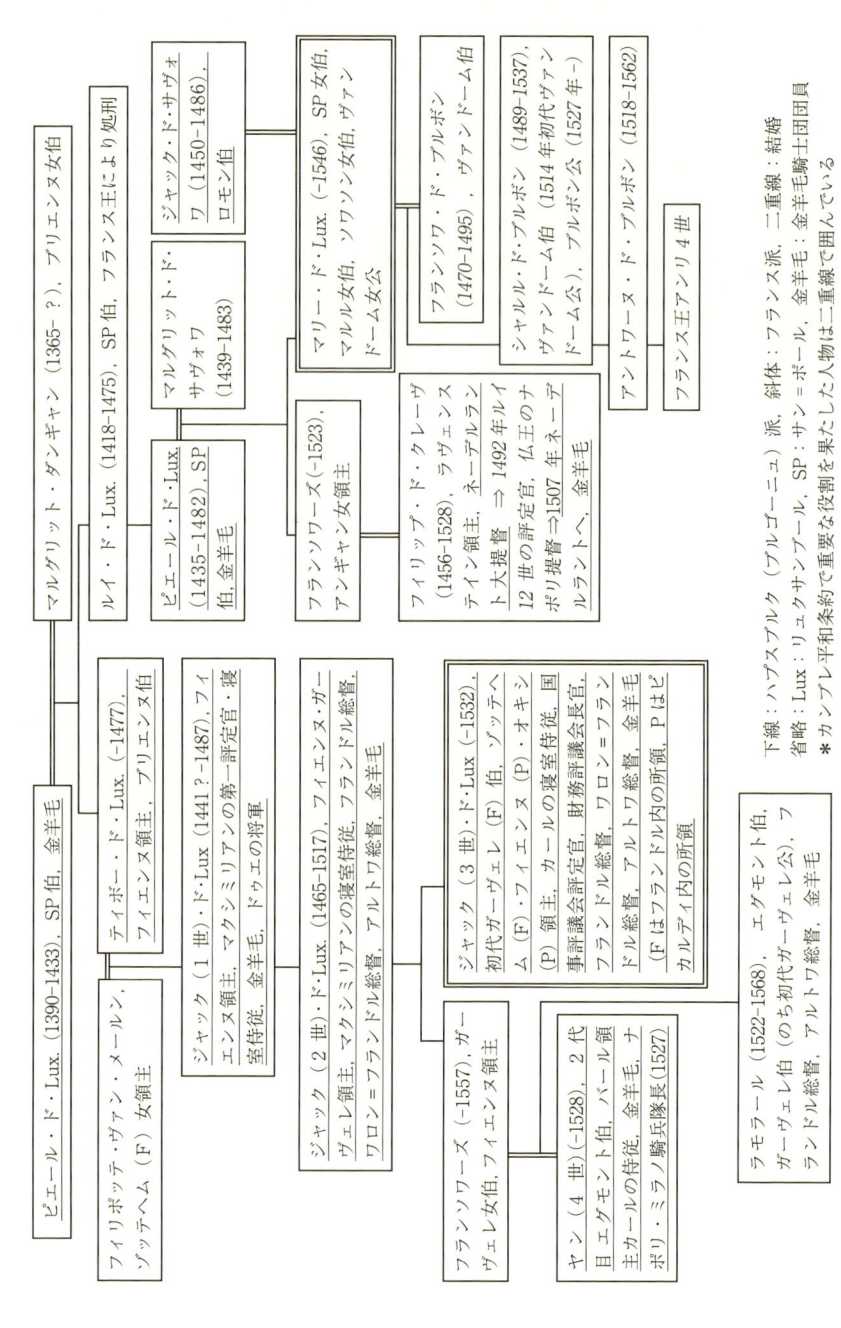

```
マルグリット・ダンギャン (1365-?), アリエンヌ女伯
├─ ピエール・ド・Lux. (1390-1433), SP伯, 金羊毛
│   ├─ フィリポッテ・ヴァン・メーレン, ゾッデヘム (F) 女領主
│   ├─ ティボー・ド・Lux. (-1477), フィエンヌ領主, アリエンヌ伯
│   ├─ ジャック (1世)・ド・Lux. (1441?-1487), フィエンヌ領主, マクシミリアンの第一評定官・寝室侍従, 金羊毛, ドゥエの将軍
│   │   └─ ジャック (2世)・ド・Lux. (1465-1517), フィエンヌ・ガーヴレ領主, マクシミリアンの寝室侍従, フランドル総督, ワロン=フランドル総督, アルトワ総督, 金羊毛
│   │       ├─ フランソワーズ (-1557), ガーヴレ女伯, フィエンヌ女領主
│   │       ├─ ジャック (3世)・ド・Lux. (-1532), ガーヴレ (F) 伯, ゾッデヘム (F)・フィエンヌ (P)・オキシ (P) 領主, カールの寝室侍従, 国事評議会評定官, 財務評議会長官, フランドル総督, ワロン=フランドル総督, アルトワ総督, 金羊毛 (F はフランドル内の所領, P はカルディの所領 など)
│   │       └─ ヤン (4世)・ド・Lux. (-1528), 2代目エグモント伯, パール領主エグモント伯 (のち初代ガーヴレ公) の侍従, カールの侍従, 金羊毛, ナポリ・ミラノ騎兵隊長 (1527)
│   │           └─ ラモラール (1522-1568), エグモント伯, ガーヴレ伯 (のち初代ガーヴレ公), フランドル総督, アルトワ総督, 金羊毛
│   └─ ルイ・ド・Lux. (1418-1475), SP伯, フランス王により処刑
│       └─ ピエール・ド・Lux. (1435-1482), SP伯, 金羊毛
│           ├─ マルグリット・ド・サヴォワ (1439-1483)
│           ├─ フランソワーズ (-1523), アンギャン女領主
│           └─ フィリップ・ド・クレーヴ (1456-1528), ラヴァンステイン領主, ネーデルラント大提督 ⇒ 1492年ルイ12世の評定官, 仏王のナポリ提督 ⇒ 1507年ネーデルラントへ, 金羊毛
├─ ジャック・ド・サヴォワ (1450-1486), ロモン伯
├─ マリー・ド・Lux. (-1546), SP伯, マルル女伯, ソワソン女伯, ヴァンドーム女公
│   └─ フランソワ・ド・ブルボン (1470-1495), ヴァンドーム伯
│       └─ シャルル・ド・ブルボン (1489-1537), ヴァンドーム伯 (1514年初代ヴァンドーム公), ブルボン公 (1527年-)
│           └─ アントワーヌ・ド・ブルボン (1518-1562)
│               └─ フランス王アンリ4世
```

下線：ハプスブルク (ブルゴーニュ) 派, 斜体：フランス派, 二重線：結婚
省略：Lux：リュクサンブール, SP：サン=ポール, 金羊毛：金羊毛騎士団団員
*カンブレ平和条約で重要な役割を果たした人物は二重線で囲んでいる

図1 15世紀末から16世紀末にかけてのリュクサンブール家を中心とした家系図

III. カール 5 世の帝国支配とネーデルラント貴族

　後の皇帝カール 5 世は，父フィリップの死を受けて，1506 年よりブルゴーニュ公としてネーデルラントの統治者となっていたが，1516 年の祖父アラゴン王フェルナンドの死により，王位継承のためスペインへ向かう。その後，カール 5 世はスペイン王や神聖ローマ皇帝としての任務から，ネーデルラントを長期にわたり不在にしていたが，ネーデルラント総督としてカールの叔母マルグリット，続いてカールの妹マリアがメヘレンやブリュッセルを拠点に統治した（加来［2013a］pp. 26-31）。

　カール 5 世は，初めてのスペインへの渡航時には，ネーデルラントで仕えていた大勢の貴族を側近として従えてスペイン統治に臨んだが（Blockmans［2002］p. 128），次第にネーデルラント統治のために戻る者も多くなり[14]，徐々にカールの側近ではスペイン出身者が優位になっていった（Tracy［2002］pp. 24-25）。その一方で，本来はスペイン王国と関係の深いナポリ王国の副王に，シャルル・ド・ラノワやフィリベール・ド・シャロンといったネーデルラントやブルゴーニュ伯領に関係の深い人物を登用することや（Blockmans［2002］pp. 28-29），ネーデルラント貴族が婚姻関係を通してスペイン貴族と結びつくケースなどもあった（Cools［2001］pp. 97-98）。

　また，カール 5 世のいわゆるハプスブルク帝国統治においてトップとなる重臣を見ると，ネーデルラントと関わりのある人物が登用されている。フランドル出身でブルゴーニュ尚書官[15]としてスペインへ同行していたジャン・ル・ソヴァージュの 1518 年の死に伴い，サヴォワ公支配下ピエモンテ出身のメルクリノ・ガッティナラが尚書官[16]となり，事実上，ハプスブルク所領全体の指揮を担うようになった（Boone［1995］p. 213）。彼はサヴォワ

---

14) 個々の貴族の動きに関しては Baelde［1965］や Cools［2001］のプロソポグラフィ研究を参照。
15) この場合の「ブルゴーニュ」は，ブルゴーニュ公であるカール 5 世の尚書官という意味であり，カールがブルゴーニュ公家より継承したネーデルラントとブルゴーニュ伯領の尚書官という意味である（Boone［1995］pp. 209-225）。

公に嫁いでいたカールの叔母マルグリットの側近であった（Tracy［2002］p. 24）。サヴォワ公が死去し，マルグリットが総督としてネーデルラントへ戻る際にガッティナラも同行し，彼女の宮廷やブルゴーニュ伯領で重要な官職を占めるようになった。1520-21年のスペインでの反乱が治まると，1523年ガッティナラはカールの所領全体に関する軍事や外交を扱うための国事評議会をスペインで編成した。この構成員に関しては，初めはカールがネーデルラントで構成していた宮廷の役職者が大多数であったが，徐々にスペイン人の割合が増していき（Millán［2000］p. 7），最終的にはこの国事評議会はスペインの統治組織の一部になった（Blockmans［2002］pp. 117, 130-131；Tracy［2002］pp. 22-26）。ガッティナラは財政に関してもハプスブルク支配領域全体のための機関を作ろうとしたが，その試みは失敗した。16世紀ごろからヨーロッパ各地で見られるような国家形成への動きの中で，スペインやネーデルラントそれぞれの集権化が優先されたためである（Vermeir［2003］pp. 51-59）。

　1530年のガッティナラ死後は，彼の尚書官の地位は誰にも与えられず，彼のもとに置かれていた神聖ローマ帝国とネーデルラントに関する国事書記官ロラン・デュ・ブリウの後任として，すでに1528年から国事書記となっていたブルゴーニュ伯領出身のグランヴェル領主ニコラ・ペルノがネーデルラントや神聖ローマ帝国に関する最高責任者としての役割を果たすようになる。その一方でフランシスコ・デ・ロス・コボスがイタリアやスペインに関する最高責任者となった。ガッティナラの死後はハプスブルク帝国全体を担うような「宰相」は存在せず，ペルノとデ・ロス・コボスの2人がハプスブルクの統治に関するヒエラルキーの実質的なトップになった（Vermeir［1995］pp. 80-81）。

　続いて対仏関係について見ていく。1519年にフランス王フランソワ1世と対決した皇帝選挙でのカールの勝利は，カールの対仏政策の大きな転換期となった。それまでカールはアルトワ伯領とフランドル伯領に関しては公に

---

16) ブルゴーニュ時代において尚書官と訳されるChancelierは，ガッティナラの肩書としては大法官と訳される場合が多い。

フランス王が宗主であることを認め，比較的親仏的態度をとっていた (Rodríguez-Salgado [2004] p. 19)。しかしながら，カールが皇帝となり，その他のハプスブルク所領を維持する立場になると，ヨーロッパの覇権をめぐってフランス王との対立は決定的になった。1521 年にフランドル伯領とアルトワ伯領からパリの高等法院への上訴禁止令を出し，マドリッド条約とカンブレ平和条約では，フランス王による両伯領の宗主権の破棄が決められるなど，ネーデルラントにおいてフランス王権からの完全なる分離が勢いよく進められることになった (Dauchy [2002] pp. 135-198)。

1525 年のパヴィアの戦いで，フランス王フランソワ 1 世が皇帝軍に捕えられ，1526 年にマドリッド条約が締結された。フランソワはマドリッド条約の条項を実現するため，フランスに戻ることとなり，代わりに条項すべてが実現されるまで 2 人の息子を人質として預けた。しかしながら，その後フランス王はマドリッド条約を破棄する。再びフランス王と皇帝の戦争が始まるものの，双方とも財政難に陥り，和平が求められ，フランス王の母ルイーズとネーデルラント総督マルグリットによって和平交渉が開始される。1529 年 7 月の初めにカンブレにて，マルグリットとネーデルラントの重要な貴族がフランス側との交渉を開始した。そして 8 月 5 日にマルグリットとルイーズによって平和条約が締結される。カンブレ平和条約ではマドリッド条約と同様に，フランドル伯領やアルトワ伯領の宗主権やイタリア半島に関する主張をフランス王が放棄したが，ブルゴーニュ公領に関してはマドリッド条約の条項を覆して皇帝が放棄することが決められた。

カンブレでの交渉では，イタリア半島の問題に専門的に対応できる人物が皇帝側に欠けていたため，この問題について長く議論されることになるなど，課題が多かった (Russell [1992] pp. 122-129)。そのため，カンブレ平和条約締結後の条項履行に関しては，ブルゴーニュ伯領出身でイタリア半島において軍の指揮官を務めていたシャルル・ド・プーペ・ド・ラショー，続いてネーデルラント出身で，ローマで皇帝の大使として任務を行っていたプラート領主ルイ・ド・フランドルが，イタリア半島から直接フランスに向かい，皇帝の大使としてカンブレ平和条約の条項実現に努めることとなった (*Calendar of State Papers, Spain*, vol. 4, part 1, pp. 241-247, 379)。とりわけ，ル

イ・ド・フランドルについては，皇帝のスペイン使節やオーストリア使節の間でも，イタリアの問題や神聖ローマ帝国の問題などに精通した人物として定評があった[17]。その他の大使や使節はほとんどがネーデルラントから派遣されている（加来［2008］pp. 20-28）。

加えて，1529 年から 1530 年 2 月のボローニャでの神聖ローマ皇帝カール 5 世の戴冠式まで，イタリア半島ではその準備のため，カール 5 世のスペイン出身の重臣とともに，ネーデルラント出身の貴族も多く任務を行い，戴冠式にも参加している（De Boom ［1936］pp. 59-106）。カールの側近にスペイン出身者が多くなったとしても，決してネーデルラント貴族の地位が下がったわけではないのである。

一方，当時やりとりされた重要な書簡を確認する限り，スペインからフランスに派遣されている使節や大使は，イングランド王とキャサリン・オブ・アラゴンの離婚問題に関しての審議のためパリ大学を訪れているギャレ博士[18]と，フランス王子解放の際に王子とともにフランスに入るカスティーリャ大元帥フェルナンデス・デ・ベラスコしか見当たらない[19]。条約の締結からその条項履行に関しては，ネーデルラントの貴族や使節がフランスとの直接的な交渉に積極的役割を果たしたことが窺える。

マドリッド条約の破棄からカンブレ平和条約締結の間に，イングランドに派遣されていた皇帝のスペイン出身の使節が，皇帝とイングランド王の関係悪化の際に拘束された[20]。これに対して，皇帝はマルグリットに宛てた書簡の中で，皇帝自身はスペイン王という立場から大使をイングランドにとどめておくことはできないが，マルグリットは交易や平和交渉のためにネーデ

---

17) ルイ・ド・フランドルの評判については，特に 1529 年のイタリア半島滞在中に，その他の皇帝使節によって書かれた書簡の中から窺うことができる（*Calendar of State Papers, Spain*, vol. 4, part 1, pp. 121-122, 380）。
18) フランスでのギャレ博士の活動に関しては以下を参照。*Calendar of State Papers, Spain*, vol. 4, part 1, pp. 496-623, passim；De Boom ［1935］pp. 44-76, passim.
19) デ・ベラスコの任務に関しては以下を参照。*Calendar of State Papers, Spain*, vol. 4, part 1, pp. 553-554, 560.
20) これについては以下を参照。*Calendar of State Papers, Spain*, vol. 3, part. 2, pp. 587-588, vol. 4, part 1, pp. iv-v, 1.

ルラントから使節を送ることができると書いている（*Letters and Papers, Henry VIII*, vol. 4, pp. 2088）。つまりスペイン王としてカールはイングランドと平和交渉を行うことができないが，ネーデルラント総督であるマルグリットはできると伝えているのである。スペインとその他王家の関係悪化のために争いが起きている場合は，ハプスブルク帝国の一部でありながらも，スペインとは別の統治組織であるネーデルラントの政府やその出身者の外交における重要性を皇帝自身も認識していたと考えられる。よって，カンブレ平和条約締結後のフランスにおいても，実際にフランス王子がいるスペインの使節でなく，ネーデルラントやブルゴーニュ伯領出身の使節が王子解放に向けての任務の中心的役割を果たしたのである。

　カンブレ平和条約には，皇帝側がフランス王子という重要な人質をとり，イタリア半島での戦闘ではフランス王に対し勝利しているのにもかかわらず，ブルゴーニュ公領の問題などを見ると，妥協点が多い。1530年にはボローニャでの戴冠式の後に，オスマン帝国の脅威下にある神聖ローマ帝国の守備に向けた帝国議会がアウグスブルクで開催された。カール5世にとってイデオロギー的にも実質的にも，神聖ローマ皇帝としてこれらを遂行することは重要であり，そのためにもフランス王との和平は不可欠であった。一方，マルグリットとともにネーデルラント統治を行う貴族は，何故，またどのようにフランス王との平和条約に関わったのか。次節では，カンブレ平和条約に関わった貴族の献身的態度とその理由について考察する。

IV. カンブレ平和条約におけるネーデルラント貴族の態度

　1529年締結のカンブレ平和条約は，1526年マドリッド条約がフランス王により不履行を宣言された後に作成されているため，マドリッド条約に比べて妥協的で，現実的なものとして作成されている。それでも，カンブレ平和条約の条項すべてが実現した後に，フランス王子の解放が行われることになっていたにもかかわらず，条項の実現も王子解放も，当初予定していた時期よりも約4ヵ月遅れた。このことからもカンブレ平和条約の条項実現は容易ではなかったことが想像できる。

ネーデルラント総督マルグリットとネーデルラントの有力貴族は，カンブレ平和条約の条項履行のため，条約締結直後にルイーズ・ド・サヴォワと誓約を交わした。それは，もしフランス王子の解放が成功しなかったら，マルグリット，リエージュ司教を含むネーデルラントの貴族が金銭的に補償するという契約であった。さらに具体的に言うと，フランス王がスペインでの王子の待遇に不満を持っていたことに対して，もし王子の解放が実現しなかった場合，ネーデルラントの貴族が100万エキュをフランス王に支払うというものであった（De Boom [1935] p. xviii）。以下，1529年8月5日のカンブレ平和条約締結直後の8月7日に，マルグリットとネーデルラント貴族によってカンブレで作成されたフランス王のための誓約書を見ていきたい。

神の御加護のもと，私，ブルゴーニュ女伯であり，サヴォワの寡婦産を持ち，〔……等の称号を持つ〕マルグリットと，神の恩寵によってリエージュ枢機卿であり，ブイヨン公にして，バレンシア大司教，神聖〔ローマ〕帝国諸侯であるエラール，ビューレン伯であり，皇帝軍の将軍であるフロリス・デグモント（フロリス・ヴァン・エグモント），フィエンヌ領主にしてガーヴェレ伯であり，フランドルの所領および伯領の総督であるジャック・ド・リュクサンブール，ベーヴェル（ベーヴェレン）及びラ・ヴェーレ領主であり，海軍提督であるアドルフ・ド・ブルゴーニュ，ホーフストラーテン伯およびクーレンブール領主であり，ホラントおよびユトレヒトの所領および伯領の総督であるアントワーヌ・ド・ラレン，ベルジュ（ベルヘン・オプ・ズーム）領主であり，ナミュール伯領の総督であるジャン（ヤン），フォルセン領主であり，エノーの大バイイであるジャック・ド・ガヴェレ（ヤコブ・ヴァン・ガーヴェレ），〔以上の〕すべて，金羊毛騎士団〔団員〕にして，皇帝の諮問評議会の評定官は，神の名において，いともキリスト教徒なるフランス王であり，いとも高貴で，いとも偉大な君主フランソワに対して，私人の資格において，〔以下に示す〕債務の主たる保証人として，マダム・ルイーズ・ド・サヴォワ〔……〕の前において，現在の収益について確認し，その債務に同意し，今から保証する。〔……その債務とは〕ソレイユ金貨で

100万エキュの支払いについてであり，〔……オーストリア〕大公女〔マルグリット〕が，半額に相当する50万エキュを用意し，残りを，前述した我々〔ネーデルラントの貴族〕が用意する。〔……〕いとも高貴で，いとも偉大な皇帝として選ばれしカール〔5世〕によって，スペインで人質となっている〔フランス〕王太子と〔その弟〕オルレアン公，つまりいともキリスト教徒なる〔フランス〕王の子供たちが，実際に〔フランスへ〕戻ることができず，解放されなかった場合に，この100万エキュがフランス王に対して支払われる。〔……その金額に対して，〕私，オーストリア大公女マルグリットは，特に，ブルゴーニュ女伯，シャロレ女伯，サラン女領主，ノワイエ女領主，ショサン女領主，そして，ラ・ペリエール女領主の資格において，〔その所領を〕担保とする。そして，同様に，特に先に名前を挙げている我々は，特に我々が所有する動産と不動産で，フランス王の所領内にある〔動産や不動産〕を担保とする[21]。〔……〕

まず50万エキュをマルグリットが支払い，その担保として，母であるマリー・ド・ブルゴーニュからの相続財産であるブルゴーニュ伯領，シャロレ伯領，サラン，ノワイエ，ラ・ペリエール，ショサンを示した[22]。その残りの50万エキュに関してはリエージュ司教やネーデルラント貴族がフランス王の所領内に有する動産や不動産を担保としている。1529年の時点で，マルグリットを除くこれらネーデルラント貴族全員は，ネーデルラントにおける皇帝の諮問評議会の評定官であり，金羊毛騎士団の団員であった。

マルグリットの次に名前の挙がっている人物エラール・ド・ラ・マルクは，リエージュ司教である。彼はフランスと同盟を結ぶなど，フランス王と皇帝の間で微妙な態度をとっていたが，1518年にマルグリットがリエージュ司教を取り込むことに成功すると，カール5世及びネーデルラント中央

---

21) De Boom [1935] pp. 221-225. 〔 〕内，筆者補足。また，史料はフランス語で書かれているため人名や地名などはまずフランス語表記に従ったが，（ ）に本文中で使用する地名や人名のオランダ語表記を併記している。

22) マルグリットの所領に関しては，拙稿（加来 [2009]）を参照。

と強く結びつくようになり，マルグリットの評定官にも選出され，カールの庇護のもとでバレンシア司教となった（Cauchies［2003］pp. 370-371；Cools［2001］p. 263；Russell［1992］pp. 115-116）。

　続いて，フロリス・ヴァン・エグモントである。彼は，フィリップ・ル・ボーの寝室侍従，カール5世の第1寝室侍従，マルグリットの諮問評議会の評定官などの役職を保持していた。エグモント家はホラントの古参貴族家系であり，ヘルレ公の家系でもあるが，このエグモント家はヘルレ公とハプスブルク支配下ネーデルラントとの戦争においてはハプスブルク側についた。1485年にはビューレン伯の称号を授与され，フロリスは2代目エグモント伯として，軍人や平和条約の交渉役として活躍している（Cools［2001］pp. 202-205；Cools, Grummitt and Gunn［2007］pp. 135-137）。

　ジャック・ド・リュクサンブールは，前述したように，フィエンヌやオキシといったフランスとの境界領域に所領を持ち，1517年より初代ガーヴェレ伯となる。寝室侍従，ワロン＝フランドル総督，フランドル総督，アルトワ総督などを兼任し（Cools［2001］pp. 257-258），1522年以降，封印勅書に署名する権限を持った（Gorter-van Royen［2008］pp. 25-28）。

　アドルフ・ド・ブルゴーニュはブルゴーニュ公家の庶子の家系であり，フィリップ・ル・ボンの孫にあたる。ベーヴェレンとヴェーレ領主として，ホラント・ゼーラントを中心に支配を広げたが，世襲領としてアルトワのフランス王領内にある飛び地トゥルヌエムに城を与えられており（Cools［2001］p. 165），前述のようにカンブレ平和条約ではフランスの貴族と境界領域の所領の主張を巡って争っている（Potter［1993］pp. 273-274）。

　続いて，ホーフストラーテン伯アントワーヌ・ド・ラレンであるが，前述のようにネーデルラントの各地に所領を築き，初代ホーフストラーテン伯，ワロン＝フランドル地方のモンティニ領主である。彼は1517年以降ネーデルラントで最も権力を持った人物であり，フィリップ・ル・ボーの侍従，マルグリットの名誉騎士，マルグリットの諮問評議会の評定官，ホラント，ゼーラント，西フリースラント総督など数々の重要な任務を兼任し，マルグリットとともに多くの平和条約に関わった人物である（Cools［2001］pp. 242-245；Coenen［2003］）。とりわけ開封勅書，封印勅書などにおいて署名を

表4　100万エキュの誓約に関わった貴族についての表

名前と主要領土など	1529-1530年頃の主要な役職	1531年並立評議会成立時の役職	所領の拠点
エラール・ド・ラ・マルク	リエージュ司教，ヴァレンシア司教	国事評議会評定官	リエージュ
フロリス・ヴァン・エグモンド，ビューレン伯	カールの寝室侍従，マルグリットの諮問評議会評定官	国事評議会評定官	ホラント/ゼーラント
ジャック・ド・リュクサンブール，初代ガーヴェレ伯，フィエンヌ，オキシ領主	カールの寝室侍従，ワロン＝フランドル総督，フランドル総督，アルトワ総督	国事評議会評定官，財務評議会長官	フランドル
アドルフ・ド・ブルゴーニュ，ベーヴェレン，ヴェーレ領主	海軍提督	国事評議会評定官	ホラント/ゼーラント
アントワーヌ・ド・ラレン，初代ホーフストラーテン伯，モンティニ領主	財務評議会長官，ホラント総督，ユトレヒト総督，ゼーラント総督，マルグリットの名誉騎士，マルグリットの諮問評議会の評定官	国事評議会評定官，財務評議会長官	ブラーバント
ヤン・ヴァン・グリムス，ワレン，ベルゲン・オプ・ズーム領主	財務評議会評定官，ナミュール総督	国事評議会評定官	ブラーバント
ヤコブ・ヴァン・ガーヴェレ，フォルセン，オリニー領主	カールの寝室侍従，エノー大バイイ		フランドル

出典：De Boom［1935］pp. 221-225；Baelde［1965］pp. 220-226；Cools［2001］pp. 153-317などを参考に筆者作成。

する権限を持っており，財務評議会長官として重要な役割を果たしていた（Gorter-van Royen［2008］pp. 25-28）。

　ベルヘン・オプ・ズーム（ベルジュ）およびワレン領主であるヤン・ヴァン・グリムスは，マクシミリアン1世やフィリップ・ル・ボーの第一寝室侍従となり，幼少のカール5世の宮廷にも仕え，財務評議会の評定官，ナミュール総督などを兼任し，1533年にベルヘン・オプ・ズーム侯とワレン

伯の爵位を授与された（Cools［2001］p. 221）。

　最後に，フォルセンおよびオリニー領主であるヤコブ・ヴァン・ガーヴェレは，カールの侍従として仕え，1504 年から死去する 1537 年までエノーの大バイイであった（Cools［2001］p. 211）。通称であるガーヴェレはヤン・ヴァン・ガーヴェレの一人娘と結婚したことからそのように呼ばれたようだが，彼の母親はフランドルの有力貴族家系であるヒステル家出身である（Cools［2001］p. 218）。

　以上の貴族を称号や役職でまとめた表が表 4 である。多くは宮廷の寝室侍従や地方総督など多くの重要な役職を兼任しており，特に地方総督やバイイなど，中央とともに地方でも影響力を持つ役職を得ている。

　また，誓約書の中に「特に我々が所有する動産と不動産で，フランス王の所領に関する〔動産や不動産〕を担保とする」と書かれているが，対象となった貴族の具体的な所領などは明記されていないため確認することはできない。しかし，コールスによる先行研究からも，実際に境界所領と関わりが深く，そういった所領を有していたことを推測できる。

　なぜネーデルラント貴族はこのような誓約をしたのだろうか。一般的にハプスブルク支配下のネーデルラントやスペインは，内政においてはそれぞれのやり方で統治し，軍事や外交に関してはハプスブルク家の家長たる皇帝のもとで連帯していたと言われている。しかし，イングランドとネーデルラントの経済関係やネーデルラントとフランスの境界領域をめぐる問題，それに対して，スペインとイングランドの間に生じたイングランド王の離婚問題やイタリア半島をめぐるフランス王と皇帝の関係など，ハプスブルクの領域すべてが常に外交的利害関係を共有したとは考え難い。カンブレ平和条約にはネーデルラントの境界線に明確な規定はあるが，フランスの南部で境界を接するナバラ王国の問題などは曖昧にされた（Rodríguez-Salgado［2004］p. 64）。実際，カンブレ平和条約は根本的な問題において，ネーデルラントの利害と大いに絡み合っていた。よってネーデルラントの領域に関する決定を確実にするため，金銭的な保証をつけたとしても，王子が人質となっているスペインに不信感を抱くフランス王に対して独自の立場を示したかったと考えられる。同時に，皇帝に対しては，当時，戴冠式や続くアウグスブルクで

の帝国議会に向けて，神聖ローマ皇帝としての重要な任務が行われる中で，金銭面において貢献する意思を示すことにもなった。さらには再び戦争が生じた場合においても，ネーデルラントは中立的立場をとるという可能性を残していたとも考えられる。このことからカンブレ平和条約の履行において，皇帝カール5世や彼の持つネーデルラント以外の領域の立場とは離れて，マルグリットやネーデルラント貴族は，フランスに対して公正であることを示すことを望んだといえる。また，史料の中に皇帝の臣下でなく，「私人の資格で」と書かれていることから，必ずしも皇帝の意思でなく，サインしたネーデルラント貴族とマルグリットの個人としての約束であることが窺える。

　この誓約に参加した貴族は，既に交渉前からカンブレ平和条約の重要な立役者となることが決定されており，1529年5月26日付のマルグリットからカール5世への書簡にも，フランスとの平和条約のためにこれら貴族を助言者として選び，ともに実現に向けて進めていくと記してある[23]。実際に，彼らはカンブレ平和条約締結の場に参加した（Le Glay [1845] vol. 1, pp. cxcvi-cc, n. 1 ; Russell [1992] pp. 115-117）。

　カンブレ平和条約が締結され，10月20日にフランスで平和条約の宣誓式が行われるまでの，9月27日から10月15日の期間，マルグリットと彼女の指示のもとフランスへ派遣された大使フィリップ・ド・ラレンの間で交わされた書簡の中で，この100万エキュに関する証書についてのやり取りを確認することができる（De Boom [1935] pp. 16-25 and passim）。特に9月27日付のマルグリットの書簡では，フランス王がこれに関わる証書の延滞から，エダンの回復[24]が遅れる可能性を懸念している（De Boom [1935] pp. 16-18）。このネーデルラント貴族による100万エキュの保証誓約は，フラン

---

23) この書簡では，リエージュ司教，フィリップ・ド・クロイ，ジャック・ド・リュクサンブール，フロリス・ヴァン・エグモント，アドリアン・ド・クロイ，アントワーヌ・ド・ラレン，ヤン・ヴァン・グリムス，ピエール・ド・ロザンボの名前が挙がっている（Lanz [1844] p. 301）。

24) カンブレ平和条約では，この都市に関してはフランス王から皇帝へ移譲することが決められた。

ス王がカンブレ平和条約の条項実現を進める上で重要な約束であったと言える。

さらにフランス王子の解放が遅れていた1530年4月に，フランス王がこの100万エキュの支払いを求める可能性をネーデルラントからの駐仏大使に述べていることから（De Boom [1935] pp. 63-65），ネーデルラント貴族たちにとっては，フランス王子の解放に向けてマルグリットとともに平和条約の事項を迅速に実現することが重要であった。最終的に1530年7月にカンブレ平和条約の主要な条項が履行され，スペインで人質となっていたフランス王子は無事に解放された。実際にネーデルラント関係者による支払いは行われなかったが，解放の場に立ち会ったネーデルラント使節ジャン・ド・ル・ソーは上述の貴族らが署名した100万エキュの保証金に関わる証書を持参し，それについてフランス側の代表者に報告した[25]。

なお1529年当時，金羊毛騎士団団員であり，評定官であったアールスホット侯フィリップ・ド・クロイは，100万エキュに関する誓約に参加していない。その理由は，1529年10月15日付のマルグリットから駐仏大使への書簡の中で説明されている。マルグリットは，アールスホット侯を誓約者の中に入れるつもりであったが，彼が任務のため皇帝のもとへ行っており，ネーデルラントに不在であったことを説明し，「フランス王が彼を含めないことを納得するように願っている」と述べている（De Boom [1935] pp. 22-23）。その他にも，金羊毛騎士団団員で，ネーデルラントにおいて有力な貴族であるナッサウ公ヘンドリックは，1529年7月末にスペインから皇帝と同行して（De Boom [1936] p. 60），ボローニャの戴冠式に向かっており（Cools [2001] p. 273），カンブレにおける平和条約締結の場にもその後もネーデルラントに戻ることができなかったので，100万エキュの保証契約書に名前を連ねていない。彼ら2人は戴冠式において名誉ある重要な役割を

---

[25] 「彼〔ド・ル・ソー〕はメヘレンからバイヨンヌ，そしてフォンタラビアに行き，以下のことを行った。〔……〕領主なる王太子と〔オルレアン〕公の解放が失敗した場合に備えて，我らの女主人〔マルグリット〕，リエージュ枢機卿，こちら側の領主が責務を負っていた100万エキュについても報告した。」（ADN, B 2357, fol. 278-279）

担っていた（De Boom［1936］pp. 60-105）。カンブレ平和条約を確実にかつ迅速に履行するため，ネーデルラントに不在の貴族はその誓約に入れなかったと考えられる。

　王子解放後の貴族の動向を見ると，1531年に設立された並立評議会（国事評議会，内務評議会，財務評議会からなる）において，先述の100万エキュの保証金に関わった貴族のうち，ヤコブ・ヴァン・ガーヴェレ以外は，最も重要な評議会であり，外交，軍事，平和を扱う国事評議会の評定官となり，その評定官の12人中の半分を占めた（Baelde［1965］p. 221）。よって，1531年以後も彼らは，外交に関する重要な助言者としての立場を保持し続けたと言える。

　1531年に国事評議会の評定官になったその他の人物のうち，リーデケルク城伯ヤン・ハナルト，モランベ領主フィリップ・ド・ラノワ，ヤン・ヴァン・グリムスの息子であるアントーンは，1529年の時点で金羊毛騎士団団員ではなかったが，後者2人については1531年に団員に任命される（Cools［2001］pp. 215, 249）。ハナルトに関しては，すでに使節としてドイツやフランスでの任務経験の豊富さや，スペインの財務官という役職を保持していること（Cools［2001］pp. 230-231）から評定官に選ばれたと推測できる。ド・ラノワとハナルトは，カンブレ平和条約に関わる境界領域の問題やフリップ・ド・クレーヴの所領についての任務を行っている（ADN, B 2531, fol. 342, 373, 375-376）。サンピ領主アントワーヌ・ド・クロイに関しては，カンブレ平和条約履行中もフランス側と領域に関する係争が継続するため（De Boom［1935］pp. 94-128, passim），含まれなかったと考えられる。加えて，先述のフィリップ・ド・クロイとナッサウ公ヘンドリックが評定官となっている。保証誓約には，実際にネーデルラントで迅速に対処でき，かつ金羊毛騎士団団員のように名誉ある人物が選ばれており，実質的にも精神的にもフランス王に誠実さを表すものであったと言えよう。

　最後にフランス側の交渉役についても少し見ておきたい。カンブレ平和条約の事前交渉などにおけるフランス側の交渉人も，境界領域に所領を持つ貴族が大使として派遣された（Potter［1993］p. 143）。特に注目されるのは，カンブレ平和条約実現に導いた立役者の一人，フランス大侍従アンヌ・ド・

モンモランシーである。モンモランシー家は15世紀末から16世紀にかけてフランスとネーデルラントの双方に分離した家系で，境界領域に所領を持つ貴族家系の一つである（Rentet [2011] pp. 20-27, 37-56）。ネーデルラント側についたモンモランシー家は，その後，ホルン家と結婚を通して強く結びつく（Cools [2001] pp. 233-234, 268-269）。アンヌ・ド・モンモランシーはフランス王に忠誠を誓っていたが，平和条約締結などを通して親スペインであったことも知られている（Muchembled [2011] p. iii）。このように領域を巡って係争を抱える者は，交渉すべき土地の所有問題などがあるため調停役となることも可能であり，実際，独自の利益を守るためにもその必要性があったのである。

結　論

　16世紀前半ネーデルラントの高位貴族は，ブルゴーニュ・ハプスブルクの君主とフランス王との間のパワー・バランスの中で，自らどちらに属するのかを判断し，決定しなくてはならなかった。シャルル・ル・テメレールの死から，結局は完全にネーデルラントに受け入れられることがなかったマクシミリアン1世の摂政時代に関しては，貴族の移動かつ領域の変化は顕著であった。しかしながら，ネーデルラントの「地元の君主」（加来 [2013b] pp. 26-27）であるフィリップ・ル・ボーやカール5世の時代になると，貴族がフランスにつくなどの混乱は減少し，次第に安定していく。その中で，貴族は役職や称号の獲得を通して，自らの地位を確固なものとしていった。さらに対外面に目をむけると，カール5世のスペインへの移動に伴い，カールの側近集団の中ではネーデルラント貴族の数だけ見れば次第に少なくなるが，平和条約締結や履行の交渉の場ではネーデルラント出身者が重要な役割を果たした。

　本論文では1529年締結のカンブレ平和条約に関わるネーデルラント貴族の具体的態度を分析した。一般的に1530年はネーデルラント貴族のハプスブルクへの帰属の問題が終結する区切りだとされ，カンブレ平和条約でも，貴族はフランスかそれともハプスブルクないし皇帝の臣下かの選択につい

て，明確な立場をとっていた。その一方で，皇帝とフランス王の間で，ネーデルラント貴族は，調停役としての役割をも果たした。カンブレ平和条約の脆弱性として，多くの複雑な飛び地の存在を残し，その後も変更を繰り返したことが指摘される[26]。しかし，そういった境界領域における不安定な地域は，その後の交渉の余地を残したとも考えられる。境界領域を持つ貴族は主要な所領でなくなってもそこを維持しようとしているように，フランスとの駆け引きの際にそういった土地は重要な役割を果たした。ネーデルラントとフランスの境界領域に所領を有する貴族は平和条約の交渉人として，積極的に外交に携わることが期待され，またはその必要があった。交渉役として活躍することはネーデルラント内での評価にも繋がり，たとえ境界所領を失う可能性があったとしても，その代償はネーデルラント内において期待できたと考えられる。以上のような理由から，16世紀前半から1559年カトー・カンブレジ平和条約に至るまでのフランスとハプスブルク間の主要な平和条約がネーデルラントとフランスの境界で締結され，フランスに対して境界領域の所領を通じて妥協点を提供できるネーデルラント貴族が交渉役であり続けたのだと思われる。その後の平和条約に関する具体的な考察は今後の課題としたい。また，フランス側およびハプスブルク側とも交渉のテーブルについたのは境界領域の貴族であり，家系から見ればブルゴーニュ公の時代とそれほど変わらなかったことも指摘できる。ブルゴーニュ公の時代より開始されたフランス王権からの自立政策の連続性とハプスブルク君主の広大な領域支配との関わりの中で，ネーデルラントの高位貴族はフランス王とハプスブルク君主の間で交渉役として活躍する一方で，ネーデルラント内の統治において重要な役割を果たしたのである。

---

26) Henne［1859］vol. 4, p. 255 ; Cools［1999］pp. 372-373, 382 ; Potter［1999］pp. 267-293.

[文献目録]

未刊行史料

Archives Départementales du Nord（= ADN, フランス，ノール県文書館), Lille, B2351, B2357.

刊行史料

Bergenroth, G. A. et al. (eds.) [1866-1945], *Calendar of Letters, Despatches and State Papers, Relating to the Negotiations between England and Spain, Preserved in the Archives at Simancas and Elsewhere*, vol. 2-8, London. (*Calendar of State Papers, Spain* と略記)

Brewer, J. Sh. et al. (eds.) [1862-1910], *Letters and Papers, Foreign and Domestic, of the Reign of Henry VIII*, 21 vols., London. (*Letters and Papers, Henry VIII* と略記)

De Boom, G. [1935] *Correspondance de Marguerite d'Autriche et de ses ambassadeurs à la cour de France [i. e. Philippe de Lalaing et François de Bonvalot] concernant l'exécution du traité de Cambrai, 1529-1530*, Bruxelles.

De Boom, G. [1936] "Voyage et couronnement de Charles Quint à Bologne", *Bulletin de la Commission Royale d'Histoire*, vol. 101, pp. 55-106.

Du Mont, J. [1726-1731] *Corps universel diplomatique du droit des gens*, 8 vols., Amsterdam/Den Haag.

Lanz, K. [1844] *Correspondenz des Kaisers Karl V. Aus dem Königlichen Archiv und der Bibliothèque de Bourgogne zu Brüssel*, vol. 1, Leipzig (rpt. Universänderter Nachdruck, 1966).

Le Glay, A. [1845] *Négociations diplomatiques entre la France et l'Autriche durant les trente premières années du XVIe siècle*, 2 vols., Paris.

[文献]

欧語

Baelde, M. [1965] *De collaterale raden onder Karel V en Filips II (1531-1578): Bijdrage tot de geschiedenis van de centrale instellingen in de Zestiende Eeuw*, Brussel.

Blockmans, W. [1997] /M. Boone, W. Paravicini, W. Prevenier and H. De Ridder-Symoens, "Prosopographia Burgundica", *Francia*, vol. 24, pp. 147-148.

Blockmans, W. and W. Prevenier [1999], *The Promised Lands : The Low Countries Under Burgundian Rule, 1369-1530*, (tr. E. Fackelman), Philadelphia.

Blockmans, W.[2002] *Emperor Charles V : 1500-1558* (tr. I. Van den Hoven-Vardon), London.

Boone, M. [1995] "Chancelier de Flandre et de Bourgogne (1383-1530)" in : E. Aerts et al. (eds.), *Des institutions du gouvernement central des Pays-Bas Habsbourgeois*

(*1482-1795*) (tr. C. De Moreau De Gerbehaye), vol. 1, Bruxelles, pp. 209-225.

Buylaert, F. [2009] "Adellijke inwijking in het graagschap Vlaanderen tussen 1350-1500", *Handelingen der Maatschappij voor Geschiedenis en Oudheidkunde te Gent*, vol. 63, pp. 5-26.

Buylaert, F. [2010a] "La noblesse et l'unification des Pays-Bas : Naissance d'une nobless bourguignonne à la fin du Moyen Âge ? ", *Revue Historique*, vol. 653, pp. 3-25.

Buylaert, F. [2010b] *Eeuwen van ambitie : De adel in laatmiddeleeuws Vlaanderen*, Brussel.

Buylaert, F. [2010c] "Memory, Social Mobility and Historiography : Shaping Noble Identity in the Bruges Chronicle of Nicholas Despars (†1597)", *Revue Belge de Philologie et d'Histoire/Belgisch Tijdschrift voor Filologie en Geschiedenis*, vol. 88, pp. 377-408.

Caron, M.-Th. [1995] "Enquête sur la noblesse du baillage d'Arras à l'époque de Charles le Téméraire", *Revue du Nord*, vol. 77, pp. 407-426.

Cauchies, J.-M. [2003] "Marguerite d'Autriche, gouvernante et diplomate" in : G. Paravicini Bagliani et al. (eds.), *L'Itinérance des seigneurs (XIVe-XVIe siècles)*, Lausanne, pp. 353-376.

Cauchies, J.-M. [2007] "Philippe de Clèves en son temps : Féodalité et service des Princes" in : J. Haemers, C. Van Hoorebeeck and H. Wijsman (eds.), *Entre la ville, la noblesse et l'état : Philippe de Clèves (1456-1528). Homme politique et bibliophile*, Turnhout, pp. 7-20.

Coenen, D. [2003] "Antoine de Lalaing" in : *Nouvelle Biographie Nationale*, Bruxelles, vol. 7, pp. 104-110.

Cools, H. [1995] "Le prince et la nobless dans la châtellenie de Lille à la fin du XVe siècle : Un exemple de la plus grande emprise d'état sur les élites locales ? ", *Revue du Nord*, vol. 77, pp. 387-406.

Cools, H. [1999] "Noblemen on the Borderline : The Nobility of Picardy, Artois and Walloon Flanders and Habsburg-Valois Conflict, 1477-1529" in : W. Blockmans, M. Boone and Th. de. Hemptinne (eds.), *Secretum Scriptorum, Liber Alumnorum Walter Prevenier*, Leuven, pp. 371-382.

Cools, H. [2001] *Mannen met macht : Edellieden en de moderne staat in de Bourgondisch- Habsburgse landen (1475-1530)*, Zutphen.

Cools, H. [2007] "Philippe of Cleves at Genoa : The Governor who Failed" in : J. Haemers, C. Van Hoorebeeck and H. Wijsman, *Entre la ville, la noblesse et l'état : Philippe de Clèves (1456-1528). Homme politique et bibliophile*, Turnhout, pp. 101-115.

Cools, H., S. Gunn and D. Grummitt [2007] *War, State, and Society in England and the Netherlands, 1477-1559*, Oxford.

Coulet, N. and J.-Ph. Genet (eds.) [1990] *L'état moderne : Le droit, l'espace et les formes de l'état. Actes de la table ronde d'Aix-en-Provence, les 11-12 Octobre 1984*, Paris.

Dauchy, S. [1995] *De processen in beroep uit Vlaanderen bij het Parlement van Parijs (1320-1521): Een rechtshistorisch onderzoek naar de wording van staat en souvereiniteit in de Bourgondisch-Habsburgse periode*, Brussel.

Dauchy, S. [2002] *Les arrêts et jugés du parlement de Paris sur appels flamands*, vol. 3: Introduction historique, Bruxelles.

De Hemptinne, Th. and J. Dumolyn [2008] "Historisch adelsonderzoek over de late middeleeuwen en de vroegmoderne periode in België en Nederland: Een momentopname", *The Low Countries Historical Review*, vol. 123, pp. 480-489.

Derville, A. [1992] "La fiscalité d'état dans l'Artois et la Flandre Wallonne avant 1569", *Revue du Nord*, vol. 74, pp. 25-52.

De Schepper, H. [1987] *'Belgium Nostrum' 1500-1650 : Over integratie en desintegratie van het Nederland*, Antwerpen.

Goethals, F.-V. [1850] "Marnix" in: *Dictionnaire Généalogique et Héraldique des Familles Nobles du Royaume de Belgique*, Bruxelles, vol. 3.

Gorter-van Royen, L. V. Gr. [2008] "Les Régentes de Chalres Quint aux Pays-Bas: Marguerite d'Autriche et Marie de Hongrie" in: *Marie de Hongrie : Politique et culture sous la Renaissance aux Pays-Bas*, Morlanwelz, pp. 25-32.

Henne, A. [1858-1860] *Histoire du règne de Charles-Quint en Belgique*, 10 vols., Bruxelles.

Houssiau, J. [1998] *Les secrétaires du conseil privé sous Charles Quint et Philippe II (c. 1531-c. 1567)*, Bruxelles.

Israel, J. [1995] *The Dutch Republic : Its Rise, Greatness, and Fall 1477-1806*, Oxford.

Janssens, P. [1998] *De evolutie van de belgische adel sinds de late middeleeuwen*, Brussel.

Janssens, P. [2002] "L'influence politique de la noblesse Belge de l'Ancien Régime à la restauration", *Bulletin de la Classe des Lettres et des Sciences Morales et Politiques*, vol. 13, pp. 97-129.

Millán, J. M. [2000] *La Corte de Carlos*, vol. 3, Madrid.

Muchembled, R. [2011] "Préface" in: Th. Rentet, *Anne de Montmorency : Grand Maître de François Ier*, Rennes, pp. I-V.

Paravicini, W. [1975] *Guy de Brimeu : Der burgundische Staat und seine adlige Führungsschicht unter Karl dem Kühnen*, Bonn.

Pirenne, H. [1929] *Histoire de Belgique*, vol. 3, Bruxelles.

Potter, D. [1992] "The Luxembourg Inheritance : The House of Bourbon and its Lands in Northern France during the Sixteenth Century", *French History*, vol. 6 (1), pp. 24-62.

Potter, D. [1993] *War and Government in the French Provinces : Picardy 1470-1560*, Cambridge.

Potter, D. [1999] "The Frontiers of Artois in European Diplomacy, 1482-1560" in : Ch. Giry- Deloison and Ch. Leduc (eds.), *Arras et la diplomatie européenne XVe-XVIe siècles*, Arras, pp. 261-275.

Prevenier, W. [1998] "Avant-Propos" in : W. Prevenier (ed.), *Le Prince et le peuple : Images de la société du temps des ducs de Bourgogne 1384-1530*, Antwerpen, pp. 9-11.

Rentet, Th. [2011] *Anne de Montmorency : Grand Maître de François Ier*, Rennes.

Rodríguez-Salgado, M. J. [2004] "Obeying the Ten Commandments : The First War between Charles and Francis I, 1520-1529", in : W. Blockmans and N. Mout (eds.), *The World of Emperor Charles V*, Amsterdam, pp. 15-67.

Russell, J. G. [1992] *Diplomats at Work : Three Renaissance Studies*, Stroud.

Soen, V. [2008] "Between Dissent and Peacemaking : The Dutch Nobility on the Eve of the Revolt (1564-1567)", *Revue Belge de Philologie et d'Histoire/Belgisch Tijdschrift voor Filologie en Geschiedenis*, vol. 86, pp. 735-758.

Soen, V. and H. Cools [2014] " L'aristocratie transrégionale et les frontières : Les processus d'identification poltique dans les maison de Luxembourg-Saint-Pol et De Croÿ (1470-1530)" in : V. Soen, Y. Junot, and F. Mariage (eds.), *L'identité au pluriel : Jeux et enjeux des appartenances autour des anciens Pays-Bas XIVe-XVIIIe siècles (Revue du Nord : Hors série. Collection Histoire*, no. 30), Lille, pp. 209-228.

Stein, R. [2001] "Preface" in : R. Stein (ed.), *Powerbrokers in the Late Middle Ages : The Burgundian Low Countries in a European Context*, Turnhout, pp. vii-ix.

Thelliez, C. [1970] *Marie de Luxembourg, duchesse douairière de St-Pol, contesse douairère d'Enghien, dame de la Fère, et son temps*, Leuven.

Tracy, J. [2002] *Emperor Charles V, Impresario of War, Campaign Strategy, International Finance, and Domestic Politics*, Cambridge.

Vermeir, R. [1995] "Garde des sceaux et secrétaire d'État auprès du souverain" in : E. Aerts et al. (eds.), *Des institutions du gouvernement central des Pays-Bas Habsbourgeois (1482-1795)*, (tr. C. De Moreau De Gerbehaye), vol. 1, Bruxelles, pp. 80-89.

Vermeir, R. [2003] " La construction de l'Empire : L'origine des transformations institutionealles en Espagne au XVIe siècle" in : M. Boone and M. Demoor (eds.), *Charles V in Context : The Making of a European Identity*, Gent, pp. 47-71.

Woltjer, J. J. [1976] "De Vrede-makers", *Thijdschrift voor Geschiedenis*, vol. 89, pp. 229-321.

Woltjer, J. J. [1999] "Political Moderates and Religious Moderates in the Revolt of the Netherlands" in : Ph. Benedict, G. Marnef, H. van Nierop and M. Venard (eds.), *Reformation, Revolt and Civil War in France and the Netherlands, 1555-1585*, Amsterdam, pp. 185-200.

邦語

加来奈奈 [2008]「ブルゴーニュ・ハプスブルク期のネーデルランド使節 ——「カンブレの和」実現に向けての活動を中心に ——」『寧楽史苑』第 53 号, pp. 17-34.

加来奈奈 [2009]「近世初頭ハプスブルク家の婚姻政策の中の女性 —— ネーデルランド総督マルグリット・ドートリッシュの権威 ——」『女性史学』第 19 号, pp. 79-90.

加来奈奈 [2013a]「ネーデルラントの統一と分裂」大津留厚, 水野博子, 河野淳, 岩崎周一編『ハプスブルク史研究入門 —— 歴史のラビリンスへの招待 ——』昭和堂, pp. 25-34.

加来奈奈 [2013b]「16 世紀前半ネーデルラントの統一と渉外活動 —— 1529 年カンブレ平和条約履行におけるネーデルラント使節ジャン・ド・ル・ソーの機能」岩本和子, 石部尚登編『「ベルギー」とは何か？』松籟社, pp. 223-241.

金尾健美 [1999]「ヴァロワ・ブルゴーニュ公フィリップ・ル・ボンの家政機関 —— その規定と運営 ——」『一橋論叢』第 122 号, pp. 544-561.

中堀博司 [2011]「製塩所グランド-ソヌリ長官ジャン・シュザの活動 —— 塩鉱山経営とブルゴーニュ国家財政 ——」『社会経済史学』第 77 巻 2 号, pp. 25-40.

畑奈保美 [2000]「1477 年マリー・ド・ブルゴーニュの「大特権」—— 低地の自立主義と「ブルゴーニュ国家」をめぐって ——」『歴史』第 94 号, pp. 1-31.

花田洋一郎 [2010]「国際共同研究プロジェクト「近代国家の生成」関連文献目録」『西南学院大学経済学論集』第 44 巻, pp. 269-285.

花田洋一郎 [2011]「14 世紀後半フランス王国及びブルゴーニュ公領の財務官僚ニコラ・ド・フォントゥネ —— 地方役人の社会的上昇の軌跡と富の蓄積 ——」『社会経済史学』第 77 巻第 2 号, pp. 9-24.

藤井美男 [2007]『ブルゴーニュ国家とブリュッセル —— 財政をめぐる形成期近代国家と中世都市 ——』ミネルヴァ書房.

渡辺節夫 [1996]「ヨーロッパ中世国家史研究の現状 —— フランスを中心として ——」『歴史評論』第 559 号, pp. 62-72.

ウェブサイト

Prosopographia Burgundica
　　http://www.prosopographia-burgundica.org/
Transregional history : KU Leuven Research : Crossing Borders in Early Modern Times
　　http://transregionalhistory. eu/

[付記]　本研究は 2014-2016 年度 JSPS 科研費（特別研究員奨励費）26-1159 による研究成果の一部である。

第Ⅱ部

都市と市民

第5章

12・13世紀ブリュッセルにおける魚・肉業者

舟橋倫子

はじめに ── 研究史と本論の課題 ──

　近代国家形成を導くメカニズムは中世都市の成長のうちに見いだされる。都市経済発展の原動力である都市エリートの役割は近年の研究において常に大きな関心を向けられてきた。本論では後にブルゴーニュ公宮廷の所在地となり、中世以来有力都市であり続けたブリュッセルの新興有力市民層を考察対象とする。初期ブリュッセル史は史料的困難さから実証研究が進んでいるとは言い難いが、近年の研究成果は有力市民層の形成がブリュッセル地域全体で進行していた社会経済関係の再編と連動していたことを明らかにしている。ブリュッセルの新興エリート集団の出自と上昇過程の多様性と流動性は、11世紀末のブラバン公の移動と定着というブリュッセルの特殊事情と関係している。これらの集団は同時にいくつものアイデンティティを持ち、多様な社会的機能を果たしていたことを特徴とする。以下では、新たな都市有力者層の一翼を担う集団として成長していった魚・肉業者の形成過程を検討し、ブルゴーニュ公国を準備した初期の都市をめぐる社会・経済状況を解明する一助となることを目指す。

　14世紀初頭までのブリュッセルにおいては、都市支配層の通時的かつ動的な隆替現象が見られた。つまり、農村に基盤を持つ伝統的領主支配があり、次いで都市の経済成長とリンクした富裕層が新たな有力市民層として台頭して、既存の社会関係との多様な接合を経て、都市の門閥集団を基盤とする権力・文化的支配層が次第に形をあらわしてゆくのである。ブリュッセル大学の研究者たちは、このような新旧都市エリート層の交替がさほど大きな対立と反発なしに行われた点を初期ブリュッセル史の特徴としている。一般的に都市史では対立的側面が強調される傾向にあり、ブリュッセル史研究に

おいても多様な衝突の事例が大きく取り扱われてきた（Dez Marez［1904］/ Bonenfant［1921］）。しかし，近年の研究はそれらが決定的な分裂へと発展しなかった点に着目し，対立を乗り越える社会経済的連帯への志向が存在したことを重視している。その状況は以下のように説明されている。ブリュッセル地域の人々は，ブラバン公到着以前から都市と周辺農村で社会・経済活動を基盤とした地縁的・血縁的な多様な社会集団を形成しており，その中で都市の経済発展と結びついて富を蓄積した人々が旧支配層との婚姻などによって既存のネットワークを結合させて職業層として成長をとげていった。それに対して，11世紀末にブリュッセルに移動したブラバン公は在地経済の活性化と自らの定着を目的とする政策を展開した。役職の賦与によって伝統的領主層を取り込む一方で，農村経済成長の成果を都市経済の発展へとリンクさせる立役者として中小有力者層の上昇を促進し，公の周辺に彼らを支持母体とする集団を形成した。そして多方向での複雑な合従連衡を調整しながら自らを中心とする社会関係の再組織化を進め，上位権力者としてその上に立てる均衡を常に再構築していたというのである。新旧すべての社会層によって都市の経済成長が自らの利益になるというある種の経済的連帯意識が共有されており，この意識の下での人々の柔軟な変化への対応が，新旧の緩やかな主役の交代におけるブラバン公の上位者としての調整を受け入れ，都市経済をリードする新たな都市有力者層の形成を促したと考えられているのである（Billen［2013］/Charruadas［2011a］/Deligne［2003］）。

　本論では，そうした研究成果をふまえて，新興都市有力者層の一翼を担う集団として成長していった魚・肉業者の形成過程を検討する。ブリュッセル都市史においては，毛織物業者に関する豊富な研究蓄積（Favresse［1961］/藤井［2007］）があるが，魚・肉業者についてはほとんど未開拓であった。毛織物手工業者とともに1303年以降の闘争に参加して政治的・経済的特権を獲得していった存在として肉業者が取り上げられるにすぎなかった（Des Marez［1904］p. 229/Boffa［2001］p. 170）。しかし最近の研究では，魚・肉業者が1303年以前の早い段階から，都市の最有力団体である毛織物ギルドに次ぐ集団を形成し，金融業などの多様な業務を兼業することによって都市の形成に重要な役割を果たしたことが明らかになりつつある（Deligne［2009］

pp. 299-300)。しかしながらこれらの研究においても，14 世紀以降の都市における社会・経済的役割の分析が中心であり，直接的な史料の欠如からその形成期の状況がほとんど検討されていないという問題が残る。本論では，近年関心を集めている魚業者[1]に特に着目して，12・13 世紀の関連情報を可能な限り収集し，彼らの上昇プロセスとそれを可能にした社会状況を多角的に分析することで，これまで十分に検討されてきたとは言い難いブリュッセル初期史へのアプローチの一助となることを目指す。まずは基本史料である 1289 年文書を出発点として，都市における魚・肉業者をめぐる諸問題を検証する。ついで，周辺農村に目を転じ，魚・肉業者と都市周辺未耕地経営の関係を 12 世紀から遡って検討する。最後に，典型的な家系を取り上げて多様な社会層とのネットワーク形成の過程を検証し，初期の魚・肉業者に具体的な像を与えることを目指す。

I. 都市における魚・肉業者

(1) ブラバン公による魚市場用地譲渡文書

1289 年にブラバン公ジャン 1 世によって発給された文書（Favresse [1938] pp. 469-471/章末参考史料）は，直接的に魚・肉業者に言及するものとしては 14 世紀以前で唯一の文書である。この文書は基本史料としてブリュッセル史研究においてたびたび取り上げられてきたが，単に都市市場の存在を示す史料として断片的に利用される傾向にあった[2]。しかし，最近では魚・肉業者を社会集団と捉え，その特性に注目した再検討がドゥリーニュ，ビレン，クスマン（Deligne [2004b]）の共同研究によって行われた。

---

1) 魚業者は，これまで肉業者の副業として扱われることが多かったが，ドゥリーニュはブリュッセルの水流と魚をテーマとする一連の研究において，魚業者を正面から取り扱い，系統的な検証を行っている（Deligne [2003]；[2004a]；[2009]）。
2) ほとんどのブリュッセル都市史の古典的な文献で利用されているが，代表的な研究として，Disktein-Bernard [1977]/Des Matrez [1904]/Favresse [1961] を挙げておく。

1289年文書は冒頭に《親しい友であるブリュッセルの魚屋と肉屋に，この職業に属するすべての人々に，ブリュッセルの魚市場の用地を世襲財産として譲渡する》と記している。この文面から，彼らはまず魚屋と肉屋が一つの職業団体を形成しており，それを公が集合的に認可したと考える。さらに1289年という文書の発給年が，ブラバン公がケルン方面への要所であるランブールへの勢力拡大を意味するWoeringenの戦いに勝利した翌年であることに着目する。公はこの勝利のすぐ後にブリュッセルの2団体に対して特権付与を内容とする文書を発給している。まず5月31日文書で魚・肉業者団体に魚市場建設のための用地を譲渡し，ついで9月3日文書で都市当局および毛織物ギルドによる工業規制の公布を是認しているのである（Favresse [1938] pp. 472-473）。彼らは，このような特権付与の直接的な理由として，これらの2団体のみが公に対して戦時援助金を供出したことへの返礼である可能性を指摘し，魚・肉業者が，都市第一の有力団体である毛織物ギルドに次いで公が金銭的援助を期待できるほどの経済力を備えた集団となっていたと考えるのである（Deligne [2004b] pp. 76-78）。

以下ではこのような先行研究をふまえて，当該文書の情報を手がかりとして都市における魚・肉業者の状況を明らかにしてゆく。文書では，魚市場が設置されなければならない場所として《肉市場の噴水とゴドフロワ・ル・バルビエ家の間》が具体的に指示されている[3]。この文面によれば，1289年以前にすでに肉市場が存在しており，そこに隣接する形で魚市場の設置がなされるということになる。初期ブリュッセルの都市的成長において，西端を南北に走るセンヌ河とその支流で東西に都市を横断するコペルベーク川，そしてそのコペルベーク川に一部重なって延びているラ・ショセ街道が決定的な役割を果たしていた（Petit [2012] pp. 21-41）。まず，周辺農村の生産物のトランジットのためにセンヌ河沿いに設置された船着き場とサン・ジェリィ教会を中心とした交易的な集落が成長していった。ついで，現在のグランプラス近くに商人と船頭の守護聖人であるサン・ニコラに献げられた教会が建設

---

3) ビレンは，この場所を旧La chaussée街道沿いにあり，現在のグランプラスのすぐ北側にあたると特定している（Billen [1997a] p. 13）。

されたことから，この集落がコペルベーク川とラ・ショセ街道に沿って東に拡大していったとされる（Billen [2003] p. 10）。1174 年に教皇アレクサンデル 3 世によって発給された文書（Lefèvre [1960] pp. 18-19）は，このサン・ニコラ教会周辺にブリュッセルでの初出となる 2 つの市場とサン・ニコラ施療院を記載している。プティによる最新のブリュッセル街区についての研究成果によると，13 世紀半までに確認できる最古の同職者の集住による街区は《肉屋街》«Quartier des bouchers»で，コペルベーク川とラ・ショセ街道に一辺を接して展開しており，1289 年文書で言及されている肉市場の噴水はまさにこのただ中にある。職業上水を使う施設の共有と管理の必要性が，魚・肉業者の早期からの集住の第 1 の理由とされている（Despy [1997] pp. 267-270/Petit [2012] pp. 40-41）。後述する魚・肉業者の Vriendeken 家，Atrio-Nossegem-Saint Géry-Bole 家[4]，Lose 家も，公による魚市場用地譲渡以前からこの肉屋街に不動産を所持していた（Godding [1960a] p. 44）。1289 年文書で新たに魚市場建設のために譲渡される用地の周辺では，地理的に有利な諸条件によって以前から商業活動と関連業者の定住が進んでいたのである。

　次いで，ブラバン公による魚・肉団体の集合的な認可と用地譲渡の意図について検討する。ドゥリーニョ，ビレン，クスマンは上述のように，文書発給の時期と発給先に着目して，ブリュッセルの都市団体への返礼という直接的な動機を指摘しているが，より全般的なコンテクストの中でこの譲渡を考えてみたい。ブラバン公は 13 世紀末までにブリュッセル地域の土地および関連諸権利の譲渡を記載した 80 通の文書を発給している[5]。これらの文書の譲渡と当該文書のそれとを一概に扱いうるのかという問題はあるが，これら一連の文書発給の中に当該文書を置き直すことによって，ブリュッセル地域全般を射程に入れた公の政策の中で魚市場用地の譲渡を検討することができると考える。

---

4) 別々の家系であった Atrio-Nossegem 家，Saint Géry 家，Bole 家が 12 世紀後半から 13 世紀初めに婚姻によって結合し，同一の家系となっていった。詳細は第Ⅲ節(1) を参照。

ニウーは，これらの公文書から周辺農村共同体への周辺未耕地と関係諸権利の譲渡を抽出して検討し，不明確に慣習化されていた既存の権利関係を公が改めて確定するという共有地創設のプロセスの中に，ブリュッセル地域における社会経済関係の定式化と権力構造の再編という公の意図を読んでいる（Nieus [2010] p.451）。しかし，公領の譲渡に関する 80 通の文書に記載された譲渡は 136 件に及んでおり[6]，主要な譲渡対象はニウーの分析対象と同様の周辺未耕地と関連諸権利であるため，これら全体を射程に入れた分析が必要であると思われる。136 件の中で，12 世紀中の譲渡は 31 件で，いずれもまとまった土地を対象としており，アッフリゲムやフォレストといった周辺農村の修道院に向けられ，12 世紀末からは Vilvorde, Perck, Melsbroek, Machlen の住民たちが集団で登場してくる。13 世紀に入ると譲渡数は急増

---

5) 11・12 世紀のブラバン公発給文書に関しては，現在王立歴史委員会からの出版が準備中である。Bonenfant, P. (†), Bonenfant-feytmans, A.-M., Guilardian, D. et Dierkens, A. (à paraître), *Actes des comtes de Louvain, puis ducs de Brabant (XIe et XIIe siècles)* (CRH, coll. Recueil des actes des princes belges), Bruxelles. 本論では編纂者の許可を得てこの最新の史料集を利用した。文中で引用する際，Acte に続けて番号を記している。また，13 世紀の文書に関しては，以下の刊行史料集からブラバン公発給文書を参照した。Bonenfant [1953]/Coppens [1977]/De Marneffe [1894-1901]/Favresse [1938]/Godding [1951]/Lefèvre [1960]/Martens [1967]：[1977]/Verkoorens [1961]。

6) 省略記号 a.：修道院，e.：教会，c.：参事会，p.：分院，b.：都市民，h.：住民，（　）内の数字は譲渡件数。以下，初出年代順に譲渡先を列挙する。e. Saint-Gery (2), c. Chapelle-Saint-Ulric, a. Afflighem (8), p. Forest (15), p. Grand-Bigard (3), a. Saint-Sepulcre (4), a. Grimbergen (6), a. Jette (2), a. Ninove, Hopital Saint-Jean (4), e. Saint-Jacques (2), b. Vilvorde, b. Perck, b. Melsbroek, b. Machelen, a. Cambre (19), c. Saint-Gudule (7), h. Molenbeek, a. Dielegem, Ganshoren Dechelpul (2), e. Saint-Pierre d'Anderlecht, Pierre de Haren, h. Haren, h. Machelen (2), h. Berg, h. Nederokkerzeel, h. Bekkerzeel, h. Uccle, h. Zellik, Henri Amor Dei, Henri de Stalle, Henri Parrochianus (2), Jean Brivere, Gerard d'Enghein, Gosuin, Marguerite de France (6), Henri d'Asse, Jean van den Bisdomme, c. Val-Duchesse, Marguerite d'Edouard I (2), Marguerite d'Alost, Aleyde Coc, Henri Ansem, Guillaume de Zellik, Jean I, Giselbert Knoepe, a. Saint-Michel, Jacques de Coudenberg, Martin de Boonbeal, Walter Scalie, Guillaume de Malins, Francon Suaef, Macaire Pottere d'Eschene, Walter de Lathem, b. Obbruxella, Godefroid Tigheldeckers, Merinard de Molenbeek, Elisabeth Wassard, Denis, Godefroid de Heelbeek, Henri Bobel.

し，土地はより細分化されて範囲が厳密に規定され，譲渡先も多様化する。都市内外に新たに設置されたカンブル修道院に代表される複数の教会組織，さらに Molenbeek, Berge, Nelerokkezzeel, Bekkerzeel, Uccle, Haren, Zellik の住民たちの集団が新たに登場する。また，個人名も確認できるが，これらには Alost, Haren, Zellik, Stalle といった周辺農村の地名が付されているため，農村在地有力者と想定できる。さらに 13 世紀の後半になると譲渡先はほぼすべて個人となり，シャルワダスは，自身のプロソポグラフィ研究の成果によって彼らをブリュッセルの都市有力市民と分析している (Charruadas [2011a] pp. 177, 326-333)。

以上から，農村共同体への譲渡は，都市内外の教会組織，都市住民，在地有力者への譲渡と同時並行的に行われていたことが確認できる。従って，ニューの指摘した公による周辺未耕地での既存の権利の追認は，より広範に多様な社会層を対象として進められ，対象の細分化と，関係者の都市化・個人化という時間経過による状況の変化への対応を見せていると言えよう。このようなコンテクストの中に 1289 年文書を置き直した場合，公による譲渡は，既に進展していた魚・肉業者の定住と商業活動を追認するものであり，彼らとの権利関係を明確化することによって，今後の経済活動を公の作り出した枠組みの下に置こうとする意図を想定することができるのではないだろうか。

(2) ブリュッセルにおける魚の販売

ブリュッセルにおいて，魚はどのように販売されていたのであろうか。1289 年文書では販売者である魚・肉業者が一つの職業集団を形成していたことが記載されているが，同一の団体が肉と魚の両方を扱うという事例は，さほど特異なことではない。同時期の南ネーデルラントの諸都市においても同様のケースが確認されており (Van Werveke [1948] pp. 22-24)，これには当時の食習慣が大いに関係していると考えられる。キリスト教においては特定の食物の忌避は存在しないが，教会は節制の奨励のために，肉食を制限することが望ましいと考え，肉と肉に由来する食品を摂取するべきでない時期を定めていた（モンタナーリ [1999] pp. 128-135）。教会の規定を一般の人々

が日常生活においてどの程度まで遵守していたのかを評価するのは困難な問題であるが，当時の人々の社会経済生活の解明に寄与する第一級の社会史料の一つである伯顧問官ガルベルトゥスの事績録（Pirenne [1891] pp. 5-7）がこの点に関して重要な示唆を与えてくれると考える。1124年から25年にかけてフランドル伯領を襲った飢饉の状況を記した伯顧問官ガルベルトゥスの事績録は，《この飢饉のさなか，ちょうど四旬節の中頃，我々の土地の人々は……パンが全くなかったために肉を食した。ある者たちはパンを求めて町々へ向かったが，道半ばにも至らず飢えの中で死んだ》[7]と述べているのである。この箇所からは復活祭前の4週間におよぶ四旬節の肉食の禁止を，飢饉の最中においてさえも守ろうとする人々の姿が浮かび上がってくる。教会による食物規定，特に肉断ちの期間に関する規範が12世紀中の南ネーデルラントにおいて社会全体にかなりのレベルで浸透していたと考えられよう。

　中世ブリュッセルにおいてはどうであったろうか。当時の食の現実を窺うことのできる唯一の史料と筆者が考えるのは，一般都市住民用の病院としても機能していた（Guilardian [2011] p. 369）サン・ジャン施療院の規約の中で，収容患者に出される食事を定めた箇所である[8]。そこでは，普通の食事と節制の食事という2つの基本的なリズムが繰り返されていることが見てとれる。節制の食事の期間は，1週間のうちでは水曜日と金曜日（後に金曜日のみとなる（Reusens [1901] p. 13)，1年のうちでは祭日の前夜，五旬節，降誕祭前，さらに年3回の季節の小四旬節の時期があり，1年のうちで約3分の1程の期間において肉や乳製品等の肉に由来する食物摂取が制限された。カンブレ司教区の規定は，最も規制の厳しい時期においても食べることのできる食物としてパンと魚を挙げており（Laurioux [2002] p. 108），ブリュッセル近郊のアッフリヘム修道院の食物規定に関する史料においても，

---

7) Quo tempore famis, in media quadragesima, etiam homines terrae nostrae,…carnes comederunt, eo quod panis eis prorsus defecisset. Quidam vero ipso itinere cum transitum facerent ad civitates et castera in quibus panem sibi compararent, nondum semiperfecto transit suffocati, fame perierunt;（Pirenne [1891] p.6）.

常に節制を必要とする修道院関係者が日々食べるべき食材として，パンと塩漬の魚が指示されている（De Marneffe［1894-1901］p. 18）。モンタナーリは，魚は精進の象徴とされ，世俗的な快楽を示す肉とは対立的な文化的価値を持つとされたため，肉と食べ混ぜないことが徹底されたとしている（Montanari［2010］pp. 93-94）。人々は，一定のサイクルで肉と魚とを交互に食べることとなった。肉と魚は対置されながら，相補的な食材として人々の食卓に上っていたのである（Laurioux［2002］pp. 101-104）。従って，販売という観点においては，肉と魚を同時期に売ることは無意味であり，同一業者がそれぞれの時期に応じた食材を供給するのはごく自然なことであった。

　1年の相当な日数人々の食卓に上った魚とはどのようなものであったろうか。南ネーデルラントの諸都市においては，海水魚と淡水魚2種類の魚業者の存在が確認されており，両者の割合は各都市の状況に相応した多様性を見せていた（Van Uytven［1985］p. 102）。海水魚に関しては，12世紀後半以降から北海の塩漬ニシンが大規模に商品化され，ことにアントウェルペンとヘントを中心とする塩漬ニシン商人によるネットワークによって広範囲に流通されるようになっていったことが良く知られている（Thoen［1994］pp. 172-174/ 山田［2001］pp. 175-196）。

　それに対して，近年ブリュッセルの魚について研究を進めているドゥリーニュは，内陸で川沿いの湿地帯に位置するという地理的条件から，ブリュッセルに供給される魚の大半は周辺の河川や池から調達されたカワカマスやマ

---

8)　[17]　Qualibet sexta feria in victu quadragesimali jejunent. Ab Exaltatione sancta Crucis usque ad festum sancti Martini et octava Epyphanie usque ad Quinquagesimam per quartas ferias in lacticiniis jejunium servent; et abhinc continuum inchoent jejunium, ab esu cranium deinceps abstinentes. A Pascha vero usque ad festum beati Martini die dominica et feria tercia et quinta ac precipuis festivitatibus carnes comedere poterunt. Jejunia vigiliarum et quatuor temporum juxta institutionem ecclesie observantes, feria secunda extra continuum jejunium, et diebus aliis quibus consueverunt vesci carnibus seculares, conditis sagimine pulmentariis poterunt recreari. A festo beati Martini usque ad Adventum Domini jejunent, lacticiniis tamen utantur. In Adventu Domini jejunium servent quadragesimale.（Bonenfant［1953］p.22）.

スといった淡水魚であり，特に14世紀以降，養魚池での鯉の養殖が大々的に実施されるようになるとその傾向がより強まったとしている（Deligne [2009] pp. 285-291）。彼女は14世紀以前の販売状況についての詳細は不明としているが，筆者はこの1289年文書のより詳細な分析と関連史料の検討によって13世紀末までの状況を在る程度明らかにすることが可能であると考える。1289年文書では魚の販売に関して4つの区分が存在している。ブリュッセルの業者と外部の業者，淡水魚と海水魚である。以下では各区分についての検討を行う。

　当該文書において，ブリュッセルの業者は外部の業者と明確に区別されている。公はまず《いかなる魚屋も肉屋も，自らの売り台を自分の家の前においてはならない》として，商いを行うことができる場所を厳しく制限した。そしてブリュッセルの魚屋だけが譲渡された用地に建設される魚市場での商いが許可され，《外部の魚屋は，Coudenberg のそばに売り台を設置しなければならない》と規定される。さらに，外部の商人たちには《場所代として，毎日2ドゥニエ》の支払いが義務付けられた（章末参照史料参照）。

　淡水魚と海水魚の区別は，より複雑な様相を呈している。ブリュッセルの魚業者は，1289年文書の冒頭で«vischeren»という全体的な表現でひとまとめにされていることから，海水・淡水いずれの魚をも扱っていたと考えられる。彼らには，魚市場の用地を世襲財産として保持するために，公とその子孫に世襲の年貢祖として30リーブルを集団で支払うことが定められている。しかし，興味深いのは続く支払い規定が，彼らの中の淡水魚取り扱い業者だけを対象としている点である。淡水の魚屋は，《この取り決めに参加させてもらうために，終身の定期金として，ブラバン公の会計官に20ドゥニエ》を支払わなければならない。加えて，淡水の魚屋は，魚市場内の売り台の場所を年に1度くじで決められ，その売り台ごとに世襲の年貢祖として，3ドゥニエを支払わなければならないのである。ブリュッセルには，海水魚を扱う業者と淡水魚を扱う業者が存在し，彼らはブリュッセルの魚業者として一つの団体を形成していた。しかし，淡水魚を扱う人々の急激な増加が，支払いや売り場の場所に関する詳細な規定の必要性を生じさせたと考えられる。

淡水魚業者の増加には，流通税も関わっていたと想定される。ブリュッセルの流通税に関しては，13世紀後半以降の旧ブラバン地域（ルーヴァン，ブリュッセル）の流通税表が伝来しており，それによると海水魚には流通税の支払いが必要であった可能性がある（Vander Linden［1935］pp. 89-104）。この流通税表を分析したデスピィは，その内容を旧ブラバン地域に入る物品への通過税表であるとしている（Despy［1988］pp. 121-123）。この流通税表では食料品のほとんどが支払いを免除されていたが，課税対象となっていた数少ない食品の中に魚が入っていた[9]。外部から持ち込まれる魚には，半樽で半エステルという通過税を支払う必要があった。これらの魚が「樽」詰めで換算されていることから，主に保存加工された海水魚[10]であった可能性が想定できるのである。それに対して，周辺農村から調達できる魚，すなわち淡水魚に対してはブリュッセルの業者は流通税を支払う必要がなかった。都市民たちは13世紀半ば以降，周辺からの物品の持ち込みに関する免税特権を享受していたからである[11]。この措置はブリュッセルの業者によって周辺農村から都市への食料供給を確保するという公の食料政策の一環と見なされている（Charruadas［2007c］pp. 71-74：［2011a］p. 148/Nieus［2010］pp. 464-465）。

　以上の史料情報は，公とブリュッセルの業者による淡水魚への関心の高まりを示していると考えられる。保存の難しい新鮮な魚は高価な商品であったが，都市経済の発展とともに急激な上昇を遂げつつある新興エリート層は，伝統的貴族層の豪奢な消費生活をモデルとしており，高価であるがゆえに富

---

9) 最初の版（1250-1275年）において，胡椒，クミン，ドライフルーツ，蜂蜜，ワイン，魚であり，ワインは1樽で1エステル，魚と半樽で半エステルという通過税が定められている（Vander Linden［1935］pp. 94-97）。

10) ヴァン＝アウトフェンは，13世紀にアントウェルペンの商人によってブリュッセルに加工された海水魚が供給されていたとしている（Van Uytven［1985］p. 103）。

11) ブラバン公は1234年にOverijseの住民たちにルーヴァンの都市民が享受していた，ルーヴァン，ワーヴル，ブリュッセルの都市内でのteloneumを免除する文書を発表した。また，1298年には，Vilvordeの住民たちに，ルーヴァンとブリュッセルの都市民がすでに享受していた公領内でのteloneum免除特権を賦与している。（Verkooren［1961］p. 76. 119）

裕層にふさわしい食材として新鮮な魚への需要を増大させていった（Hoffmann［1996］p. 659）。しかし，エリート以外の人々も教会の食物規定によって精進日には魚を食べる必要があり，一般向けに保存のきく廉価な加工魚を安定的に供給することは君主の義務とされた（Van Uytven［1985］p. 102/Laurioux［2002］p. 81）。直接的な史料的根拠を挙げることは出来ないが，当時の状況に鑑みて，ブリュッセルの魚市場とは区別された場所で商品を扱っていた外部の商人が，主にその役割を担っていたと想定することができるのではないだろうか。

II．周辺未耕地における淡水魚の生産と供給

　淡水魚はどこから，どのようにして供給されたのであろうか[12]。生産においても魚と肉は相補的であり，淡水魚と肉は同じ未耕地で生産された（Benoît［1992］）。12世紀以降ブリュッセル周辺地域で牧畜に当てられた土地は低湿地で，水抜きのための水路と水量調整のための水車と付属の池が必須であり，これらが養魚池として利用された。また，汚泥のたまる養魚池は，定期的に水を抜いて採草地・放牧地に作り変えられなければならなかった（Charruadas［2007c］p. 73/Hoffmann［1996］pp. 658-659）。さらに保存の難しい食材を，それぞれの消費の時期にあわせて都市で販売するためには，一方の食材を生きたままストックしておくための放牧地・貯水池用の土地を都市内外で確保する必要があった（Deligne［2003］pp. 124-125）。以上の条件を満たすためには，初期の業者は都市と周辺農村で未耕地を所持し，専門的な知識と技能をもってその管理・経営に関わることが求められたのである。

　14世紀以前の状況について，牧畜に関しては毛織物工業への原料供給という問題関心からある程度の研究の進展が見られた（Billen［1995］）。しかし，食料の未耕地生産という点においては，研究史は限られた成果にとど

---

[12] 中世における淡水魚の生産・養殖・漁労・供給に対する近年の研究関心の高まりを示す事例として，1998年に開催された国際研究集会と，その成果のCD-ROM版での刊行を挙げておく（Benoît［2004］）。

まっている (De Waha [1979])。ドゥリーニュにおいても修道院所領と公領の養魚池における生産を指摘するのみであり (Deligne [2003] pp. 146-160),都市市場へのリンクが全く検討されていないという問題が残されている。本節においては,修道院領,公領での状況を再検討するとともに,13世紀に未耕地を襲う急激な変化と,13世紀後半に進行する都市民による未耕地経営[13]をも射程に入れた,より全般的な検討を行いたい。

(1) 修道院所領とブラバン公領

修道院の養魚池は主に自家消費用であったとされている (Benoît [2006] pp. 116-118/Berthiers [2004])。しかし,筆者はかつて,12・13世紀においてブリュッセルの周辺で最も大規模な所領経営を展開していたアッフリゲム修道院の収入と収益を記載した,1089-1122年文書 (De Marneffe [1894-1901] pp. 8-11) の分析から,12世紀の初めという非常に早い段階から,当該所領において,家畜の小屋飼育という牧畜の効果的利用による最先端の集約農業が展開され,魚と肉を含む未耕地生産物が市場向け商品作物生産であった可能性を指摘した (舟橋 [2013])。また,12世紀のアッフリゲム文書全体を包含した検討からは,同修道院所領の漁労において,採取から養殖へと生産方式が変化したことが確認できた (De Marneffe [1894-1901] pp. 2, 21, 23, 208, 218/ 舟橋 [2014] p. 63)。

都市に商業施設を持たないアッフリゲム修道院の所領生産物がどのようにして市場に供給されたのか詳細は不明である。しかし,修道院関連文書の分析から,後述の通り魚業者として地歩を固めてゆくBole家とAtrio家が,12世紀の初頭から,親族の入会や低湿地経営への参加によって修道院と緊密な関係を構築していたことが確認できる (De Marneffe [1894-1901]/舟橋 [2008] pp. 88-132 : [2013] p. 64)。これらの家系が開発と所領経営への参加を通じて魚養殖の技術を会得し,市場と修道院の生産をつなぐ役割を果たして

---

13) ドゥ・ワハは,ブリュッセル西部のアンデルレヒトにおいて,都市の肉業者たちが周辺農村に未耕地を確保するための投資を行い,土地の囲い込みを進行させたことによって,争論を引き起こした多くの事例を検証している (De Waha [1979] pp. 230-235)。

いたと想定することは可能であろう。

　次に公の所領について検討する。ブラバン公の宮廷では，新鮮な魚という当時最も高価で，社会的地位と富の象徴である食材を求めて魚の需要があった（Deligne [2009] p. 297）。都市考古学発掘の成果は[14]，公が都市内で魚を生きたまま保持するためのいけすを所有していたとしており，いけすには盗難を予防するために専門の《魚監視人》が置かれていた[15]。ブラバン公は都市周辺で 12 世紀には多くの養魚池を所有していた（Martens [1954] p. 476）が，これらの公領の養魚池は早い段階から周辺在地有力者や修道院に譲渡され，13 世紀段階で公の手に残された漁場は Maelbeek, Woluwe の 2 ヵ所だけである[16]。実際の管理・経営は森林・池の管理人に委ねられており，彼らと魚業者との間で定期的に必要とされる稚魚の取引が行われていたとされる（Deligne [2003] pp. 147-148）。

　ドゥリーニョ，ビレンらは，公の食卓へ上る魚に関しても魚業者の関与を大きく想定しており（Deligne [2009] p. 297），後述する Vriendeken 家のような公の宮廷に近い業者によって供給されていた可能性を指摘する（Deligne [2004b] pp. 89-90）。Vriendeken 家に加えて公に近い業者として考えられるのは，公領での森林管理人，漁労管理人を輩出している Atrio, Danoel, Raedbole, Bote 家である（Martens [1958] pp. 271-278/ Deligne [2009] pp. 298-299）。Atrio 家は，修道院への寄進，家系メンバーの入会，水利施設建設への関与によって，修道院とも緊密な関係を構築していた。また，Bote 家は，貨幣取り扱い業務を兼業して公の会計官にもなった家系で

---

14) モドリックの指揮によって 1999 年に行われた都市開発にともなう緊急発掘の成果は，まだ刊行されていないが，この調査に参加したドゥリーニュによって都市の貯水池・いけすの状況と写真が公開されている（Deligne [2003] pp. 125-126）。
15) 公は 1229 年にブリュッセルに都市住民に対して，いけすに害をなした者を処罰する罰則規定を記した文書«keure»を発給している（Martens [1967] p. 393）。
16) 公の養魚池に関する最も古い記録は 1210 年で，Ixelles の《公の養魚池》がカンブル修道院に譲渡されたと記されている（Bonenfant [1953] p. 67）。その後，13 世紀を通じてブラバン公によるカンブル修道院，グリンベルゲン修道院，フォレスト修道院，サンジャン施療院等への継続的な譲渡が確認できる（Charruadas [2008-2009] pp. 139-150）。

ある（Martens [1977] p. 46）。彼らはその公的な職務を私的営みと連動させ，多様な活動と重層的な社会関係を積み重ねてゆくと同時に，富裕層を顧客とした高価な食材を取り扱う商業活動によって富を蓄積していったと考えられるのである。

(2) 都市民による周辺未耕地への浸透：アッスとアランの事例

　12世紀末から14世紀にかけて，ブリュッセル周辺の未耕地は，特に沼地の私有化と囲いこみの進行，それを阻止する動きとの間のせめぎ合いの中で推移していった。ブラバン公は，多方向での複雑な合従連衡を調整しつつ，上位権力者としてその上に立てる均衡を常に再構築していた（Charruadas [2007a]：[2007c]）。12世紀末から13世紀半ばまで，関係者の利害調整のために公によって農村共同体に譲渡された共有地は，13世紀後半に徐々に消滅してゆく（Nieus [2010]）[17]。湿地への進出と私有化を進める都市有力者層のなかに，魚・肉業者の姿があった。以下では，アッスとアランに関連する一連の史料分析によって具体的な状況を描き出す。

　センヌ河の両岸に展開する湿地帯の西端に位置するアッスにおいては，1169年文書で，《修道院とアッスの間の荒れ地，森林，採草地，畑，放牧地》[18]が漠然と周辺住民の用益にも開かれていた土地としてアッフリゲム修道院に譲渡されていた。しかし1237年文書では《修道院とアッスの教会との間にあり，現在は樹で覆われていないすべての荒れ地と放牧地》[19]が修道院とアッスの住民が共同で使用することとされ，そして《修道院であろうとだれであろうと，この土地を耕したり，溝や生け垣で囲ったりしてはならな

---

17) 13世紀のブリュッセル周辺の未耕地については史料に基づいた検証が遅れていたが，近年ニウーの史料刊行によって，ブラバン公領における共有地の再検討を接近視角とする研究が進められた。ニウーは権利関係が不明確であった低湿地を支配下に入れるために，公が紛争の機会を利用したと考えている（Nieus [2010]）。

18) « desertum inter Claustrum et Assem positum silva, prata, campos, pascua, aquas , communes fore statui. »（De Marneffe [1894-1901] pp. 199-201）.

19) « omnia deserta, omnia pascua, inter claustru, haffligeniense, et ecclesia de Ascha jacentia ... . que in justanti, silvis non sunt occupata ... in communem usum, sicut huc usque jacuerunt, semper remaneant. »（De Marneffe [1894-1901] pp. 556-557）.

い》[20]と明記されている。比較的乾いた土地から始まった開発の進行は，低湿地にも及び，特に13世紀前半においては，土地の細分化と個人による囲い込みが進行し，農民たちが家畜の放牧に利用していた沼地から排除される事態となっていた（Nieus [2010] p. 454）。アッフリゲム修道院領でも，土地を囲い込んで耕地化してゆくという事態が進行していた[21]。以上のような状況においてブラバン公は1237年文書の発給によって，低湿地の是認と統合を行い，牧畜のための土地の確保を図るとともに，長い実践によって正当化されてきた集団的な権利を公認しているのである。しかし，ブラバン公領における貢租を記載した1321年の台帳（Martens [1958]）に記載されているアッスの項目は，13世紀後半から個人による土地の私有化の進行という新たな事態の進展を示している[22]。1237年文書において明確に耕地化と個人化が規制されていたアッスにおいてさえ，共有とされたはずの修道院とアッス教会の間の湿地は，«thymum»という貢租支払いのための区分に分類され，貢租を支払う個人名が列挙されているのである（Martens [1958] pp. 221-226）。

　センヌ河沿いの湿地地帯の北東部にあるアラン周辺は，12世紀にブラバン公によって創建されたグリンベルゲン修道院を中心として地域開発が進行していた（Charruadas [2011b] pp. 210-212）。1224年のサント・ギュドゥルへの十分の一税譲渡文書（Lefèvre [1960] pp. 43-44）では，この地域に採草

---

20) « a nobis, vel a posteris nostris, vel a claustro haffligeniensi , vel etiam ab aliis in culturam poterunt nullo Tempore redigi ; vel fossatis obstrui, vel d efendi » (De Marneffe [1894-1901] pp. 556-557).

21) 1232年にリエージュのサン・ピエール参事会が発給した文書は，同参事会とアッフリゲム修道院との間で生じた，Lauzelleにおける未耕地の耕地化をめぐる紛争を記載している（De Marneffe [1894-1901] p. 491）。

22) Machelenにおいても，1244年の文書では住民たちに譲渡された共有地（Nieus [2010] p. 471）が，貢租台帳においては確認できない（Martens [1958] pp. 224-227）。他の共有地も同様の状態にあったと考えられる。貢租を支払う多くの個人名が記載されているが，彼らの相当部分は，都市の商工業者層と考えられている（Martens [1958] pp. 233-235）。例えば，1228年に作成された毛織物商人ミッシェル・ウィクマールの遺言書にはアンデルレヒトを中心とした土地所有財産が列挙されている（Despy [1981] pp. 164-165）。

地，放牧地，耕地・未耕地が存在していたことを示している。1240年文書 (Nieus [2010] p. 470) は，用益者間での緊張の高まりを感じた公が，アランの沼地を境界で囲い，関係者全員に貢租地として分配するという利害調整によって新たな秩序と均衡の再編を行ったことを示している。文書には，在地の聖職者に3ボニエ，封臣であるPierre de Harenに封土として6ボニエ，残りの溝で囲われた部分を住民たちに共同で利用する放牧地として1ボニエにつき12ドゥニエと鶏2羽の年貢祖で譲渡したと記載されている。

しかし，1321年の貢租台帳は，この地においてさらに土地の細分化と私有化が進展したことを示している（Martens [1958] pp. 207-214）。共有地は消滅し，アランで沼地«palus»，湿地«thymum»を保有する貢租支払人として記載されているのは31人にのぼっている。«palus»と«thymum»とは明確に区別されており，前者の貢租は銀貨と鶏であるのに対して，後者は燕麦と規定されている。この違いは，«tymum»が谷底の採草地と台地の耕地との間にある軽く湿った土地で，11世紀以降，主に燕麦栽培が行われていた土地であるのに対して，«palus»が牧畜用地，主に放牧地として使われていたことに対応していると考えられている（Charruadas [2007c] p. 76）。そして，この«palus»の保持者として肉・魚業者であるBote, Ruelens, Lose家の名前が記載されていることに注目したい（Martens [1958] p. 208, 210）。マルテンスはこの貢租台帳が，新たな関係者に新しく土地を譲渡するのではなく，これまでの既存の諸関係に対して公が上から認可を与えるという性格を持っていると分析している（Martens [1959] p. 245）。そうであるならば，この貢租台帳はそれ以前の状況を示していると考えられるのであり，13世紀後半に肉・魚業者による都市周辺の湿地への進出と私有化という動きがあったと想定できよう。

III. 魚・肉業者家系の形成

ブリュッセルのプロソポグラフィ研究は，12-14世紀において中小家系が分裂と結合を繰り返して徐々に全体として都市の上層階層を形成してゆく複雑な状況を明らかにしている（Godding [1960b]）。初期のブリュッセルの

魚・肉業者も[23]、特定家系に限定された閉じられた集団[24]を形成していたわけではなく、開かれた集団としての流動性を維持していたとされる。彼らの集団としての基本は、収入の一部を共同で管理し、業種に必要とされる不動産の利用の便宜のために同じ界隈に住み、相互に婚姻関係が結ばれてゆくことによって、ある種のクランを形成していったことにあると考えられている。彼らは極めて柔軟な経済活動を展開し、商業、手工業、都市内及び都市周辺部の不動産所有、信用、金融そして最終的に政治的影響力さえ駆使していたことが指摘されている（Deligne [2004b] p. 84）。しかし、この社会集団形成のプロセスが十分に検討されているとは言い難い。以下では、特に初期の肉・魚業者[25]として様々な史料から情報を検出できる幾つかの家系を取り上げ、個々のメンバーによって集積されてゆく多様な集団との関係を検討することによって、いかなるネットワークの結合の上に当該社会集団が形成されているのかを考察する。

(1) Atrio-Nossegem-Saint Géry-Bole 家の事例[26]

最も早い段階から家系間結合の形成過程を跡づけることができるのはAtrio-Nossegem 家である。同家はブリュッセル北東地域出身の領主家系で、初出は 1095 年の Kortenberg 教会への特権付与文書（Van Mingroot [1995] p. 28）においてである。12 世紀初頭に、ブラバン公によってブ

---

[23] 1321 年貢租台帳には約 100 の肉・魚市場の売り台が記載されており、78 人の人物、48 の家系が検出できる（Martens [1958] pp. 271-279）が、1481 年の肉業者のリストに残っている家系はわずか 3 つにすぎない（Deligne [2004b] p. 84）。そこには、特に 14 世紀後半に彼らが経験した都市の争乱・追放といった変化が大いに関係していることは確かであろう。

[24] ブリュッセルにおいて魚と肉に対して業者の家系の固定化を含む厳しい販売規制が課されるのは、15 世紀以降とされている（Dez Marez [1904] p. 281, 343/Deligne [2009] pp. 300-301）

[25] 前述のように、肉・魚業者の団体としての初出は 1289 年文書であるが、そこでは Henri Vriendeken 以外の個人名は一切記載されていない。本節においては、1321 年の公の貢租台帳において肉・魚市場で売り台を所持している人々、«piscatro» という肩書きを付けられた人々を肉・魚業者と考える。

[26] 前注 4 参照。

リュッセル郊外のアッスとソワーニュの森周辺の土地を譲渡されたことによって公の封臣となった（De Marneffe［1894-1901］pp. 71-72）。1156 年の文書（Acte, no. 70）[27] 以降，«Ingerlbertus Brucellensis miles de Atrio»という呼称を使い続けていることからも，公の移動と並行してブリュッセルへと本拠地を移し，文字通り都市に定着したと考えられる。また，1247 年文書（Waterus［1971-1975］vol. 9A, p. 132）では，Godefroid de Atrio が《serviens domini castellani》と記されていることから，ブリュッセル城代とも関係を深めていったと考えられる。ブリュッセル城代職は，公の移動以前からの在地での最有力貴族家系である Anderlecht-Aa-Bruxella 家の親族が代々受け継いでいた。

　Atrio 家が所領を譲渡された，アッス周辺とソワーニュの森周辺は，ブラバン公が都市の 2 大流通中心地，サン・ニコラ教会一帯とラ・シャペル教会界隈とのリンクによって都市経済発展を目指す政策の要であった。ブリュッセル西北方面にあるアッスには大規模な未耕地が，南部のソワーニュには広大な森林があり，それぞれの生産物を食品市場のあるサン・ニコラ教会周辺と，毛織物手工業者が多く集まっていたラ・シャペル界隈へと集めるルートがブラバン公と教会組織の協力によって整備されていく（Billen［2011］pp. 71-74）。これら教会組織として，12 世紀にはアッフリゲム修道院とフォレスト，ビガール分院，13 世紀にはカンブル修道院が挙げられる（Charruadas［2011a］pp. 220-228）。

　Atrio 家は，12 世紀初頭からこれら教会組織との関係を構築してゆく。1133 年にビガール修道院をアッフリゲムの管理下におくことを通達するブラバン公文書（Acte, no. 21）においては，法行為を修道院側に立って保証する集団の一人として，Engelbertus de Atrio が登場している。また，在地有力家系である Bigard 家がフォレスト分院に土地と水車を寄進する 1125-40 年文書（De Marneffe［1894-1901］pp. 71-72）においては証人として記載されている。その後，1140 年文書（Acte, no. 52）の記載内容によると，Henriman de Nossegem と共同相続人が Meerbeek で世襲財産として所持し

---

27) 前注 5 参照。

ていた自有地すべてを 48 マルクでアッフリゲム修道院に販売している。そして，1145 年文書（Acte, no. 42）では，Engelber de Atrio と Lambert de Nossegem を中心とする共同相続人たちがフォレストに自有地を 14 マルクで販売している。

　Atrio 家が魚・肉業者としてブリュッセルで地歩を固めるにあたって大きな契機となったと考えられるのが，Saint Géry 家および Bole 家との姻戚関係である。Saint Géry 家の初出は 1204 年のブラバン公文書（Bonenfant [1953] pp. 10-13）で，証人欄にブリュッセルの参審人として登場する都市有力家系である。同家の家名であるセンヌ河沿いの交易地周辺に以前から所領を所持していた（Godding [1960a] p. 42）。ドゥリーニュは，初期の魚業者の最も重要な要素として，センヌ河沿いに土地といけすを所持していることを挙げており（Deligne [2003] p. 174），Atrio 家は Saint Géry 家との婚姻によって，それらを手に入れたと考えられる。1227 年のアッフリゲム文書（De Marneffe [1894-1901] pp. 453-454）に，Henri de Atrio Beati Gaugerici と記されている点から，両家の婚姻は 13 世紀初めと思われる。13 世紀後半の 1275 年，1281 年，1286 年のサント・ギュドゥル参事会文書（Lefèvre [1960] p. 170, 183, 201）からは，Atrio 家がサン・ジェリィ周辺と魚市場建設用地に家と土地を所持していることが確認できる。

　Bole 家は，ブリュッセル南西，フォレストを本拠地とする小領主家系で，12 世紀にブラバン公によってソワーニュの森周辺の土地を譲渡されて封臣となった（Acte, p. 21）。Bole 家との婚姻がいつなされたのかは定かでないが，1145 年のブラバン公文書（Acte, no. 42）において，Francon Bole が Nossegem 家の親族であると明記されている。この家系において特徴的なのは，寄進と親族入会によるフォレスト分院との緊密で直接的な関係である。例えば Francon の娘の Clarice が 1185 年に修道女として入会する際に，ソワーニュの森周辺の低湿地の大規模な寄進を行っている（De Marneffe [1894-1901] p. 259）。筆者はかつてフォレスト分院に関する一連の文書分析から，入会者を媒介として出身家系と共同で所領経営を行っていた事例を検出した（舟橋 [2013]）。さらに，12 世紀からブラバン公によって進められたセンヌ河流域での水利システムの再組織化とインフラストラクチャー整備

が，フォレスト分院を中心とした在地勢力の結集によって実現されてゆく過程を検証した。その一翼を担っていたのが Bole 家である（Deligne [2003] p. 154）。一例を挙げると，1224 年文書（De Marneffe [1894-1901] p. 429）においてセンヌの支流であるジェレイスベーク川の運河化における最重要地点に位置する採草地と水車の半分が分院に譲渡されている。この寄進に際して，半分は Bole 家の手に残されており，同家は分院とともに直接的に土地の整備と湿地経営にかかわっていたと考えられる。

1234 年文書（Ryckman [1948] pp. 28-29）はこの水車周辺にカンブル修道院がグランギアを設置したことによって，フォレスト修道院とカンブル修道院間で水車をめぐる争いが生じたことを記している。最終的には 14 世紀にカンブル修道院が水車と周辺未耕地の経営を握ることになる（Wauters [1971-1975] vol. 10A, pp. 40-41）。Atrio 家はフォレスト修道院との関係を維持しつつも，このカンブル修道院と 13 世紀の後半から関係を深めてゆく。1286 年文書（Ryckman [1948] p. 32）では自有地の寄進が，1291 年文書（Ryckman [1948] p. 33）では Marie de Atrio が修道女としてカンブレ修道院に入会したことが記されている。

以上のように Atrio 家は，婚姻関係による家系の結合によって，公と近い関係にある伝統的な領主家系，修道院と共同で未耕地経営をすすめる在地有力者家系，商業地区に拠点を持つ都市有力家系のネットワークを集積していった。また同家メンバーは，地域開発と湿地経営において異なる機能を果たす複数の修道院と関係を結んでゆく。時には利害関係の対立する集団との関係をも含む多方向での関係の構築と維持が，状況の変化に対応可能な，魚・肉業者として柔軟な活動を行う基盤となったと考えられよう。

(2) **Vriendeken 家，Bote 家の事例**

次に，1289 年文書において唯一個人名を挙げられて《私（公）の従者》«cnaepe»と記載されている Henri Vriendeken を検討する。1289 年文書では彼の経済活動についての言及はないが，貢租台帳によると，肉市場，魚市場のいずれにおいても売り台を所持している（Martens [1958] p. 45, 272）ことから，肉・魚業者家系であることはまちがいない。さらに 1289 年文書は，

ブリュッセルの魚市場の用地の一部が,《Henri Vriendeken に以前に譲渡されていた》と記しており,この場所に少なくとも親の世代からの邸宅を構えていたとされている[28]。また,1287年に発給された公の文書（Favresse [1938] p. 434）では Francon Vriendeken が《Amicus》と記されて Coudenberg に土地を所持していると記されていることから,Vriendeken 家が公の宮廷と近しい関係にあったと推測される。

貢租台帳はまた,市場で《God. Loze が,Henri Vriendeken が所持していた売り台2つ》（Martens [1958] p. 272）を持っていると記している。世襲財産である売り台の一部が Lose 家に引き継がれたというこの記載から,両家は緊密な関係にあったと考えてよいであろう。Lose 家は13世紀中に,参審人,ブリュッセル代官といった市政官職者,またサン・ジャン病院長,フォレスト修道女を輩出している有力家系で[29],市場とサン・ジェリィ教会近くの2つの邸宅を始めとして,サン・ニコラ教会一帯の肉・魚業者の住む地区に不動産を所持していた[30]。周辺農村においても,前述のアランでの事例を始めとして,多くの未耕地を保持している（Godding [1960a] pp. 44-45）。

さらに Vriendeken 家に関して興味深いのは,同家が造幣工の家系でもあることである。Henri Vriendeken は1297年に発給されたエノー伯文書において,バランシエンヌのエノー伯の造幣所の造幣工63名の中に名を連ねている（Deligne [2004b] p. 77）。ブラバンの金融業についての研究では,彼は特に加工用の薄い金属片の精錬の専門家で,ブリュッセル貨の品質向上に功績のあった人物とされている（Ghyssens [1970] p. 80）。

魚・肉市場に売り台を持ち,前述のアランでも未耕地を所持していた

---

28) Henri Vriendeken の親と思われる Meinard Vriendeken が,魚市場に隣接する Spiegelbeek 通りの複数の共同相続人によって保持されている邸宅に居住していた（Billen [1997a] pp. 15-16）ことから,この記載はその邸宅の土地を指していると思われる。

29) Verkooren [1961] pp. 69-70, 82/Bonenfant [1953] pp. 79-80, 222-224/Favresse [1938] pp. 433-436.

30) Godding [1951] pp. 139-140；[1960a] p. 44, 45, 51, 93/Lefèvre [1960] p. 170, 212.

Bote 家も同じく金融業に従事していた。Bote 家は 13 世紀にフォレスト分院とサン・ジャン施療院の保有民として史料に登場し（Laurent [2003] p. 137），1298 年文書（Lefèvre [1960] p. 305）では Henri Bote が施療院の貢租を管理する役割を果たしている。また，1293 年文書（Martens [1954] pp. 94-95）によると，同時期に兄弟である Jean Bote は公の会計官をつとめており，1289 年文書で規定されている淡水業者の支払う年貢租を受け取る役職にあったと考えられる。14 世紀の事例ではあるが，1323 年文書においては，エノー伯の造幣所で金属加工，造幣の指導者としての役目を 3 年果した Raoul Bote は，エノー伯とブラバン公の間の貨幣をめぐる取り決めを両替商として仲介している（Kusman [1999] p. 878）。

これらの事例は，都市領主層に近い都市有力家系が，さらに富を蓄積する手段として，高額商品である魚・肉に投資し，同時に貨幣取扱業者としても公の財政に深くかかわってゆく姿を示していると言えよう。魚・肉業者と貨幣取り扱い業者との兼業は決して不自然なことではない。1289 年文書では，30 リーブルの年貢租を集団的に支払うことが取り決められているが，この事実は，彼らが収入の一部を共通で管理しており，相当額の貨幣の取り扱いに慣れていた可能性を示している。また，魚・肉業者集住地区に隣接して，12 世紀から金属加工業者が住む地区があり，婚姻を重ねることで両者の融合が進んでいったと考えられている（Despy [1997] pp. 296-270）。貨幣取り扱い業務の中で特に重要な役割を果たす両替商となったのは，少数の裕福な市民家系であり（藤井 [2007] p. 265），そこで魚・肉業者との関連が見られることの意味は決して小さくはない。

結　論

後にブルゴーニュ公宮廷の所在地となり，中世以来有力都市であり続けたブリュッセルの史的研究において，都市経済発展の原動力となった同職集団の多岐的活動が新たな注目を浴びている。本論文においては，従来あまり研究がなかった魚・肉業者を対象とし，驚くべき柔軟性を備えた社会集団となってゆくプロセスを，ブリュッセル地域全体で進行していた社会経済関係

の再編と連動させながら検討した。

　第1に，ブラバン公による魚・肉業者への魚市場建設用地の譲渡を記載した1289年文書を出発点として，都市における魚・肉業者をめぐる諸問題を分析した。始めに，当該文書が発給された意図を検討した。先行研究は直接的な動機を，当該業者が公に対して戦時援助金を供出したことへの返礼と考えている。本論文においては，ブラバン公によって13世紀末までに発給されたブリュッセル地域の土地および関連諸権利の譲渡を記載した80通の文書の中に当該文書を置き直した。これらの文書は，不明確に慣習化されていた既存の権利関係を公が改めて確定するという，社会経済関係の定式化と権力構造の再編を示していた。また，12世紀の教皇文書の記載から，1289年文書で譲渡対象とされた魚市場建設用地の周辺では，水流と主要街道という地理的な好条件によって以前から商業活動と関連業者の定住が進んでいたことが確認される。以上の点から，公による譲渡は，すでに進展していた魚・肉業者の街区への定住と商業活動を追認するものであり，彼らとの権利関係を明確化することによって，今後の経済活動を公の作り出した枠組みの下に置こうとする意図によってなされたとの見通しを提示した。

　次いで，都市での販売について検討した。1289年文書では，まずブリュッセルの魚・肉業者が，外部の商人と区別され，肉，海水魚，淡水魚のいずれをも扱う一つの職業団体として承認されている。ガルベルトゥスの事績録や都市民の食生活を語る唯一の史料であるブリュッセルのサン・ジャン施療院の食規定は，宗教的な食慣習の浸透によって，人々が一定のサイクルで肉と魚とを交互に食べていたことを記載しており，同一業者がそれぞれの時期に応じた食材を供給する妥当性を提示している。また，1289年文書は殊に淡水魚の販売に関して詳細な諸規定を記載している。これらは，ブリュッセルの業者に占める淡水魚の比重の増大を示していると考えられる。その背景として，都市経済発展とともに急激な上昇を遂げつつある新興エリート層による，高価であるがゆえに富裕層にふさわしい食材とされた新鮮な魚への需要の増大がある。さらに，ブラバン公による都市民への免税特権付与は，都市周辺からの食料供給の確保を目指すブラバン公の政策の一環と考えられる。以上から，公とブリュッセルの業者が淡水魚への傾斜を強めて

ゆく状況が見て取れる。

　第2に，ブリュッセルの魚・肉業者は生産にも関与していたため，都市周辺の未耕地経営との関係を検討した。12世紀における淡水魚生産の場としては周辺未耕地に所在する，公領と修道院所領が考えられる。公領の養魚池は早い段階から周辺修道院や在地有力者に譲渡されている。修道院は水流の管理と水利施設の建設によって湿地開発を積極的に行っていた。修道院所領においては，12世紀の初めという非常に早い段階から，牧畜の効果的利用による最先端の集約農業が展開されていた。魚と肉を含む未耕地生産物が市場向け商品作物生産であり，これら修道院の所領経営に魚・肉業者家系が関わっていた可能性を提示した。

　12世紀末から13世紀にかけて，ブリュッセル周辺の未耕地では急激な変化が進行していた。本章ではブリュッセル周辺の湿地帯に位置するアッスとアランを取り上げて検討した。その結果，ブリュッセル周辺の未耕地は，特に沼地の私有化と囲いこみの進行，それを阻止する動きとの間のせめぎ合いの中で推移していったことが明らかとなった。12世紀末から13世紀半ばまで，多方向での複雑な合従連衡を調整するために，公によって修道院や農村共同体に共同用益が保証された放牧地は，13世紀後半に徐々に消滅してゆく。湿地への進出と私有化を進める都市有力者層の中に，魚・肉業者の姿があった。

　第3に，初期の魚・肉業者家系を対象として形成過程とネットワークの集積状況を具体的に検討した。1289年文書において公の«cnaepe»とされるVriendeken家とBote家に関して興味深いのは，同家が造幣工の家系であり，金融業にも従事していた点である。その経緯を詳細にたどることはできなかったが，彼らが魚・肉市場に売り台を持ち，前述のアランでも未耕地を所持していた点，さらに市政官職者を輩出する有力家系Lose家と緊密な関係にあったことから，都市領主層に近い都市有力家系が，さらに富を蓄積する手段として，高額商品である魚・肉に投資し，同時に貨幣取扱業者としても公の財政に深くかかわってゆく姿を示していると言えよう。

　Atrio-Nossegem家は，公の移動にともなってブリュッセルへと本拠地を移して定着した。公の封臣として関係を深めてゆくと同時に，以前からの在

地での有力貴族家系とも関係を構築してゆく。Atrio-Nossegem 家の所領が所在するアッスとソワーニュの森周辺は，ブラバン公と在地の教会組織の協力によって整備される流通ネットワークの要であり，同家は 12 世紀初頭からこれらと深く関わっていたことが明らかとなった。また，Atrio-Nossegem 家が魚・肉業者として地歩を固めるにあたって大きな契機となったと考えられるのが，Saint Géry 家，Bole 家との姻戚関係である。Saint Géry 家は，商業地区に拠点を持つ都市有力家系であり，初期の魚業者の最も重要な，センヌ河沿いの交易地周辺に以前から不動産を所持していた。Bole 家は，修道院と共同で未耕地経営を進める在地有力者家系であり，12 世紀からブラバン公によって進められたセンヌ河流域での水利システムの再組織化とインフラストラクチャー整備は，フォレスト分院と Bole 家を中心とした在地勢力の結集によって実現されていったことが検出される。さらに Atrio-Nossegem-Saint Géry-Bole 家は，地域開発と湿地経営において異なる機能を果す複数修道院と関係を結んでゆく。利害の対立する集団をも含む多方向な関係の構築と維持が，状況の変化に対応可能な柔軟性を与え，魚・肉業者として多岐的な活動を行う基盤となったと考える。

　本章においては刊行史料を対象として分析を行ったが，13 世紀以降の魚・肉業者の動きを詳細に追うためには，フォレスト，カンブル，グリンベルゲン修道院関連の未刊行文書の検討が不可欠と思われる。魚・肉業者家系メンバーがこれら修道院と結んだ諸関係のより包括的な検討を今後の課題としたい。

[参照史料]

ブラバン公による魚市場用地譲渡文書（1289 年）

(Favresse [1938] pp. 469-471)

Wij, Jan, bi der gracien Ons Heren hetoghe van Lothringen, van Brabant ende van Lymborch, maken cont allen denghenen die dese letteren zullen zien ende horen dat wi, onsen lieven vrienden den vischeren ende den vleeschouweren van Bruesselle, allen denghenen die hen aen dambacht generen, hebben gegeven in gerechten erve die vischmarct van Bruesselle gemeynlec om dertich pond Lovenschen erfelic cheins, ons ende onsen nacomelingen jaerlix, te Vastelavont, te geldene, Ende hier zijn inne de grunevischmangheren ende daemede zo si ghi gheven den rentemeestre van Brabant jaerlex, te Vastelavonde, twintich scellinghe Lovenschen, te lijfcope.

Voort, zo es te wetene dat noch visschere, noch vleischouwere en mach staen voer yemens huis ende die 't dade, dat hi verbeurde al dat goed dat hi ter banc brachte. Ende dese vischmarct hebben wi hen gegeven te erve eewelec te houdene, tusschen den borne van den vleischuse ende Godevarts Baetmakers huis.

Voort, zo willen wij dat de groenvischmangheren staen, daer zij tote hare gestaen hebben, op die vischmarct, wie dat ter loot om drie scellinghe Lovenschen erfelecs cheins.

Voort willen wij, gevalle't dat vremde visscheren comen ter vischmerct, die waer en weten staen, dat zij boven d'andre, te Coudenberchwert staen ende geven van haerre stad twe penninghe's daechs.

Voort, zo es te wetene dat die stad, daer Henric Vriendeken, onse knape, op pleget te stane es buten desen erve.

Ende om des wi willen dat dese voergezeghede dinghen bliven vast ende gestade, hebben wi onsen zeghel doesen hanghen aen dese lettre, die was gemaect in 't jaer Ons Heren MCCLXXXIX, des Disendaghes in die Sinxendaghe.

[文献目録]

欧語

Benoît, C. [1992] *Les étangs de la Dombes au Moyen Age, 13ᵉ-15ᵉ siècles, approche ethnohistorique d'un système agro-piscicole*, Paris.

Benoît, C. [2006] Approvisionnement en viande et poissons dans un établissement religieux du XVIIᵉ siècle : les Feuillantines de Paris, in Clavel, B. (ed.), *Production alimentaire et lieux de consommation dans les établissements religieux au Moyen Age et à l'époque Moderne, Actes du colloque de Lille 16, 17, 18 octobre 2003*, Lile, pp. 109-120.

Benoît F. [2004]/ Loridant. F. / Mattéoni, O. (eds.), *Pêche et pisciculture en eau douce : la rivière, l'étang au Moyen* Age, Lille, (CD-ROM).

Benoît, P. [2004] La pêche dans le domaine de la ville de Paris au 15ᵉ siècle, in Benoît F. / Loridant. F. / Mattéoni, O. (eds.), *Pêche et pisciculture en eau douce : la rivière, l'étang au Moyen Age*, Lille, (CD-ROM).

Berthiers, K. [2004] La gestion des étangs de l'abbaye de Cîteaux au 14ᵉ et 15ᵉ siècle, in Benoît, F. / Loridant, F. / Mattéoni, O. (eds.), *Pêche et pisciculture en eau douce : la rivière, l'étang au Moyen Age*, Lille, (CD-ROM).

Billen, C. [1995] La gestion domaniale d'une grande abbaye périurbaine : Forest à la fin du Moyen Age, in Duvosquel, J. -M. / Thoen, M. (eds.), *Peasants and Townsmen in Medieval Europe. Studia in honorem Adriaan Verhulst*, Gand, pp. 493-515.

Billen, C. [1997a] Enquête historique sur le quartier de la rue d'une personne, in Diekmann, A. et al. (eds.), *Artisanat médiéval et habitat urbain. Rue d'Une Personne et place de la Vieille-Halle-aux-Blés* (Ministère de la Région de Bruxelles-Capitale, coll. Archéologie à Bruxelles, n° 3), Bruxelles, pp. 11-16.

Billen, C. [1997b] / Thomas. F., Enquête historique sur le quartier de la place de la Vieille-Halle-aux-Blés, in Diekmann, A. et al. (eds.), *Artisanat médiéval et habitat urbain. Rue d'Une Personne et place de la Vieille-Halle-aux-Blés* (Ministère de la Région de Bruxelles-Capitale, coll. Archéologie à Bruxelles, n° 3), Bruxelles, pp. 105-108.

Billen, C. [2003] Jalons pour une histoire du commerce à Bruxelles, in Mardaga, P. (ed.), *Commerce et négoce*, Liège, pp. 9-11.

Billen. C. [2011] /Deligne. C., Autonomie et inclusion d'un espace : les détours de l'appartenance du quartier de La Chapelle à la Ville de Bruxelles (XIIe-XIVe siècle), in Dierkens, A. /Loir, C. /Morsa, D. /Vanthemsche, G. (eds.), *Villes et villages. Organisation et représentation de l'espace. Mélanges Jean-Marie Duvosquel*, Bruxelles, pp. 69-94.

Billen, C. [2013] / De Waha, M., Bruxelles : ville marchande, in *Le patrimoine écrit notre histoire* (Bruxelles patrimoines, hors-série), Bruxelles, pp. 33-77.

Boffa, S. [2001] Réflexions sur la révolte des métiers bruxellois (22 juillet 1360), in *Bruxelles et la vie urbaine, Archives, Art, Histoire. Recueil dédié à Arlette Smolar-Meynard*, I, pp. 163-185.

Bonenfant, P. [1921] Le premier gouvernement démocratique à Bruxelles, in *Revue de l'Université de Bruxelles*, 26, pp. 566-594.

Bonenfant, P. [1953] *Cartulaire de l'Hôpital Saint-Jean de Bruxelles (Actes des XIIe et XIIIe siècles)* (Commission royale d'Histoire, coll. in-4°), Bruxelles.

Bonenfant, P. [1973] Les premiers «hôpitaux» de Bruxelles au XIIe siècle, in *Annales de la Société belge d'Histoire des Hôpitaux*, 11, pp. 7-25.

Bonenfant, P. (†) / Bonenfant-feytmans, A.-M. / Guilardian, D. / Dierkens, A. (à paraître), *Actes des comtes de Louvain, puis ducs de Brabant (XIe et XIIe siècles)* (Commission royale d'Histoire, coll. Recueil des actes des princes belges), Bruxelles.

Boucheron, P. [2000] / Chiffoleau, J. (eds.), *Religion et société urbaine au Moyen Age. Etudes offertes à Biger, J.-L. et al.*, Paris.

Charruadas, P. [2007a] Champs de légumes et jardins de blés. Intensification agricole et innovations culturales autour de Bruxelles au XIIIe siècle, in *Histoire et Sociétés Rurales*, 28, pp. 11-32.

Charruadas, P. [2007b] Croissance rurale et action seigneuriale aux origines de Bruxelles (Haut Moyen Age-XIIIe siècle), in Deligne, C./Billen, C. (eds.), *Voisinages, coexistences, appropriations. Groupes sociaux et territoires urbains. Actes du Colloque international de Bruxelles (4-6 déc. 2004)*, Turnhout, pp. 175-201.

Charruadas, P. [2007c] / Deligne, C., La ville au milieu des marais : dynamiques entre économie urbaine et zones humides dans la région de Bruxelles, XIIe-XVIe siècles, in Beck, C. et al. (eds.), *Les zones humides européennes : espaces productifs d'hier et d'aujourd'hui. Actes du premier colloque international du Groupe d'Histoire des zones humides (Le Blanc, 20-22 octobre 2005)*, Cordemais, pp. 65-82.

Charruadas,P. [2008-2009] *Bruxelles et ses campagnes. Croissance économique et actions aristocratiques (haut Moyen Age-XIIIe siècle)*, thèse de doctorat (Université Libre de Bruxelles).

Charruadas, P. [2011a] *Croissance rurale et essor urbain à Bruxelles. Les dynamiques d'une société entre ville et campagnes (1000-1300)*, Bruxelles.

Charruadas, P. [2011b] La politique monastique des ducs de Brabant. Considérations autour d'un projet de transfert de l'abbaye de Grimbergen vers Haren (1228), in Dierkens, A. /Loir, C. /Morsa, D. /Vanthemsche, G. (eds.), *Villes et villages. Organisation et représentation de l'espace. Mélanges Jean-Marie Duvosquel*, Bruxelles, pp. 205-226.

Charruadas, P. [2013] Des origines de Bruxelles, in *Le patrimoine écrit notre histoire* (*Bruxelles patrimoines*, hors-série), Bruxelles, pp. 9-31.

Clavel, B. [2006] (ed.), *Production alimentaire et lieux de consommation dans les établissements religieux au Moyen Age et à l'époque Moderne, Actes du colloque de Lille 16, 17, 18 octobre 2003*, Lille.

Coppens, C. [1997] Cartularium Affligemense (1254-1309), Hakelgem.

Croenen, G. [1999] Governing Brabant in the Twelfth Century : the Duke, his Household and the Nobility, in Blockmans,W. /Boone, M. /De Hemptinne, Th. (eds.), *Secretum Scriptorum. Liber Alumnorum Walter Prévenir*, Louvain-Apeldoorn, pp. 39-76.

Croenen, G. [2003] L'entourage des ducs de Brabant au XIIIe siècle. Nobles, chevaliers et clercs dans les chartes ducales (1235-1267), in Marchandisse, A. /Kupper , J.-L. (eds.), *A l'ombre du pouvoir. Les entourages princiers au Moyen Age. Actes du colloque international de Liège (mai 2000)*, Genève, pp. 277-293.

De Marneffe, E. [1894-1901] (ed.), *Cartulaire d'Afflighem et des monastères qui en dépendaient (Analectes pour servir l'Histoire ecclésiastique de Belgique, 2e section, fasc. 1-5)*, 2 vols., Louvain (réimpression anastatique : Archives générales du Royaume, 1997, 2 vols., Reprints, n° 87).

De Waha, M. [1979] *Recherches sur la vie rurale à Anderlecht au Moyen Age* (Crédit communal de Belgique, coll. Histoire Pro Civitate, série in-8°, n° 57), Bruxelles.

De Waha, M. [1997] Une archéologie urbaine, in Diekmann, A. et al. (eds.), *Artisanat médiéval et habitat urbain. Rue d'Une Personne et place de la Vieille-Halle-aux-Blés*, Bruxelles, pp. 143-158.

Deligne, C. [2003] *Bruxelles et sa rivière. Genèse d'un territoire urbain (12e-18e siècle)*, Turnhout.

Deligne, C. [2004a] L'eau de la ville, l'eau des familles, enjeux de la distribution d'eau à Bruxelles (XIIe-XVIe siècles), in De Burchard, L. / Leduc, Ch. (eds.), *L'eau et la*

ville du Moyen Age à nos jours. Cinquième Colloque européen de Calais, Calais, pp. 81-90.
Deligne, C. [2004 b]/ Billen, C. /Kusman, D., Les bouchers bruxellois au bas Moyen Age. Profils d'entrepreneurs, in Jaumain, S. / Bertrams, K. (eds.), *Patrons, gens d'affaire et banquiers. Hommages à Ginette Kurgan-van Hentenrijk*, Bruxelles, pp. 69-92.
Deligne, C. [2009] Carp in the City. Fish-farming Ponds and Urban Dynamics in Brabant and Hainaut, c. 1100-1500, in Siking, L. /Abreu-Ferreira, D. (eds.), *Beyond the Catch. Fisheries of the Northe Atlantic, the North Sea and the Baltic, 900-1850*, Leiden/Boston, pp. 283-308.
Demeter, St. [2007]/ Guilardian, D., Implantation des hospices et hôpitaux à Bruxelles (XIIe-XVIIIe siècle), in *Hôpitaux du Moyen Age et des Temps Modernes. Actes du colloque anniversaire d'Archéologie médiévales (Bruxelles-Gand-Namur, 14-15-16 mars 2002)*, Bruxelles, pp. 53- 60.
Des Marez, G. [1904] *L'organisation du travail à Bruxelles au XVe siècle (Mémoires de l'académie royale des sciences, des lettres et des beaux-arts de Belgique*, t. 65) (1903-1904).
Des Marez, G. [1921] La première étape de la formation corporative. L'Entr'aide, in *Bulletin de la classe des lettres et des science morales et politiques*, no. 9-10, pp. 412-446.
Despy, G. [1979] La genèse d'une ville, in Stengers, J. (ed.), *Bruxelles. Croissance d'une capitale*, Anvers, pp. 28-37.
Despy, G. [1981] Secteurs secondaire et tertiaire dans les villes des Anciens Pays-Bas au XIIIe siècle : l'exemple de Michel Wichmar à Bruxelles, in *Acta Historica Bruxellensia*. 4, Bruxelles, pp. 147-165.
Despy, G. [1988] Recherches sur les tarifs de tonlieux dans le duché de Brabant au XIIIe siècle, in *Tonlieux, foires et marchés avant 1300 en Lotharingie (Actes des 4es Journées lotharingiennes, 24-25 oct. 1986, Centre universitaire Luxembourg)*, (Publications de la Section historique de l'Institut grand-ducal de Luxembourg), Luxembourg, pp. 103-130.
Despy, G. [1997] Un dossier mystérieux : les origins de Bruxelles, in *Bulletin de l'Académie royale en Belgique* (Classe des Lettres), 8, pp. 241-303.
Dickstein-Bernard, C. [1976] Une ville en expansion (1291-1373), in Martens, M. (dir.), *Histoire de Bruxelles*, Toulouse, pp. 99-138.
Dickstein-Bernard, C. [1977] *La gestion financière d'une capitale à ses débuts : Bruxelles, 1334-1467 (Annales de la société royale d'Archéologie de Bruxelles*, n° 54), Bruxelles.
Dickstein-Bernard, C. [1979] La gilde, in Stengers, J. (dir.), *Bruxelles. Croissance d'une capitale*, Anvers, pp. 51-55.
Dickstein-Bernard, C. [1981] Activité économique et développement urbain à Bruxelles (XIIIe-XVe siècle), in *Cahiers bruxellois*, 24, pp. 52-62.

Dickstein-Bernard C. [1989] Entre les villages et la ville : liens visibles et invisibles, in Smolar-Meynart A. (ed.), *La région de Bruxelles. Des villages d'autrefois à la ville d'aujourd'hui*, Bruxelles, pp. 118-129.

Favresse, F. [1938] Actes intéressant la ville de Bruxelles (1154-2 décembre 1302), in *Bulletin de la commission royale d'histoire*, 103, pp. 355-512.

Favresse, F. [1959] Considérations sur les premiers statuts des métiers bruxellois, in *Revue belge de philologie et d'histoire*, 37, pp. 919-940.

Favresse, F. [1961] *Etudes sur les métiers bruxellois au moyen âge*, Bruxelles.

François, J-L. [2006] Les cuisines de l'abbaye Notre-Dame de Lieu-Restaure du XIIe au XVIIIe siècle (Oise), in Clavel, B. (ed.), *Production alimentaire et lieux de consommation dans les établissements religieux au Moyen Age et à l'époque Moderne. Actes du colloque de Lille 16, 17, 18 octobre 2003*, Lille, pp. 47-66.

Ghyssens, J. [1970] Essai de classement de monnaies du début du XIVe siècle à partir de la convention monétaire Brabant-Hainaut de 1323, in *Bulletin de cercle d'Etudes numismatiques*, 7 pp. 73-82.

Godding, P. [1951] Acte relatif au droit régissant la propriété foncière à Bruxelles au Moyen Age, in *Bulletin de la commission des anciennes Lois et Ordonnances de Belgique*, 17, pp. 87-164.

Godding, P. [1960a] *Le droit foncier à Bruxelles au moyen âge*, Bruxelles.

Godding, P. [1960b] Seigneurs foncier bruxellois (ca. 1250-1450), in *Cahiers bruxellois*, 4, 1959, pp. 194-223 ; 5, 1960, pp. 1-7 et 85-113.

Godding, P. [1999] La « keure » bruxelloise de 1229 : une relecture, in Bonenfant P. -P. / Cockshaw, P. (eds.), *Mélanges Claire Dickstein-Bernard*, (Société royale d'archéologie de Bruxelles), Bruxelles, pp. 119-152.

Guilardian, D. [2011] Le plan de l'hôpital Saint-Jean de Bruxelles (1708), in Dierkens, A. /Loir, C. / Morsa, D. / Vanthemsche, G. (eds.), *Villes et villages. Organisation et représentation de l'espace. Mélanges Jean-Marie Duvosquel*, Bruxelles, pp. 361-374.

Hoffmann, R. [1995] Environmental change and the culture of common carp in Medieval Europe, in *Guelph Ichtyology Reviews*, 3, pp. 57-80.

Hoffmann, R. [1996] Economic development and aquatic ecosystems in Medieval Europe, in *American Historical Review*, June, pp. 650-665.

Hoffmann, R. [2000] Medieval fishing, in Squatriti, P. (ed.), *Working with water in medieval Europe, technology and resource use*, Leiden/Boston/Cologne, pp. 331-393.

Jacobs, R. [2004] *Une Histoire de Bruxelles*, Bruxelles.

Kusman, D. [1999] Jean de Mirabello dit van Haelen (ca.1280-1333). Haute finance et Lombards en Brabant dans la premier tiers du XIVe siècle, in *Revue belge de philologie et d'histoire*, 77, pp. 843-931.

Kusman, D. [2008] *Financiers du Prince ou ⟨usuriers publics⟩? Le rôle des banquiers piémontais dans les villes du duché de Brabant (XIIIe-XIVe siècles)*, 4 vols., thèse de doctorat (Université Liblre de Bruxelles).

Laurent, R. [2003] *Le cartulaire et le chartier de l'abbaye de Forest*, (*avec fac-similé du cartulaire*), Bruxelles.

Laurioux, B. [2002] *Manger au Moyen Age. Pratiques et discours alimentaires en Europe au XIVe et XVe siècles*, Paris.

Lefèvre, P.（†）[1960]/Godding, P. /Godding-Ganshof, F., *Chartes du chapitre de Sainte-Gudule à Bruxelles, 1047-1300*, Bruxelles/Louvain-la-Neuve.

Martens, M. [1954] *L'administration du domaine ducal en Brabant au Moyen Age (1250-1406)*,（*Mémoires de l'Académie royale de Belgique, Classe des Lettres et des Sciences morales et politiques*, t. 48, fasc. 3), Bruxelles.

Martens, M. [1958] *Le censier ducal pour l'ammanie de Bruxelles en 1321*（Commission royale d'Histoire, coll. in-8°, n° 68), Bruxelles.

Martens, M. [1959] Bruxelles en 1321, d'après le censier ducal de cette année, in *Cahiers bruxellois*, 4, pp. 224-245.

Martens, M. [1967] Recueil de textes d'histoire urbaine belge des origines au milieu du XIIIe siècle, in Van de Kieft, C. / Niermeyer J. F.（eds.), *Elenchus fontium historiae urbanae*, vol. 1, Leyde, pp. 279-404.

Martens, M. [1977] *Les chartes relatives à Bruxelles et à l'ammanie (1244-1338), conservées aux archives de la ville de Bruxelles*（Recueil VI des Tablettes du Brabant), Chateau de Grandmetz.

Montanari, M. [2010] *Le manger comme culture*, Bruxelles（traduction Van Berg, P.-R., préface Devroey, J. -P.).

Nieus, J. -F. [2010] Les 〈communaux〉 villageois, une invention du XIIIe siècle? L'exemple du Brabant à travers les chartes ducales, in Yante, J.（ed.), *Autour du 〈village〉. Etablissements humains, finages et communautés rurales entre Seine et Rhin（IVe-XIIIe siècles)*, Turnhout, pp. 445-474.

Petit, J.-L. [2012] *Bruxelles au Moyen Age, 1. L'espace urbain : naissance et développement. Dossiers bruxellois*, Bruxelles.

Pirenne, H. [1891] *Galbert de Bruges. Le meurtre de Charles le Bon, comte de Flandre, 1127-1128*, Paris.

Richard, J. [1983] Le commerce du poisson en Bourgogne et les étangs de la région autunoise, in *Mémoire de la Société éduenne*, 54, pp. 181-197.

Reusens, E. [1901] Règlements de deux hôpitaux de Bruxelles au XIIIe siècle, in *Analectes pour servir l'Histoire ecclésiastique de Belgique*, 13, pp. 5-25.

Ryckman de Betz, B. [1948] *L'abbaye cistercienne de La Cambre*, Anvers.

Thoen, E. [1994] Le démarrage économique de la Flandre au Moyen Age : le rôle de la campagne et des structures politiques（XIe-XIIIe siècles). Hypothèses et voies de recherches, in Verhulst, A. /Morimoto, Y.（eds.), *Economie rurale et économie urbaine au Moyen Age*, Gand/Fukuoka, Kyushu University Press, pp. 165-184.

Vander Linden, H. [1935] Tollen van den hertog van Brabant te Leuven in de XIV^{de} eeuw, in *Bulletin de la commisson royale d'histoire*, 99 pp. 89-104.

Van Mingroot, E. [1995] List provisoire des actes des évêques de Cambrai de 1031 à 1130, in Verbeke, W. / Haverals, M. / De Keyer, R. / Goossens, J. (eds.), *Serta devota in memoriam Guillemi Lourdaux*, II, Louvain, pp. 13-55.

Van Uytven, R. [1985] L'approvisionnement des villes des Anciens Pays-Bas au Moyen Age, in *L'approvisionnement des villes de l'Europe occidentale au Moyen Age et aux Temps Modernes. Actes des cinquièmes Journées internationales d'histoire de l'abbaye de Flaran, 16-18 septembre 1983* (Flaran, n° 5), Auch, pp. 75-116.

Van Werveke, H. [1948] De Gentse Vleeshouwers onder het Oud Regime. Demografische studie over een gesloten en erfelijk ambachtsgild, in *Handelingen der Maatschappij voor Geschiedenis en Oudheidkunde te Gent*, nieuwe reeks, 3, pp. 3-32.

Verkooren, A. [1961] *Inventaire des chartes et cartulaire des Duchés de Brabant et de Limbourg et des Pays d'Outre-Meuse*, Bruxelles.

Wauters, A. [1971-1975 (réed.)] *Histoire des environs de Bruxelles, ou description historique des localités qui formaient autrefois l'ammanie de cette ville*, 17 vol., Bruxelles.

邦語

藤井美男［2007］『ブルゴーニュ国家とブリュッセル——財政をめぐる形成期近代国家と中世都市——』（ミネルヴァ書房）。

舟橋倫子［2008］「中世盛期農村における非農耕的経済活動——アッフリゲム修道院史料を手がかりとして——」『西欧中世農村における非農耕的活動』平成17年度～平成19年度科学研究費補助金（基礎研究C）研究成果報告書，研究代表者 丹下栄，23-51頁；「表3 12世紀アフリヘム修道院文書史料の記載内容概観」88-132頁。

舟橋倫子［2013］「12世紀ベルギーにおける修道院と周辺社会——アッフリゲム修道院とブリュッセル地域」『エクフラシス』第3号，48-65頁。

舟橋倫子［2014］「中世ブリュッセルの都市と宗教」『アフロ・ユーラシア大陸の都市と国家』（中央大学人文科学研究所研究叢書），539-567頁。

モンタナーリ，E.［1999］（山辺規子/城戸照子訳）『ヨーロッパの食文化』（平凡社）。

山田雅彦［2001］『中世フランドル都市の生成——在地社会と商品流通——』（ミネルヴァ書房）。

第6章

ピエール・ダランティエールの陰謀
―― 15世紀前半トロワにおけるブルゴーニュ派とアルマニャック派との対立の一幕 ――

花田洋一郎

はじめに

　陰謀，謀議，裏切りはいつの時代にも見られる人間社会に固有の現象である。人間の本性は時代と共に変わるものではなく，人間とは時として狡猾であり，嫉妬深く，権力欲に取りつかれる生き物である[1]。筆者が専門とする時代である14世紀から15世紀の間，いわゆる英仏百年戦争の時代にも，数多くの陰謀が渦巻いていたことは想像に難くない。ただ権謀術数がはびこっていたのは王侯貴族の世界のみとは限らない。都市もまたその例にもれなかった[2]。

　14世紀前半から始まるイングランドとフランスとの間におけるいわゆる百年戦争は，15世紀前半ブルゴーニュ公ジャン・サン・プールによるフランス王シャルル6世の弟オルレアン公ルイの暗殺（1407年11月23日）を契機に，イングランド軍，ブルゴーニュ公（一時期フランス国王も加わる），王太子シャルルを擁するアルマニャック派との三つ巴の争いとなった。そして，特にモントローの橋で起きた王太子擁するアルマニャック派によるブルゴーニュ公ジャン暗殺（1419年9月10日）以降，ブルゴーニュ派とアルマニャック派との争いはフランス各地において激しい内戦の様相を呈した。混沌とした政治状況の中で，フランス各地方の都市当局はどちらの陣営につくか，どちらにつけば有利か，という高度な政治的判断を迫られた。三つ巴の

---

1) Verdon [2012] pp. 9-10.
2) Avout [1960] ; Cauchies et Marchandisse [2008] ; Billoré et Soria [2009].

戦時状況の中で，それぞれの陣営は自らに有利な情報を操作して流し，プロパガンダ作戦を展開していた。都市当局は，対外的には各陣営の軍隊の動きと兵士の略奪に怯えつつ，対内的には住民や周辺都市・農村からの避難民らによる陰謀や裏切りに神経を尖らせ，疑心暗鬼の状態に陥っていた。1420年代のフランス都市の多くはこうした状況にあった[3]。この時期は，情報の収集と発信が効果を発揮した時期であり[4]，また他方でフランスの国民意識が醸成された時期であった[5]。

筆者はこれまでの諸論文を通じて，中世後期のトロワ都市社会を都市行財政史の観点から検討し，ブルゴーニュ派からアルマニャック派（フランス国王派）へと政治的スタンスを変えた時期の政治状況にも目を配ってきた[6]。本論文もこれらに連なるものであるが，研究史的には主に2つの潮流の影響を受けている。一つは，クロード・ゴヴァール（元パリ第1大学教授）が主導した1990年代以降のフランス学界における情報（あるいはうわさ，風聞）をめぐる研究の大きな進展[7]，もう一つは2000年代から顕著になる都市議事録研究の活性化である[8]。情報に関する研究は，ヨーロッパ中世における情報[9]，うわさ[10]，政治的宣伝（プロパガンダ）[11]の重要性を，社会経済・

---

[3] この時期に関してはフランス学界では膨大な蓄積がある。本論文のテーマとの関連で重要な文献として Guenée [1992] を挙げておきたい。また，ブルゴーニュ派とアルマニャック派との対立に関しては Schnerb [1988] を参照。この時期の情報をめぐる研究として Gauvard [1994] を参照。プロパガンダについては，Fargette [2007] を参照。日本の歴史学界における研究成果については，何よりも城戸 [2010]，朝治他 [2012] が参照されるべきである。また同時代の第一級史料である，通称『パリ一市民の日記』については翻訳が進行中である（堀越 [2013]）。またこの記録に現れる「噂」に注目した論考として，金尾 [1999] がある。

[4] Gauvard [2004]．

[5] Beaune [1985] pp. 344-345．

[6] トロワがブルゴーニュ公と蜜月関係にあった時期に関しては，花田 [2011] が，ブルゴーニュ国家建設におけるトロワ出身の役人の活動に焦点を当てて論じている。花田 [2013b] [2015] では，この時期の都市行財政活動を論じている。また花田 [2013a] では，ブルゴーニュ派からアルマニャック派（フランス国王派）へと転換した後の市政活動を都市議事録の読み込みを通じて論じている。

[7] 前注3の文献と共に，Gauvard [1993] [1994] [2000] [2004] [2009] を参照。

[8] 花田 [2012] 参照。

法制史の領域を脱して政治文化の次元で論じ，14～15世紀フランス社会の実態を浮き彫りにしている。こうした研究の源流にはベルナール・グネの世論，情報，プロパガンダに関する先駆的な諸研究が位置しており[12]，またドイツ学界で活発に議論されているハーバーマス流のコミュニケーションや公共圏に関する議論が強く影響していることも否定できない[13]。これらの研究が明らかにするのは，中世後期はすでに情報が重要な時代であり，特に市当局は情報を得るために様々な手段を講じ，また時には自らに有利な情報を発信する役目を果たしており，その任には市政役人である使者や布告役人などがついていたといった事例である[14]。

こうした研究のための素材を提供する史料として注目を集めているのが，14世紀後半以降フランス都市で作成され始める都市議事録である。そこでは，市当局（評議会など）の定例会議において市政の通常業務に関するアジェンダに加えて，市内外に流れる様々な種類のうわさが取り上げられて対応が協議された。また情報収集活動のため，もしくは情報の真実性を確認するために使者や使節を都市，司教，諸侯や国王などのもとに派遣したことが記されており，情報収集にいそしむ市政役人の姿がうかがえる。中世における情報研究にうってつけの史料類型であり，都市会計簿を援用しながら，情報（もしくはうわさ）の内容，伝達者，伝達手段，伝達速度，会議での対応，など様々な論点が積極的に議論されている[15]。

---

9) La circulation [1994] ; Boudreau et alii [2004].
10) Billoré et Soria [2011].
11) 本論文のテーマと密接な関係にある文献として，以下の論文を挙げておく。Pons [1982] [1995] ; Contamine [1994].
12) Guenée [1971] pp. 85-92, [1993] [2002].
13) Habermas [1962]. 本書をめぐるフランス中世史家の対応は，次の研究集会報告集にまとめられている。Boucheron et Offenstadt [2011].
14) 例えば布告役人 crieur については，現代に生きる我々にも示唆に富む。この点について Offenstadt [2013] が有益である。
15) 特にゴヴァールの研究指導を受けたナドリニィは，トゥールーズに関して精力的にこのテーマに取り組んでいる（Nadrigny [2009]～[2013]）。またランスを対象に同様の研究を展開しているのが，同じく彼女の指導を受けたブリアンである（Briand [2009]～[2012]）。

本論文で論じる陰謀事件もまた，突き詰めるとこうした情報（うわさ）の産物である。情報（うわさ）は，人々を操作し，支配し，統治する手段であり，また怨嗟と暴力の元でもある[16]。中世社会は情報から隔絶された社会ではなく，不確定要素を多くふくむさまざまな情報が飛び交う社会であった。イングランド軍の侵略と内戦という状況に陥り，強いストレス状態におかれた都市が，どのような対応を採って危機的状況を脱したのか。この問題は，都市当局による危機管理という観点から極めて現代的な問題でもある。15世紀前半フランス，シャンパーニュ地方の中心都市トロワは，その地政学的に重要な立地と恵まれた伝来史料のおかげで，この問題に接近するためにふさわしい素材を提供してくれる。トロワの市政役人ピエール・ダランティエールが引き起こした陰謀事件の顛末とその余波は，内戦期フランス都市が直面した危機的な緊張状況のみならず，情報（うわさ）収集・分析・対応に奮闘する市当局の姿をも浮き彫りにする。そこで，本論文では，まずピエールの人物像とその行動を時系列に沿って追い（第Ⅰ節），続いて陰謀発覚と前後の状況（第Ⅱ節），ピエール処刑後のトロワ社会（第Ⅲ節）を論じ，1人の人物の動向を通じて都市社会が直面した諸問題を考察したい。

　具体的な考察に入る前に，本論文の舞台となるトロワについて説明しておこう。パリの南東約150kmに位置し，オーブ県の県庁所在地であるトロワは，ローマ時代にはアウグストボナと呼ばれ，中世盛期においてはシャンパーニュ伯領の首都ならびにシャンパーニュ大市開催都市として商業的繁栄を享受し，毛織物工業が盛んな都市であった。14世紀後半以降ブルゴーニュ公と密接な関係を持ち，ブルゴーニュ派の拠点として名を馳せた。1417年から1420年の間に断続的ではあるが王国統治機関が置かれ事実上の首都となり，1420年にはイングランドとのトロワ条約締結の舞台となった。しかし，ジャンヌ・ダルクの活躍に伴い，1429年には王太子シャルル（戴冠式以後フランス国王シャルル7世）支持へと政治的立場を転換し，その後は国王行財政の重要な拠点の一つとなった[17]。

---

16) De Craecker-Dussart [2012].
17) Bibolet et alii [1997] pp. 74-105.

I. ピエール・ダランティエールと 1417〜1420 年のトロワ

(1) ピエール・ダランティエールの家系と経歴

彼は、バル＝シュル＝オーブ北東 4.2km、トロワの東 50km に位置するアランティエール村を治める領主家系の出自と考えられる。14 世紀後半、盾持のジャン・ダランティエールという人物が仏王のバイイで、バール伯[18]に出仕し、1371 年には仏王シャルル 5 世の命でバール伯妃ヨランドを捕えたこと、1373 年にはバール公の顧問官であったことが知られる（1385 年頃没）。息子ジャン・ダランティエール・ル・ジョーヌも仏王とバール公に仕え、ゴンドルクール城主を務め、オーブ県南東部バロワ地方の名望家であることが確認できるが[19]、彼らとピエールとの関係は不明である。

ピエール・ダランティエールの経歴については、ビボレの研究により以下のことが判明している（表 1 参照）。表 1 よりピエールが最初はセルジャンとして市政に関わるようになり、特に軍事面で功績を挙げたことが分かる。そして 1413 年にプレヴォとなり、ブルゴーニュ派としての働きが評価されたためか 1418 年には市政の中枢を担う 3 職を兼任し、1429 年までその任にあった。その後、後述するように 1430 年夏以降に陰謀を企てた廉で処刑されるが、およそ 12 年にわたりブルゴーニュ派として市政の実権を握った。私生活に関しては、住居としてサン＝テチエンヌ聖堂参事会員から家屋 1 軒を借りて、妻ジャネットと暮らしていたことが分かっている。両親の名前、子供の存在は不明である。なお都市議事録によく現れるセルジャン、ウディノ・ド・ディジョンは彼の従兄とされている[20]。

---

18) ここでいうバール伯は中世以来ロレーヌ空間の西側に位置した伯領を治めていた君侯である。伯領は 1354 年に公領に昇格し、15 世紀前半にはロレーヌ公国と同君連合となった。Bouyer [2014] pp. 17-19.
19) Calmet [1748] t. 3, p. 384 ; Roserot [1942] t. 1, 1942, pp. 31-33 ; Girardot [2002] p. 285 ; [2009] p. 149. アランティエール家のかつての領主館については、Czmara [2011] pp. 16-17 を参照.

表1 ピエール・ダランティエールの経歴

1405～10年	トロワ,プレヴォ管区の騎馬セルジャン
1405年	小隊を率いてグラン＝パヴィヨン,ディレ＝サン＝ジュリアンに駐屯する兵士を掃討
1407～10年	サン＝ルー修道院の自由セルジャン
1413年	トロワのプレヴォ,騎士の称号を得る
1418年	トロワの都市公金収入役,書記,代訟人を兼職（1429年7月頃まで）
1427年	タイユ課税額20スー＊
1429年10月	都市の大砲と軍事装備品の会計管理係

＊トロワの最富裕層はこの額の4倍を担税したとされる。ビボレはこの数字から彼は富裕層ではなく中間層に属すると考えた。しかし当時彼は市政の中枢にあり,免税されている部分がかなりあったと思われ,富裕層に属していた可能性は否定できない。

典拠：Bibolet［2005］pp. 11, 16.

(2) 1417～1418年におけるトロワの社会状況と王国臨時政府の設置

　1415年アジャンクールの戦いでフランス軍が大敗したため,イングランド軍は再びフランス北部に展開するようになった。本来,トロワは仏王シャルル6世に忠実な都市であった。アルマニャック伯を後ろ盾とする王太子シャルルと敵対していたブルゴーニュ公ジャンは,力ずくでトロワを陥落させようと,1417年7月29日に侍従アントワーヌ・ド・トゥロンジョンと2つのブルゴーニュの総収入役ジャン・フレニョを複数の従者と共にトロワへ派遣した。彼らはトロワのバイイと公の書状読み上げをめぐって交渉し,同月31日に入城した。そして翌8月1日にブルゴーニュ公妃マルグリトへ,トロワが陥落した旨の書状を発送した[21]。トロワはこの時にブルゴーニュ派へとその政治的立場を転換させた。この点を端的に示す出来事として,トロワのバイイの交代を指摘することができる（表2参照）。なお15世紀初頭には,バイイの役職は管轄区内の司法・財政・軍事に限定されなくなり,む

---

20) Bibolet［2005］pp. 11, 16. 花田［2013a］23頁。
21) Vaughan［1966］p. 218; Bibolet et alii［1997］p. 77.

表2 15世紀初頭トロワのバイイ変遷表

バイイ名	在職期間	履歴・職歴	党派
シモン・ド・ブルモン	1401.7.13〜1411.10.21	オルレアン大卒，ショーモンの国王代訟人，バイイ代理，河川・森林監督官 (1391)，年市守護 (1398)，セー，エヴルー，リジュー改革親任官，騎士	A
シャルル・ド・ヴィリエ	1411.10.21〜1413.2.9	仏王妃・王太子ルイ侍従，騎士	B
シモン・ド・ブルモン	1413.2.9〜1417.10.27		
ピエール・ド・ベロワ	1417.10.27〜1417.11月末	仏王・オルレアン公侍従，騎士	A
シモン・ド・フルニィ	1417.11 (1418.7.19)〜1420.6.1-8.20	法学士，弁護士，バイイ代理 (1409〜17)	B
ジャン・ド・ダントヴィル	1420.9.26〜1431	バル＝シュル＝セーヌのバイイ (1424〜35)，ブルゴーニュ公侍従 (1432)，1442年にシャブリにて決闘で死亡。騎士	B
アントワーヌ・ド・シャバンヌ	1429.7；1431.1.10〜1432 1450.9.8〜1452.5.20	皮剥団首領，オルレアン・パテ攻囲戦などに参加，ダンマルタン伯，国王パン役 (1449)，カルカソンヌのセネシャル (1456)，仏王大侍従 (1467)，顧問官	A
ギョーム・ベリエ	1429.7.29〜1450.1.21以前	オルレアン公に出仕，国王狩猟頭 (1424)，シノン城守備隊長 (1418〜29)，宮内次官，妻はシノン城でのジャンヌ世話係。盾持	A

注記：党派Aはアルマニャック派，Bはブルゴーニュ派のことである。括弧内は正式の辞令が下りた日付。アントワーヌ・ド・シャバンヌのバイイ在職期間が不明確であるのはおそらく彼が生粋の軍人であり，バイイ職よりも軍務を優先したためか，あるいはバイイは臨時の役目であったためであろう。

典拠：Demurger [1978] pp. 233, 237, 256, 297；Dupont-Ferrier [1942] t. 6, 1961, pp. 61-67；Dauphant [2012] pp. 309, 321, note 1.

しろ王国の地方統治のための活動が主となった[22]。

　1417年10月27日に国王によりアルマニャック派のバイイであるシモン・ド・ブルモンが解任され，後任にピエール・ド・ベロワが就任した。しかし彼もアルマニャック派であることを理由に，国王によりすぐに解任された。そして1417年11月に，ブルゴーニュ派のシモン・ド・フルニィがトロワのバイイに就任した（正式な辞令は1418年7月19日付）。

　1417年12月23日にシャルル6世妃イザボー・ド・バヴィエールは，ブルゴーニュ公に守られてトロワを来訪した（翌年7月には公ジャンと共にパリに凱旋した）。トロワ市当局は，ピエールを介して，随行の兵士100名への俸給支払い，そのための特別税の徴収，尚書局長へのボーヌ産ぶどう酒の贈与，などを行った[23]。翌1418年2月16日に王妃は，パリの高等法院，会計院，宝物庫などの政府諸機関を廃止し，トロワに新しく設置した[24]。

　この頃ブルゴーニュ公行政府は主要な国王役人（バイイ，代訴人，年市守護など）を次々と解任し，ブルゴーニュ公支持の人物と交代させていた。トロワ市当局にも圧力をかけた結果，1418年5月20日からピエールはトロワの都市公金収入役，書記，代訴人の市政3職を兼任することになった[25]。

（3）　モントロー事件とイングランドとの同盟

　1419年は，フランス王国で重大な変化が生じた年であるが，トロワではピエールが大きな役割を果たした時期にあたる。それは彼が作成した都市会計簿に端的に表れている[26]。1419年8月10日にシャルル6世，王妃イザボー，末娘カトリーヌ，ブルゴーニュ公ジャン・サン・プールの一行が，トロワの北西28kmのマリニィ=ル=シャテル城に投宿した。そこへトロワ

---

22) Demurger［1978］p. 153 ; Dauphant［2012］pp. 304-335.
23) Bibolet［2005］p. 12.
24) Famiglietti［1986］p. 186.
25) Bibolet［2005］p. 12. 特にブルゴーニュ公がパリを奪還し，入市した1418年7月には，高等法院，会計院などの役人を意中の者に交代させた（Guenée［1992］p. 271（翻訳351頁））。そしてトロワに置かれていたブルゴーニュ派の行政府もパリに移った。城戸［2010］126頁。

名望家たちが合流し（国王一行の宿泊費などはピエールが支払った），翌11日一行はトロワに入った。市当局からは歓迎の意を示すために王妃とカトリーヌへ上質亜麻布が，シャルル6世へ6樽，ブルゴーニュ公へ2樽のボーヌ産ぶどう酒樽，が贈与された[27]。トロワ市民は国王に銀貨2,000マールの貨幣鋳造権を要請し，許可された。貨幣鋳造実務は両替商でトロワの貨幣鋳造人であるフランソワ・ド・ラガルモワーズが担当した[28]。

そのひと月前の7月11日には王太子シャルルと公ジャンとの間で平和協定（プイイ＝ル＝フォール協定）が結ばれており，7月23日に使者からこの知らせを受け取ったピエールは，使者に報酬を支払った。7月末には公ジャンに対して，暴徒によるプジ村（トロワ北東26km）略奪を報告し，トロワ市民は保護を要請した。この頃，トロワ市民は明らかに公を都市の擁護者とみなしていた[29]。

しかし事態は急展開する。王太子と公との2回目の会合が行われた1419年9月10日，モントロー橋上にて公ジャンは王太子の側近らにより暗殺された[30]。翌日知らせを受けたトロワ市民は大きな衝撃を受けるとともに，

---

26) ピエールが都市公金収入役として作成した会計簿は2会計年度分のみ伝来している（1419年4月21日〜1420年11月1日 MAT, Fonds Boutiot, B10）。そこでは収入部で，塩税，粉挽税，タイユによる収入が記載され（トゥール貨で9,370リブラ），支出部にはサン＝ジャック市門工事，囲壁改修工事，堀工事（Fossés-Patris），水門の堰工事，手押し碾臼保管倉庫の改修，肉屋の屠殺場改修，市政役人・鐘楼門上部の監視人・鐘楼の鐘を鳴らす役目を担うサン＝チュルバン教会財産管理人への給与支払い，軍需品購入（大砲，火砲，弩，消火用木桶など），火薬及びその原料である硝石・硫黄，砲弾などの購入，などが，無秩序に計上されている（トゥール貨で9,049リブラ）。収入・支出共に例年に比べて異常に増加している。例えば，会計簿が伝来するこの年度前後を見てみよう。1404〜1405年では収入は1,437リブラ，支出は1,846リブラであり（Fonds Boutiot, B9），1432〜1433年を見ても収入は1,858リブラ，支出は1,863リブラ（Fonds Boutiot, B12）である。国王行政府がトロワに移動したこの年度が，都市財政に異常な影響を及ぼしたことが分かる。Bibolet [1941] p. 505.

27) Bibolet [2005] p. 13.

28) Bibolet [2005] p. 13. 1417〜18年に，父ピエールと共にフランソワは造幣した貨幣をブルゴーニュ公に納めている。Mollat et Favreau [1966] pp. 70-71.

29) Bibolet [2005] p. 13.

第 6 章　ピエール・ダランティエールの陰謀　　　　　　　　　　　　　　　　　　189

王太子シャルルに対抗し，新ブルゴーニュ公フィリップ・ル・ボンを支持する態度を固めた。しかしトロワ市民は，10 月 29 日には公フィリップにブルゴーニュ派都市守備隊の解散を要請した。実際のところ，トロワ市民の中にはアルマニャック派も一定数存在し，ブルゴーニュ派に対する警戒を解いたわけではなかった[31]。なぜならばマリニィ゠ル゠シャテルを根城とするブルゴーニュ派の領主で野党団領袖であるギヨーム・ド・シャトーヴィランの横暴に，トロワ市民はほとほと辟易していたからである[32]。

　12 月 2 日，アラスにおいて公フィリップはイングランド軍と正式に同盟を結んだ[33]。この件はすぐにトロワの王妃イザボーにもたらされた。トロワはこの情勢に従うことを余儀なくされ，「アルミナ派」（＝アルマニャック派）との戦いに与することになった[34]。王太子シャルルは，1420 年 1 月 17 日に国王シャルル 6 世により廃嫡された[35]。

　前述したように，この時期の市当局はブルゴーニュ派として，都市周辺で起きている軍事活動に積極的にかかわる羽目に陥った。市当局は，アルマニャック派が押さえている要塞ダンピエール攻囲戦[36]のために，ブルゴー

---

30) この事件については，Guenée [1992] pp. 279-281（翻訳 362-364 頁）；城戸 [2010] 128-129 頁を参照。
31) 例えば，1418 年 3 月 17 日，アルマニャック派の若きサン゠テチエンヌ参事会員 3 名（ランビネ・ミロン，ジャン・ド・ラガルモワーズ，ジャン・ルベレ）は，ブルゴーニュ公のために行われた総行列において脱帽しなければならないところ，公への恭順拒否を示すために帽子をかぶったまま参加した。その罰として，市当局よりパン食の禁止が言い渡された。Bibolet et alii [1997] p. 79.
32) ブルゴーニュ派に対する警戒感は，同年 5 月 22 日に発生したギヨームの弟ベルナールによる市門近くにおける略奪行為で，11 人のトロワ市民が人質に取られる事件が大きく関係していた。実際市内では，ブルゴーニュ派の略奪は広くうわさされていた。Bibolet [2005] p. 13. この兄弟の活動については，Toureille [2014] を参照。
33) Schnerb [1988] p. 212.
34) 国王も，王国統治の混乱の中でトロワ名望家を説得するために，トロワにて国王顧問会議を数度開催している。Bibolet [2005] p. 13.
35) Schnerb [1988] p. 213.
36) ダンピエールはトロワの北東 36 km にある，オーブ川に注ぐピュイ川沿いの城塞である。Roserot [1942] t. 1, 1942, pp. 476-482；Czmara [2011] pp. 54-57.

ニュ軍に荷車2台と大砲用火薬を提供した。またモンテギュ要塞[37]に陣取るイングランド軍守備隊に報酬を与え（1419年4月3日），その後イングランド王の命令でこの要塞を取り壊すための調査を行ったイングランド人騎士とブリエンヌ伯ピエール・ド・リュクサンブール1世に対し，ピエールはぶどう酒を提供した（1420年6月1日）。その際，トロワ市民も要塞取り壊しのための鶴嘴代を負担している[38]。

　トロワとブルゴーニュ軍との関係は，必ずしも良好ではなかった。市内には依然として反乱分子も存在し，市民の心中は疑心暗鬼状態にあった[39]。1420年5月3日にはトロワ市民は公フィリップに対して，兵士が都市住民から搾取することをやめるように要請した。またトロワ近郊レノエ[40]を拠点とする守備隊長ルイ・ド・シャロン＝アルレ2世（プランス・ドランジュ）を手なずけるために，都市評議会の命令を受けてピエールはぶどう酒とパン24個を提供した。さらにブリエンヌ伯にボーヌ産ぶどう酒（1420年3月23日），ムラン攻囲戦[41]に向かうブルゴーニュ尚書局長ジャン・ド・トワジィにも，ボーヌ産ぶどう酒を提供した（同年7月8日）[42]。このように，1419～20年の間にトロワ都市財政は，国王政府の移転・維持に関わる様々なコストに加えて，ブルゴーニュ派についたが故に莫大な戦費負担を余儀なくされた。またトロワ周辺の各地に展開するブルゴーニュ軍，イングランド

---

37) モンテギュは丘の上に作られた城砦であり，トロワの南西12kmに位置し，現在は遺構のみが残されている。Roserot [1942] t. 2, 1945, pp. 921-922.
38) Bibolet et alii [1997] p. 82. モンテギュ要塞の取り壊し開始は，ヘンリー5世とカトリーヌの結婚式の翌日1420年6月3日である。
39) 例えば，ディジョン方面にいたアルマニャック派の毛織物商チボー・ルタルトリエとその仲間たちは，トロワからの早馬で，彼らの身に危険が迫っていることを知らされた。Bibolet [2005] p. 14.
40) トロワの西約3kmにある村落。
41) パリの南東約46kmの都市で，当時王太子派に属していた。都市守備隊は「完璧な騎士」と讃えられたバルバザン領主アルノ・ギレム，聖ヨハネ騎士団ニコル・ド・ジレム，トレネル領主ルイ・ジュヴェネル＝デ＝ジュルサン（後のトロワのバイイ）に率いられていた。1420年にイングランド軍とブルゴーニュ軍に攻囲され，5ヵ月にわたり籠城戦を耐えたが，兵糧が尽きて降伏した。Chronique anonyme [2012] pp. 135-137 ; Boutiot [1870] t. 2, 1872, pp. 437-438.
42) Bibolet [2005] p. 14.

軍への物資援助を積極的に行った。都市公金収入役ピエールがこの時期に八面六臂の目覚ましい働きをしたことは明らかである。

(4) 1420年5月21日 トロワ条約

条約締結[43]に向けて，トロワ住民はブルゴーニュとイングランドとの両方と良好な関係を構築するために努力した。他方で，トロワに滞在するシャルル6世の宮廷の奴らによる横暴には我慢がならず，セルジャンに命じて彼らを市外に追いだすべき，と考えていた[44]。

この頃，ピエールは精力的に各方面で贈物・費用立替作戦を遂行していた。バイイのシモン・ド・フルニィ，仏王宮内次官，国王総収入役夫人，尚書局長夫人，ブルゴーニュ公ジャンの公妃マルグリト・ド・ブルゴーニュの尚書局長や侍医などが贈与の対象で，ブルゴーニュ公関係者のみならず，国王役人及びその奥方にもそつなく対応した[45]。ピエールは，1420年5月20日イングランド王ヘンリー5世一行のトロワ到着時に，ボーヌ産ぶどう酒6樽を贈与した[46]。翌21日に条約が締結され，22日には大聖堂においてトロワ住民総会が開催され，約1,500名のトロワ住民が集まり条約尊重を宣誓した[47]。そして6月2日には，サン・ジャン・オ・マルシェ教会にてヘン

---

[43] トロワ条約とは，ブルゴーニュ派により推進されたフランス国王とイングランド国王との同盟条約である。そこでは，イングランド王ヘンリー5世はシャルル6世の娘カトリーヌと結婚してフランス王国の摂政となり，シャルルの死後はフランス国王となること，ヘンリーは王冠を2つ保持しつつ，代々の継承者はこれを継ぐこと，ブールジュにいる王太子についてはそのモントローでの暗殺をはじめ数々の大罪の廉で訴追，放逐されること，などが明記された（Contamine [1968] p. 87）。テクストは国立文書館（Archives Nationales, le registre X1a 8603, le registre JJ171）以外に，トロワ市立文書館（Grand Cartulaire de la ville de Troyes, MAT, Fonds Delion, Layette 1, 1ère Liasse, no 46, fol. 62 v°-66 v°）にも伝来する。エディションはCosneau [1889] pp. 100-115. このトロワ条約に関しては近年新たな視点からの読み直しが試みられている。Moeglin [2012]；André [2014] を参照。
[44] Bibolet [2005] p. 14.
[45] バイイには娘の結婚式での祝宴の費用負担，宮内次官にはぶどう酒，奥方たちには亜麻布，ナプキンが贈られた（MAT, Fonds Boutiot, B10）。Bibolet [2005] p. 14.
[46] Bibolet [2005] p. 14.
[47] Bibolet et alii [1997] pp. 83-84.

リー5世とカトリーヌの結婚式が，国王夫妻，ブルゴーニュ公同席のもと挙行された[48]。

　ピエールは，その後9年間にわたり書記・代訟人・公金収入役として市政に従事した。その間に彼は次のような活動をしている。1420年6月にはモントローにいるヘンリー5世のもとへトロワ代表団が赴き，貨幣鋳造権とモンテギュ要塞取り壊しの許可を求めた。1420年8月20日には現職バイイが死亡したため，新バイイ任命を要請した（表2参照）[49]。1421年10月8日，イングランド王によるラ・ヴィルヌーヴ＝ル＝ロワ攻囲[50]のために，市当局は費用を負担した。1423年にはアルマニャック派が掌握していたクラヴァン攻囲戦[51]にも財政的支援を行った[52]。ピエールは事実上市当局の財務決定権を掌握しており，1428年における摂政ベドフォード公からの莫大な援税要請にも，住民の反対をものともせずに応え，イングランド・ブルゴーニュ軍の軍事作戦を支援し続けた[53]。

　1422年8月31日にはヘンリー5世が，同年10月21日にはシャルル6世

---

48) Schnerb [1988] p. 216 ; Bibolet et alii [1997] p. 84
49) 新バイイに就任したのはシャンパーニュ地方の古い貴族家系に属するジャン・ド・ダントヴィルである（16世紀前半，ホルバインの絵で有名な同姓のフランス大使は子孫の一人である）。彼を含む3代のバイイは，トロワの政治情勢が極めて混乱していたせいもあって，バイイ在職期間が混乱しており，正確な就任・離任の日付は分からない。ダントヴィル家については，Roserot [1942] Introduction, 1948, pp. 137-138, Généalogie を参照。
50) トロワの北西62km，現ヴィルヌーヴ＝シュル＝ヨンヌ。この攻囲戦でイングランド軍が占拠したこの都市は，1430年にアルノ・ギレムによって解放された。
51) 1423年7月31日の有名なクラヴァンの戦いである。イングランド軍とブルゴーニュ軍の勝利に終わった。
52) 1424～25年には，彼が我の強いカッとなりやすい性格の持ち主でプライドの高い人物であったのではないかと推測できる事件が発生している。その事件とは，1419年頃から顕在化した市内の粉挽用碾臼不足に対する対策として講じられた，市当局による新水車2基の建設をめぐる訴訟（Les Moulins-Neufs 訴訟）である（史料は Archives départementales de l'Aube, G3449）。この訴訟事件について，本論文には詳細に考察する余裕はないので Bibolet [2005] を参照。
53) この時期の都市会計簿が伝来していないためピエールの財政運営の実態は不明であるが，事実上彼が財務全般を掌握していたので会計簿作成はそもそも行われなかった可能性がある。

が，相次いで亡くなるという不測の事態が生じた[54]。そのような状況でもトロワ市当局の態度は変わらず，幼少で即位したイングランド王ヘンリー6世を支持し，トロワ市内はブルゴーニュ派の新バイイ，ジャン・ド・ダントヴィルとバイイ代理ピエール・ルタルトリエ[55]の統制下にあった。しかし，一部のトロワ住民は現状を受け入れていたわけではなく，特にトロワ司教（エチエンヌ・ド・ジヴリ[56]，ジャン・レギゼ）[57]や一部の名望家は一貫して王太子・アルマニャック派を支持していた。

---

54) Contamine [1968] p. 88. 父王の死を受けて，ブールジュの王太子は同年10月30日にフランス王を宣言した（シャルル7世）。Bibolet et alii [1997] p. 85.
55) ピエール・ルタルトリエは毛織物商の家系に生まれ，兄ジャンは貨幣鋳幣人でもあった。ピエールは抜け目がなく，時に力を振りかざし，政治的にも鼻の利く人間であったようだ。1374〜1380年頃の生まれで，都市会計簿監査役（1406），2つの癩病院（トロワのレ・ドゥー＝ゾ癩病院とその近郊ブレヴィアンドの癩病院）の行政官（1407〜17），国王代訟人（1409〜12），シャルル6世の親任官（1418〜19），都市古文書保管庫の鍵管理人（1419）などを務め，管轄区内を縦横に監視したバイイにかわって，バイイ代理（1422. 9. 7〜1433. 1. 3）として市内と都市評議会を監視した。彼はプレヴォ管区の印璽保管係（1426〜30），司教区バイイ（1424〜25）も兼ね，ブルゴーニュ派として活動した。しかし，他方でアルマニャック派支持のトロワ有力者家系と姻戚関係を結んでおり，市内での反ブルゴーニュの動きに敏感に反応した。ジャンヌ・ダルクがトロワに迫った時には，王太子と降伏交渉を行った。実績を買われたのか，彼はトロワが国王派へと転換した後も市政の要職にあった。Bibolet [2001] pp. 113-116. なお注39のチボー・ルタルトリエとの姻戚関係は不明である。
56) エチエンヌ・ド・ジヴリ（司教在位1395〜1426）。元パリ高等法院顧問官。Roserot de Melin [1957] p. 426.
57) ジャン・レギゼ（司教在位1426〜50）．染色業者の息子。聖堂参事会，パリ大学教会法教授，トロワ名望家（Roserot de Melin [1957] p. 426）。前任者が1426年4月26日に92歳で死去したのを受けて，参事会は新司教選出をランスやシャロンの例にならった。摂政ベドフォード公に敵対するトロワの参事会員は，イングランドの許可を得ることなく新司教として同年6月12日にジャン・レギゼを選んだ。同年8月23日には教皇マルティヌス5世の承認を得た。シャルル7世の聴罪司祭ジェラール・マシェはパリのナヴァル学寮での彼の学友であった。Bibolet et alii [1997] p. 88.

(5) 王太子シャルルとジャンヌ・ダルクのトロワ入市

　1429年6月から始まる王太子シャルルとジャンヌのランスへの大行軍の最大の山場は，トロワ攻囲である。1429年7月前半に王太子シャルルとジャンヌ・ダルクはトロワに入市を試み，その結果ブルゴーニュ派が実効支配していたトロワの状況は大きく変化した。まずトロワ市当局と王太子・ジャンヌの動きを，時系列で確認してみよう（表3参照）。

　表3から分かることは，第1に市当局がブルゴーニュ派の一枚岩でまとまっていたわけではないこと，第2にフランシスコ会修道士リシャル[58]や司教ジャン・レギゼといった聖職者が都市住民の意見集約とトロワの無血開城実現において重要な役割を果たしたこと，第3にランスでの王太子の聖別式・戴冠式実現のためにはブルゴーニュ派の牙城の一つトロワの王太子支持表明が決定的に重要であり，それを受けてシャロン，ランスは抵抗することなく王太子へ恭順の意を示したこと，である。ブルゴーニュ派の拠点トロワの陥落は，王太子シャルルの戴冠にとって重要な契機であった。

　トロワ住民は国王に市門を開き，司教は王太子に都市の鍵を渡し，これまでのイングランド王・ブルゴーニュ公への忠誠について王の許しを得た[59]。また王太子より8日間の猶予期間を与えられて，ブルゴーニュ守備隊，バイイおよび市内のブルゴーニュ派住民はトロワを離れ，国王役人バイイも交代した（ギョーム・ベリエが就任。表2参照）。この時に，ピエールもその職

---

[58] リシャールは，1428年12月に待降節の良き言葉を説教するようにトロワ市当局から依頼されたときに，「善良なる人々よ，種を蒔きなさい。種を蒔きなさい。なぜなら来るべき人がまもなくやって来るからである」と言った。1429年5月10日にもトロワ住民に説教を行い，「近いうちに驚くべきことが起きる」と予言し，トロワの人々の心を掴んだ。ジャンヌと会見して以来，ジャンヌとは強い絆で結ばれたようで，彼女の聴罪司祭の一人とされる。Beaune [2004] pp. 233, 363, 367（翻訳 237, 366, 369頁）; Bibolet et alii [1997] pp. 89-90.

[59] この時，王太子から市当局は2つの文書を得た。1通はトロワの人々の罪を赦す文書，もう1通はトロワの商業特権・貨幣特権や租税徴収の中止，守備隊などブルゴーニュ派の人々がトロワを離れる手筈を指示したものである。Grand Cartulaire de la ville de Troyes, MAT, Fonds Delion, Layette 1, 1ère Liasse, nos. 57, 58, fol. 81 r° -82 r°, 82 v°-83v°; Bibolet et alii [1997] p. 95.

表3 1429年7月における王太子シャルルとジャンヌ・ダルクの動き

日　付	滞在地	トロワ評議会, 王太子, ジャンヌの動き
7月1日（土）	オセール	6月30日からブルゴーニュ派守備隊と衝突。入市交渉は失敗に終わり、最終的に王太子軍は食料補給を得て、出発。
7月2日（日）	サン＝フロランタン	住民の歓待を受ける。
7月4日（月）	サン＝ファル	野営。ジャンヌ、トロワ宛ての書状を書記に書きとらせる。トロワ住民は彼女が「神の使わせし者かどうか」知るために、説教師フランシスコ会修道士リシャールを彼女のもとへ送り、会見。
7月5日（火）	午前9時 トロワ近郊 レ・オ＝クロ	リシャールはジャンヌの書状を持ち帰る。トロワに降伏を求める書状をトロワ評議会は無視して、筆写せずに焼却した。ランスにはこの書状のコピーを送る。王太子シャルルも同様の書状を送るが、評議会は降伏拒否を返答。
7月7日（木）	トロワ近郊	前日より約12,000名の王太子軍は食料不足。国王顧問会議はトロワを迂回してランスへ向かうべきかどうか討議。ジャンヌは王太子にトロワ攻囲を進言。自らの軍旗を掲げてトロワに接近。夜を徹して、囲壁に梯子をかけるために、トロワ北西のコンポルテ門とラ・マドレーヌ教会の間の堀を粗朶束で埋め、堀に沿って天幕を張る。
7月8日（金）	トロワ近郊	ジャンヌは早朝に東に向けて堀に沿って大砲を配備。「攻撃！」と叫ぶ演技をし、評議会に決断を迫る。評議会ではアルマニャック派が優勢に議論を進めた。司教ジャン・レギゼ率いる小集団が王太子と会見。会見後、司教は住民総会で演説し、王太子に対する開城を助言。バイイと守備隊は反対するが、住民たちは賛成し、「国王シャルル・ド・フランス万歳」と叫ぶ。
7月9日（土）	トロワ近郊	司教率いる代表団が王太子と再度会見し、王太子に恭順し、降伏を伝える。王太子はトロワに恩赦を与え、諸特権を確認する。
	トロワ	トロワ入市式。クロンセル門より軍旗を掲げたジャンヌを従えて、王太子は入市。500〜600名のブルゴーニュ派守備隊は別の市門から退去。
7月11日（月）	トロワ	評議会はランス住民へ書状で王太子に降伏した旨を通達。
7月12日（火）	トロワからアルシ＝シュル＝オーブ	王太子、ジャンヌの一行は、食料補給を終えてトロワを出発。
7月14日（木）	シャロン＝シュル＝マルヌ	トロワ司教に倣って、都市の恩赦を得るとシャロン司教も都市の鍵を王太子に差し出す。シャロン入市。
7月16日（土）	ランス	ランス入市。
7月17日（日）	ランス	聖別式・戴冠式

典拠: Bibolet et alii [1997] pp. 91-97; Vallet de Viriville [1859] pp. 314-319; Hermelin [1912] p. 108; Contamine et alii [2012] pp.160-168; ペルヌー，クラン [1992] 109, 124-128 頁。

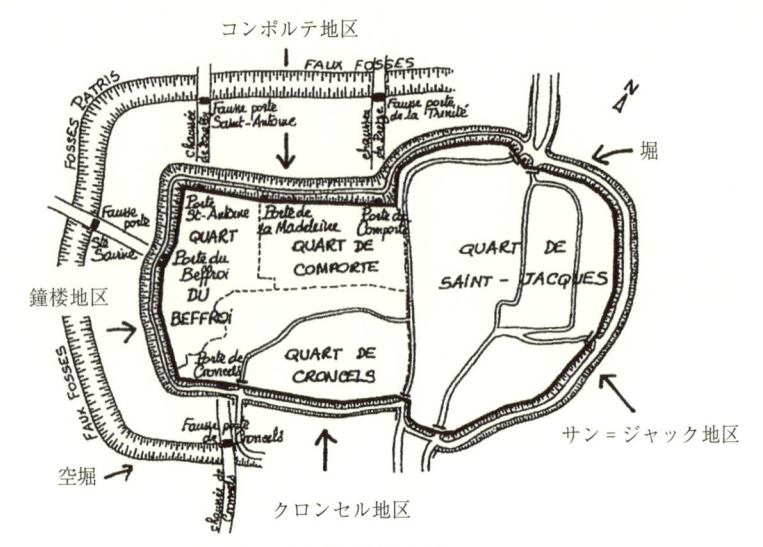

典拠：Bibolet et alii [1997] p. 72 を基に筆者が加工。

地図1 中世後期トロワの4地区と堀・空堀

を辞したと思われる。実際，彼が掌握していた市政3職は再び分割され，書記と代訴人にはロラン・トゥリエ，収入役にはギョーム・ド・プルールがそれぞれ就任したからである[60]。またこの時期から都市評議会議事録が作成され始めていることも，政治的状況の変化と無関係ではなかろう[61]。ではその後，ピエールはトロワを離れたのだろうか。

II. 陰謀発覚と前後の状況

(1) ピエール・ダランティエールの立場

約12年にわたり都市行財政の要職を務め，実質的に市当局を掌握してい

---

60) Bibolet [1941] t. 2, pp. 500-501; Bibolet et alii [1997] p. 99.
61) 花田 [2013a] 20頁。

表4 1429年9月～10月期における都市評議会定例会議の開催場所，出席者数及び議題

日付	会議の開催場所	出席者数	議題
9月21日	不明	114名以上	1429年6月にトロワ市民11名を捕虜にした，マリニィ領主ベルナール・ド・シャトーヴィランへの身代金支払いのための徴税決定。徴税委員会の設置。
9月24日	国王広間（旧伯館）	23名	クレルモン殿麾下の使者より国王書状（ブルゴーニュ公との停戦，シャンパーニュ・ブリィ地方にヴィトリィ，サント＝ムヌー奪回のためのサリュ金貨8,000枚の資金援助要請など）。ピエール・ダランティエールは，使者にサリュ金貨1枚を報酬として支払う
9月29日	不明	67名以上	前バイイのジャン・ド・ダントヴィルへの支払い不足分について。 9月26日付の彼の書状読み上げ。 シャトーヴィランとダントヴィルの書状読み上げ。再度課税，そのための委員選出。
同日	都市の会計室	8名	租税帳簿と身代金査定額について討議。身代金のための課税額トゥール貨で301リブラは小額なので，サリュ金貨800枚の支払いに変更。 ヴィトリィ，サント＝ムヌー奪回戦費としてエド徴収許可を国王から獲得。トロワはトゥール貨で700リブラまで徴収することを討議。
9月30日	不明	26名	身代金，奪回戦のための徴税決定
10月2日	国王広間	60名	国王書状の読み上げ。ジャンヌ・ダルクからの書状読み上げ（9月22日ジアン，パリ，サン・トノレ門攻撃時に太腿を負傷した旨）。身代金支払いのためのサリュ金貨800枚の徴税についてタイユで集める。国王へ支払う奪回戦の費用としてトゥール貨で750リブラを支払う。支払った残額は都市のものになる。市門における2人一組での警備を金曜（10/14）まで1週間行う。ピエール・ダランティエールによる都市に属する大砲と装備品の管理会計報告。大砲は鋳造工チェボが保管。都市公共工事の書記にウディノ・ド・ディジョンを選出。
10月10日	国王広間	30名	市門警備に当たる6人組長の選出。バイイの前で宣誓。2人一組での警備を討議。
10月15日	プレヴォ執務室	14名	国王のもとへ使節派遣。特権獲得とトロワを流れるセーヌ川の浚渫に関して。ピエール・フォトレとジャン・エヌカンを使節に選出。 身代金支払いのためのタイユ徴税担当，別名ルベセルことジャン・アンリオの業務について討議。

10月16日	国王広間	62名	バイイが国王のもとへ出張。昼夜の都市の警備確認。都市の防備を固めるため，プレヴォのアントワーヌ・ゲリを軍務代理とする。そして，トロワ司教，国王顧問官フランソワ・ド・ラグランシュはそのための助言を行う。夜間の市壁警備の際には仲間を識別するために正十字架を携帯。新しい知らせが来るまで市門警備は1人で行う。都市の統治と裁判はバイイ代理が担当する。午後2時頃にバイイ一行が出発。書記ロランとフランソワ・レギゼは10/16～1/15まで国王の元に滞在。

注記：開催場所が記載されていない会議は，臨時住民総会あるいは拡大評議会の可能性がある。その場合，開催場所は鐘楼館1階の回廊である。書記不在のため，10月16日以降の議事録は作成されておらず，記載が再開するのは1430年1月27日からである。
典拠：Roserot [1886] pp. 195-211.

たピエールは失脚後もトロワを離れなかった。市当局の大部分は国王派で占められたが，筋金入りのブルゴーニュ派であるピエールがトロワを離れなかったのは不思議である。それどころかピエールは，何らかの形で市政に関わり続けていた。例えば，1429年9月24日，9月30日，10月2日，10月16日の都市評議会，住民総会には出席し[62]，9月24日には元収入役として国王の書状を届けた使者へ報酬を支払い[63]，10月2日には大砲と装備品の管理会計報告を行っている（表4参照)[64]。

　正式に国王支持を表明したとはいえ，これでトロワ内の政治状況は安定したとは言えなかった。実際，1430年になっても国王派に反対するブルゴーニュ派の住民も複数いた。例えば，政治的立場の転換以前からの多くの租税徴収人はその会計簿提出を拒否し，市当局は彼らの身柄拘束と財産没収をし，治安維持に努めた[65]。ピエール自身も，国王支持派の市政役人に対して軽率な言動をしたりしてそりが合わなかったという[66]。例えば，彼はセーヌ川に舟を持ち，それをブルゴーニュ派が押さえている都市シャップ[67]に流れる川に停泊させていたため，彼らに奪われる危険があった（彼

---

62) Roserot [1886] pp. 200-211.
63) Roserot [1886] p. 201.
64) Roserot [1886] p. 206.
65) Bibolet [2005] p. 16.

らが奪った舟で夜目に紛れてトロワに侵入するかもしれないため）。同じくトロワ近くのセーヌ川に小舟を停泊させていた4名のトロワ住民[68]は，1430年1月27日に舟を市内に曳き入れるよう市当局から命令をうけて，全員それに従ったが，都市議事録に記載がないためどうやらピエールは従わなかったようである。

　この問題を討議した都市評議会はバイイ代理により招集され，国王代理ギョーム・ジュヴェネル[69]が議長を務めた。彼はこの時期に4回評議会に出席した[70]。彼は，トロワ出身で父の代より根っからの王太子支持派であり，王太子と行動を共にしていた。ピエールとは政治的に対立していたが，1429年を境に立場が逆転した。10月16日から1430年1月まで主要な都市評議員がトロワ不在の頃，ピエールの立場はますます悪くなっていったと思われるが，その期間の議事録は伝来していないので，彼の行動の詳細は分からない。

---

66) Bibolet [2005] p. 17. 当時の都市評議会で国王派を自任していたのは，ジャン・プジョワーズ（サン＝ピエール教会参事会長），ギョーム・アンドゥイエット（施療院長），ジャン・ルブシュラ（国王代訟人），ピエール・ルタルトリエ（バイイ代理），ウダール・エヌカン（国王弁護士），ジャン・バルトン，ギョーム・ジュヴェネルらであった。Bibolet et alii [1997] p. 93.
67) トロワの南東約20kmにある村落である。
68) ピエール・ド・ムール，ジャキノ・ド・シシュレ，ティエリ・トリショ，ピエール・ルタルトリエの4人である。Roserot [1886] pp. 211-212.
69) ギョーム・ジュヴェネル（1401～72）は，当時ポワチエ高等法院の顧問官であり，その後1431年にトレネルのバロン，1435～40年サンスのバイイを経て，1445年にはフランス尚書局長（1445～61/1465～72）となった人物である。ジュヴェネル・デ・ジュルサン家は，14世紀初頭から毛織物商の家系で，その一族はフランス王国の聖俗両方で社会的上昇を果たした有名な家系である。父ジャンはパリ商人頭（1388），ポワチエ高等法院長（1418～31）などを歴任した。長男ジャンはランス大司教（1449～73）にしてシャルル6世年代記の作者，五男がギョーム，七男ミシェルはトロワのバイイ（1455～61），八男ジャックはパリ高等法院，会計院を経てランス大司教（1444～49），アンティオキア総大司教（1449～57）を務めた。Kibler and Zinn [1995] p. 505.
70) ギョームが議長役を担ったのは，1430年1月27日，2月3日，2月10日，2月13日の4回である。Roserot [1886] pp. 211-222.

(2) 1430年の陰謀

　1430年3月に国王とブルゴーニュ公の休戦が終了し，トロワ周辺でも戦闘が再開した。4月～5月にトロワはシャップ攻囲戦に参加している。トロワは防備強化として市門周辺の空き地化，警備と監視体制の強化，牛の囲い込みなどを行った[71]。こうした防衛をめぐる市内の動揺が，ブルゴーニュ派をトロワに連れ戻そうと望むピエールを苛立たせた。彼は，友人である隣人ジル・ルグラ[72]と共謀して，陰謀をたくらんだ。ピエールたちの計画は単純なものであった。市門の鍵を入手して，夜間に開門し，ブルゴーニュ派を引き入れる手筈であった。市門の鍵は警備・監視の責任者である6人組長が持っており，彼らの一人から鍵を受け取る計画であったのだろう。ピエールは長く市政の要職にあったため，6人組長の多くと昵懇の間柄であった可能性は高い。しかし，1430年夏にピエールの裏切りは露見した[73]。ピエールは，その共犯者と共に都市トロワを国王の敵に引き渡そうとしたため，逮捕され吊るし首にされた[74]。陰謀を未然に防いだのは，国王弁護士ウダール・エヌカン，プレヴォのアントワーヌ・ゲリら国王役人であり，有罪判決を出したのはバイイ代理ピエール・ルタルトリエであった[75]。彼らは長年

---

71) 1430年4月19日には，評議会の決定により，家畜をより広い放牧地に避難させ，鐘楼門近くの空き家を取り壊した。5月3日にはブルゴーニュ公の軍事行動に関する情報を討議し，国王に書状を送り，鐘楼門の警備は手に斧を持った6人組長が2時間毎に交代して行う，昼夜2人一組の警備体制を敷くことが決定した。5月13日には伝染病がはやっている地域からの人の流入に門番は注意すること，青銅製の大砲の製造などが討議されている。Roserot [1886] pp. 227-231.

72) シャロン＝シュル＝ソーヌ年市で活動した富裕な両替商ミショ・ルグラの息子。当時30代で，母親ジャネットと同居していた。1430年2月にはサン＝ジャック地区の武器点検を担当していることから，都市評議会に信頼された人物であったらしい。Bibolet [2005] p. 17.

73) 陰謀が露見した日付は不明である。1430年10月に新収入役フランソワ・ド・ラガルモワーズを任命した折に，市当局は彼から誓約と財産の担保を求めた。非の打ちどころのない実力者である彼にも，市当局は元ブルゴーニュ派であるということで不信の目を向けていた。このことからビボレは，1430年の夏に陰謀が露見したと考えている。Bibolet [2005] p. 17.

74) Bibolet [2005] p. 17.

ピエールと仕事上の交流があった者たちで，タイミングを見計らってブルゴーニュ派からアルマニャック派へ鞍替えした者たちであった（特にウダール・エヌカンやピエール・ルタルトリエ）。しかし彼らはピエールの陰謀を暴き，処刑した。彼らは内心苦しみながらも現実の利益を選択し，逆にピエールはトロワにおけるブルゴーニュ派の捲土重来を期しつつも，ついに叶わなかった。

(3) 財産没収

前述したようにピエールは借家人であった。彼の処刑後，家賃未納分を家主サン゠テチエンヌ教会参事会は彼の妻に要求した。ピエールの妻はおそらく払えなかったのであろう。1431年3月12日に，家賃未納分の代償としてバイイ管区役人が接収していたピエールの動産が，参事会員の手に渡った。共犯者ルグラの大邸宅も国王権力により押収され，トロワ名望家メグリニィ家へ売却された。その60年後，この不動産は1494年11月25日トロワ市参事会が購入し，市庁舎とした[76]。

Ⅲ. ピエール処刑後のトロワ社会

ピエールとその仲間が処刑されてから，トロワ市内の状況は一層緊迫度を増した。陰謀の発覚がトロワ住民に与えた衝撃は非常に大きく，市当局は住民の不安を払拭するために様々な方策を採った。実際，当時市内に流れていたうわさは兵士の無慈悲な略奪に関わるもので，それが住民の恐怖を増幅していた[77]。まず事件後，鍵を管理していた門番補佐職を停止し，市門の鍵の管理は3人の名望家に託された（1431年5月29日）[78]。同年6月30日に

---

75) Bibolet [2005] pp. 17-18.
76) 17世紀に現在の建物に改築され，現在の市庁舎に至る。ルグラとピエールの遺族のその後について触れておこう。ルグラの母親は1436年の時点で存命していた。ピエールの妻も1436年，1442年に租税帳簿上の言及があり，僅かではあるがタイユを負担しているため財産は完全には没収されていなかったようだ。Bibolet [2005] p. 17.

は《市門の鍵を複数の者が持つため》, 市門相互間で錠前を交換し[79], 夜間に容易に市門が開けられないように配慮した。

　次に市内に残存する陰謀関係者の捜索・摘発である。嫌疑をかけられた者は自宅で逮捕され, 軟禁された[80]。1431年6月30日（土）司教館での都市評議会の会議では, 嫌疑者 souspeçonnez とは,《裏切りの罪を犯した者, 証人1人から告発された者, 父・兄弟・従兄が処刑された者, 服に縫い付けた十字架を外して愚弄し, ブルゴーニュ派と呼ばれることで喜ぶ者である》とされた[81]。またサン＝ピエール教会参事会長の評議員ジャン・プジョワーズは, 次のような住民に裏切り者の告発を薦める説教をトロワ司教に依頼した。《明日の住民への説教において裏切りによって起こりうる大きな危険について周知してください。そして次のように皆に命じ, これに背けば破門すると言ってください。もし国王に対抗する党派のためになる何らかの悪しき裏切り者について知っている者がいたら, 告白もしくは別のやり方で司教に知らせるように。神の御加護と善良なる人々によってシテが裏切りから守られますように》[82]。それほどまでに不安は強まっていた。

---

77) 当時, 兵士は略奪し, 放火し, 冒瀆し, 誘拐し, 既婚女性や乙女を暴行し, 商人から商品を奪う者としてステレオタイプ化されて, うわさとして広がっていた。しかし, 実態とはかけ離れたイメージで, 実際は身代金を要求することが多く, こうした蛮行は少数であった。Gauvard［1994］p. 159；［2000］.

78) Roserot［1886］p. 267.

79) Roserot［1886］p. 274.

80) Mérat［2001］p. 158.

81) «l'en répute comme souspeçonnez tous ceulx qui sont trouvez coupables de la traïson et qui d'icelle sont accusez par un seul tesmoing, et aussi ceulx qui ont eu leurs pères, leurs frères, leurs cousins exécutez, et qui ont descousues leurs croix comme par desrision en eulx resjoissant de ce que l'en disoit des Borguignons» (Roserot［1886］p. 275).

82) «Monseigneur le doien exposera et dira à Monseigneur l'évesque qu'il lui plaise remonstrer demain, en sa prédication au people, les grans périlz qui par traïson se peuvent ensuir, et que il commende et ordonne à tous, à peine d'excommeniement, que se il est aucun qui saiche aucuns mauvaiz traitres aimant le party contraire du Roy, que ilz lui facent savoir en confession ou autrement, afin que à l'aide de Dieu et par le moyen des bonnes créatures la cité puisse estre préservée de traïson» (Roserot［1886］p. 276).

第6章　ピエール・ダランティエールの陰謀　　　　　　　　　　203

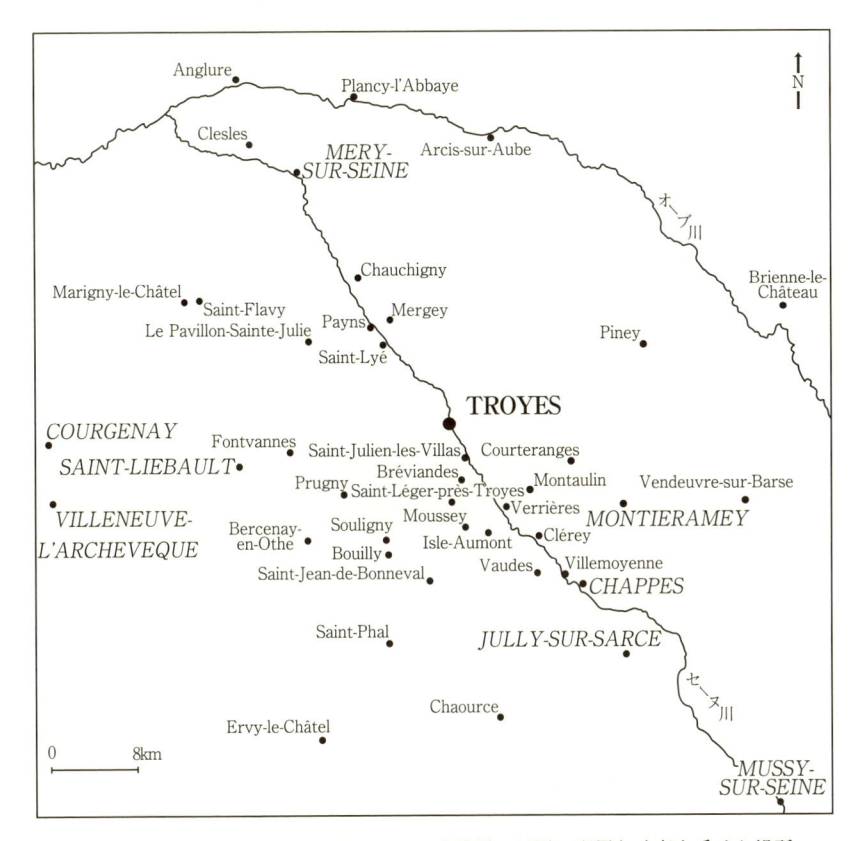

地図2　15世紀前半トロワ周辺における守備隊・軍隊の配置と略奪を受けた場所
注記：イタリック体表示の場所は守備隊・軍隊の駐屯地。トロワ以外のその他の場所は略奪が行われた場所
典拠：Mérat [2001] p. 114.

　市当局は，住民の裏切りを回避するために市内外の監視・警備を強化するとともに，貧民，物乞い，売春婦といったマルジノー[83]を取り締まり，また他所者も徹底的に統制した。マルジノーの都市流入に対して，市当局は

---

83) マルジノー Marginaux（周辺人）とは，ルゴフによれば「犯罪者，放浪者，他所者，売春婦，自殺者，異端者，「不名誉とされる」職業の者，病人，貧民，子供，女性，老人，庶子，道化，物乞い」などで構成される社会層を指す。Le Goff [1979] p. 22.

《いかなる者も市門前に留まってはならない。特に貧困者は》[84]とし，市内の貧困者数の増加により社会不安が強まり，都市が《内憂外患状態》[85]になることを恐れた。本来，都市は周辺村落など外部からの避難民や貧民を受け入れる場所であり，住民も彼らを慈善の精神で受け入れてきた。しかし，都市周辺に敵軍が展開し攻囲される危険が高い状況では，貧困者や物乞いたちを受け入れると彼らが敵軍に市門を解放し市内を略奪するのではと住民は恐れるようになり，彼らは裏切り者になりうると見なし，拒否する対象となっていった。従って，彼らの多くは受け入れではなく，排除の対象となり，《働く気がなく，かなり遠方からきて，生活できるだけの稼ぎのない者や他所者の物乞いは市外に追放する》（1432年6月27日）[86]，《物乞いの追放は，国王セルジャンによって明日から開始し，数日内に完了する。……追放した者には都市の負担でパンを渡す》（1433年2月12日）[87]，《市当局・評議会の許可なく他の地方に定住するためにトロワを去った者の妻と子供たちは市外へ追放する》（1433年6月4日）[88]，ことなどが決められていた。また《呪術師》や《太った物乞い，売女，ワル》たちも追放された[89]。都市住民を危険にさらす可能性のある者たちは，市当局により徹底的に排除された。女・子供であろうとそうした者の近親者も例外ではなかった。

---

84) 1433年5月29日 «Item, de deffendre par cry général que aucuns ne se tiengnent au devant des portes, et espécial populaires et gens de petit estat» (Roserot [1886] p. 440).

85) Chevalier [1982] p. 127.

86) «ont délibéré que ont boutera hors de ceste ville gens et mendians estranges qui ne veulent ouvrer et qui sont de longtaing pais, qui nont de quoy vivre» (Roserot [1886] p. 355).

87) «a esté délibéré de faire vuidenge des mandiens, laquelle vuidenge sera demain commencée à faire et asseuré ès jours ensuians, ainsi que se pourra faire, par les sergens du Roy... prendre pain et bailler aux personnes que l'en boutera hors, aux despens de la ville» (Roserot [1886] p. 419).

88) «l'en boute hors de ceste ville, les femmes et enfans des hommes qui s'en sont départiz et qui sont alez demourer en estrange pais senz le congié et auctorité de justice et du conseil» (Roserot [1886] p. 441).

89) «maigicien» (1431年9月6日), «gros quoquins, maquerelles et gens de mauvaise vie» (1432年12月9日) (Roserot [1886] pp. 298, 398).

トロワは商業都市であるため，市内には多くの外来商人も往来していた。こうした他所者は当然市当局の監視の対象であり，追放されることもあった。1431年3月1日の都市評議会定例会議では，次のような命令が下された。《宿屋の主人は，どのような人が宿泊したのか毎晩市当局に知らせること。違反すれば罰金としてトゥール貨で60ソリドゥスを支払うこと》[90]。《他所者は誰であれ，またその他の人々も，武器として斧・剣・矛槍を携行し，甲冑を身につけて市内に入ってはならない。このことを宿屋や居酒屋の入口に掲示すること》[91]，《他所者は市門に近づいてはならない》[92]，《6人組長と10人組長は，彼らの10人区内に実際どのような人物が宿泊しているのか捜索し，調査し，彼らにどのように食料が提供されているかということと合わせて報告すること。また彼らの身分も示すこと》[93]，《門番補佐と門番は市外に食料が出て行かないようにすること》[94]，《都市に避難しに来た他所者は，その身分が何であれ，今後何らかの恐怖が起きてもトロワの市門と以下に記された場所に近づくことを禁止する。違反すれば縛り首の刑に処する。その場所とは，すなわちサン゠テスプリ門，レモルの館の近く，鐘楼門，エキュ・ド・フランス館と造幣所の近く，サン゠ジャック門，サン゠ニシエ教会である》[95]，《また彼らは，昼も夜も市内ではナイフ，剣，斧，大槌，矛槍，槍，その他に棘のついた棒を携帯してはならない。もし背いた場

---

90) «en laquelle assemblée fut conclud de faire commendement aux hostellains que chascun soir facent savoir à Justice quelz gens seront logiés en leurs maisons, à peine d'amende de LX s. t.» (Roserot [1886] p. 243).

91) «Item, que nulz estrangiers, quelz qui soient, ne autres personnes, les armes ne portent parmi la ville, harnoix, c'est assavoir : haiches, espées, jusarmes, ne autres harnoix, et que ce soit escript aux portes des hostellains et taverniers.» (Roserot [1886] p. 243).

92) «Item, a esté ordonné que nulz estrangiers ne aprochent les portes» (Roserot [1886] p. 243).

93) «Item, que les VI[niers] et X[niers] facent serche, et enquièrent bien au vray quelz gens sont logiés en leurs X[nes], et de ce facent rapport, et comment ilz sont fourniz de vivres, et que l'estat des gens soit bien désigné» (Roserot [1886] p. 244).

94) «Item, que il soit ordonné aux pardessus et gardes des portes que ilz ne lessent partir vivres hors de la ville» (Roserot [1886] p. 244).

合はその棒を捨てて，トゥール貨で60ソリドゥスの罰金を支払うこと》[96]，《さらにトロワに居住するすべての宿屋と居酒屋に次のように命じる。これらのことはすでに通告しているが，宿屋の客について，彼らが宿屋に到着次第速やかに，彼らの名前と付加名を文書で到着後2時間以内に市当局に知らせること，違反すれば罰金としてトゥール貨で60ソリドゥスを支払うこと》[97]が決められた。これらの決定は文書化されて，布告役人が市内で触れまわった。

　こうした監視・警備体制，追放政策を市当局は1431年から1433年にかけて行った。都市住民にとって住所不定は犯罪の指標であり，マルジノーや他所者は，いつか敵軍に市門を開いて略奪を行うのではないかと住民に恐れられていた。しかし現実に裏切りを企てたのは，他所者でもなく，貧困者でもなく，紛れもなく市当局の人間であった事実は，都市住民の猜疑心を一層強めてゆくこととなった。こうした都市社会に充満する不信感はその後の都市社会が，貧民の大量流入による食料不足のため危機的な状況に陥ったことにより極度に高まったと思われる。都市評議会議事録には，市当局がどのようにしてこの難局を切り抜けたのかその姿が描かれている。市当局の政策が1430年代後半にはどのように変化していったのか，都市生活は落ち着きを取り戻したのか，都市評議会議事録は残されていないので分からない。

---

95) «l'en deffent, à peine de la hart, à toutes personnes, estranges ou autres, qui seroient venuz à retrait en ceste ville, de quelque estat et condicion qu'ilz soient, qu'ilz ne se entremectent doresnavant de approuchier les portes de ladite ville de Troies, pour quelconque efroy qui y surveigne, plus près de lieus cy après déclarez, c'est assavoir : la porte de Saint-Esperit, plus près de l'ostel des Mores ; la porte du Beffroy, plus près de l'ostel de l'Escu de France, ou de l'ostel de la Monnoie ; et la porte Saint-Jaques, plus près de l'église Saint-Nicier.» (Roserot [1886] p. 244).

96) «les dites personnes ne porte, ne par jour, ne par nuit, parmy ladite ville, dagues, espées, haiches, masses, jusarmes, lances, ne autres bastons pinasibles, à peine de perdre iceulx bastons, et d'amande de LX s. t.» (Roserot [1886] p. 244).

97) «En oultre, l'en fait commendement à tous hostellains et taverniers demourant audit Troies, que ces choses noctiffient, et facent savoir à leurs hostes, incontinent qu'il seront adrivez en leurs hostelz ; et que de leurs dits hostelez ilz apportent par escript les noms et surnoms, par devers Justice, dedens deux heures après ce qu'ilz seront adrivez, à peine de pareille amande de LX s. t.» (Roserot [1886] p. 244).

結　論

　陰謀，裏切り，うわさ（＝情報），これらのキーワードは近年のフランス中世史学界において言わば市民権を得た研究視角である。1990 年代以降のゴヴァールの一連の研究は，2000 年代からの都市議事録の史料研究の進展を受けて，ナドリニィ（Nadrigny [2013]）やブリアン（Briand [2012]）などによる情報と世論に関する研究を生み出した。これらの研究が注目するのは，百年戦争期の都市研究ではこれまで等閑視されてきた，都市およびその周辺で広がるうわさ，風聞に振り回されながら日常生活を営み，強い不安や猜疑心を抱く人々の姿であり（決して叛乱の主体としての民衆ではない），さらにそれら様々な情報を集めて会議で議論し，政策を決定し，裏切りを回避すべく市外に展開する敵軍の動きに注視しつつ内部の人の動きも監視する市当局の姿である。

　本論文は，近年のフランス中世都市史の新しい潮流の成果を取り込みつつ都市議事録などの都市史料を通じて，1 人の市政役人の動向を軸にしてブルゴーニュ派からアルマニャック派へとその政治的立場を変えた時期のトロワ社会の実像に迫った。以下ではまず，本論文における考察を簡単にまとめ，そして今後の研究課題についてふれたい。

　15 世紀前半，英仏百年戦争はフランス国内において苛烈を極めていた。フランスはオルレアン公暗殺事件を境に激しい政治闘争に突入し，政権はアルマニャック派とブルゴーニュ派とに分裂し，ブルゴーニュ派はイングランド軍と手を結びフランスを蹂躙していた。こうした状況で，フランス諸都市はどちらの党派につくべきか高度に政治的な判断を迫られた。とりわけ古くからフランス王家と縁が深く，またブルゴーニュ公領に近いためブルゴーニュ公とも親交の深かったシャンパーニュ地方諸都市の市当局は，難しい判断をしなくてはならなかった。シャンパーニュ地方の中心都市トロワは，ヴァロワ家初代ブルゴーニュ公フィリップ・ル・アルディ以来のブルゴーニュ派であり，内戦時には第 2 代ブルゴーニュ公ジャン・サン・プールと国王シャルル 6 世妃イザボー・ド・バヴィエールが統括する中央政府諸機関が

一時トロワに置かれ，1420年にはトロワ条約が締結される場所ともなった。まさにブルゴーニュ派の拠点であった頃のトロワ市政を事実上掌握していたのが，ピエール・ダランティエールである。彼はおそらくはトロワ近辺の在地領主家系の出身でセルジャンとして実績を積んで頭角を現し[98]，持ち前の野心と強引さから内戦時の混乱の中で市政を巧みに運営し，1418年5月20日からトロワの都市公金収入役，書記，代訟人の市政3職を兼任した。彼はバイイと協力しつつトロワのブルゴーニュ派政府を厚遇し，ブルゴーニュ軍・イングランド軍の攻囲戦を積極的に支援し，その政治的基盤を固めていった。

しかし，トロワの内情はブルゴーニュ派で一枚岩にまとまっていたわけではなかった。市当局の評議員には司教や参事会長といった元々からのアルマニャック派も数多く[99]，フランソワ・ド・ラガルモワーズのようにブルゴーニュ派として市政の要職にありながらも一時的にトロワを離れアルマニャック派として戻ってきた者やバイイ代理としてブルゴーニュ派に尽くしつつも時局を呼んでアルマニャック派に鞍替えしたピエール・ルタルトリエといった者もいて，評議会は分裂の可能性を秘めていた。ピエールの政治力のおかげで，かろうじて機能していたとも言えよう。

彼の権勢は1429年7月に終わりを告げた。ランスでの戴冠式を目指すジャンヌ・ダルク率いる王太子シャルルの軍隊がトロワに迫り，交渉の末トロワは無血開城された。市内の守備隊やバイイなど主要なブルゴーニュ派は都市を離れ，トロワの政治環境はアルマニャック派を中心とする市政体制へとドラスチックに切り替わった。当然ピエールは失脚するが，それでも彼は

---

98) ゴヴァールによれば，セルジャンは現場でプレヴォやバイイに仕え，司法面で令状の執行や治安維持を担っていた。相手と敵対することもしばしばであったため，彼らに求められる資格は身体屈強であることだった。しかし，書類を書く必要からある程度の教養も求められた。通常貧しい家柄の出で，本業は他に持っていたようだ。Gauvard, Libera et Zink [2002] p. 1327.

99) アルマニャック派を支持した者たちの中には，司教やサン＝ピエール参事会長の家系，商人ジャン・バルトンのように国王から恩賞として貴族の爵位を得た者もいるので，純粋に主義主張で党派を選んだというよりも恩賞目当ての一種の取引であった可能性も否定できない。Bibolet et alii [1997] p. 99.

都市に留まり，市政に関わり続けた。そして1430年夏に友人ジル・ルグラと共謀して，夜間に市門を開いてブルゴーニュ派を招き入れるという陰謀を計画した。計画が事前に露見したため陰謀は未遂に終わり，彼らはすぐに処刑された。

裏切り者の処刑後に，裏切りの再発を防ぐためにトロワが採った政策は市当局による厳重な監視・警備であり，マルジノーや他所者は徹底的に監視され，追放された。しかし，裏切りは外部からではなく内部の人間によってなされたという事実は，トロワ住民を疑心暗鬼にさせ，市内の混乱は1433年まで続いた。

本論文で考察したトロワの事例は，例外的なものなのだろうか。それとも他にも類似した事例はあったのだろうか[100]。比較の観点から，トロワの置かれた状況を俯瞰する作業が今後必要である。またピエール・ダランティエール以外にこの時期に重要な役割を果たした他の市政役人に焦点を当てて，当時のトロワ社会を考察することも必要と思われる。欧米学界と日本の歴史学界において百年戦争研究は膨大な蓄積を誇り，同時期の都市史研究もまたそうである。しかし同時代の市当局の役人たちが何を考え，どのように行動したのか，こうした視点からの研究は意外と少ない。この問題をさらに追究することで，混乱した時代の都市運営の実態に迫り，危機管理のありようをさぐることは無意味ではないだろう。

[文献目録]

【史料】　未刊行史料
Archives départementales de l'Aube, G3449
Médiatèques de l'agglomération troyenne（MAT）
　Fonds Boutiot
　　Série A1 21 septembre 1429-25 septembre 1433
　　Registre des délibérations du conseil de ville de Troyes

---

[100] 1423～24年のリヨンで起きたブルゴーニュ派のための陰謀事件（Gonthier [1993]），「スパイ活動・陰謀・裏切り・復讐・暴力」に関する最新の研究集会報告集（Cauchies et Marchandisse [2008]）が参考になろう。

Série B10 compte 1419-1420 ; Série F22-23 rôle d'impôt 1419-1420
Fonds Delion
Layette 1, 1ère Liasse, Grand Cartulaire de la ville de Troyes
AA 29e Carton 3e 1

【刊行史料】

Chronique anonyme [2012] *Chronique anonyme du règne de Charles VI 1400-1422*, Traduction et présentation Nathalie Desgrugillers, 2 vols., Clermont-Ferrand, 2012.

Mollat, M., et Favreau, R., (publiés par) [1966] *Comptes généraux de l'État bourguignon entre 1416 et 1420, deuxième partie (premier fascicule)*, Recueil des historiens de la France, Documents financiers, t. V, Paris ; *deuxième partie (deuxième fascicule)*.

Roserot, Al., (éd.) [1886] Le plus ancien registre des délibérations du conseil de ville de Troyes (1429-1433), dans *Collection de documents inédits relatifs à la ville de Troyes et à la Champagne méridionale publiés par la Société académique de l'Aube*, t. 3, Troyes, pp. 165-463.

Vallet de Viriville, A., (éd.) [1859] *Chronique de la Pucelle ou chronique de Cousinot*, Paris.

[参考文献]

欧語

André, G., [2014] L'audacieux traités de Troyes, dans *La vie en Champagne*, no. 78, pp. 21-35.

Avout, J. de. [1960] *Le meurtre d'Etienne Marcel. 31 juillet 1358, Trente journées qui ont fait la France*, Paris, 1960 (橋口他編訳『ドキュメンタリーフランス史 エチエンヌ・マルセルのパリ革命』白水社, 1988 年).

Beaune, C., [1985] *Naissance de la nation France*, Paris.

Beaune, C., [2004] *Jeanne d'Arc*, Paris (阿河雄二郎他訳『幻想のジャンヌ・ダルク 中世の想像力と社会』昭和堂, 2014 年).

Bibolet, Fr., [1941] *Les institutions municipales à Troyes aux XIVe et XVe siècles (1356-1493)*, thèse de l'École des chartes, MAT, Ms 3316 et 3317.

Bibolet, Fr., [1960] Un complot en 1430, dans *Almanach de l'indépendant*, pp. 63-65.

Bibolet, Fr., [2001] La vie d'une famille à Troyes au XVe siècle, dans *Mémoires de Champagne. Actes du 4e mois médiéval*, t. 3, pp. 113-127.

Bibolet, Fr., [2005] Les derniers fidèles au traité de Troyes en 1430, dans *La vie en Champagne*, no. 44, pp. 10-18.

Bibolet, Fr., Rouquet, Ch., Boisseau, A., et Saint-Mars, E., [1997] *Histoire de Troyes*, Troyes.

Billoré, M., et Soria, M., (dir.) [2009] *La trahison au Moyen Age. De la monstruosité au crime politique (Ve-XVe siècle)*, Rennes.

Billoré, M., et Soria, M., (dir.) [2011] *La rumeur au Moyen Age. Du mépris à la manipulation V^e-XVe siècle*, Rennes.

Boucheron, P., et Offenstadt, N., (dir.) [2011] *L'espace public au Moyen Age. Débats autour de Jürgen Habermas*, Paris.

Boudreau, C., Fianu, K., Gauvard, Cl., et Hébert, M., (réunis par) [2004] *Information et société en Occident à la fin du Moyen Age. Actes du colloque international tenu à l'Université du Québec à Montréal et à l'Université d'Ottawa (9-11 mai 2002)*, Paris.

Boutiot, Th., [1870] *Histoire de la ville de Troyes et de la Champagne méridionale*, Troyes, 5 vols., 1870-1880.

Bouyer, M., [2014] *La principauté barroise (1301-1420). L'émergence d'un État dans l'espace lorrain*, Paris.

Briand, J., [2009] La circulation de l'information entre les villes champenoises et la Lorraine à la fin du Moyen Age, dans *Annales de l'Est*, t. 59 (Série 6), pp. 245-268.

Briand, J., [2010] Foi, politique et information en Champagne au XVe siècle, dans *Revue historique*, t. 312, fasc. 653, pp. 59-97.

Briand, J., [2012] *L'information à Reims aux XIVe et XVe siècles*, thèse de doctorat, histoire, Université Paris I, dactyl., 3 vols.

Calmet, A., [1748] *Histoire de Lorraine*, t. 3, Nancy.

Cauchies, J.-M., et Marchandisse, A., (dir.) [2008] *L'envers du décor. Espionnage, complot, trahison, vengeance et violence en pays bourguignons et liégeois. Rencontre de Liège (20 au 23 septembre 2007), Publication du centre européen d'études bourguignonnes (XIVe-XVIe s.)*, no. 48, Neuchâtel.

Chevalier, B., [1982] *Les bonnes villes de France du XIVe au XVIe siècle*, Paris.

Contamine, Ph., [1968] *La guerre de Cent Ans*, (Que sais-je? no. 1309), Paris (坂巻昭二訳『百年戦争』白水社, 2003年).

Contamine, Ph., [1994] Aperçus sur la propagande de guerre, de la fin du XIIe au début du XVe siècle : les croisades, la guerre de Cent Ans, dans Cammarosano, P., (éd.), *La Forme della propaganda politica nel due e nel trecento*, Collection de l'École française de Rome, no. 201, Rome, pp. 5-27 (repris dans Contamine, Ph., *Pages d'histoire militaire médiévale (XIVe-XVe siècles)*, Mémoires de l'Académie des inscriptions et belles-lettres, t. 32, Paris, 2005, pp. 141-160).

Contamine, Ph., Bouzy, O., et Hélary, X., [2012] *Jeanne d'Arc. Histoire et dictionnaire*, Paris.

Cosneau, E., [1889] *Les grands traités de la guerre de Cent Ans*, Paris.

Czmara, J.-Cl., [2011] *Châteaux dans l'Aube*, Chaumont.

Dauphant, L., [2012] *Le royaume des quatre rivières. L'Espace politique français (1380-1515)*, Seyssel.

De Craecker-Dussart, Ch., [2012] La rumeur : une source d'informations que l'historien ne peut négliger. À propos d'un recueil récent, dans *Le Moyen Age*, t. 118, no1, pp. 169-176.

Demurger, A., [1978] Guerre civile et changements du personel administratif dans le royaume de France de 1400 à 1418 : l'exemple des baillis et sénéchaux, dans *Francia*, Bd. 6, pp. 151-298.

Demurger, A., [1980] Le rôle politique des baillis et sénéchaux royaux pendant la guerre civile en France (1400-1418), dans Paravicini, W., et Werner, K. F., (publiés par), *Histoire comparée de l'administration (IVe-XVIIIe siècles). Actes du XIVe colloque historique franco-allemand, Tours, 27 mars-1er avril 1977*, München, pp. 282-290.

Dupont-Ferrier, G., [1942] *Gallia regia ou État des officiers royaux des bailliages et des sénéchaussées de 1328 à 1515*, 6 vols., Paris, 1942-1966.

Famiglietti, R. C., [1986] *Royal Intrigue. Crisis at the Court of Charles VI 1392-1420*, New York.

Fargette, S., [2007] Rumeurs, propagande et opinion publique au temps de la guerre civile (1407-1420), dans *Le Moyen Age*, t. 113, no. 2, pp. 309-334.

Gauvard, Cl., [1993] La Fama, une parole fondatrice, dans *Médiévales*, t. 24, pp. 5-13.

Gauvard, Cl., [1994] Rumeur et stéréotypes à la fin du Moyen Age, dans *La circulation des nouvelles au Moyen Age. XXIVe Congrès de la S.H.M.E.S. (Avignon, juin 1993)*, Société des Historiens Médiévistes de l'Enseignement Supérieur Public, Paris, pp. 157-177.

Gauvard, Cl., [2000] Rumeur et gens de guerre dans le royaume de France au milieu du XVe siècle, dans *Hypothèses*, 1, pp. 281-292.

Gauvard, Cl., [2004] Introduction, dans Boudreau et alii [2004] pp. 11-37.

Gauvard, Cl., [2009] Introduction, dans Billoré et Soria [2009] pp. 23-32.

Gauvard, Cl., Libera, A., et Zink, M., (dir.) [2002] *Dictionnaire du Moyen Age*, Paris.

Girardot, A., [2002] Un homme d'affaires du XIVe siècle : Humbelet de Gondrecourt, dans *Revue historique*, t. 304, fasc. 622, pp. 275-315.

Girardot, A., [2009] *Le Petit Futé Champagne-Ardenne*, Ligugé.

Gonthier, N., [1993] À propos d'un complot pro-bourguignon à Lyon. Les révélations et les méthodes d'un Cordelier espion (1423-1424), dans *Cahiers d'histoire*, t. 38, no. 2, pp. 139-152.

Guenée, B., [1971] *L'Occident aux XIVe et XVe siècles. Les États*, Nouvelle Clio, Paris.

Guenée, B., [1992] *Un meurtre, une société. L'assassinat du duc d'Orléans, 23 novembre 1407*, Paris（佐藤彰一・畑奈保美訳『オルレアン大公暗殺――中世フランスの政治文化――』岩波書店，2010 年）.

Guenée, B., [1993] Les campagnes de lettres qui ont suivi le meurtre de Jean sans Peur, duc de Bourgogne (septembre 1419-février 1420), dans *Annuaire-bulletin de la société d'histoire de France*, pp. 45-65.

Guenée, B., [2002] *L'opinion publique à la fin du Moyen Age d'après la «Chronique de Charles VI» du Religieux de Saint-Denis*, Paris.

Habermas, J., [1962] *Strukturwandel der Öffentlichkeit. Untersuchungen zu einer*

Kategorie der bürgerlichen Gesellschaft, Neuwied (trad. fr. par Marc B. de Launay, *L'espace public, archéologie de la publicité comme dimension constitutive de la société bourgeoise*, Paris, 1978).

Hermelin, C., [1912] *Histoire de la ville de Saint-Florentin*, t. 1, Paris.

Kibler, W. W., and Zinn, G. A., (éd.) [1995] *Medieval France. An Encyclopedia*, New York/London.

La circulation [1994] *La circulation des nouvelles au Moyen Age. XXIVe Congrès de la S.H.M.E.S. (Avignon, juin 1993)*, Société des Historiens Médiévistes de l'Enseignement Supérieur Public, Paris.

Le Goff, J., [1979] Les marginaux dans l'Occident médiéval, dans Vincent, B., (éd.), *Les marginaux et les exclus dans l'histoire*, Cahiers Jussieu, no. 5, Université Paris 7, Paris, pp. 19-28.

Mérat, S., [2001] *Troyes pendant la Guerre de Cent Ans d'après les archives du conseil de ville (1429-1433)*, Mémoire de maîtrise sous la direction de Charles Vuillez (Université de Reims), Reims, Archives départementales de l'Aube, cote 36J 171.

Moeglin, J.-M., [2012] Récrire l'histoire de la guerre de Cent Ans. Une relecture historique et historiographique du traité de Troyes (21 mai 1420), dans *Revue historique*, t. 314, no. 664, pp. 887-919.

Nadrigny, X., [2009] Rumeur et opinion publique à Toulouse à la fin du Moyen Age, dans *Annales du Midi*, t. 121, no. 265, pp. 23-36.

Nadrigny, X., [2010] L'opinion sur le roi. La guerre dans les registres de délibérations toulousains de la première moitié du XVe siècle, dans Foronda, Fr., Barralis, Ch., et Sère, B., (dir.), *Violences souveraines au Moyen Age. Travaux d'une école historique*, Paris, pp. 143-152.

Nadrigny, X., [2011] Espace public et révolte à Toulouse à la fin du Moyen Age (v. 1330-1444), dans Boucheron et Offenstadt [2011] pp. 321-335.

Nadrigny, X., [2013] *Information et opinion publique à Toulouse à la fin du Moyen Age*, Mémoires et documents de l'École des Chartes, 94, Paris.

Offenstadt, N., [2013] *En place publique. Jean de Gascogne, crieur au XVe siècle*, Paris.

Pons, N., [1982] La propagande de guerre française avant l'apparition de Jeanne d'Arc, dans *Journal des savants*, no. 2, pp. 191-214.

Pons, N., [1995] À l'origine des dossiers polémiques : une initiative publique ou une démarche privée, dans Ornato, M., et Pons, N., (éd.), *Pratiques de la culture écrite en France au XVe siècle. Actes du colloque international du CNRS, Paris, 16-18 mai 1992 organisé en l'honneur de Gilbert Ouy par l'unité de recherche, «Culture écrite du Moyen Age tardif»*, Louvain-la-Neuve, pp. 361-377.

Roserot, Al., [1942] *Dictionnaire historique de la Champagne méridionale (Aube) des origines à 1790*, Langres /Troyes, 4 vols., 1942-1948.

Roserot de Melin, J., [1957] *Le diocèse de Troyes des origines à nos jours (IIIe s.-1955)*, Troyes.

Schnerb, B., [1988] *Les Armagnacs et les Bourguignons. La maudite guerre*, Paris.
Toureille, V., [2014] *Robert de Sarrebrück ou l'honneur d'un écorcheur (v. 1400-v. 1462)*, Rennes.
Vaughan, R., [1966] *John the Fearless*, Longman/London, New Edition 2002.
Verdon, J., [1994] *La nuit au Moyen Age*, Paris.
Verdon, J., [2012] *Intrigues, complots et trahison au Moyen Age*, Paris.

邦語
朝治啓三・渡辺節夫・加藤玄編著［2012］『中世英仏関係史1066-1500 ── ノルマン征服から百年戦争終結まで ──』創元社。
金尾健美［1999］「デマとパニック ──『パリー市民の日記』に見る噂の記録 ──」『歴史学研究』第729号，192-199頁。
城戸毅［2010］『百年戦争 ── 中世末期の英仏関係 ──』刀水書房。
ペルヌー, R., クラン, M.-V., (福本直之訳)［1992］『ジャンヌ・ダルク』東京書籍。
堀越孝一訳・校注［2013］『パリの住人の日記1 1405-1418』八坂書房。
花田洋一郎［2011］「14世紀後半フランス王国及びブルゴーニュ公領の財務官僚ニコラ・ド・フォントゥネ ── 地方役人の社会的上昇の軌跡と富の蓄積 ──」『社会経済史学』第77巻第2号，9-24頁。
花田洋一郎［2012］「中世後期フランスにおける都市議事録研究の現状と課題 ── 最近の研究から ──」『西南学院大学経済学論集』第46巻第3・4号，29-51頁。
花田洋一郎［2013a］「中世後期フランス都市における都市議事録 ── トロワ都市評議会議事録（1429-1433年）の分析 ──」『比較都市史研究』第32巻第1号，11-31頁。
花田洋一郎［2013b］「フランス中世都市における財政・租税制度 ── トロワの場合(3) ──」『西南学院大学経済学論集』第48巻第1・2号，1-44頁。
花田洋一郎［2015］「フランス中世都市における財政・租税制度 ── トロワの場合(4) ──」『西南学院大学経済学論集』第50巻第1号，1-24頁。

第 7 章

15世紀フランドルのシャテルニーと市外市民
—— 1429-30年ブルフセ・フレイエと都市ブルッヘの協定を中心に ——

畑　奈保美

はじめに

　中近世のフランドルはヨーロッパ有数の都市地帯であり，ヘント，ブルッヘという大都市が経済的・政治的に圧倒的な実力を誇っていた。しかしそうした大都市は，ごく例外的な時期を除けば，周辺領域を支配する都市国家へと成長することはなかった。その背景にはまず，領邦君主フランドル伯，とりわけ14世紀末に伯位を相続したブルゴーニュ公家の存在がある。ブルゴーニュ公家の君主たちは，フランドルのみならず数々の領邦を集積して「ブルゴーニュ国家」を建設する一方，統治の集権化を進め，フランドル大都市の自立性を侵食していった。

　そしてもう一つ，大都市の領域支配を阻んだものとして，フランドルに展開していたシャテルニーに注目しなければならない。元来シャテルニーは，フランドルの各地で伯城塞のまわりに形成された裁判管区であったが，住民からなる参審人あるいは封臣で構成される裁判所を基に（Ganshof [1932]；塙 [1965]），徴税その他の行財政を担う自治的な組織を備えるようになった。なかでも，ブルフセ・フレイエ Brugse Vrije と呼ばれるシャテルニー（以下フレイエ）は，都市ブルッヘ近辺から北海沿岸のポルダーを含む広大な地域に広がり，都市同様に参審人団中心の統治組織を持つだけでなく，フランドル伯領の代表制組織「フランドル四者会議 Vier Leden van Vlaanderen」の一員として，ヘント・ブルッヘ・イープルという三大都市に並ぶ政治的地位を得ていたのである（Prevenier [1959]；[1961][1]）。

　このフレイエは，大都市ブルッヘの周辺領域を含み，大都市との間には

様々な対立が生じた。その一つに、市外市民の問題がある。市外市民とは、市民権を持ちながら都市外に住む者で、この市外市民制はフランドル、ブラバント、エノーなどのネーデルラント諸領邦やドイツの諸都市で展開されていた（藤井［1985］；［2011］；齋藤［2010］）。市外市民の存在は、都市と周辺領域との関係、さらには領邦の政治構造を考える際に重要になってくる。

フランドルの市外市民制については、20世紀中葉までに2、3の中小都市に関する個別研究が出された後、フェルベーメンがそのネーデルラント市外市民の論文の一部として、関連史料の残る主な都市の状況をまとめている（Verbeemen［1957］）。しかし、市外市民の政治的・社会的重要性に着目したのはニコラスであった。彼は14世紀フランドル三大都市の周辺領域に対する影響の一要素として、三大都市それぞれの市外市民制の展開を検討している。市外市民制は市民権の法的・経済的な利点を求める周辺領域の住民を都市に引きつけるもので、市外市民の数や分布は、都市の勢力や都市と周辺領域との力関係を反映するとされた。フランドルにおいて他に抜きんでた政治的影響力を発揮した大都市ヘントとブルッヘは広範囲に多くの市外市民を持っていたのである（Nicholas［1971］pp. 235-249）。

これをふまえて、ブルゴーニュ時代におけるフランドルの市外市民は主として2つの面から扱われてきた。一つは大都市と君主の対立の面である。ボーネは、ブルゴーニュ時代の君主権力拡大に大都市ヘントがどのように変化を強いられていったかを検討する中で、君主側がヘントの市外市民制に制限を加えようとしたことを明らかにしている（Boone［1990］）。もう一つは、君主に支払われる援助金という財政・税制の面である。代表制の総合的研究を著したブロックマンスは、援助金をめぐる紛争の一つとして市外市民への課税の問題を挙げている（Blockmans［1978］）。これを継いで15世紀の援助金を分析したズッテは、フランドル各地の都市・シャテルニーの間で持ち上がった市外市民への課税・徴収の紛争例を集めた（Zoete［1990］；［1994］）。

本論文では、この第2の面を、大都市ブルッヘとそれをとりまくシャテル

---

1) ブルフセ・フレイエの研究史、統治組織の展開や構成については、畑［2003］；［2007］を参照のこと。また、フランドル四者会議については畑［1994］。

ニー・フレイエについて具体的に検討したい。すなわち，ブルッヘへの市外市民およびそれらに対する課税をめぐるブルッヘとフレイエの対立を，15世紀ブルゴーニュ公家によるフランドル支配の進展の中で考察したい。この対立自体は15世紀を通じて続くが，本論文では発端となる14世紀の状況を確認した後，ブルゴーニュ時代に入って最初に結ばれた都市とシャテルニーの間の協定（1429年，および翌年に修正）の成立に至るまでを扱うことで，ブルゴーニュ時代の都市ブルッヘとシャテルニー・フレイエのそれぞれの立場を明らかにし，15世紀フランドル地域社会の様相を垣間見たい。

　実はブルゴーニュ時代のブルッヘ市外市民に関する史料はさほど多くない。市外市民登録簿 buitenpoorterboek は16世紀以降のもので，しかも元来ブルッヘ市民であった者が，移住等の際に市民権を失うのを防ぐために登録する帳簿であった（Schoutcet [1965]）。それとは別に15世紀には都市外の近隣地域に居住する市外市民 hagepoorter の帳簿が作られていたようなのだが，残存していない（Parmentier [1938] p. XII, n. 1)[2]。そのような中，第一に検討すべき史料は，ブルッヘとフレイエそれぞれの慣習法集成（Gilliodts-Van Severen [1874]；[1879]）に含まれる市外市民紛争関係の文書となる。この他に，フレイエ自身の会計簿からも，市外市民やそれをめぐる紛争に関する記述を見ることができる[3]。

---

[2] ブルッヘ都市会計簿には，都市が市民権登録から得た収入が記録されており，それは市民登録簿の記載とかなり重なっている（その異同については畑 [2013] で考察している）。市外市民の登録にも何らかの支払いが想定されるところだが，都市会計簿からは知ることができない。もしかしたら登録の際には市内居住の市民と市外市民を区別していないのではないかとも考えられるが，さらに検討が必要であろう。

[3] フレイエ会計簿の伝来状況については，畑 [2006] を参照。

I. シャテルニーにおけるブルッヘ市外市民

(1) 当初の規定:「17点(XVII pointen)」第3点(1318年)

　14世紀初頭あたりから，ブルッヘ市外の周辺領域(フレイエやその近隣のシャテルニー)に居住する市民の存在が記録に散見される(Nicholas [1971] pp. 246-247)。そして都市ブルッヘとシャテルニー・フレイエの間において，市外市民の問題を扱う際に出発点とされたのが，1318年に結ばれた「17点」の取り決めの第3点である。この「17点」では，裁判管轄から経済活動まで，当時の両者の間の種々雑多な問題が取り上げられており，その3点目が市民権に関係している。

　まず，シャテルニーの住民がブルッヘ市民になるには，1年と1日都市内に居住した上で，市民権を購入しなければならない。次に，市民となった者がシャテルニーに住み続ける場合，1年に3回，各40日ずつ都市内で生活しなければならない。これを守っていないとブルッヘ参審人まで通報されれば，市民ではなくシャテルニー所属者とみなされた。そして，市民となってシャテルニーの所属から外れるのであれば，その前にシャテルニーでの負担について義務を果たさなければならなかった。これらの要件を満たさずに，ただ都市内に住むシャテルニー所属者は，市民ではなくシャテルニー所属のままとされた[4]。

　この規定から推察するに，14世紀初頭の段階ですでに，都市ブルッヘとシャテルニー・フレイエの間で，シャテルニー住民がブルッヘ(市外)市民を名乗ることで，所属をめぐって係争が生じていたのであろう。通常，ブルッヘでは，1年と1日の居住か，市民権購入か，どちらかを満たせば市民権を得ることができたのだが，シャテルニー・フレイエの住民に関しては，二重の条件が課されたことになる(Parmentier [1938] p. IX)。シャテルニー住民がたやすく市外市民になれないようにしている。市民権を得た後の一定期間市内居住の義務は，他都市でも市外市民に設定されていたもので，実際には守られなくなっていくが(藤井[1985] pp. 160-161)，違反を通報されれ

ば市民権を取り消されるというのである。一般的に，都市にとって市外市民の増加は不都合なことではないけれども，都市ブルッヘとシャテルニー・フレイエとの間では，シャテルニー住民の市外市民化には通常よりも厳しい条件が加えられていたのである。

(2) シャテルニー財政と市外市民

ところが，「17点」からおよそ1世紀後，フレイエではブルッヘ市外市民の存在を問題にするようになった。フレイエの会計簿では1420-22年以降，地区ごとの税減免の際に「いくつかのアンバハト（シャテルニー内の地区）は他のアンバハトよりも極めて弱体化・貧困化し，またそのいくつかにはブルッヘ市民の他には誰も住んでいない」[5]という記述がされるようになる。つまり，その地区ではブルッヘ市外市民が多く居住していて，彼らはシャテルニーの所属ではないがためにシャテルニーの税が徴収できないというのである。それにはシャテルニー財政の構造が関係している。

間接税に収入のほとんどを頼る都市と違い，シャテルニー収入は，住民に割り当てられる直接税から成っていた。一つはゼッティングzettingといい，フレイエの統治組織（参審人と事務的なスタッフ）の経費に充てられ，

---

4) «Item, dat die van binnen negheenen man van buten bescudden over portre, of hine hebbe syn porterscep ghecocht wettelike ende hi ne hebbe jaer ende dach ghewoent binder stede van Brucghe, ende vier ghebarrent eer hi siin porterscep cochte ; ende zo wat portre die buten woenachtich es, dat hi drie waerven tsiaers ende telken viertich daghen binder stede woenen moet, ende vier barnen moet ; dies niet daden, ende men dat kenlyc maken mochte scepenen van binden, dat hie blive behorende ter wet van den Vryen ; ende diere ghelyke van dien van buten, die binder stede woenachtich siin, ende buten behoren ; ende dat en dit denoncyere bede buten ende binnen, waerby dat elc weten mach : Behouden dien, dat elkerlyk doe jeghen sine wet daer of hie sceedt dat hie sculdich es te doene van allen laste» (Gilliodts-Van Severen [1874] n°34, pp. 382-383).

5) « Item omme de redene dat eenighe ambochten int rechte Vryen ende int appendantche zo zeer verweict ende veraermt zijn boven andren ambochten ende ooc datter eenighe zijn daer niemt up en woont dan poorters van Brugge, ...» (RAB, BVr, n°157, f. 151v). この文言は以後，毎年繰り返されていく。

もう一つはポインティング pointing と称し，君主の援助金など臨時の支出に充てられた。とはいえ，どちらも徴収方法は同じである。シャテルニー・フレイエは35のアンバハト（フレイエ参審人団の直轄地区）と十数個の領主領（それぞれ領主が支配するが，参審人団の統制に従う）に分かれていたので，まず総額を定まった比率に従ってアンバハト・領主領ごとに割り当て，各地では小教区ごと2～3名の税務役 pointer, zetter が各世帯へ割り当て，徴収するのである（Zoete [1994] pp. 97-99；畑 [2011] p. 51）。従って，アンバハト・領主領内で納税対象となる世帯数が減ると，割当・徴収が苦しくなる。そしてそもそも，臨時の税であるポインティングの回数や額が増えれば，各世帯に負担がのしかかる。

　ブルゴーニュ時代，フランドルの援助金は君主の主な収入源の一つであった。フランドルは何といってもブルゴーニュ国家の諸領邦の中で最も経済的に活発で，君主の臨時の要求に応えられる力があった（Van Nieuwenhuysen [1984]）。援助金を得るには，フランドル四者会議と交渉し，その同意を得なければならなかったが，ブルゴーニュ家が代を重ねるにつれて，君主と四者会議の関係は深まり，援助金の回数や額が増えてきた。とりわけ第3代フィリップ・ル・ボン（在位1419-67年）の治世，1420年代に入ると次々と多額の援助金が供出されている（Prevenier [1960]；Blockmans [1978] pp. 610-613；畑 [2011] pp. 43-48）。

　フランドルの援助金は，トランスポールと呼ばれる定まった比率で各都市・シャテルニーに割り当てられ，都市・シャテルニーは自らの責任で各自の割当額を調達する。フレイエの場合，フランドル全体の約12％が割り当てられていた[6]。この割当額を君主側に支払うため，フレイエではポインティングを課税することになる。そこで，1420年代の援助金と，シャテル

---

6) 割当比率トランスポールの起源については，山瀬 [1971] pp. 15-20, 14・15世紀のトランスポールと援助金については，Prevenier [1960]；Buntinx [1967]；畑 [1996] 参照。

7) フレイエの会計年度が1年のどの時期に始まるか，すなわちいつ会計検査を行うかということは，1423年フィリップ・ル・ボンの文書で9月8日（聖母祝日）の次の木曜と定められるまでは，一定していなかった（畑 [2006] pp. 168-169）。

第7章　15世紀フランドルのシャテルニーと市外市民　　　*221*

表1　1420年代ブルフセ・フレイエの課税と君主の援助金

	ゼッティング	ポインティング	援　助　金
1420	21,876 lb. 4 d.（6月）		21,000 lb.（不明） 4,000 lb.（不明）
1421	29,000 lb. 4 s. 6 d.（1月）	24,000 lb. 9 s. 6 d.（12月）	292,000 lb.（2月） 210,000 lb.（11月）
1422	32,000 lb. 2 s. 7 d.（9月）		
1423	16,000 lb. 15 d.（9月）	23,712 lb. 10 s. 10 d.（1月） 23,712 lb. 19 s. 10 d.（11月）	
1424	19,000 lb. 14 d.（9月）		
1425	22,000 lb. 2 s. 2 d.（9月）	13,027 lb. 6 s.（6月）	88,000 lb.（4/6月）
1426	18,000 lb. 18 d.（9月）	6,000 lb. 4 s. 8 d.（4月） 12,000 lb. 16 d.（10月）	220,000 lb.（5月）
1427	18,000 lb. 18 d.（9月）	10,800 lb. 3 s.（11月）	
1428	17,500 lb. 3 s. 3 d.（9月）		80,000 lb.（11月）
1429	23,000 lb. 2 s. 2 d.（9月）	9,000 lb. 2 s. 5 d.（1月） 22,000 lb. 22 d.（11月）	
1430	23,000 lb. 2 s. 3 d.（9月）	17,000 lb. 3 s. ob.（12月）	720,000 lb.（3月）

単位：lb. = livre parisis, s. = sous, d. = denier, ob. = obole（1/2 denier）
金額の後は課税が決定された月
典拠：RAB, BVr, n° 156-161, 163-164；ARA, Rk, n° 42545, 42548-42549；Blockmans［1978］pp. 612-613.

ニー・フレイエの課税状況を見てみよう（表1参照）。ゼッティングは概ね，フレイエの会計年度が改まると，年度に1回のペースで課税されている[7]。ポインティングはもちろん不定期に課税されるので，課税されない年もあるが1年に2回課税されることもあり，平均すればほぼ毎年のように課されている。ポインティングの課税が，援助金の決定からかなり後になっている場合が見られるのは，多額の援助金は数年にわたって分割で納付されたためだろう。通常の課税に加え，時にはそれを超える額の臨時課税がしばしば行われていたのである。
　しかしこのゼッティングやポインティングの額は決定された課税額であ

り，実際にすべてが徴収されたかどうか疑わしい。この頃の会計簿ではどれくらいが未納だったのか直接には示されていないのである。ただ，1417-18 年の会計年度から，ゼッティングやポインティングの割当分を支払えない地区（アンバハト・領主領）に対し，減免の措置がとられるようになっていた。減免の対象は最初は 2 地区だったが，年度ごとに 4〜6 地区に増えていった（畑 [2011] pp. 52-53, 表 6）。そして，減免の際に，地区内のブルッヘ市民の存在が理由とされるようになる。彼らはシャテルニーの税を支払わないので，地区割当分が満たせないということだ。

　裏を返せば，住民の側では，シャテルニー税を免れるためにブルッヘ市外市民になるという動機があるだろう。シャテルニー税が直接税であるのに対し，都市では流通・消費に課される間接税 assise が主体なので，都市内に住まない者の負担はわずかである（Nicholas [1971] pp. 236-237）。一般的には市外市民になる利点として，都市の裁判権下に入ること，農村の隷属身分（それを象徴する相続税 beste cateel など）からの解放，都市の経済活動への参加（同業組合加入，流通税などの免税）などが考えられるのだが（Nicholas [1971] pp. 235-241；藤井 [1985] pp. 162-163）[8]，フレイエ住民の場合，参審人団直轄地域の所属者 Vrijlaat は beste cateel を免除されていたので自由人とされており，司法上は都市同様の特権を多く持つフレイエ参審人裁判所の保護を得ることができた（Warlop [1959] pp. 31-32）。領主領の住民も，領主領の上に立つフレイエ参審人裁判所から司法上の保護を期待できた（Huys [1995] p. 465）。従って，市外市民となるフレイエ住民にとっては，司法上の利点というより経済的な利点，とくに税的利点が大きな比重を占めていたのではないだろうか。

　ともかくもフレイエ当局は，市外市民から税を徴収できないために，財政

---

8) フランドル都市で市民となる利点について，ボーネとスターベルの共著論文は，市民権が同業組合への加入につながり，そこから都市政治へ参加することができたことを指摘する（Boone & Stabel [2002] p. 322）。市外市民についてもこうした側面から検討する必要があるかもしれない。14 世紀末ブルッヘの課税帳で市外市民 hagepoorter と称されている者たちのなかに，同業組合に登録し役職を務めている例が見られる（De Meyer & Vanderpijpen [1972]）。

が苦しくなっているという認識であった。1423-24 年会計年度では，フレイエ当局が，市外市民から徴収できないので援助金の支払いを遅らせたいと君主援助金の収入役に働きかけた[9]。さらにこうした働きかけは以後数年にわたって続いている（RAB, BVr, n° 160, f. 104 ; ARA, Rk, n° 42545, f. 78v-79）。それには援助金の支払いに苦しむフレイエ側の誇張が含まれているかもしれない。だがその後，フレイエは市外市民の問題の解決に取り組んでいくのである。

II．市外市民をめぐる都市とシャテルニーの協議

(1) 見解の対立

　1428 年 2 月，フレイエの統治組織は「フレイエに住む市民の件でブルッヘの人々と対立する 17 点の第 3 点とその他」について，君主と顧問会の元へ使節を派遣することにした（RAB, BVr, n° 163, f. 23）。そして 3 日後，フレイエの使節はリル滞在中のフィリップ・ル・ボンに面会し，この対立について訴えようとした。しかし，フィリップ公が急いで出立したためフレイエの使節は十分に目的を果たせなかった（RAB, BVr, n° 163, f. 35v）。同じ頃，フレイエからシント・ドナース参事会長に 17 点の写しを渡し，第 3 点について注意を引いている（RAB, BVr, n° 163, f. 23）。参事会長の君主への影響力に期待してのことと考えられる。

　この対立とはいかなるものだったのか。その後いったんこの問題はフレイエの記録から姿を消してしまう。しかし，後に出された文書から，1420 年

---

[9] «...omme betalinghe ende inninghe te hebbene van den payementen van sinte Jans messe latest leden van den voorseide subvencien ende men de voorseide payementen niet en heift moghen innen noch ontfanghen mids der groter aermoede ende weecheden van den inwonende slands vanden Vryen speciaelleke van den apendanchen vanden Vryen die niet alleen te nieten gaen bi den toedoene vanden poorters ende ooc ne heift men van hemlieden niet moghen ontfanghen mids den overcommene vanden ougste, ...» （RAB, BVr, n° 159, f. 94v）.

代にあの「17点」第3点の解釈をめぐって都市とシャテルニーが対立していたことがわかる[10]。

その対立は，第1に，シャテルニー住民が市民になる際に，シャテルニーに対し果たすべきとされた義務の解釈をめぐるものであった。第3点の条文では義務・負担という文言があるだけで，具体的な内容は明示されていない。

シャテルニー・フレイエの解釈によれば，その義務とは，転籍料の支払いissue/yssuwであった。転籍料は，ある財産が都市・シャテルニーの所属を離れる証として，その都市・シャテルニーの当局に支払われた。所属を離れることで課税できなくなる代償と言える。フレイエ側は，シャテルニーに対し転籍料を支払わずに，ブルッヘ市民になることはできないとみなしたのである[11]。一方ブルッヘ側は，第3点における義務とは，シャテルニーに対するそれまでの税の支払い，具体的にはゼッティングを指すとした。つまり市民権を得ようとするまでシャテルニーから課されていた税を滞納していなければよいという意味だ。そして，転籍料の支払いがなくても，1年と1日の市内居住によって市民権が得られるとみなした[12]。

財産の転籍と人の転籍は必ずしも一致しないことを考えれば，財産に課される転籍料は，人の転籍＝市民権の取得とは別の問題である。理論上は，ブ

---

10) 1449年フランドル顧問会でブルッヘとフレイエの紛争に下された裁定文書によって，それまでの紛争の経緯をたどることができ，その中で1420年代の両者の対立が記されている（Gilliodts-Van Severen [1874] n°82）。

11) «Twelke derder point de voorseyde van den Vryen verstonden int generale, te wetene zo wat Vrylaten poorters bedeghen waeren, al hadden zy jaer ende dach ghewoont binnen der stede van Brugghe ende vier gheberrent, dat zy nochtans schuldich waren yssuwe te betalne den voorseyden van den Vryen, van al haeren goede» (Gilliodts-Van Severen [1874] n°82, p. 583).

12) «Den voorseyden van Brugghe tvoorseyde derde point anderseyns verstaende te wetene : alleene van den poorters bedeghen van vrylaten ende van gheenen anderen, zegghende dat die poorters werden mochten vpdat zy jaer ende dach binnen der stede van Brugghe ghewoont hadden ende vier gheberrent zonder ghedwonghen te zyne yssuwe te ghevene, mids gheldende tot zy veryssuwet hadden met dien van den Vryen, also zy gholden al eer zy poorters worden» (Gilliodts-Van Severen [1874] n°82, pp. 583-584).

ルッヘ側の見方のように，転籍料を支払わなくても市民権の獲得は可能であろう。しかし実際には，シャテルニー・フレイエ内でブルッヘへの市民権を得た（と称する）者たちは，シャテルニーの税を拒否していた。市民となった者の財産は転籍しないというなら，財産分の税は負担しなければならないはずである。ゆえに，転籍料を要求するフレイエの主張は，都市に転籍するのであれば，財産の所属も明確にすべきということで，徴税をめぐる市外市民とシャテルニーの問題に筋を通そうとしている。

　第2に，シャテルニー住民が市民権を得た後もシャテルニーに居住し続ける，つまり市外市民となってから，その身分を維持する条件についても対立が生じていた。これについて，第3点では，1年に40日ずつ3回の市内居住が必要とされていた。フレイエ側は，この規定のままに，この義務を果たしていない者は，市民ではなくシャテルニー所属者とみなすべきと主張した[13]。対するブルッヘ側の解釈は，《市民たちは，彼らが転籍手続をするまで上記のようにゼッティングを支払うならば，彼らが上記の40日の3回を保たなくても，同様にフレイエの中に住むことができる。しかし，彼らが転籍手続をしたならば，彼らが上記の40日の3回ブルッヘに住むという義務も，上記フレイエの人々と共に何らかの負担を負うという義務もない》[14]とする。やや回りくどい言い回しだが，結局ブルッヘ側は，市外市民の市内居住の義務を廃止しているのである。市外市民は，転籍手続（転籍料の支払い）をするまではシャテルニーにゼッティングを納税すればよく，転籍手続

---

13) «ende dat zulcke poorters van vrylaten commen zynde ende alle andere hoedanich zy waren, by alzo dat zy int Vrye woenen, schuldich waere drie waerven siaers, ende telcken veertich daghen, binnen der stede te wonene, ende vier te berrene ; oft anderssins dat zy zouden bliven toebehoorende de wet van den Vryen, omme met hemlieden alle lasten te draghene» (Gilliodts-Van Severen［1874］n°82, p. 583).

14) «Ende dat die poorters, aldier ghelycke int Vrye woonen mochten, al en hilden zy niet de voorseyde driewarf veertich daghen, midts betalende zettinghe alsboven tot zy veryssuwet hadden ; maer zo wanneer zy veryssuwet hadden, dat zy onghehouden waren in de voorseyde driewaerf veertich daghen te wonene te Brugghe, oft in eeneghe lasten te draeghene metten voorseyde van den Vryen» (Gilliodts-Van Severen［1874］n°82, p. 584).

後はその納税からも解放される，ということになる。

1年に40日ずつ3回の市内居住について，規定のままの履行を主張するフレイエと，廃止を示唆するブルッヘ，両者の主張は正反対である。この件に関しては，実態に即しているのはブルッヘの主張であろう。市外市民がこの市内居住義務を遂行するのも，それを強制するのも，実際には不可能だったと考えられる[15]。フレイエの主張するように，この市内居住義務を果たさない市外市民はシャテルニーの所属とみなされる，というのであれば，市外市民制は成り立たないだろう。

以上「17点」第3点の解釈について，ブルッヘとフレイエ双方の立場を確認しよう。ブルッヘは，市民権の取得についても市外市民の身分維持についても緩やかな解釈をしている。市外市民を受け入れる側として来る者は拒まず，管理や規制はしていない。しかし市外市民の増加によって税収を失っていたフレイエの方では，事態を深刻に受け止めていた。市民権取得に際しての転籍料支払い，市外市民の一定期間市内居住は，現実的には実施が難しいことだろう。だが，この主張から，市外市民とのトラブルを何とか処理したい，また，市外市民の増加を押しとどめたいという姿勢が見られる。それは，事態を甘く考えているブルッヘに対して，対応を迫るものであった。

(2) 1429年協定

このように，「17点」第3点に関するブルッヘとフレイエの対立が浮上したものの，すぐに事態は動かなかった[16]。

しかし1429年3月以降，フレイエは，シャテルニー内に住む他都市の市民への課税について，周辺自治体との調整を始めた。シャテルニーの中にはブルッヘだけでなく，多くの小都市が位置している。その市民たちが都市の管轄地域を越えてシャテルニー内に住むならば，やはりシャテルニー税の問題が生じる。3月，まず小都市フックの人々と彼らが居住するフレイエ内の

---

15) 1年に40日ずつ3回の市内居住の規定は1304年伯側からブルッヘに与えられた文書で初めて盛り込まれ，他の小都市にも広がった。しかしこの規定は暗黙の裡に無視されていたという。そして1398年都市コルトレイクでは紛争の末にこの規定が撤廃された（Nicholas [1971] p. 245, n. 81)。

地区（オーストケルケ Oostkerke, アイトケルケ Uitkerke 両アンバハト）の協定が話し合われた。フックは大都市ブルッヘへの影響下にあり，ブルッヘはフックを援助するということで協議に加わった（RAB, BVr, n° 164, f. 23）。次に4月，フレイエ内オーストケルケ，ズーウェンケルケ Zuwenkerke 両地区と小都市フック，モニケレーデ両市民との協定につき論じた。これも両都市だけでなくブルッヘへの理解を得る必要があった（RAB, BVr, n° 164, f. 25)[17]。

そしてこの時期に，フレイエとブルッヘの間でも，シャテルニー内の市民に関する協定が話題に上っている。フレイエ統治組織は，3月末，5月初め，5月末と3回にわたり，協定の様式を議論した（RAB, BVr, n° 164, f. 23v, 26, 27）。フレイエとブルッヘの間で，どのように話が進行したのか，詳細を追うことはできないが，実務レベルで調整が行われていたものと考えられる[18]。

この過程で，この問題に影響を及ぼす事件が起こった。6月，シャテル

---

[16] ただ何度か，シャテルニーでは住民と「ブルッヘ市民」が関わる紛争が生じ，その扱いについてフレイエ当局とブルッヘ当局が協議している。1428年3月，シャテルニー内オールスカンプ Oorscamp（現在の Oostkamp）領主領において，ブルッヘ市民 Janne van den Dinnen 所有の家畜のことを発端に，領主領の住民 Janne van Ghend と「ブルッヘ市民」たちが争った（RAB, BVr, n° 163, f. 24v）。詳細はわからないが，この「ブルッヘ市民」たちは市外市民かもしれない。オールスカンプ領主領は「市民」が多いという理由でシャテルニーの税の減免を受けている（畑 [2011] pp. 52-53, 表6；本論文Ⅰ (2) 参照）。さらにこのオールスカンプ所属の Janne van Ghend は1428年7月にもブルッヘ市民 Willem Gheerlof と紛争を起こし，フレイエ当局とブルッヘ当局の調停で和解している（RAB, BVr, n° 163, f. 29v）。

[17] 地区内で小都市の市民たちが不当に課税されていると訴え，協定に至ったようである。この時の会合には，西隣のヴゥールネ・シャテルニーの代表が出席し，同シャテルニーとの協定も主な議題となっているが，こちらの協定の内容は不明である。なお，ここで挙げられた2つの小都市は，ブルッヘと北海を結ぶズウェイン河沿いに位置し，ブルッヘへの貿易の恩恵を得ていた。どちらの都市も人口500〜600人ほどと推定される（Stabel [1997] p. 38）。この2都市は，フェルベーメンの研究（Verbeemen [1957]）では市外市民を持つ都市としては挙げられていない。ここでシャテルニーの領域に住んでいる市民というのが，シャテルニー住民出身の市外市民であるかどうかはわからない。

ニー内ウルセル Ursel 領主領の収入役 Pieter Eekaerd なる者が，ゼッティングの徴収のためにブルッヘ市民 Janne van Pantele の財産を差し押さえたところ，ブルッヘ都市当局に逮捕されたのである。フレイエ当局からブルッヘ市長のもとへ使節を送り，収入役を釈放させることに成功した。釈放の決め手となったのは，《後に両当局によって作成される協定 zekere apointement dat naermaels der of ghemaect zoude werden bi beede wetten》であった (RAR, BVr, n° 164, f. 28)。この紛争によって，協定の必要性は双方に一層強く認識されたにちがいない。

結局，1429年8月6日の日付で協定は成立した[19]。すでに7月30日からのフレイエ統治組織の全体的な会合で，協定の条文が検討されていた (RAR, BVr, n° 164, f. 32)。協定の主題である「17点」第3点の変更の要点を，まず，①シャテルニーの住民がブルッヘ市民権を得る方法，次に②市外市民の義務について整理しよう。

① 市民権獲得の方法

シャテルニー住民が市民となるには，基本的に，転籍手続が必須とされた。市民として受け入れられる前に，シャテルニー内の納税している場所（所属する地区）で転籍手続をし，転籍料の受領証 «goede ende souffisante bezeghelde brieven van quyctsceldynghe» を持ってこなければならない。もし当該の場所で友好的に手続をすることができなければ，シャテルニーの参審人裁判所において，宣誓の供述に従い財産の10分の1を支払い，転籍手続をすることができる (Gilliodts-Van Severen [1874] n° 82, pp. 584-585)。

ただし，転籍手続の時期については2つの例外が設けられた。その一つは，成年独身者で両親が生存している者が，ブルッヘの同業組合に加入するために市民権を得ようとする場合である。つまり，自己の財産をまだ持って

---

[18] フレイエ会計簿には，協定に関するフレイエ統治組織の会合は記録されているが，協定をめぐるブルッヘとの交渉については記されていない。ブルッヘとの交渉に，費用が発生しなかったからである。恐らくブルッヘ市内のフレイエ役所に働く事務官が，ブルッヘ側と協議しながら草案を作っていったものと考えられる。

[19] この協定の原本は失われており，1449年裁定文書の一部として収録されている (Gilliodts-Van Severen [1874] n° 82)。

いない者ということになる。この人々は，市民権を得る際にではなく，父または母が亡くなり財産を相続する際に転籍手続をすればよいとされた。もう一つは，ブルッヘ市民と結婚する場合である。シャテルニー住民と都市民の通婚には何の妨げもなく，結婚によって市民権を獲得することができた。この場合も，結婚つまり市民権獲得の際に転籍手続が必要とはされなかった（Gilliodts-Van Severen［1874］n°82, pp. 585-586）。

要は，シャテルニーの所属を離れる人とともに財産が流出するかどうかが問題である。市民となった者がシャテルニー所属民の財産を相続によって入手するならば，転籍料を支払わなくてはならなかった。先に，結婚と転籍手続は別とされていたが，結婚によって財産を相続する場合は転籍手続が求められたのである[20]。

このようにシャテルニー住民による市民権の取得には基本的に転籍手続を義務付けたわけだが，シャテルニー出身のブルッヘ市外市民でまだ手続をしていない者も，1年以内に手続をすることとされた。だが手続の内容は，今後に適用されるはずの前述の手続とは違っている。まず，その者が支払うことになっているゼッティングの10年間を計算し，その10分の1を納める。つまりゼッティング10年間の平均額である。さらに財産の16分の1を査定に従って転籍料として支払う。市民権を得てから10年未満の者は，その期間のゼッティングの平均額と財産の16分の1が転籍料となる（Gilliodts-Van Severen［1874］n°82, pp. 586-587）。

ただ問題は，ゼッティングを支払おうとしなかった市外市民である。彼らが素直に転籍料の支払いに応ずるとは考えにくい。そこでいくつかの措置が講じられた。彼らに対しては，フレイエの通告に従い，ブルッヘ参審人が6ヵ月以内に促して，転籍手続をさせることとする。転籍料のために転籍料徴収役 yssuwers，フレイエ当局，市外市民の間に紛争が生じたら，ブルッ

---

20) «Item, dat zy van allen goede dat poorters of poorterssen van Brugghen toecommen zoude van vrylaten of van den appendanchen van den Vryen, by huwelicke of by versterften, elc yssuwe betalen zoude daert ghebuerde, zonder eenich bescud, ende eer hy tgoet hem toecommen als boven, wech zoude moghen doen» (Gilliodts-Van Severen［1874］n°82, p. 586).

へとフレイエ双方の参審人から3名ずつを出して裁定させる。転籍手続を求められてもしない者は，手続をするまで，フレイエで課されるすべての負担を負わなくてはならない（Gilliodts-Van Severen［1874］n°82, pp. 587-588）。

② 市外市民の義務

シャテルニー内に住むブルッヘ市民，すなわち市外市民は，シャテルニーの税（ゼッティングやポインティングなど）を負担することはなくなった。しかしその代わりに，シャテルニー内で本人や使用人が所有または経営している物件（土地，牧草地，家屋，風水車，池など）の請負料 pacht の一定の割合（1リーヴル・パリジあたり4ドゥニエ，つまり1.67％）を毎年支払うこととされた。つまり，pondgeld と呼ばれることになる年税である[21]。

ただ，ブルッヘ市内市民（参審人団管轄内に居住する市民）もシャテルニー内の財産を所有・経営していた。こうした人々については，同様の支払いを課す場合と，免除する場合を区別した。免除するのは，土地の請負について，その土地がブルッヘ市民の所有になっており，かつ市内市民本人か，その使用人で毎日市内から往復し，収穫物を市内に運んでくる者かが請負として保有する場合である。対して，ブルッヘ市民以外が所有する財産の請負については，1リーヴルあたり4ドゥニエの年税の納付が義務付けられた（Gilliodts-Van Severen［1874］n°82, pp. 588-589）。

さて，この年税のために毎年の手続が定められた。まず毎年9月，ブルッヘ統治組織の任命後の最初の土曜（参審人団を中心とする統治組織は9月2日に改選された），都市参審人たちが鐘によって布告し，市民が，自分の請負の大きさ，額，その物件の所有者を居住する小教区の徴税役に申告するよう命じる。次に，シャテルニー・フレイエの方では，会計検査と役員改選後の日曜に，すべての小教区の教会で布告し，市民たちが知るようにと，徴税役の名前を告げさせる。この教会での布告の後15日以内に，市民たちは宣誓とともに請負に関する申告をしなければならない（Gilliodts-Van Severen［1874］n°82, pp. 589-590）。

---

21) pondgeld の語はこの文書中には出てこないが，後述する1年後の紛争の際には使われている。

なお，市外市民に関しては，ここまではシャテルニー出身者に限って論じられてきた。ただし，フランドル外の出身でブルッヘ市民権を取得してからシャテルニー内に住む人々の場合，シャテルニーの課す負担（税）を免れることはできないとされた（Gilliodts-Van Severen［1874］n°82, p. 590）。

「17点」第3点をめぐるブルッヘとフレイエそれぞれの主張と，この1429年の協定とを比べてみると，財産の相続を伴わない場合を除いて市民権獲得に転籍手続が必要とされたのは，フレイエの主張に沿っている。これによって人と財産の所属は明確になる。まだ手続をしていない者に対しても，1年以内に手続が義務付けられた。今後の転籍料が財産の10分の1であるのに対し，手続未了者については財産の16分の1とゼッティング平均納税額分の支払いが求められている。この支払いは，財産の10分の1よりは少なくなったと思われる。転籍手続をせずに市外市民となっている人々の中には，シャテルニーの税を未払いの者もいたに違いないが，彼らから少しでも徴収しようというフレイエ側の意図が読み取られる。

一方，市外市民の義務の点では，ブルッヘとフレイエの主張が正反対であった，年3回40日ずつの市内居住については全く言及されていない。すなわち，これを不要とするブルッヘの主張が通ったことになる。そして，市民権の獲得の前に転籍手続をすることとなったので，市外市民に対してシャテルニーの税が課されることはなくなった（ただし，フランドル外出身の市外市民を除く）。これもブルッヘ側の論理に沿っている。しかし今回，市外市民に対し請負料1リーヴルあたり4ドゥニエの年税という，新しい措置が導入された。この支払いは，市外市民に対する徴税を断念することになるフレイエへの代償と考えられる。その際，市外市民の生活の実態に即して，不動産の所有だけでなく経営について請負料を基に計算するという方式を採り入れたことが目を引く。

全体として，ブルッヘとフレイエ双方の主張を組み合わせながら，フレイエ側の財政的損失に対し，転籍料や年税の徴収を認めるようにして配慮を示した協定になっている。手続にあたっても双方の当局が各々役割を果たすように定められていた。では，この協定は問題なく実施されたのか。

(3) 1430年修正協定

　1429年8月に協定が成立してからしばらくは，特に税をめぐる紛争は報告されていない。しかし，ブルゴーニュ公の新しい援助金が事態を転回させる。

　フィリップ・ル・ボンは1430年1月にポルトガル王女イザベルと結婚したのを機に，援助金をフランドル四者会議に求めた。この度の要求は，250,000ノーブルという前代未聞の総額で，1年内に3回払いというものだった（Blockmans［1990］n°401, p. 456）。君主の結婚を理由とする要求は，受け入れなくてはならなかったが，四者会議は，人民の貧しさを考慮して支払期間を長くしてくれるように求めた（Blockmans［1990］n°403, p. 458）。2月，3月と君主側と四者会議の交渉が重ねられる中，フレイエは，援助金の徴収にあたって《自由都市の外に住む市民 poorters, buten vrije steden wonende》つまり市外市民が居住地で納税するように提案した。これについては他の三者の代表が委任を受けていないということで，すぐには決まらなかった（Blockmans［1990］n°407, p. 462）。しかし最終的には3月，総額は150,000ノーブル，半年ごとに50,000ノーブルずつ計3回支払うことで，四者会議は同意した。さらにフレイエの主張のように，《外で生活の糧を得ているすべての市民 alle de poorters buten water ende wede nemende》は居住地で納税することになった（Blockmans［1990］n°408, p. 463）。

　先のブルッヘとフレイエの協定では，ブルッヘ市外市民はシャテルニーの税を支払う必要はないと明記されていた。そこには君主援助金の支払いにあてるポインティングも含まれる。従って，新しい援助金にあたって市外市民が居住地で納税するというのは，1429年の協定に明らかに反している。援助金があまりに高額なため，例外的な措置として認められたのだろうか。そしてやはりフレイエにとっては，市外市民からの徴税が重要性を持っていたことがわかる[22]。

　四者会議は，援助金に同意するのと引き換えに，君主への請願を提出しようと，小都市やシャテルニーから君主側に対する苦情を集め，準備を進めていた（Blockmans［1990］n°409-411, pp. 463-467）。ところが君主側から，まず

は6月の聖ヨハネの祝日に定められていた最初の支払いを請願よりも優先してほしいと要請された（Blockmans [1990] n°411, p. 467）。こうした中で，各地で課税・徴税に関する問題が出てきたようである。7月，フレイエ当局の下に，小都市ダム，フック，アールデンブルフ，オーストブルフ，モニケレーデの代表が集まり，市外市民への課税につき協議している（Blockmans [1990] n°424, p. 482）。そして9月には，再びブルッヘとフレイエの間で問題が生じた。

　フレイエ側は，前年に成立した「17点」第3点についての協定を協議して作り直すことを求めた。この協定について，フレイエ内のいくつかの地区でシャテルニー所属民と市外市民の間に紛争が起こったのである。ブルッヘ側は即答を避けたが，その後双方の間で話し合いが続いた（ARA, Rk, n° 42548, f. 34）。フレイエの訴えによれば，ブルッヘ市外市民たちは，先の援助金の同意の際の決定に従わず，援助金の割当を支払おうとしなかった（ARA, Rk, n°42549, f. 12v-13）。この決定が，前年の協定と矛盾する以上，現地で混乱が起こるのは必至である。

　フレイエとしては，どうしても援助金の支払いのために，徴収を強化しなければならなかった。この頃フレイエは君主に対して援助金支払いの猶予を求めており，その件でフレイエ役所に出向いてきたフランドル総収入役に対し，シャテルニー内のブルッヘ市外市民が課税に抵抗していると訴えている（ARA, Rk, n°42549, f. 13-13v）。もちろんシャテルニー所属者からの徴収も進められていた。役所付きの書記 Gheraerd van Meetkerke が，リヒテルフェルデ Lichtervelde，ヴェイネンダーレ Wijnendale 両領主領の役職者のもとに出向き，税を引き渡すように促している。同じ頃，デュゼレ Dudzele，リッセヴェーゲ Lissewege 両アンバハトでは，《過去何年にもわたり》シャテルニー税未払いの住民たちの財産査定も行っている（ARA, Rk, n°42549, f. 14-14v）。だがとりわけ市外市民の抵抗は大きかったようだ。10月，フレイ

---

22) 四者会議が援助金に同意を与えた後，フレイエ当局は，君主顧問官トゥルネー司教とフランドル総収入役 Guy Guillebaut と会談し，《市外市民に関して特別に要求した諸点》を確認している（ARA, Rk, n°42548, f. 22v）。

エ当局は，ブルッヘ側との協議において，デュゼレ・アンバハトに住む市外市民たちが，協定で義務付けられたゼッティングと年税について，フレイエの査定役の財産査定に抵抗した旨を訴えた（ARA, Rk, n° 42549, f. 14v）。

10月末と11月初め，フレイエでは多くの参審人が集まる会合を2度開き，市外市民をめぐるブルッヘとの紛争について話し合い，再びフランドル総収入役に相談しようとした。ブルッヘ側が，市外市民が援助金を居住地では払わないこと，先の協定で定められた市外市民の年税についても支払う必要はないことを決めたために，援助金に伴う条件が守られるかどうかというフレイエの危惧を総収入役に伝えようというのである（ARA, Rk, n° 42549, f. 15v, 16v）。市外市民を庇うブルッヘに対し，フレイエは援助金の支払いに差しつかえるという論拠から君主側を味方につけようとした。

これらの協議の結果，1430年12月4日の日付でブルッヘとフレイエの間に再び協定が結ばれた。そこではまず，前年の協定以来生じた事態が認識される。ブルッヘ市外市民の中には，協定で定められたような1年以内の転籍手続，そして請負料を申告した上での年税支払いをしなかった者がいたこと，そして，協定では年税支払いによってシャテルニーから課される全負担を免除されるはずだったが，新しい援助金においては各人が居住地で納税すると定められたため，矛盾が生じたことである（Gilliodts-Van Severen [1879] n° 42, pp. 237-238）。これをふまえ，以下の2点が定められた。

(a) 支払期限の延長

転籍料をまだ支払っていない市外市民は，翌年3月半ばまでに納付する。それでも支払わなかった場合は，全体の慣習に従って（というのは先の協定で特別に定められた財産の16分の1ではなく通常のように）財産の10分の1を転籍料として納めることとされた。年税については，1430年の間に請負料を申告しなかった者は，翌年2月2日（蝋燭の聖母祝日）までに，請負物件所在地の徴税役に申告し，3月半ばまでの間に年税を支払うべきである。また，市外市民のゼッティングの未払い分についても3月半ばを期限とする。年税とゼッティングをもし納付しないならば，未納分に加えて法定の費用も徴収してよい。フレイエ側は，これらの納付期限3月半ばまでは一切取立てを行わない。

(b) 援助金の割当の免除

　今回の援助金，そして将来の援助金も，市外市民は分担しない。代わりに，先の協定どおりに年税を支払う。フレイエ側が今回の援助金について課税するとしても，《君主もフレイエも》徴収しないこととする（Gilliodts-Van Severen [1879] n° 42, pp. 239-242)。

　さて，この修正協定で特筆すべきなのは，フレイエが，今まで主張してきたように市外市民に援助金を負担させるのを断念したことである。1430年の援助金の交渉の段階から，この修正協定に至るブルッヘとの協議においても，フレイエは市外市民からの徴収を問題にしてきた。そのフレイエがこうしてあきらめざるを得なかったのは，あまりにも市外市民と，彼らを支える都市ブルッヘからの抵抗が強かったからなのか。それとも，援助金の徴収にこだわることで1429年の協定を無にしてしまうという危険を避けようとしたのか。今回もこれ以降も市外市民からは徴収しないことを約束しなければならなかったのは，フレイエにとって不利なことだった。

　さらにその際，《君主も》徴収しないという文言が入れられた。1429年協定もこの修正協定も，形式的にはフレイエと都市ブルッヘ二者の間の取り決めであり，君主の承認は付されていない。しかし先に見たように，1429年協定以後に生じた徴収の困難につき，フレイエはフランドル総収入役など君主側に相談していた。修正協定を結ぶにあたっても，君主側は事態を了解しており，ブルッヘ側を納得させるために君主の介入が必要とされたのではないかと思われる。

　市外市民に転籍料と援助金負担の代わりの年税を義務付けるという点は，1429年協定どおりである。ただ，支払期間を延長し，延滞に対する取立てを示唆することで，市外市民各自の支払いを促し，フレイエの徴収を促進しようとしている。フレイエとしては，この徴収に力を入れて，断念した分を埋め合わせようとするだろう。その後，フレイエ当局は，しばしば各地に担当の書記 Gheraerd van Meetkerke を派遣し，財産査定や未納者の拘束を行わせるようになっていく[23]。

結　論

　ここまで，15世紀フランドルのシャテルニー・フレイエにおけるブルッヘ市外市民の問題について，出発点となる1318年「17点」第3点の規定を確認した後，1420年代シャテルニー財政と市外市民の対立を，1429年ブルッヘとフレイエの協定，およびその翌年の修正協定に至るまで検討してきた。この問題から見ると，都市とシャテルニーの織りなすフランドルの地域社会はどのように変化したのだろうか。

　フランドルでは14世紀までに市外市民制が展開しており，大都市ブルッヘとそれをとりまくシャテルニー・フレイエの地域でも，シャテルニー住民がブルッヘ市民権を獲得し，市外市民となろうとする動きはあったが，シャテルニーと都市の間では，住民のブルッヘ市民権取得に際して二重の条件を課すことが取り決められていた。

　しかしフランドルにおいてブルゴーニュ公家の支配が進む15世紀，とりわけフィリップ・ル・ボンの治世になると，君主の臨時課税が状況を変えていく。割当を支払うためにシャテルニーは多くの臨時税を課した。シャテルニー住民の中には，重い課税を逃れるためにブルッヘ市民権を獲得する者が出てきたが，そのようにしてシャテルニーの課税対象から外れる者が多くなると，シャテルニー各地区の徴税は滞ってしまう。こうして，課税するシャテルニーと納税者の対立が，納税者の市外市民化によって，シャテルニーと都市の対立へと転化したのである。

　それでも，大都市ブルッヘとシャテルニー・フレイエの間では，シャテルニーが都市と対等に交渉しうる力を持っており，双方の協議によって，四者会議や君主権力の介入なしに，1429年の協定を成立させることができた。だが，1430年春の巨額の援助金が決定されたことで，再び事態が混乱し，

---

23)　その例としては，1430年12月20日にオールスカンプ，エルケヘム Erkegem，リヒテルフェルデで，ゼッティングとポインティングの未納者を拘束していることが挙げられる（ARA, Rk, n° 42549, f. 18v）。

修正協定を結んだ際には，市外市民に課税しないとの文言の中で君主の存在も介在させなければならなかった。ここには，君主の課税政策が実施されるに伴い，都市とシャテルニーの対立が一層深まっていき，解決が困難になるにつれて君主権力の介入が必要になるという展開の端緒が窺える。本論文の対象とした段階では君主権力の積極的な介入まではまだ見られなかったものの，さらなるブルゴーニュ家の支配の進行によって，こうした展開がどのように帰結していくのかを確かめていかなくてはならないだろう。

［文献目録］

未刊行史料
Brussel
　　Algemeen Rijksarchief, Rekenkamer（= ARA, Rk），n° 42545, 42548-42551.
Brugge
　　Rijksarchief Brugge, Brugse Vrije, registers（= RAB, BVr），n° 154-170.

刊行史料
Blockmans, W. P.（ed.）［1990］*Handelingen van de Leden en van de Staten van Vlaanderen (1419-1467)*, deel 1, Brussel.
Gilliodts-Van Severen, L.（éd.）［1874］*Coutumes de la ville de Bruges*, tome 1, Bruxelles.
Gilliodts-Van Severen, L.（éd.）［1879］*Coutumes du Franc de Bruges*, tome 2, Bruxelles.

［研究文献］

欧語
Blockmans, W.P.［1978］*De volksvertegenwoordiging in Vlaanderen in de overgang van Middeleeuwen naar Nieuwe Tijden (1384-1506)*, Brussel.
Boone, M.［1990］*Gent en de Bourgondische hertogen ca. 1384-ca. 1453. Een sociaal-politieke studie van een staatsvormingsproces*, Brussel.
Boone, M. & Stabel, P.［2002］New Burghers in the Late Medieval Towns of Flanders and Brabant : Conditions of Entry, Rules and Reality, in Schwinges, R. C.（hrsg.），*Neubürger in späten Mittelalter. Migration und Austauch in der Städtelandschaft des Alten Reichs (1250-1550), Zeitschrift für historische Forschung*, Beiheft 30, Berlin, pp. 317-332.
Buntinx, W.［1967］De enquête van Oudenburg. Hervorming van de repartitie van de beden in het graafschap Vlaanderen（1408），*Handelingen van de Koninklijke*

Commissie voor Geschiedenis, 134, pp. 75-138.

De Meyer, I. & Vanderpijpen, W. [1972] *De sociale strukturen van St. Jacobs-, St. Niklaas- en Onze Lieve Vrouw-zestendelen in Brugge in 1394-1396 : Studiēn betreffende de sociale strukturen te Gent, Brugge en Kortrijk in de 14e en 15e eeuw*, Deel II, Heule.

Ganshof, F.-L. [1932] *Recherches sur les tribunaux de châtellenie en Flandre avant le milieu du XIIIe siècle*, Anvers-Paris.

Huys, E. [1995] Kasselrij van het Brugse Vrije, in Prevenier, W. & Augustyn, B.(eds.), *De gewestelijke en lokale overheidsinstellingen in Vlaanderen tot 1795*, Brussel, pp. 461-478.

Nicholas, D. [1971] *Town and Countryside. Social, Economic and Political Tensions in Fourteenth Century Flanders*, Bruges.

Parmentier, R. A. [1938] *Indices op de Brugse poortersboeken*, 2dln, Brugge.

Prevenier, W. [1959] Het Brugse Vrije en de Leden van Vlaanderen, *Handelingen van het Genootschap voor geschiedenis te Brugge*, 96, pp. 5-63.

Prevenier, W. [1960] De beden in het graafschap Vlaanderen onder Filips de Stoute (1384-1404), *Belgisch Tijdschrift voor de Filologie en de Geschiedenis*, 38, pp. 330-365.

Prevenier, W. [1961] *De Leden en Staten van Vlaanderen (1384-1405)*, Brussel.

Schouteet, A. [1965] *Indices op de buitenpoorters van de stad Brugge, 1548-1788*, S. 1.

Stabel, P. [1997] *Dwarfs among Giants. The Flemish Urban Network in the Late Middle Ages*, Leuven-Apeldoorn.

Van Nieuwenhuysen, A. [1984] *Les finances du duc de Bourgogne Philippe le Hardi (1384-1404). Economie et politique*, Bruxelles.

Verbeemen, J. [1957] De buitenpoorterij in de Nederlanden, *Bijdragen voor de geschiedenis der Nederlanden*, 12, pp. 81-99, 191-217.

Warlop, E. [1959] *Bijdragen tot de geschiedenis der vorming van het Brugse Vrije. Bronnen, Gebied, Instellingen*, onuitgegeven licenciaatverhandeling, Rijksuniversiteit te Gent.

Zoete, A. [1990] *Organisatie en betekenis van de beden in het graafschap Vlaanderen onder de hertogen Jan zonder Vrees en Filips de Goede (1405-1467)*, onuitgegeven doctorale verhandeling, Rijksuniversiteit te Gent.

Zoete, A. [1994] *De beden in het graafschap Vlaanderen onder de hertogen Jan zonder Vrees en Filips de Goede (1405-1467)*, Brussel.

邦語

齋藤絅子［2010］「エノー伯領における都市共同体と市外市民」『明治大学人文科学研究所紀要』第66冊, pp. 153-170.

畑奈保美［1996］「1408年フランドルにおける租税割当比率の改定」『歴史』第87輯, pp. 50-79.

畑奈保美［2003］「中世フランドルの代表制活動における農村地区 —— 14 世紀末-15 世紀初頭のブルフセ・フレイエを中心に ——」『西洋史研究』新輯第 32 号, pp. 56-80.

畑奈保美［2006］「ブルゴーニュ時代フランドルのシャテルニー会計簿 —— フランドルにおける自治体会計検査と会計簿：ブルフセ・フレイエを例として ——」『ヨーロッパ文化史研究』第 7 号, pp. 161-182.

畑奈保美［2007］「ブルゴーニュ時代フランドルのシャテルニー統治 —— 14 世紀末-15 世紀中葉ブルフセ・フレイエ統治組織の人的構成 ——」『史学雑誌』第 116 編第 9 号, pp. 41-66.

畑奈保美［2011］「フランドルにおける援助金の交渉と徴収」『社会経済史学』第 77 巻第 2 号, pp. 41-55.

畑奈保美［2013］「15 世紀フランドル都市ブルッヘの市民登録簿」『ヨーロッパ文化史研究』第 14 号, pp. 135-147.

塙浩［1965］「フランドル伯領城主支配権制度に関する一所説 —— ガンスホーフ「シャァテルニー裁判廷研究」——」『神戸法学雑誌』第 15 巻第 1 号, pp. 139-167.

藤井美男［1985］「南ネーデルラント「市外市民」制に関する一考察」『経済論究』第 61 号, pp. 145-172.

藤井美男［2011］「中世後期ブリュッセル市外市民とブラバント（ブルゴーニュ）公権 —— ヴァン＝アウトフェン事件を事例として ——」『経済学研究』（九州大学）第 78 巻第 2・3 合併号, pp. 121-155.

山瀬善一［1971］「伯ギュイ・ド・ダンピエールと伯財政」『関西大学商学論集』第 15 巻第 5・6 号, pp. 1-22.

મ # 第Ⅲ部

宮廷と政治文化

第 8 章

御用金と借入金
―― 1430 年代ブルゴーニュ公領の事例 ――

金 尾 健 美

はじめに

　御用金はふたつの文脈で論及される。ひとつは従属的農民に課される封建的賦課が国家的租税へゆっくりと変貌する途上で，御用金を臣民一般に課される直接金納税の起源として位置づけようとする立場である。つまり時間枠をあまり狭く限定しない課税の歴史の中に重要な一里塚として意義づけようとする立場であると言えよう（Clamageran [1867-76 et réimp. 1980]）。

　他方，今ひとつの立場は，時間枠をずっと限定して，中世後期の国王や諸侯の財政に目を向け，その重要な財源として，あるいは重要な政策として論じようとする立場である（Favier [1971]）。本論文はこの立場に立って，さらに時間と空間を限定してヴァロワ家ブルゴーニュ公の御用金を考察したいと思う。

　「史伝」という古風な呼称がいかにも相応しいドン・プランシェの中にも（Dom Plancher [1739 et réimp. 1974]），あるいはそれに引き比べて，近代科学的総合叙述と呼びたくなるリチャード・ヴォーンにしても（Vaughan [1970 et réimp. 2002]），どちらも財政問題を無視しているわけではないだろうが，その比重は小さい。ブルゴーニュ公の財政を中心課題として定量的に分析した最初の論考は，やはりミシェル・モラの研究であろう（Mollat [1958]）。4世代にわたるヴァロワ家ブルゴーニュ公の歳入と歳出のいわゆるプライマリー・バランスを明らかにした。フランス王家と比較すると，流動資産が十分であったが，3代目からは国庫への依存が困難になり，財源確保が大きな課題となる一方で，殊に軍事費がひたすら増加を続けた，と収支両面での構

造変化を指摘し，その結果として御用金と金融業者からの貸付金の比重が年を追うごとに増大し，4代目シャルルの戦死によって公家は破産した，というブルゴーニュ公財政の古典的理解を作り上げた。

モラの論考は百余年にわたる公家財政の全体像を明らかにした点では評価できるが，典拠が明示されず，したがって，その論証も結論も検証不能の不思議な論文である。近年，ようやくこのモラの論文を再検討し，多くの個別研究を援用しつつ，かなり異なる結論に達した論考が現れた。歴代ブルゴーニュ公家の財政は，最初期はともかく，北方領土を確保してからは余裕があり，破産どころか蓄積があった，とラッサルモニーは主張する（Lassalmonie [2013]）。

ブルゴーニュを含め，財政を近代国家形成史という視点から，あらためて集中的に考察しようとしたのがリチャード・ボニーの論集であろう（Bonney [1995]）。総花的と批評することもできようが，その内容は的確である。

研究が蓄積されれば，緻密，詳細なモノグラフィーを目指すのは当然かもしれないが，ブルゴーニュ公が支配した多くの領邦を，ある全体の部分的構成要素と見なすのではなく，それぞれの多様性と自律性を認め，ひとつひとつが完結した一社会体であると見て，あえて単一の領邦に限定し，その統治機構や財政を詳細にするという立場が現れてきた。この方向性を，可能的に示唆したのは，おそらく本人は意図していなかっただろうが，アンドレ・ファン・ニューウェンハイゼンではないかと思う（Van Nieuwenhuysen [1984] et [1990]）。彼女の研究は初代フィリップの治世末10年間を取り上げたもので，地域的には南方も北方も，いずれの領域にも偏らない浩瀚なものであるが，その緻密な実証を補強していくには，対象をさらに限定しなければ困難という理解が広まったのではなかろうか。ジャン・ロージエの研究（Rauzier [1996] et [2009]）はまさにそのような意味で彼女の後継者であり，その手薄な部分である14世紀のブルゴーニュの実証を十二分に補ったと評価できる。ごく最近刊行されたベポワの研究はさらにその延長上にあると思うが，「領邦経営」というタイトルを選ぶに至った（Bepoix [2014]）。

このような現状は南方ブルゴーニュの研究と北方ネーデルラントの研究

と，両者の乖離という問題を引き起こす。ブルゴーニュ公史はフランス同輩貴族による北方征服の歴史であると極言することもできるから，歴代の公と地域住民の関係は南方ブルゴーニュと北方ネーデルラントとでは根本的に異なっていて当然であり，したがって課税に対する住民の態度も当然異なる。そのために北方研究は課税問題をめぐる政治史を志向する[1]。しかも研究の蓄積スピードは北方が圧倒的で，南方を扱う研究は遅れがちである。そのために，北方領域の研究が生み出す認識と理解がブルゴーニュ公支配領域全体の理解に繋がるという「錯覚」が無自覚のうちに定着しつつある，と筆者には思われる[2]。御用金徴収をひたすら政治的に捉えようとすれば，北方領域を対象とする研究成果がそのまま一般化されてしまう。これが南方領域の財務状況を詳細にしようとする本論文執筆の動機のひとつである。

フランス王国内を対象として，課税を政治史の中で捉えようとする研究がないわけではない[3]。対象時期が異なるが，「選ばれた王」フィリップ6世の財政を論じたエヌマンは課税合意が地方政治の反映であることをよく論証している（Henneman［1971］）。ブルゴーニュ史の重鎮であるアンリ・デュボワ，あるいはその薫陶を受けた次世代の研究者たちはカペー期とヴァロワ期を区切らず，連続した地方的一体性を前提とすることで，ブルゴーニュ公家とフランス王家との係累を思い起こさせ，公家の財政や通貨政策を国王政策との関連の中で論じた（Dubois［2002］et［2007］,Pepke-Durix［2002］）。彼らの論証を支えるディジョンの旧会計院文書の豊かさは夙に知られている[4]。

筆者は通貨が安定する1420年代後半以降のブルゴーニュ公領を取り上げ，

---

[1] Blockmans［1987］, Boone, Dumolyn［1999］, Boone, Davids & Janssens［2003］, Cauchies［2004］, 藤井［2007］.
[2] 上記の W. Blockmans, J.-M. Cauchies, あるいは M. Boone などベルギーやオランダの研究者の精力的な活動と，それを支える王立アカデミーや出版社 Brepols には敬意を表する。ブルゴーニュ公史が彼らの歴史であることは否めない。またパリの「ドイツ歴史研究所」を率いた W. Paravicini も史料編纂を含む優れた業績を上げた。
[3] Contamine, Kerhervé et Rigaudière［2002］. この3巻本に収録された個別論文は以下でも典拠として挙げた。

その通常収入（地代，司法収入，水・森林資源利用料，間接税）に様々な角度から分析を重ね，一定の理解に達することができたと考えている。1427年を基準年とすれば，公領全体の地代と税の収入は緩やかに低落を続け，33年から35年に底を打ち，37年前後に回復するものの，その後はずっと停滞し，20年代のレベルを回復することはない。これがブルゴーニュ公領を構成する6管区の収入記録を調査分析した結論であった[5]。

本論文では[6]，この分析結果を前提として，御用金 aide と借入金 emprunt を考察しようと思う。つまり客観的に見て，財源が年々窮乏化を続け，回復するのかしないのか，予測不能の状況下に置かれていながら，流動的な政局に直面し，臨機応変を迫られる王国最重要人物が手元資金を確保するための手段として御用金と借入金に依存した，と考えて，この特別収入を分析したいと思う。そこで1433年から36年まで，通常収入が最低水準にあった時期，つまり財務状況が最悪であった時期を取り上げて御用金と借入金の，特に徴収実務に焦点を絞って，詳細に分析してみようと思う。

議論に入る前に，2つの予備的説明をしておきたい。まず公領と伯領の財務機構をごく簡単に説明する。ブルゴーニュ公領はシャティヨン（ラ・モンターニュ）Châtillon，オーソワ Auxois，オータン Autun，ディジョン Dijon，シャロン Chalon，およびシャロレ Charolais の計6つのバイイ管区

---

4) 本章の典拠史料はすべてコートドール県立公文書館 Archives Départementales de la Côte-d'Or（以下，ADCO と略記）系列 B に収蔵されているので，単に B**** と整理番号のみを（　）で括って本文中に記載する。

5) 拙稿（金尾［2010］）および科研費 基盤研究（C）「ヴァロワ家ブルゴーニュ公フィリップ・ル・ボンの金融と財政」（18520570）の成果報告 http://kaken.nii.ac.jp/pdf/2010/seika/jsps/ 32514/ 18520570seika. pdf を参照。

6) 以下，本章は金尾［2011］に加筆したものである。この『紀要』論文は，平成22年度科研費（基盤研究（B））「ヴァロワ朝ブルゴーニュ国家の社会・経済・文化に関する統合的研究」課題番号：22320146，研究代表者：藤井美男（九州大学経済学研究院教授）を得て，その連携研究者として実施した現地調査に基づいている。『紀要』論文は国立情報学研究所 NII のサイトで全文検索が可能である。なお，筆者は近々ブルゴーニュ公フィリップ・ル・ボンの財政を詳細にした一書を刊行する予定である。本論文はそこから抽出し，簡素化して主張を明快にしたエッセンスであると理解されたい。執筆順序は『紀要』論文，書籍，本論文の順である。

で，伯領はアモン Amont とアヴァル Aval の2つの管区で構成される。これらは本来は司法行政管区であるが，この区画をそのまま地代や税の勘定単位として利用した。各管区には通常収入と2種の間接税を徴収する収入役 receveur が1人置かれ，別に水・森林資源利用料を徴収する役 gruyer が設置される。彼らはブルゴーニュ公と契約を交わし，ディジョン会計院に保証金を預託し，数年間，長ければ10年以上にわたって徴収業務を請け負う。つまり官僚とは言い難い人々である。彼らは固定化した地代を徴収し，必要経費を計上し，上役からの要求に応じて収入の中から金銭を提供する。ここで言う上役とは2つのブルゴーニュの収支を取りまとめ，管理する領邦勘定役 receveur général du Duché et du Comté de Bourgogne のことであるが，彼もまた請負人であり，通例，バイイ管区で収入業務を担当した経験者の中から選ばれる。領邦勘定収入は数万リーヴルに達するが，8つのバイイ管区からの拠出は約半分で，残余はバイイ管区に従属しない50ほどのシャテルニーから直接に拠出される。シャテルニーには収入役は設置されず，シャトラン自身が地代を管理する。御用金もバイイ管区ごとに徴収されるが，その徴収実務を担当する者は特別に指名されることもあり，また通常の管区付き収入役が担当することもある。管区ごとにまとめられた御用金を公領・伯領で取りまとめる統括役を臨時に設置することもあり，またそのような特別職を設置せず，領邦勘定役に取りまとめを一任する場合もある[7]。

　ふたつめの予備説明は「借入金」と訳した emprunt である。もちろん，借金つまり特定の誰か，例えば金融業者，から返済を前提として一時的に借り入れること，およびそのようにして手にした金銭を意味するが[8]，同時に，不特定多数の人々から借り入れる方法，すなわち公債（国債，地方債）発行による資金調達も，この言葉で表現する。現代では，むしろ後者の意味が普通かもしれない。15世紀のブルゴーニュ財務担当者も，どちらかと言えば，後者の意味で使用しているように見受けられる。したがって「借入金」よりも，「借上げ」と表現した方がよいかもしれない。しかしながら資

---

7) この財務機構の説明は本章を理解する上で必要最小限の概略だけを取りまとめたものである。

金調達の実際という面に限って言えば,「御用金」と「借入金」あるいは「借上げ」を相互に判然と区別する指標は認め難い。もちろん借入金は返済を前提とするから債務が発生し,将来の財務状況を圧迫する原因となるが,御用金は臨時課税であるから返済義務はない。本論文ではブルゴーニュ公の収入分析に力点を置くので,当面の運転資金の確保という意味で,両者を実質的に同列と見なして論じていくことにする。

I. 御用金徴収の概況

御用金と借入金はフィリップ・ル・ボンの全治世（1419-67 年）にわたって徴収されたと言えるが,それでも頻度と要求額は時期によってかなり異なる（Bautier & Sornay [2001] pp. 397-403）。

まず 1420 年代を概観すると, 22 年から 25 年までの 4 年間に総額 9 万 9 千フラン[9]の御用金が要求され,住民との合意が成立した。徴収はバイイ管

---

8) この場合は«prest, prêt»を使用する方が一般的と思われる。本章では取り上げないが,もちろん歴代のブルゴーニュ公もしばしば金融業者,大商人に依存した。初代ブルゴーニュ公フィリップ・ル・アルディ以来,ラポンディ Rapondi 家の活躍はよく知られている。第 2 代ジャンの治世になると,やはりルッカ出身のマルコ・グィディッチョーニ Marco Guidiccioni（Marc Guidocon と表記される）が台頭し,宮廷人の信頼を集めるようになった。彼は融資の見返りとして,様々な税収を請け負った。その活動領域は,どちらかと言えば,北方が中心であったが,ブルゴーニュにも痕跡を残している。1424 年 1 月 14 日（新式）付でサン・ジャン・ド・ローヌ Saint Jean de Loone の関税及び通行税徴収を 6 年間にわたって請け負わせ,年 1,200 リーヴルを領邦勘定役に支払わせる認可状の同時代コピーが現存している（ADCO B11389）。ただし,この冗長なテキストには,彼がこの総額 7,200 リーヴルを請け負うことになった経緯は明記されていない。ブルゴーニュ公と金融業者に関しては古典的な Mirot [1927-38] を,グィディッチョーニに関しては Lambert [2006] pp. 144-145 を参照。
9) 御用金も借入金も,公表の際にはフランを金額単位とすることが多かったが,それを徴収して記帳し,最終的に決算を行う段階で,リーヴル・トゥルノワで表現し直すことが一般的であった。本章では現実にやり取りされた金額を表現する場合にフランを使用し,帳簿に記載された金額（数値）であることを強く意識して論じる場合にリーヴル・トゥルノワを使用したが,根本的には同義と理解されたい。

区ごとに実施され，ブルゴーニュ領邦勘定会計に振り込まれた[10]。1426年から29年までの4年間は御用金要求がなかった。

1430年と31年は各々3万フラン，1432年は26,700フラン[11]，そして1433年は4万フランの御用金徴収が合意された。この4万フランという金額はフィリップの治世を通じて，単年度に要求・合意された額としては最高であるが，後述するように，徴収は失敗したと思われる。その影響なのか，翌34年以降は単年度中に何度か小刻みに要求するようになり，しかも借入（借上げ）金と表現される場合が現れる。34年の場合は4月に御用金1万3千フラン，8月に借入金4千フラン，1435年は2月，5月，8月と3度にわたり，順に2万，1万，4千，と合計3万4千フラン，という具合である。1436年は3月に御用金としては8千フランを要求したが，8月には借入金の名目で1万8千フランを要求した。1437年は7,500フラン，38年は10月に8,250フラン（6,000サリュ相当）[12]，11月に6,300フランの計14,550フランの御用金合意を成立させた。住民の合意を得やすくするために，このように小刻みに要求したのだろうが，それぞれ年間を通じて見れば，1万フランを大きく上回る金額を徴収している。1430年代で御用金も借入金も全く徴収されなかった年は39年だけである。以上，30年代に要求された御用金と借入金の合計は225,750フランに達する。ブルゴーニュ公領と伯領との通常歳入合計額（固定地代，司法手数料，間接税など）は5〜7万フランである

---

10) 1422年の記録は散逸したが，1423年分はADCO B1623 ff. 51-64に，24年分はB1625 ff. 82-83に，そして25年分がB1628 ff. 83-90に記載されている。

11) うち6,000フランは預かり王領からでブルゴーニュ領邦会計に記載された（B1649 f. 45R°）。

12) サリュSalutはイングランド王が発行する金貨で，1421年8月11日，11月30日，および23年2月6日の3回分は分割数taille 63，純度24k，発行レートを20 sous parisisとしたが，23年9月6日発行分から分割数を70とした。つまり対マール10/9の水増し・貶質を実施したことになる。おそらく，そのために旧発行分を，発行レートの20 sous parisis（= 25 sous tournois）でなく，品位変更に正確に対応するわけではないが，10％引き上げて27 sous 6 deniers tournois / salutと評価し直したのだろう。この御用金徴収に限らず，1430年代のブルゴーニュ財務史料では，salutに対しては必ずこの27 st 1/2を適用しているので，退蔵分を放出させるための通貨政策ではなく，これが金融市場の実勢レートであったと理解される。

から，年平均2万2千フランに達する御用金はその1/3から1/2に相当する。住民の側からすると，通常の負担に3割から5割の上乗せが課せられたということになる。

　1440年代から50年代半ばまでの10数年間には何度か御用金が徴収されているが，総額が不分明な場合が散見される。治世最後の10年間（58年から67年）に御用金は7回徴収された。各回の徴収額は1万から1万数千フランである。したがって，ブルゴーニュ地方に限ってであるが，フィリップの治世を通じて，高額の御用金が頻繁に徴収されたのは1430年代であった。また記録に残る借入（借上げ）金が公表・実施されたのは34年の4千フラン，36年の1万8千フランの2回，計2万2千フランだけである。

　このような御用金の徴収は身分制議会の合意を必要とするが，現存するブルゴーニュ三部会の記録はアンシャン・レジーム期以降に限定されるので，本論文が扱う時期，つまり15世紀前半の御用金徴収の合意形成のプロセスを史料に依拠して直接解明することはできない。実証できるのは，徴収担当者が任命され，実際に徴収業務に従事し，徴収した金銭を徴収総括担当に引き渡す，という限定されたプロセスだけである。

　ブルゴーニュでは三部会決定を受けて，バイイ管区ごとに割当額を徴収する。シャテルニーのうち，徴収業務を直接委託されるのはボーヌ・ニュイだけである。徴収記録簿の冒頭には短い前文があり，その直後に特定徴収役の辞令が筆写されている。大抵の場合，前文の中で御用金徴収の目的と総額，いつ三部会で合意決定されたか，そして辞令を受けた誰それが，まさに徴収勘定とその記帳を行う，と明記される。徴収総額のうち，ブルゴーニュ公領の割当分を記載した史料は散見されるが[13]，バイイ管区ごとの割当を明示した記録はない。

　ブルゴーニュ公領でも，徴収記録が万遍なく伝来しているわけではない。ボーヌ・ニュイでの徴収を記録した帳簿は一冊も現存せず，間接的な記録に

---

13) 例えば1438年10月の総額6,000 Salutsの御用金徴収の場合，その6,000のうち2,000（= 2,750 francs）が第1回公領割当分であることは明記されているが，各管区がその2,000をどのような割合で負担するのかは記載されていない（B 2389およびB 4076）。

頼らざるをえない。比較的よく史料を伝えている管区はオータンとシャロン，そしてシャティヨンである。問題は常にディジョンである。政治的中心であるディジョンの徴収記録は是非とも詳細に検討したいところであるが，1435年の5月分と8月分，それに38年第1期分のたった3回分（B 4487-2, B 1660-2 および B 4491-2）しか現存していない。しかも35年5月徴収分の記録は収支決算が記載されているはずの最終葉が失われた。

II. 徴収の実務

1433年から36年までの4年間に，御用金は9万5千フラン，2回におよぶ借入金は2万2千フランで，臨時徴収は合計11万7千フラン，平均すれば，年3万フランに近い。以下，1433年の場合と35年の場合を詳細にしてみたい。

(1) 1433年御用金4万フランの徴収

1433年8月合意の御用金4万フランの場合，半額ずつ2回払いとし，納期は同年のクリスマスと翌年の洗礼者ヨハネの祝日（6月24日）にすると取り決められた。しかし納税者の側から見れば，穀物の収穫は8月，ブドウは9月であるから，分納とはいえ，事実上，単年度内に支払わなければならず，相当の負担であったと思われる。

オータン管区では特定徴収役が業務の途中で死亡，交替するという事件が生じたため，おそらく担当者双方の責任分担を明らかにするという目的で，別々の帳簿を作成したと思われる。しかし第1冊（B 2378）の前文に，担当者ジャン・ブレノール Jehan Brenaul が死亡し，急遽，ジャン・ドニゾ Jean Donizot が後任に指名されたことが明記されているので，現存している会計院提出用の帳簿はどちらも事後的にジャン・ドニゾが作成したものであろう。この徴収簿によれば，当初分として，つまり第1回分として，管区は2,479フランを徴収し，そこから2,250フランを統括役に引き渡した。第2冊（B 2379）によれば，ジャン・ドニゾは5,348フランを集め，1,670フランを拠出した。つまりオータンは合計3,920フランを統括役に引き渡した

が，これは合意総額4万フランの10％に満たない。

この33年8月御用金に関しては，他にシャロン（B 3669）とシャティヨン（B 4064）の管区帳簿が現存していて，それぞれ5,070フランと1,819フランを拠出したことを記録している。記録が散逸したディジョン，ボーヌ・ニュイ，およびオーソワの3区が35年2月に2万フランを合意した時の拠出金の2倍額が割り当てられたと仮定して，6,000，8,000，8,000を拠出したとしても，総計で33,000フランにも達しないから，不足分は7,000フランを超える。残るのはシャロレ管区であるが，平凡な農村地帯の割当額としてはかなり厳しい額であろう。つまり，総額4万フランの御用金を一挙に徴収することは，事実上，不可能であったことを意味する。

(2) 1435年の御用金徴収

1435年2月合意の御用金2万フランは《オーセール近郊のクランジュでの戦闘を戦い抜き，国境を維持し，ブルゴーニュの国土と臣民の安全のために》[14]（B 4065）必要な資金として徴収された。ディジョン管区は重要な役割を果たしたと考えられるが，その徴収記録は散逸した。しかしシャロン管区の記録（B 3675）をはじめ，オーソワ管区（B 2802-1），オータン（B 2383），シャティヨン・ド・ラ・モンターニュ（B 4065）と計4管区の記録が現存し，しかも各管区から引き渡される金銭を取りまとめた記録，すなわち御用金徴収統括役 Receveur général de l'aide マイウ・ルニョー Mahieu Regnault による記載，も整理された形で伝来している[15]。各管区の御用金会計に記録された統括役ルニョーへの引渡し金額と，ルニョーの帳簿に記載された受領金額とはぴたりと一致する。つまりシャロン3,727フラン，オーソワ4,144フラン，シャティヨン・ド・ラ・モンターニュ437フラン，オー

---

14) クランジュ・レ・ヴューズ Coulanges-lèz-Vieuses は未確認。ブルゴーニュ公の「敵」はラングル Langre に布陣していると記載されている。なお2万フランの内，軍資金は18,000フランで，他2,000フランは公妃の用立てとされた。

15) マイウ・ルニョーは1427年から38年まで12期にわたりブルゴーニュ領邦勘定役を務め，この35年2月分の御用金統括役を兼任し，自身が管理する《ブルゴーニュ領邦勘定会計》にその受領額を記載した（B 1655 ff. 53V°-56R°）。

タン 2,800 フランである。これらの史料群の記載はいずれも正確で，整合性がある。それゆえ，ディジョン管区での徴収記録は失われてしまったが，マイウ・ルニョーの記載をそのまま利用して，ディジョンの御用金徴収役ジャン・ド・ヴィザンからマイウ・ルニョーに渡された金額は 3,112 フランであったと考えてよかろう。公領 5 管区[16] の徴収額にボーヌ・ニュイからの 4,078 フランを加えて計 18,000 フラン，マコンで 2,000，合わせて 2 万を徴収することに成功した。この時の構成比はディジョン 15 %，ボーヌ 20 %，シャロン 18 %，オーソワ 21 %，シャティヨン・ド・ラ・モンターニュ 2 %，オータン 14 %，そしてマコン 10 % であった。いずれの管区も 2 回から 3 回に分けて領邦勘定役に納付したが，ともかく 2 月に三部会で決定した額の大半を 3 月末までに引き渡し（計 10,640 フラン），8 月には完納している。しかし，これは各管区付き特定徴収役 Receveur particulier ou bailliage de（各管区名）が統括役に一金を引き渡した日時である。各管区徴収簿の前文によれば，管区内の住民からの納付期限は聖レミの祝日（10 月 1 日）とクリスマスと 2 期に分けた，と明記されているから，各管区の特定徴収役がまず立替え払いを行い，その後に各管区内の住民から徴収したことになる。つまり 2 月に合意が成立してから半年も経たないうちに住民からの金銭徴収が終了したわけではない。

　2 月に合意した御用金徴収の場合，シャロン，オーソワ，そしてオータンの 3 管区では，徴収とほぼ同時進行で借入を実施したと理解される。オータンの帳簿前文では御用金とは別に，《同年 2 月 24 日付のブルゴーニュ公の認可状によって借入を行い，御用金の第 2 回徴収（35 年のクリスマス）後に返済することにした》（B 2383 f. 1R°）とされ，御用金に加えて相当な額の借入をすることにしたと読める。しかしシャロンの帳簿前文では《同年 3 月付の公殿下の下命によって相当な額の借入を行った。シャロン管区の都市部と農村部に居住する多くの聖職者，市民，および住民を援助するためである》（B 3675 f. 1R°）と説明され，この借入がブルゴーニュ公の名の下に行われたもので，管区徴収役自身が行う立替え払いを速やかに実現するための，短期融

---

16) シャロレ Charolais 管区では徴収されず。

資であったと理解される。実際にシャロンとオーソワでは同一年度内に借入の大半を返済している[17]）。

　ブルゴーニュ公にとって，2月合意の2万フランでは不十分で，さらなる追加融資を求めた。その結果が同年5月に合意した1万フランであった。その直後には，上述のように各管区の徴収役から資金が集まり始めるが，なお不足を見越して，8月に4千フランの合意を成立させた。この経緯は判然としないが，3ヵ月おきの三部会合意とは他に例を見ない事態である。

　さて，ここでシャロン，シャティヨン，オータンの3管区それぞれの2月拠出額と5月のそれとを比較してみる。シャロンは3,727フランと1,955フラン。シャティヨンは437フランと202フラン。オータンは2,800フランと1,473フラン。いずれの管区も，5月分は2月分のほぼ半分になったと見なすことができる。合意総額が2万フランから半分の1万フランになったのだから，5月分も2月分と同様の割合で各管区に負担を配分したと想像できる。するとオーソワは2月分が4,145フランであったから，5月は2,000フラン程度と想像できるが，ディジョンの5月分2,526フランはかなり高額に思える。そこでディジョンとボーヌ・ニュイを別々に考えるのでなく，本来は単一の徴収区だが，何らかの理由で別々に記録しているに過ぎないと考えれば，2月は合わせて7,190フランであるから，5月分はその半分の3,600フラン弱と考えられる。ここからディジョンの拠出分を差し引けば，ボーヌが残額1,000フラン強を負担したと理解できる。これにマコンの負担をやはり2月分の半分，1,000フランと見なせば，確かに総計は1万フランをやや上回る程度になるので，整合性があると言えよう。つまり管区負担割合は，少なくとも今考察している時期に関しては，一定していたと考えることができ，ディジョンとボーヌ・ニュイを合わせて32〜33％，オーソワ20％，オータン15％，シャロン20％，シャティヨン2〜3％，預かり王領10％程

17）オーソワは1,364フランを借り入れて，1,315フランを返済し（B 2802-1），オータンは1,463フランを借り入れ，594フランを年度内に返済した（B 2383）。したがって収入の部には借入金と住民からの徴収金を，支出の部には統括役への引渡し額，諸経費，そして借入返済金を記載することになるから，収入も支出も異常に膨張することになった。

8月合意の御用金4,000フランに関しては，ディジョンの394フラン（B 1660-2），シャロンの674フラン（B3678-3），そしてシャティヨンの68フラン（B 4070）と，3管区の徴収記録だけが伝来し，対応する統括記録は散逸した。領邦勘定役ヴィザンは自身の管理した領邦勘定の中に御用金統括役から4回に分けて受領した額を記載したが，その総額は2,753フランであった（B 1655 f. 52V°-53R°）。これが徴収できた全額であるとするなら，当初予定の4,000フランの3分の2をやや上回る程度に過ぎない。総額4,000フランだから，つまり5月の御用金1万フランの4割だから，5月徴収分の4割を各管区が拠出するように求められたと仮定できる。しかし実際はシャロンもシャティヨンも3分の1程度，ディジョンに至っては6分の1に過ぎない。いずれの管区も年に3度の御用金徴収には耐えられなかったのであろうか。ブルゴーニュ公領で単年度に負担できる御用金総額は3万フランが限度と考えられる。

(3) 管区の負担

　さて各管区の内実に目を向けてみよう。1435年の3度に及ぶ御用金徴収の記録をすべて伝えている管区はシャティヨン・ド・ラ・モンターニュ（B 4065, B 4069, B 4070）とシャロン（B 3675, B 3678-2, B 3678-3）と2管区だけである。3回にわたる管区徴収総額と統括役への引渡し額をそれぞれ合計してみると，シャティヨンでは特定徴収役ギヨーム・ロカン Guillaume Roquant が借入をせずに1,115フランを徴収し，そのうち707フランを統括役に引き渡した。同年シャティヨン管区の通常収入は1,000フラン程度で[18]，管区通常勘定役ジャン・ド・ヴィルセシー Jehan de Villecessey はそこから782フランをブルゴーニュ領邦勘定役ルニューに納付している。つまり固定化した地代収入や消費税1年分を上回る臨時税を徴収し，通常の引渡し額とほぼ同額を御用金として領邦勘定役に供出したことになる。しかも，このバラン

---

18) 通常収入簿 B 4067 末尾に収入役収支勘定要約 Etat があるので，そこから推測した。

スは単年度にとどまらない。翌36年には御用金として261フラン（B4968），借入金として367フラン（B1660-1），計628フランを統括役に引き渡しているし，さらに37年も388フラン（B4073）を，あるいは遡って33年（1,819フランB4064）も，34年（史料散逸）も相当の額を供出している。

このような収支バランスはシャロン管区ではさらに悪化する。御用金特定徴収役を兼ねた管区勘定役ジャン・ジラール・ド・ジャンリ Jehan Girard de Genlis は通常収入（B3676），12ドニエ税[19]（B3677-1），ブドウ酒8分の1税[20]（B3677-2）の3種を合わせて，この35年には4,122フランを受領し，個人勘定の立替分を含め，4,727フラン（B3676）を領邦勘定役ルニョーに融通した。そのジャンリが，御用金特定徴収役としては，2,414フランの借入を行った上に，やはり年間の地代収入や間接税を超える7,257フランを徴収し，通常の引渡し額を大きく上回る6,356フランを統括役に拠出した。改めて整理すると，33年には5,070フラン（B3669），34年には計2,282フラン（B3674-1とB3674-2），36年には計2,411フラン（B3678-1とB1659），37年には1,086フラン（B3685）を拠出している[21]。

他の管区も同様である。既述のように，オーソワは2月合意分だけで4,144フランを供出したが，5月分と8月分を加えると，7,000フランを超えたのではなかろうか[22]。35年の管区通常収入は721リーヴル（B2801-1）に過ぎず，商品12ドニエ税でも1,548リーヴル（B2801-2）である。ブドウ酒8分の1税は記録がないが，12ドニエ税の半分程度とすれば，800リーヴル弱。これら3種の収入を合計しても3,000リーヴルをやや超える程度か。

---

19) 12ドニエ税とは売価1リーヴルにつき12ドニエ（＝1スー）つまり20分の1（＝5％）を徴収する消費税を言う。

20) ブドウ酒8分の1税とは字義通り，売価の8分の1（＝12.5％）を徴収する酒税を言う。

21) 1433年から37年までのシャロン管区の定常収入（＝通常収入＋12ドニエ税＋ブドウ酒1/8税）は3,800から4,800リーヴルで，そこから領邦勘定へ3,500から4,700リーヴル程度を引き渡している。

22) 2月分の4,144フランは要求総額20,000フランの21％に相当する。この拠出割合が変わらなかったとすれば，3回分の総額34,000フランの21％（＝7,140フラン）として計算できる。

御用金支払総額が推測した通りに7,000フラン程度とすれば，やはり通常の収入の2倍を超えたと思われる。

　オータンの場合，35年2月の御用金供出額は2,800フランであった。同年の管区通常収入は735リーヴル（B 2384），12ドニエ税は1,195リーヴル（B 2369-9），ブドウ酒8分の1税が498リーヴル（B 2358-14）だから，これら通常の収入の合計は2,428リーヴル。やはり1度の御用金供出だけで，通常の管区歳入を超えている。

　管区付き勘定役も，ブルゴーニュの農民や都市民も，本質的に豊かで，十分な蓄えを持っていたことを意味するのだろうか。33年から35年にかけては，ブルゴーニュの管区通常収入は20年代後半以降では最低水準を記録した時期であった。それは天候不順といった不可抗力の理由によって，農業生産が低迷した結果であると理解されるが，そのような低迷も通常収入記録の短期的変動であって，その年の農村所得は一時的に減少したかもしれず，また領邦勘定役への引渡し額が各年の実収入を上回ったとしても，その収拾は管区通常勘定役の経営手腕に依存するから（これこそ請負制の妙味であるはず），社会全体の資産の取り崩し，農村生産者の全体的窮乏化を意味するとは言えない。仮に経済環境を考慮せずに，このような矢継ぎ早の御用金を要請したことが農村の生産力を消耗させ，長期的低落を招いたと理解しても，それでも住民は支払ったという事実は残る。

III．借入金の「徴収」

(1) 御用金の代替・補塡として

　ブルゴーニュ領邦勘定役ルニョーは第7期領邦勘定会計（1433年分）に数葉にわたる借入記録を残している（B 1651 ff. 40R°-44R°）。公領ではニコラ・ロラン Nicolas Rolin から1,000フラン，アンベラン・ロージョレ Humbelin Laujolet なるディジョン市民からも1,000フラン，シャロン市民ウード・モラン Oudot Molain から700フラン，などブルゴーニュ公の家臣に限らず，一般市民[23]を含めて計58名から総額6,040フランを，伯領ではソヌリー勘

定役ベルナール・ノワゾー Bernart Noiseux から 300 フラン，グリュエリー勘定役ジャコ・ヴュリィ Jacot Vurry から 200 フラン，など 16 名から 1,465 フランと，合計して 7,505 フランを借り入れたことを記録している。高額を貸与した者だけ列挙したが，受領総額と人数を考慮すれば即座に理解されるように，単純平均は 100 フランをやや上回る程度で，大半の貸与額は 20 フラン程度である。この借入の対人記録はどれも紋切り型で，《ブルゴーニュ公殿下が現在率いている軍勢を引き続き維持し，敵を押し返すために》(B 1651 f. 40R°) と繰り返すだけで，徴収の実際を推測させる情報は全く含まれていない。しかも借入条件，つまり借入期間と返済方法には言及されない。この 7,500 フランを超える一連の借入記事は明らかに同年に公表され，合意された御用金 4 万フランの不足分の補填と考えられる。しかも，この場合，特定徴収役を定めず，領邦勘定役が直接に業務に携わり，別帳簿さえ作成せずに，自身の領邦勘定簿に直接記録した。きちんとスケジュールや借入見込みプランを作成することもせず，おそらく彼個人の人脈を頼りに，手当たり次第に打診したのではないかと想像される。と言うのは，何々管区，何々市といった行政区画に加えて，家臣団というまとまりまで作っているからである。

　この借入を 1436 年《カレに布陣する軍勢の維持に充てるため》(B 1659 f. 45R°) に 6 月から 9 月にかけて徴収された 18,000 フランの借入と比較検討してみたい。この時も特別の借入徴収役を指定せず，ブルゴーニュ領邦勘定役マイウ・ルニョーが取りまとめ，第 10 期領邦勘定会計 (B 1659 ff. 45R°-83V°) の中に受領額を記録した。その記録は 40 葉におよぶが，最初の 2 葉は《ブルゴーニュ公殿下の配下》として，45 リーヴルを貸し付けた主査ジャン・ボノを筆頭に，会計院のメンバー 7 名から 200 リーヴル，諮問，代訴人，監査役など 9 名から 257 リーヴル，合計 457 リーヴルを借り受けたことが記録されている。その後にバイイ管区ごとに教会関係者と一般の俗人を分けて，順に借入額を記載している。

---

23) 市民 bourgeois あるいは住民 habitant と記載されるだけで，職業は明示されない。したがって金融業者が混じっているのか否か判断できなかった。

ディジョン管区では教会・修道院関係の個人名は記載されないが、シトー会の院長と修道僧から200リーヴルを借り入れたことを始め、参事会員などを施設ごとに列挙し、計26件を記載するが、これだけで1,508リーヴルに達する。俗人では、60リーヴルを拠出したディジョン市民である商人エティエンヌ・ベルビジィ Estienne Berbisey を筆頭に10リーヴル以上を貸与した28名は個人名と各人の供出金額が明記され、その合計は715リーヴルであった[24]。さらに、拠出額が10リーヴルに満たなかったと思しき人々は、居住地ごとにまとめて記録された。ボーヌ市民60名400リーヴル、ニュイ市民20名60リーヴル、サン・ジャン・ド・ローヌ市民30名60リーヴル、さらにタランとルーヴルとジヴィリの市民を合計して46名、130リーヴルを計上している。結局ディジョン管区では、合計2,873リーヴルを借り上げることに成功した。

以下、順にシャロン、ソーヌ川以東の地、オーソワ、シャティヨン・ド・ラ・モンターニュ、オータン、と公領の管区ごとに、さらにシャロレとマコンを加えて、いずれも教会関係者と一般俗人を分けて借受け額を記載し、以上の合計が10,727リーヴル。伯領に移って、アヴァルとアモンの2管区、および別枠とされたドールを合計して6,984リーヴル。そして最後に、家臣団を加えて総借入額を合計すると18,168リーヴルに達したことを明記して、この章を終えている。

全体を大きく家臣団、公領、伯領の3グループにまとめると、各々の拠出割合は順に3%、59%、38%であった。バイイ管区を比べてみると、貸与額が最も高かったのは伯領のアモン管区で、3,254リーヴル、次がディジョン管区で2,873リーヴル、第3位がアヴァル管区で2,761リーヴルであった。製塩業という安定した産業のゆえであろう。公領本来の5管区の合計額は8,047リーヴルであり、同36年3月の8,000フランの御用金徴収(実徴収総額8,396フラン)に匹敵する。3月にはボーヌ・ニュイは1,140フランを

---

[24] ここでも市民 bourgeois, 商人 marchant, 住民 habitant, 滞在者 demeurant といった用語が使用され、稀に毛皮商 pelletier, 金銀細工師 orfèvre, 小間物商 mercier も散見されるが、両替商 changeur はなかった。この高額貸与者がいわゆる merchant-banker なのか判断できなかった。

拠出したが，夏はディジョン管区に繰り込まれ，720 リーヴルを計上したに過ぎない。このボーヌ・ニュイの減少分を他の管区が分担したと考えれば，御用金の場合も，借入金の場合も，管区の負担配分はほぼ同一と見ることができる。

マコンは 1,355 リーヴル，それにシャロレ，およびオークソーヌとその周辺を加えると，2,678 リーヴルに上る。これは公領 5 管区の合計額 8,047 リーヴルのほぼ 3 分の 1 に相当し，その重要性は無視しえない。このように検討を重ねると，冒頭に記したように，御用金と借入金と，その相違は何か，と改めて問い質したくなる。「借入金」であれば，手続き上，三部会合意を必要としないとは言えるだろうが，住民代表に打診し，その内諾を得ることは必要だったのではないか。

長い借入一覧の中で，家臣団からの借入を列挙した最初の段落は注目に値する。会計院の 7 名からの 200 リーヴルを記載した箇所と，シトー会からの借入 200 リーヴルを記録した箇所と，2ヵ所には《この一金 200 リーヴル・トゥルノワは，来年度つまり来る 1 月 1 日に始まる新年度のブルゴーニュ地方の通常収入から返済されるよう公殿下が望まれている旨，1436 年 6 月 25 日付，領邦勘定役の書簡にて》(B 1659 f. 45V°) と明記されている。このように明記された 400 リーヴルだけを返済する，ということではないだろうが，具体的に返済に言及している記事は珍しい。ところが，翌 37 年の領邦勘定の支出の部に，この借入に係わる返済記事はほとんど見当たらない。確かに《公殿下の負債に対する支払い》と題された章が存在し（B 1663 ff. 48R° -54V°)，その計上総額は 1,708 リーヴルに達するが，ここに含まれる上記 36 年の借入の返済は 7 件，計 430 リーヴルに過ぎず，しかもその半分 200 リーヴルがディジョン会計院のメンバー 7 名に対する払い戻しである。翌 1438 年の領邦勘定にも同様の章がある（B 1665 ff. 49R°-60V°)。その計上総額は 4,457 リーヴルに達するが，そのうち 1,600 フラン，約 3 分の 1 はジャン・フェレ Jehan Fairet なるマコン滞在者に対する支払いで，これは 1418 年，つまり 20 年前に発生した債務の清算である。上記 36 年の借入の払い戻しは計 23 件，総額 1,935 リーヴルである。公領ではフラヴィニィのエシュヴァンをはじめ住民に対する払い戻し 200 リーヴル，クリュニィ院長に 200

リーヴル。伯領ではドールの住民に 600 リーヴル，サランの住民に 350 リーヴル。以上の 4 件を別にすれば，他はいずれも 2 桁の支払いである。借入総額に比べれば，返済額は微々たるものと言わざるをえないが，返済の意思はある，というアピールであろうか。領邦勘定簿には 1420 年代後半からこうした負債支払いの章がほぼ毎年見られるが，その額が 1,000 リーヴルを超えることは稀である。

(2) 御用金の繋ぎとして

　1435 年の御用金徴収の際に，オータンやオーソワでは管区御用金徴収役が借入を行い，それを管区の御用金割当分として総括役に引き渡し，その後，御用金を徴収し，それを年度内の借入返済に充当するという方法を採ったことはすでに述べた。この短期借入れ（借上げ）を当面の資金運用に利用する方法は以前から知られていて，むしろ，かなり定着していた方法であったと思われる。先立つ 1433 年 8 月合意の御用金 4 万フランの場合も，シャロン，シャティヨン，オータン，3 管区の徴収記録ではすべて借入れを行ったことが確認できる。いずれも帳簿の前文と直後に筆写されている徴収令から判断すると，御用金であれ，借入であれ，どのような方法でも構わないから，ともかくまとまった金額を，というニュアンスが汲み取れる。が，その借入金徴収には担当者それぞれの才覚が現れる。シャティヨンでは総額の 1 割程度（383 フラン 1/2）を借り入れ，年度内に返済した（B 4064）。しかしシャロン（B 3669）では統括役への引渡し総額に近い金額を借り入れている。この事実は，もちろん徴収者それぞれの裁量ないし手腕を示しているが，それだけではなく，管区住民の資産に相当の格差があることを示唆していると言えよう。

　オータンでは，途中から指定勘定役になったジャン・ドニゾは管区内で 5,348 フランも徴収したが，そのうち 2,938 フランを借入返済に充てた（B 2379）。その中には，まさに領邦勘定役が，ニコラ・ロランから借り入れた 1,000 フランの返済（f. 10R°）から，一般住民の 10 フランに満たない小額のものまで，数葉に及ぶ丁寧な記載がある。ニコラ・ロランはオータンの出身で，市内に居館を構えていたから，彼に借入れを申し込むのは自然であろう

が，このように実際に誰に依頼するかを判断し，実施するのは現場を預かる徴収担当者であり，彼の裁量による。

御用金は宗主の政治資金と見なされ，その徴収は負担する一般住民との間の政治交渉のきっかけになる。したがって，多くの研究は御用金を「課す」宗主（ないし領主）と一般住民の苦情申し立てとを表裏一体のものとして採りあげ，その交渉の推移に分析を集中する。しかしこれまで分析を重ねたブルゴーニュの事例は御用金と借入を区別せずに同列に論じることが必要な事例であり，三部会を交渉の場として行われたであろう問題解決よりも，むしろ実際の徴収に責任を負う徴収役の経験に裏打ちされた手腕にこそ注目すべきである，と視点の転換を示唆しているように思われる。彼らが担当する御用金徴収や借入は領邦経営のための運転資金の調達と理解できるから，このような形での資金調達はこの時代の財政問題の中核をなしていると言えるだろう。

(3) 還付の事実

管区御用金徴収簿の支出の部には，借入金の返済とは別に，徴収した御用金の部分的還付を記録している場合がある。1433 年 8 月の御用金徴収の際，シャティヨンでは御用金として住民から 3,125 リーヴルを受領し，同時に 384 フランの借入れを行い，計 3,509 リーヴルを受領総額とした（B 4064）。そこから御用金統括役ジャン・フロモン Jehan Fromont には 1,819 フランを引き渡し，諸経費として 306 フランを計上。借入額 384 フランは年度内に返済を済ませているので，残額はちょうど 1,000 フランになる。管区徴収役ジャン・ロカン Jehan Roquant はこの 1,000 フランをすべて住民に還付した。その支払明細を丹念に併記した上で（ff. 14V°-17R°），収支残高をゼロとしてこの特別会計を終えている[25]。

このように明快な事例は少ないが，すでに詳細な分析を行った 1435 年の場合も，各管区では統括役に割り当てられた金額を引き渡し，借入金を返済

---

25) 単に帳簿上の収支バランスをゼロにするための操作ではなく，実施されたと理解する。

し，諸経費を差し引き，それでもなお残金がある場合は，些少であっても住民に還付した。オータンでは徴収役ジャン・ドニゾが2月合意の御用金に対しては117フランを（B 2383 ff. 25R°-27V°），5月合意分に対しては200フランを（B 2385 ff. 10V°-12V°）それぞれ住民に還付している。シャロンでは管区徴収役ジャン・ド・ジャンリィが2月分は401フランを（B 3675 ff. 19V°-25R°），5月分は139フランを（B 3678-2 ff. 12V°-14V°）還付した。しかし8月は統括役への引渡し674フランと諸経費28フランを合計して支出は702フランとなり，徴収総額699フランを上回ってしまった（B 3678-3）。わずか3フランではあるが，徴収役が自己負担したことを記録している。確かに御用金は目的税であるから，剰余分の還付は当然であると主張できるが，その還付は借入金の返済とはきちんと区別しなければならない。御用金はあくまでも臨時徴収であり，したがって「徴収する」とは言っても，住民の善意に大きく依存するものであり，最終的には住民の公益に帰すべき資金調達である，と徴収役たちは強く認識していたがためであると理解される。

結　論

　本論文では御用金を統治者と一般住民の政治交渉としてではなく，領邦の経営問題として扱った。つまり借入と返済，徴収と還付，いずれも宗主たるブルゴーニュ公の権威誇示と住民の苦情処理のせめぎ合いとしてではなく，むしろ現場を預かる勘定役や特定徴収役が一般住民と協力して合理的に領邦を経営し，ブルゴーニュ公の政策実現を資金的に援助する具体的手段として論じた。ブルゴーニュ各地の勘定役が何らの抵抗に遭うこともなく，それを実施できた，そして事後的に還付したという事実，この南方領域での事実には注目したい。

　1433年，公領では総額4万フランの御用金に合意はしたが，各管区で借入と組み合わせても予定額を徴収することができず，領邦勘定役が中心となって家臣や一般住民からの借入によって不足を補填した。1435年の3万フランの徴収には成功したが，この時も管区徴収役は御用金徴収に先立ち，借入を実施した。つまり3万フランが単年度に公領が負担できる限度額であ

ることを示唆している。また35年の徴収実績の分析から，各バイイ管区の負担割合も推測できた。もちろん借入はブルゴーニュ公の要求に速やかに対応するための一手段であるが，返済が前提とされる以上，支払う側の心理的負担を軽減する効果はあっただろう。

いずれの管区でも，御用金や借入金の「特別収入」が「通常収入」を遥かに上回る金額に達したという現実は多様な解釈を可能にする。たとえば，何世代も前に取り決められ，そのまま踏襲されてきた固定地代が実際の経済環境には凡そ妥当しない低水準のものとなり，それゆえ……といった「古典的」推測も間違いとは言いきれない。しかし御用金であれ，借入金であれ，それらは戦争遂行を目的として調達される資金であり，実際に政府はその資金を戦争に注ぎ込む。少なくとも産業再生産に向けたわけではない。すると臨時の現金徴収そのものが住民にとって大きな負担ではなかったとしても，その資金が負の生産にのみ向けられるとすれば，その投下は，さほど遠くない将来に，この農村社会に何らかの負の影響を及ぼすことになるだろう。

[文献目録]

1）未刊行史料の一覧は省略（注4を参照）
2）研究書
欧語

Bautier, R.-H. & Sornay, J. éds. [2001] *Les sources de l'histoire économique et sociale du Moyen Age. Les Etats de la Maison de Bourgogne*, vol. 1 : *Archives centrales de l'Etat bourguignon（1384-1500）*, Paris.

Bepoix, S. [2014] *Gestion et Administration d'une principauté à la fin du Moyen Age. Le Comté de Bourgogne sous Jean sans Peur（1404-1419）. Burgundica XXIII*, Turnhout.

Blockmans, W. P. [1987] Finances publiques et inégalité sociale dans les Pays-Bas aux XIVe-XVIe siècles, in Genet, J.-Ph. et Le Mène M.（éds.）; *Genèse de l'Etat moderne. Prélèvement et Redistribution. Actes du Colloque de Fontevraud 1984*, Paris.

Bonney, R. [1995] Economic Systems and State Finance, in series : Blockmans, W. & Genet, J.-Ph. general editors ; *The Origins of the modern state in Europe 13th to 18th centuries. Theme B*, Oxford.

Boone, M., Dumolyn, J. [1999] Les officiers-Créditeurs des ducs de Bourgogne dans l'ancien comté de Flandre : aspects financiers, politiques et sociaux, in *Crédit et*

第 8 章 御用金と借入金

société : les sources, les téchniques et les hommes, XIVe -XVIe siècles. Publiction du Centre Européen d'Etudes bourguignonnes, no. 39, pp. 225-241.

Boone, M., Davids, K. & Janssens, P. (éds.) [2003] Urban public debts. Urban gouvernment and the market for annuities in Western Europe (XIVth-XVIIIth centuries). Studies in European Urban History 3, Turnhout.

Cauchies, J.-M. éd. [2004] Finances et financiers des princes et des villes à l'époque bourguignonne. Burgundica VIII, Turnhout.

Clamageran, J. J. [1867-76 et réimp. 1980] Histoire de l'impôt en France, 3 vols, Paris, réimp. Genève.

Contamine, Ph., Kerhervé, J. et Rigaudière, A. (éds.) [2002] L'Impôt au Moyen Age. L'impôt public et le prélèvement seigneurial, fin XIIe – début XVIe siècle. Colloque tenu à Bercy, les 14, 15 et 16 juin 2000. t. I : Le droit d'imposer, t. II : Les espaces fiscaux, t. III : Les techniques, Paris.

Coulon, L. [1997] Un emprunt «forcé» à Arras en 1433. in Revue du Nord, t. 79, no. 322, Etudes offertes à Gérard Sivéry, pp. 939-948.

Dom Plancher, U. [1739 et réimp. 1974] Histoire générale et particulière de Bourgogne, avec des notes, des dissertations et les preuves justificatives. 4 tomes, Dijon, Réimp. Paris.

Dubois, H. [2002] Fouage royal français et fouage ducal bourguignon au XIVe siècle. in L'Impôt au Moyen Age. t. III, pp. 673-702.

Dubois, H. [2007] Monnaie, frontière et impôt : Le duc et le roi en Bourgogne à la fin du XIIIe siècle, in Contamine, Ph., Kerhervé, J. & Rigaudière, A. (dir.) ; Monnaie, fiscalité et finances au temps de Philippe le Bel. Journée d'études du 14 mai 2004, Paris.

Favier, J. [1971] Finance et fiscalité au bas Moyen Age, Paris.

Henneman, J. B. [1971] Royal taxation in fourteenth century France. The Development of war financing 1322-1356, Princeton.

Lambert, B. [2006] The city, the duke and their banker. The Rapondi family and the formation of the Burgundian State (1384-1430). Studies in European Urban History 7, Turnhout.

Lassalmonie, J.-F. [2013] Le plus riche prince d'Occident ? in Paravicini, W. dir. La Cour de Bourgogne et l'Europe, Ostfildern, pp. 63-82.

Mirot, L. [1927-38] Etudes lucquoises, in Bibliothèque de l'Ecole des Chartes, t. 88 (1927) pp. 50-86 et pp. 275-314, t. 89 (1928) pp. 299-389, t. 91 (1930) pp. 100-168, t. 96 (1935) pp. 301-377, t. 99 (1938) pp. 67-81.

Mollat, M. [1958] Recherche sur les finances des ducs Valois de Bourgogne, in Revue Historique, t. 219, pp. 285-321.

Paravicini, W. [1996] L'embarras de richesses : comment rendre accessibles les archives financières de la maison de Bourgogne-Valois ? in Académie royale de Belgique ; Bulletin de la classe des lettres, 6e série. 7, pp. 21-68.

Pepke-Durix, H. [2002] La fiscalité, miroir d'une économie régionale à la fin du Moyen Age : Dijon et la région dijonnaise aux XIVe et XVe siècles, in *L'Impôt au Moyen Age*. t. II, pp. 599-620.

Rauzier, J. [1996] *Finances et gestion d'une principauté au XIVe siècle. Le duché de Bourgogne de Philippe le Hardi (1364-1384)*, Paris.

Rauzier, J. [2009] *La Bourgogne au XIVe siècle. Fiscalité, population, économie*, Dijon.

Sornay, J. [1987] Les Etats prévisionnels des finances ducales au temps de Philippe le Bon, in *109e Congrès national des Sociétés Savantes, Dijon 1984. Section d'Histoire médiévale et Philologie. t. II : Etudes bourguignonnes. Finances et vie économique dans la Bourgogne médiévale*, Paris.

Van Nieuwenhuysen, A. [1984] *Les Finances du Duc de Bourgogne, Philippe le Hardi (1384-1404). Economie et Politique*, Bruxelles.

Van Nieuwenhuysen, A. [1990] *Les Finances du Duc de Bourgogne, Philippe le Hardi (1384-1404). Le montant des ressources*, Bruxelles.

Vaughan, R. [1970 et réimp. 2002] *Philip the Good*, London.

邦語

金尾健美［2010］「ヴァロワ家ブルゴーニュ公フィリップ・ル・ボンの財政（6）──1420-30年代のブルゴーニュ公領税収動向──」『川村学園女子大学研究紀要』第21巻第1号, pp. 79-102.

金尾健美［2011］「ヴァロワ家ブルゴーニュ公フィリップ・ル・ボンの財政（7）──御用金と借入金──」『川村学園女子大学研究紀要』第22巻第2号, pp. 207-223.

藤井美男［2007］『ブルゴーニュ国家とブリュッセル──財政をめぐる形成期近代国家と中世都市──』ミネルヴァ書房.

第 9 章

15 世紀後半ブルゴーニュ公国における都市・宮廷・政治文化
——シャルル・ル・テメレール期を中心に——

河原 温

はじめに

　ヴァロワ家ブルゴーニュ公国の第 4 代公シャルル・ル・テメレール（Charles le Téméraire（Travaillant）突進公：在位 1433-1477 年）は，15 世紀後半にフランス王国と神聖ローマ帝国にまたがるさまざまな領邦をその強力な軍事力により統合し，新たな集権的君主国家をつくりだそうとした「戦士的君主」として長らく記憶されてきた。シャルルによるブルゴーニュ国家構築の夢は，1477 年 1 月 17 日のナンシーにおけるスイス盟約者団との戦闘における彼の死によりわずか 10 年で潰えたとされ，彼の統治政策については総じて否定的な評価を与えられてきたと言えるだろう（Vaughan [1973/2002]；[1987]）。しかし，近年のブルゴーニュ公国史研究では，シャルルにより試みられた「ブルゴーニュ国家」形成のための政治的，行財政的政策の再評価がなされるとともに，宮廷におけるシャルルの取り巻きたち（宮廷役人，貴族，聖職者など）による統治イデオロギー（政治文化）の形成が，多様な領邦の統合を促進することに貢献したと評価されてきてい

---

1) Vanderjagt [1981]；[2003]；Paravicini [2002]；[2009]；Tabri [2004]. この点では，近年シャルルの死後の 1477 年から 1500 年代初頭にいたる，シャルルの娘マリー・ド・ブルゴーニュとその夫のマクシミリアン 1 世そして，彼らの息子のフィリップ・ル・ボー（端麗公）の統治期に関心が向けられている。この時期のネーデルラント史からのアプローチとして Cauchies [2003]；Boone [2003]；Haemers, Van Hoorebeeck & Wijsman (dir.) [2007] および Haemers [2008]；[2014] を参照。

る[1]）。シャルルによる地域統合政策への最大の対抗勢力は，南ネーデルラント（フランドル）の三大都市（ヘント，ブルッヘ，イーペル）を中心とする「四者会議」であったが，その自立主義（particulalisme）とシャルルによる集権主義（centralisme）とのせめぎ合いを，公の宮廷の廷臣や，統治組織に登用されたエリート市民たちの行動，都市とブルゴーニュ公の間で交わされたさまざまな儀礼的パフォーマンスなどを通じて明らかにしていこうとする研究の進展が近年注目されるところである[2]）。

　本論文では，そうしたシャルルの「ブルゴーニュ国家」形成政策とそれを支えた宮廷の政治文化の動向を，シャルルと南ネーデルラントの有力都市ブルッヘとの関連において考察していきたい[3]）。

I．シャルル・ル・テメレール以前のブルゴーニュ公のネーデルラント統治

　まず，シャルルに先立つ歴代ブルゴーニュ公の統治政策を概観しておく。初代ブルゴーニュ公フィリップ・ル・アルディ（豪胆公，在位：1384-1404年）及び2代目のジャン・サン・プール（無畏公，在位：1404-1419年）の時代に，フランドル地方がブルゴーニュ公領に組み込まれ，フィリップ・ル・アルディは，1386年にリールに評議院（Chambre du Conseil）や会計院（Chambre de Compte）を設置して，ブルゴーニュ公によるフランドル支配の基盤を整備した。ジャン・サン・プール期には，ヘントにフランドル評議院（Conseil de Flandre）が設置され，公国によるフランドル支配が固められてい

---

2) 代表的な研究として，Arnade ［1996］；［1997］；Cauchies（éd.）［1998］；Dumolyn ［2003］；［2006a］；［2006b］；Lecuppre-Desjardin［2004］；Boulton & Veenstra (eds.)［2006］；Boone［2010b］；Brown［1997］；［1999］；［2011］；［2013］；Strohm-Olsen［2010］；Braekevelt［2012］を挙げておく。

3）ブルゴーニュ宮廷についての最新の論集として Paravicini (dir.)［2013］；Blockmans et al. (eds.)［2013］がある。特に Blockmans［2013］pp. 9-24 および拙稿（河原［2010］；［2011］；［2013］）を参照。シャルルについての最新の伝記的叙述として Minois［2015］がある。

く。しかし，フィリップもジャンも，彼らの政治的拠点はあくまでもフランス国内にあり，とりわけパリとディジョンの邸宅が中心であって，フランス王国とは別個に君主国家を打ち立てようとする意思は，彼らには認められない。この時期フランドル側では，ヘント，ブルッヘ，イーペル（イプル）の三大都市とブルッフセ・フレイエ（ブルッヘ周辺の自治的農村領域）から構成される四者会議（Vier Leden）が政治的イニシアティブをとり，ブルゴーニュ公側の援助金（aide）要求に対応した。ネーデルラントに滞在することのなかったジャン・サン・プールの統治期までは，援助金への同意の見返りにブルゴーニュ公側の政策の修正や都市の経費保障を得ることで，都市とブルゴーニュ公のいわば共存関係が強められる傾向にあったことが指摘されている[4]。

他方，ジャン・サン・プールが1419年にモントレーで暗殺された後，後を継いだ第3代のフィリップ・ル・ボン（善良公，在位：1419-1467年）は，彼の宮廷（邸宅）の拠点を初めて南部ブルゴーニュ公領からネーデルラントに移し，ネーデルラントと南部公領の統合への布石を打った。彼は，百年戦争のさなかに，英仏の王権の狭間にあって，ブルゴーニュ国家の独立性を志向していたのである。その点で，1435年のアラスの協約は，一つの里程標であった。アラスの協約により，フィリップは，フランス王と和平協定を結ぶとともに，フランドル伯領をフランスから切り離し，ブルゴーニュ公国の政治支配領域へと組み込んだのである[5]。この時期には，ブラバント公領やホラント伯領をはじめ，ネーデルラントの主要な領邦がブルゴーニュ公領に帰属するとともに，集権化の制度的試みが行われることになった。フィリップ・ル・ボンの治世は，歴代ブルゴーニュ公の中では最も長期にわたる48

---

4) Schnerb [1999]；Blockmans & Prevenier [1999]；畑 [2011]．
5) アラスの協約の意義については，Dickinson [1955]；Blockmans & Prevenier [1999] pp. 81-82.
6) 同時代の年代記者フィリップ・ド・コミーヌにより，フィリップ・ル・ボンの治世の後半期にあたる1440-1465年は「約束の地」（les terres de promission）と称されたように，ブルゴーニュ公国の経済的，文化的頂点の時期とみなされてきた（Van Uytven [1961]；Blockmans & Prevenier [1999] pp. 141-142）．

年間におよんでおり，その政治的影響力は極めて大きかったと言えよう。彼の集権化の政策の一つが，1435/45年の貴族と市民の代表からなる大評議会（Grand Conseil）の創設と司法機関（Cour de justice）の機能拡大であった[6]。

この時期（1445年）には，財政的にはフランドル伯領を中心とするネーデルラントからの収入は，公領全体の収入の74％を占め，フィリップにとってネーデルラント諸領邦の統括がきわめて重要であったことが知られている（Blockmans & Prevenier [1999] pp. 142-150）。また，フィリップの統治末期の1464年には，全国議会（États Généraux）が招集され，領邦の大都市を中心とする地域代表制を通じた領邦の統合政策がフィリップにより促進された。全国議会では，主に貨幣政策，対英国通商政策，および援助金徴収の問題などを中心に，都市側との合意が目指されたのである（Blockmans & Prevenier [1999] p. 149）。こうした地域の代表制組織や，領邦の評議院，大評議会などで活動したメンバーの多くは，地域の貴族や都市民層から構成されていた。特にフランドル評議院（Conseil de Flandre）や大評議会（Grand Conseil）などの人的構成に関する近年のプロソポグラフィーによれば，メンバーの6割が市民出自の法曹家（jurist）によって占められていた（Dumolyn [2003]）。

フィリップは，ネーデルラントにおいて君主としての支配確立をめざし，都市との関係を重視した。彼の主要な邸宅（宮廷）は，リール，ブリュッセル，ブルッヘ，ヘントなどにおかれるとともに，1436-38年のブルッヘの反乱，1449-53年におけるヘントの反乱を軍事的に制圧したのち，それぞれの都市への入市式の挙行を通じた儀礼的処罰（amende honorable）によって，それらの都市をブルゴーニュ公権力下へ取り込んでいったのである[7]。

また，1430年の金羊毛騎士団（l'ordre de la Toison d'or）の創設は，ブルゴーニュ公領の有力貴族を統合する社会的装置となっただけではなく，ヘント，ブルッヘ，モンス，ヴァランシエンヌなどフランドル，エノー伯領の主要都市で騎士団の年次総会が開催されることでブルゴーニュ宮廷貴族の名誉と威光の可視化がはかられた点に注目しておこう[8]。それと同時に，都市で

---

7) Dumolyn [1997]；Haemers [2004]；河原 [2002]；[2003].

開催されたブルゴーニュ宮廷によるさまざまな祝祭も，そうした都市と宮廷の関係の強化にむすびつく回路となった。対オスマン十字軍の宣揚をモチーフとした1454年のリールにおける著名な「雉の祝宴」(Banquet de Faisan)は，その代表的パフォーマンスであった[9]。

フィリップの宮廷においては，彼自身の好みを反映した900点以上におよぶ古典古代の文献の収集とその仏語訳豪華写本の作成，古代神話（トロヤ人伝説）や古代の英雄（アレクサンドロス大王やカエサル）をモチーフとしたタペストリーの発注（今井［2013］pp. 12-24）や肖像画の制作，専従の音楽家によるモテットやミサ典礼音楽の実践（Marix［1937］）など多彩な文化的パトロネージが注目される。さらに，南部ブルゴーニュ公領のドール (Dole) には，フィリップにより大学が創設されたことも忘れられてはならない。

このようなフィリップ・ル・ボン治世における文化的パトロネージは，イタリアやフランスの大学で法学や人文学を学んだ宮廷の取り巻きたち（官房長 chancelier，顧問 conseiller，外交使節 ambassade など）に支えられ，以下で論じるような次代のシャルル・ル・テメレール治世下の宮廷における政治イデオロギーの基盤形成に貢献したと言えるだろう[10]。

II．シャルル・ル・テメレールの統治とネーデルラント都市

さて，1467年6月，ブルッヘの宮廷 (Prinsenhof) において没した父フィリップの後を継いだシャロレ伯シャルルは，父親とは気質も異なり，激しや

---

8) 金羊毛騎士団については，Cockshaw & Van den Bergen-Pantens [1996]; Brown & Small [2007] pp.130-164 を参照。規約は，Dünnebeil (ed.) [2002-2003] により刊行されている。この騎士団をブルゴーニュ国家の統合装置の一つとして論じている畑 [2012] pp. 142-144 を参照。

9) 「雉の祝宴」については，Olivier de la Marche [1883-1888] I, pp. 487-504，および Lafortune-Martel [1984]; Caron & Clauzel [1997]; Brown & Small [2007] pp. 36-53 を参照。

10) フィリップの宮廷における思想的，知的背景について Vanderjagt [1981]; [2003]; [2005] の研究を参照。また，後注25，26参照。

すい性格で，宮廷内に厳格な秩序と儀礼を行き渡らせるとともに，周辺領邦との戦闘に明け暮れた好戦的君主とされてきた[11]。彼の統治がわずか10年であったことが，良くも悪くも彼の統治の限界を示していることは否めないが，彼がフランス王国と神聖ローマ帝国にまたがるブルゴーニュ公国の領域を統合し，新たな君主国家の創生をめざした現実的な政治感覚を備えた君主であったとするE. タブリやW. パラヴィッチーニらの見解を手掛かりに，以下シャルルの治世における宮廷と都市の政治文化を検討しよう[12]。

　シャルルが，父親のフィリップ以上に現実主義者であったことは，即位後間もなく，彼が直面したフランドルとリエージュ地方における都市反乱への対応から知られよう。すでに1466年8月，リエージュ司教領の都市ディナンにおいて生じた市民反乱に対して，当時まだシャロレ伯にすぎなかったシャルルは，フィリップの命により，軍隊を率いてディナンの市門，塔，橋その他の防備施設の破壊を実行し，ブルゴーニュ公の軍事力をネーデルラント諸都市に示した[13]。続く1467年6月15日のフィリップの死により，第4代のブルゴーニュ公となったシャルルは，同年6月28日にヘントへの入市式を行おうとした。しかし，彼の入市の日が，ヘントの守護聖人聖リーヴェンの祝日と重なっていたため，都市ギルドの反感を引き起こす結果となり，入市式は結果的に失敗に終わった[14]。シャルルは，1469年1月にブリュッセルの宮廷（Coudenberg）にヘント市民を召喚し，彼らに対する儀礼的処罰（公然告白の刑 amende honorable）を科し，ヘントのギルドの特権状を破棄して，都市ヘントを服従させたのである[15]。ヘントへの入市式に続く1467年7月3日のメヘレンへの入市式においても，都市民の騒乱による妨害が生じたが，メヘレンの有する地政学的重要性を考慮した廷臣たちの提言により，メヘレンに対する処罰は行われなかった[16]。

---

11) Calmette [1949]（カルメット [2000]）; Vaughan [1973/2002].
12) Blockmans & Prevenier [1999] p. 153; Tabri [2004] pp. 151-153; Paravicini [2002]; [2009].
13) Boone [1996]（ボーネ [2006] pp. 278-308）; Blockmans & Prevenier [1999] pp. 179-181.
14) Arnade [1991]; ボーネ [2013]; 河原 [2002] pp. 218-224.

しかし，続く 1467 年秋から 1468 年にかけてのムーズ都市ディナンと司教座都市リエージュの反乱に対しては，シャルルは容赦しなかった。彼は，特にリエージュについて，都市の「象徴資本」たる市門と城壁を破壊し，続いて都市共同体のシンボルとされてきたペロン（リエージュの広場におかれていたモニュメント）を取り去り，それをブルッヘへ移送して，「都市破壊」の見せしめとしたのである。シャルルによる究極の刑罰としての「都市破壊」は，周辺諸都市に大きな衝撃をもたらし，1468 年 11 月にはヘントをはじめとするフランドル諸都市の公式使節がブリュッセルのシャルルの宮廷を訪問し，服従の意を示した。アーヘンやケルンなど近隣の神聖ローマ帝国の諸都市もまた，都市破壊を恐れ，シャルルに恭順の意を示した。このように，都市の破壊ないし破壊の脅しを，シャルルはネーデルラントの統治手段の一つとして効果的に用いたと言えよう。とはいえ，ブルゴーニュ公国の東南部に隣接するアルザス及びスイス諸都市においては，逆にその脅しは，反ブルゴーニュの都市連合の形成を促進する契機となったのである[17]。

そうした都市統制と並行して，シャルルは軍制改革（1468, 1472, 1473 年）を行い，軍隊の規律化，効率化をはかった。その改革は，公領内での略奪を禁止するなど，百年戦争におけるような英仏両国の軍隊モラルとは対照的であったと言えよう[18]。

シャルルの集権政策についてみると，1473 年に大評議会を再編してメヘ

---

15) 年代記者シャトランが記述しているブルゴーニュ公シャルルの第 1 の偉業がこのヘント市民を服従させたことであった。Chastellain [1864] chap. XXIII, p. 505, «La première fut à Bruxelles, là où, lui assis en son trosne, l'espée nue, que tenoit son écuyer d'eseuyerie, fit conventir Gantois à compte et à genoux devant lui, atout leurs prvilléges ; et en presence d'eux les coupa et déchira à son plaisir ; ...». Cf. Arnade [1997] pp. 300-301.

16) Vaughan [1973] pp. 10-11 ; Boone [1996]（ボーネ [2006] 282-283 頁）; 青谷 [2011] 28-29 頁。

17) Boone [1996]（ボーネ [2006] 278-308 頁）。リエージュの都市破壊については，Kupper & George [2007] pp. 17-25 を参照。

18) Schnerb [1990] pp. 99-115. 1471 年の勅令において，シャルルは 11,250 名の傭兵からなる軍団を作り上げている（Blockmans & Prevenier [1999] p. 187）。シャルルの軍制改革令については，Viltart [2013] pp. 157-181 が最新の研究である。

レンに高等法院(Parlement)を設置したこと,これまでリールやブリュッセルに分かれて置かれていた南ネーデルラントの会計院を統合し,メヘレンに一元化したことが挙げられる。このような集権的制度改革は,シャルルの最大の政治的ライヴァルであったフランス王ルイ11世への対抗意識においてなされたとみなされているが,とりわけ司法上,パリ高等法院からの独立が意図されるとともに,フランドル伯領やブラバント公領をはじめとするネーデルラント諸領邦の司法的統合の試みであったと評価される(Tabri [2004] pp. 14-16; Minois [2015] pp. 296-301)。その際,ネーデルラントの主要都市の競合するプライドを考慮して,フィリップ以来ブルゴーニュ公の宮廷(邸宅)が置かれていたブルッヘ,ヘント,ブリュッセルではなく,メヘレンが統治機構の中心として選定された戦略にも,シャルルとその取り巻きの廷臣たちの現実的感覚が窺える。メヘレンの政治的中心機能は,カール5世の叔母である摂政マルグリートの宮廷が置かれていた1530年まで実質的に継続することになるのである(Cauchies [1996] pp. 84-87; 畑 [2012] pp. 146-148)。

　シャルルにより設置されたメヘレン高等法院は,1474年4月から1477年1月のシャルルの戦死まで約3年間,実質的に機能し,244件の審理を行った。メヘレン高等法院は,シャルルの死後ネーデルラント諸都市の要求により廃止されるものの,1504年にはフィリップ・ル・ボー(端麗公)により再興され,カール5世,フェリペ2世期にも受け継がれ,1796年まで存続することになる[19]。

　シャルルによる集権化と統治イデオロギーの正当性プロパガンダは,1473年12月に発布されたティオンヴィルの勅令においても最も明確に示された。この勅令は32条からなり,60名の役職者からなるメヘレン高等法院の組織,役職者の職務,運営に関する詳細な規定が含まれている[20]。その前文では,ブルゴーニュ公シャルルが正義の特性を具現化しており,国王や皇

---

19) Van Rompaey [1973] pp. 521-529; Blockmans & Prevenier [1999] p. 190; 畑 [2012] pp. 146-148.

20) ティオンヴィルの勅令については,Van Rompaey [1973] および Tabri [2004] pp. 17-19.

帝，教会などのいかなる権力の干渉からも独立した存在であること，《公的秩序》ないし《公益》«la chose publicque»を正義によって維持する至高の存在であることが強調されているのである（Van Rompaey [1973] Bijlagen, nr. V, pp. 493-494）。

> 《地上のすべての事柄を支配する神の善意と摂理により，君主はその領国を支配するよう定められ，命じられた。それによって諸地域と人々が，一つにまとめられ，統合と調和と君主の規律において組織されるようにである。この統合と公的秩序は正義（justice）によってのみ維持されうる。それは公益«la chose publicque»の魂と精神である。この正義のために，我々は，全霊をもって神に対する我々の義務を果たすことを願うのである。》[21]

こうした君主の至高性を強調する一方で，シャルルは，ネーデルラント都市に対しては，ブルゴーニュ公領の領域拡大のために費やされた膨大な軍事費の確保のための援助金の拠出をめぐり，全国議会との厳しい交渉を行った。フランドル四者会議を中心とする全国会議の側は，1470年代に毎年50万エキュを6年間拠出することでシャルルと合意した[22]。

この時期ブルゴーニュ公に対するネーデルラント諸都市の財政的負担は，ブルッヘの事例からある程度うかがうことが可能である。ブルッヘでは，1467年から1476年までの間，都市の年間支出総額におけるシャルルへの支

---

21) Van Rompaey [1973] Bijlagen, nr. V, p. 493 : «comme par la bonté et providence divine, par laquelle toutes choces terrlennes sont regles et gouvernees, soient instituez et ordonnez les princes au regime des principaultez et seignourles, a ce singulierement que par eulx ou lieu de Dieu, nostre createur, les regions, privinces et peoples soient conioinctz et conduiz en union, concorde et louable police, laquelle union et civile concorde ne peut estre entretenue que par justice, qui est l'ame et l'esprit de la chose publicque, et pour ce nous, desirans de tout nostre coeur et povoir en rendant nostre devoir et obligation a Dieu (…)».

22) Blockmans & Prevenier [1999]．同時期の全国議会の実態は，畑［2012］pp. 144-146参照。

表1 全国議会（États Généraux）の会合（シャルル・ル・テメレール期）

年　代	日　程	場　所	参　加　主　体	議　題
① 1467	7/15-8月初	Bruxelles	Brabant, Flandre（四者会議），Hainaut, Hollande, Zélande, Frise	貨幣問題
② 1470	3/13-23	Bruges (Brugge)	Brabant, Flandre（四者会議），Hainaut, Hollande	貨幣問題
③ 1470	5月	Lille	Brabant, Flandre（四者会議），Hainaut, Hollande, Zélande	貨幣問題
④ 1470	7月	Bruges	Brabant, Flandre（四者会議），Hollandee, Zélande, Frise	対英通商問題
⑤ 1470	11/13-11/17	Bruges	Brabant, Flandre（四者会議），Hollande, Zélande, Frise, Picardie	対仏通商問題
⑥ 1471	7/18-8月	Abbeville	Brabant, Flandre, Artois, Hainaut, Mons, Valenciennes	援助金問題
⑦ 1473	1/12-1/14	Bruges	Flandre, Artois, Lille, Hainaut, Mons, Hollande, Zélande, Namuroie, Maline	援助金問題
⑧ 1473	2/15-4/1	Bruxelles	Brabant, Flandre, Artois, Lille, Picardie, Hainaut, Hollande, Zélande, 他	援助金問題
⑨ 1474	2/15-2/20	Maline (Mechelen)	Bruxelles, Flandre, Artois, Douai, Mons, Valenciennes, 他	通商問題
⑩ 1476	4/20-5/1	Gand (Gent)	Brabant, Flandre, Artois, Lille, Ponthieu, Hainaut, Hollande, Zélande, Namur	軍事奉仕
⑪ 1476	5/24-5/28	Gand	Brabant, Flandre, Artois, Ponthieu, Hainaut, Hollande, Zélande, Namur	軍事奉仕
⑫ 1476	7月8日	Gand	記載無	軍事奉仕
⑬ 1477	1/26-4/6	Gand	Brabant, Flandre, Artois, Hainaut, Hollande, Namur, Maline	シャルル没後の対策

出典：Cuvelier et al.［1948］pp. 146-334.

出の割合は平均27％に達しており，1475-76年には最大42％を占めるに至っていたのである（Haemers［2008］p. 147）。

　ブルッヘは，ネーデルラントにおいて当時もっとも富裕な都市であったが，その財政負担は，ロレーヌ公領をはじめとするシャルルの神聖ローマ帝

表2 ブルッヘのシャルル・ル・テメレールへの支出

年　代	都市の支出に占める割合（％）
1467-68	10.72
1468-69	31.45
1469-70	32.75
1470-71	33.22
1471-72	17.85
1472-73	24.15
1473-74	25.74
1474-75	29.53
1475-76	41.82
平均：	27.47

出典：Haemers [2008] p. 147.

国領域への軍事的遠征により極めて重くなっていたと言えよう。

　1473年9月に，シャルルは，トリアーにおいて神聖ローマ帝国皇帝フリードリヒ3世と会談を行い，至上の君主としての「ローマ王」（roi des Romains）の称号を得ようと試みたが，その交渉は不成立であった[23]。シャルルは，神聖ローマ帝国の中で独自の称号を得ることを意図し，ローマ王のほかに，ロラタンギア（ロートリンゲン）王ないしフリージア（フリースラント）王の称号を志向していたと見られるが，この会談においてシャルルが得たのは，娘のマリーとフリードリヒの息子マクシミリアンの婚姻の約定で

---

[23] 両者の会合については，Vaughan [1973/2002] pp. 131-155 を参照。後述するシャルルの外交使節 Antoine Haneron による記述は以下のようである（ADN, B 2097, n° 67280）: « Je Anthoine Haneron, prevost de Saint Donas de Bruges, conseillier maistre des requestes de l'ostel de monseigneur le duc de Bourgoigne (...) confesse avoir reçeu de Nicolas de Gondeval, aussi conseillier et argentier de mondit seigneur, la somme de deux cens dix huit livres huit solz du pris de quarante gros monnoye de Flandres la livre qui deue m'estoit de reste, pour ester parti le XIXe jour du mois de Juillet derrainement passé par le commandement et ordonnance de mondit seigneur (...) pour certaines matieres secretes don't mondit seigneur ne vueilt autre declaracion icy ester faicte ; (...) et d'illec estre venue en la compaignie d'icellui empereur en la ville de Treves, en laquelle ledt empereur et mondit seigneur se sont assemblez pour conclure ensemble des dites matieres (...) ». 後注35も参照。

しかなかった。彼はフリードリヒ3世との交渉においていかなる王の称号も獲得することはなかったのである。しかし，彼がフランス王ルイ11世に対抗して王（roi）ないし皇帝（imperator）の称号の獲得を志向していたことは確かであり，新たな国家（État）をフランス王国と神聖ローマ帝国の狭間に確立しようとしていたと考えられるのである（Roos［1996］pp. 71-87; Tabri［2004］pp. 24-28）。

Ⅲ．シャルルの統治イデオロギーと宮廷人脈

シャルルは，父フィリップ・ル・ボンの後を襲ってブリュッセルの邸宅（Coudenberg）を彼の宮廷の中心とし，1469年と1471年の「宮廷令」（Ordonnance de l'hôtel）により，宮廷役職の厳格化と構成員の増員を行った[24]。実際，フィリップの宮廷に比して，シャルルの宮廷では，宮廷役職者の数は増大し，1469年の宮廷令では，622名，1474年の宮廷令では，1,030名の役職者が記載されている。宮廷では，臣下は《名誉と正義》«honoeur et justice»の理念を体現することが求められ，不道徳的行為の禁止事項が厳格に規定されていた。宮廷勤務も厳格化され，官房長と顧問を中心とする宮廷会議の開催は，毎日5時間維持されたという（Tabri［2004］pp. 36-38）。

ところで，シャルルの宮廷において，彼の対都市対策をはじめとする統治イデオロギーの形成において重要な役割を演じたのが，官房長や顧問をはじめとする宮廷の役職者たち（fonctionaires）であったことは，A. ヴァンデルヤークトをはじめとするブルゴーニュ宮廷人の政治思想史研究以来よく知られているところである[25]。その中で，シャルルの側近としてとりわけ注目

---

[24] 1469年の宮廷令の写本は，Oxford, Bodelian Library, MS Hatton 13 に，また 1474年の宮廷令は，Paris Bibliothèque Nationale, ms fr. 3867 に所蔵されている（Tabri［2004］pp. 32-39, 72-74）。シャルルの宮廷令についての全体的概観は Paravicini［2002］pp. 671-713 を参照。シャルルの宮廷役職者の職務については，Olivier de la Marche［1883-1888］の記述が主要な史料である。これについては，Brown & Small［2007］pp. 94-104 を見よ。

すべき存在は，1460 年代半ばから 1470 年代にかけて官房長や外交特使 (diplomate) を務めた者たちであろう。以下では，特にシャルルの政治イデオロギーを体現し，その実現のために尽力したと思われる 3 名の廷臣について検討してみたい[26]。

(1) ギョーム・ユゴネ（Guillaume Hugonet）

ギョーム・ユゴネ（1420 頃-1477 年）は，1471 年から 77 年のシャルルの死まで官房長を務めた人物である。彼は，貴族家門ではないが，マコンの都市行政官（エシュヴァン）・法曹家を輩出したマコネ地方の有力家系の出自で，ブルゴーニュのドール大学とイタリアで法律（おそらくパヴィア大学かトリノでローマ法と教会法）を学んだと考えられている[27]。彼は，フィリップ・ル・ボンの顧問を務めたのち，1460 年代半ばから法律顧問（請願審査官）(maître de requêtes) としてシャルルに仕え，ピエール・ド・グー(Pierre de Goux) の死後その後任として 1471 年からシャルルの宮廷で官房長を務めた。ユゴネは，人文主義と法曹家としての素養を生かし，シャルルの勅令や演説の草稿の作成者としてシャルルの意思を体現し，君主の役割と徳をめぐる言説を残している。彼自身，1470 年代前半の全国議会において何度も演説を行い，シャルルの忠実な代理人としての役割を演じたのである[28]。

ユゴネは，世俗国家は教会をはじめとする神学的権威からは自由な存在であるとみなし，君主は，神から直接受け取った《人間の徳》«vertu de humanité»により権力を有するとした。A. ヴァンデルヤークトによれば，1450 年代半ば以降，イタリアとスペインの人文主義の影響のもとで，フィ

---

25) Vanderjagt [1981]; [2001]. なお, Bartier [1955] は，シャルルの宮廷役職者（特に行・財政役人）について詳細な検討を行っている。
26) この 3 名について予備的考察を行った河原 [2013] を参照。
27) Paravicini [2002] pp. 173-174. ユゴネのイタリアにおける教育を証拠立てる史料は極めて限られている。
28) Bartier [1942] pp. 127-156; Vanderjagt [1984] pp. 206-210; Paravicini [2002] pp. 107-142; pp. 143-208.

リップ・ル・ボンの宮廷の役職者たちにより，神学的な徳から独立した世俗的な《正義》«justice»こそが最も枢要な徳目と観念されるようになり，君主は《正義》を通じて《公益》«la chose publique»に奉仕する存在として位置づけられたという[29]。ユゴネ自身，北イタリアで人文主義的知を習得し，キケロ，セネカ，カエサル，ラクタンティウスらのラテン古典のほか，中世ローマ法学者のバルトルス・デ・サクソフェラートやバルドゥスの著作の影響を受けていたと思われる[30]。

　ユゴネは1471年にサン・トメールにおける演説において，ナポリ王国における平和が，ナポリ王フェランテの《正義》によって保たれているとし，彼の統治を称賛している。彼の議論は，イタリア人文主義者によりブルゴーニュ宮廷にもたらされていたキケロの著作『義務について』（De officiis）や『友情について』（De amicitia）のフランス語訳写本に基づくものであったとヴァンデルヤークトは指摘している（Vanderjagt [1981]）。ユゴネはまた，1473年1月のブルッヘにおける全国議会の会合において，シャルルに代わり演説し，あるべき政治とはただ一人の君主による統治であり，シャルルこそが正義を統括し，《公益》に奉仕する唯一の君主であることを強調した（Bartier [1942] pp. 127-134; Vanderjagt [1984] p. 207）。

　　《統治体の3つの形態（民主政，貴族政，君主政）それぞれの下で，多くの人々は偉大な諸領邦にまとめられ，そして多くの都市を形成してきた。というのは，それぞれの政体は，もしそれぞれが公的責任を負うとすれば，いずれも大いなる成果を生み出すことができるからである。し

---

[29] 本章では割愛するが，フィリップ・ル・ボンの時代には，ジャン・ミエロー（Jean Miélot）やギョーム・フィアストル（Guillaume Fillastre），ローラン・ピニョン（Laurentius Pignon）ら宮廷役職者・古典の翻訳者の知的影響が注目されよう（Vanderjagt [1981]）。フィリップの蔵書（写本）コレクションについては，Wijsman [2010] を参照。

[30] ユゴネの蔵書目録については，Gachard [1838] pp. 120-127 および Paravicini, W. & Paravicini, A. [2000/2002] pp. 158-164 を参照。彼の蔵書の中にはヨセフス，リヴィウス，キケロ，ラクタンティウス，カエサル，プリニウスらの作品が含まれていた（Tabri [2004] p. 83）。

かし，それら3つの政体の中で，最も有用かつ最も適切で，最も実りあるのは，ただ一人の君主による政体である。(……)そして宇宙のあらゆる様式の創造者であり，統治者である全能の神は，人間の在り方をただ一人の者（君主）の体制の下に置くことを望み，そして預言者たちにより，神が人々に，至高にして唯一の君主を与えることを約束させたのである。》[31]

ユゴネは，全国議会においてばかりではなく，宮廷側の代表としてネーデルラント都市とのさまざまな折衝に関わり，メヘレンの大評議会においても《大逆罪》«leze majesté»という法概念の適用を通じてシャルルの統治体制を整備することに努めた（Boone［2010a］（ボーネ［2013］p. 235）; Blockmans［1996］pp. 71-81)。さらに，後述するシャルルのブルゴーニュ公領における都市入市式のプログラム（タブロー・ヴィヴァンの銘文の準備など）においても枢要な役割を演じたとみられている（河原［2014］p. 13)。シャルルのナンシーにおける戦死の3ヵ月後の1477年4月3日，シャルルの信任の厚い顧問で，リエージュやヘントに対する処罰においてシャルルの忠実な政策執行者であったギィ・ド・ブリム（Guy de Brimeu）[32]らとともに，ユゴネが，都市ヘントの参審人団によって処刑されたことは，彼がまさしくシャルルのブルゴーニュ国家を支えた象徴的なキーマンであったことを示すものであろう[33]。

---

31) Cuvelier et al. (éds.) [1948] 1, p. 179 : «Soubz chacune desquelles Trois manieres de regimes, pluseurs peoples ont esté erigés en grandes provinces, infinis villes et citez construites, parce que chacune maniere, qualifiee de regard publique, est capable de produire grant fruit. (...) et Dieu le tout puissant qui Est ung facteur et gouverneur de l'universel mode s'est volu con- joindre a nature. Humaine soubz le regime et empire d'un seul, et par singulier don de grace a fait par les prophetes promettre a son people qu'il lui bailleroit ung chief et ung seul prince.».

32) ギィ・ド・ブリムについては，Paravicini [1975] および Boone [2010b] p. 196 参照。

(2) アントワーヌ・アヌロン (Antoine Hanelon)

アヌロン（1400 頃-1490 年）は，北フランスのアルトワ地方の出身で，パリ大学でリベラル・アーツと法学を学んだ (Maitre ès arts et bachelier en droit)。彼は，ルーヴェン大学の修辞学の教授を経て，1441 年からフィリップ・ル・ボンの宮廷で当時 8 歳のシャルルの教師 «maistre d'escole et instituteur» を務めた (Stein [1937] Pièces justificatives, nr. I, p. 304)。1450 年代から 60 年代にかけては，フィリップの宮廷において教皇庁や神聖ローマとの交渉をはじめとする外交使節，法律顧問 «conseillier maître des requêtes» として活動し，成人したシャルルの下では，彼の外交交渉のアドヴァイザーとしての役割を果たす一方，ブルッへのシント・ドナース教会のプレヴォ職 «provoost» を得ている[34]。1465 年には，シャルルが必要とした軍事的経費 4,000 エキュを都市サン・トメールから調達するため都市を説得する使節の役割を果たしている。また，1473 年 12 月に新たに統合されたメヘレンの会計院の財務官 (trésorier) の職にも任命された。それに先立つ 1473 年 9 月のトリアーにおけるフリードリヒ 3 世との会談にもアヌロンはシャルルに同行し，フリードリヒとの交渉に携わったのである[35]。

他方，アヌロンは，人文主義者としてサルスティウスやキケロなどのラテン古典の他，レオナルド・ブルーニ（『フィレンツェ史』など）をはじめとするイタリア人文主義者の著作をブルゴーニュ宮廷にもたらしたとされる。彼の所蔵していたキケロの仏訳は，中世の騎士文学以上にシャルルのイタリア

---

33) Gachard [1839] pp. 296-362；Boone [2003] pp. 52-53；[2010a]（ボーネ [2013] p. 237). 死の 4 ヵ月前の 1476 年 12 月にメヘレンで作成された 46 項目からなるユゴネの遺言書が残されている (Paravicini [2000] pp. 131-142)。この遺言書からは，彼の信仰心（特に聖母マリア崇敬）とともに，彼の財産がマコンを中心とする南部ブルゴーニュ公領のみならず，ブルッヘやミッデルブルフ，メヘレン，ブリュッセルの邸宅，イプルの領主権 (Vicomté) など南ネーデルラントに散在していたことが知られる。ユゴネの家系及び妻 (Loyse de Layé) については，Flammang [2003] pp. 51-162 を参照。

34) Stein [1937] Pièces justificatives, nr. III（1450 年 5 月 10 日付）pp. 308-309；nr. IV（1461 年 5 月 1 日付）pp. 310-324.

好みと古代愛好の心性を育んだと考えられるのである（Tabri［2004］pp. 53-54 ; Vanderjagt［1981］p. 16）。

　アヌロンは，フィリップ・ル・ボンとシャルル・ル・テメレールの両ブルゴーニュ公に仕えながら，とりわけ1460年代以降困難となっていくブルゴーニュ公国の対外政策を中心に，公国の統治実務においても主要な役割を演じた。と同時に，上述した《正義》と《徳》に基づくシャルルの古代の君主に範をとった統治イデオロギーの形成においてもユゴネとともに貢献したと言えよう。

（3）　ヴァスコ・ドゥ・ルセナ（Vasco de Lucena）

　ヴァスコ・ドゥ・ルセナ（1435頃-1512年）は，ポルトガル出身の人文主義者であり，コインブラ大学，パリ大学でリベラル・アーツを学んだ後，フィリップ・ル・ボンの妃となったポルトガルのイサベル（Isabelle de Portugal）に随行して1450年代後半にブルゴーニュ宮廷に出仕した[36]。彼は，幾点かのギリシャ・ラテンの古典や，イベリア半島の人文主義の著作（Juan Rodriguez, *Triunfo de las doñas*）のフランス語訳をシャルルに献呈している。とりわけ重要であったのは，クイントゥス・クルティウス・ルーフスの『アレクサンドロス大王の事績』（*Les Faiz du grant Alexandre*, 1468年）と，クセノフォーンの『キュロペディア』（*Cyropaedia*）のフランス語訳（*La traité des faiz et haultes prouesses de Cyrus*, 1470年）である。前者については，中世中期以来知られてきた『アレクサンドロスのロマン』（Roman

---

35) ADN, B2096, n° 67166 : «Je Anthoine Hanneron, prevost de Saint Donas de Bruges, conseiller maistre des requestes de l'ostel de monseigneur le duc de Bourgogne (...) confesse avoir receu de Nicolas de Gondeval, aussi conseillier et argentier de mondit seigneur, la somme de cent seize livres du pris de quarante gros monnoie de Flandres la livre, que mon dit seigneur m'a de sa grace donnee pour une fois pour en acheptter vint aulnes de valours noir (...) et vint aulnes de satin aulli noir (...) pour estre plus honnestement habillié en l'ambassade que icellui seigneur m'a presentment ordonné faire pardevers l'empereur ; (...)» ; Stein［1937］pp. 293-298.
36) ルセナについては，Bossuat［1946］pp. 197-245 ; Blondeau［2009］; Tabri［2004］pp. 66-78 参照。

d'Alexandre）がもっぱら伝説からなる物語であったのに対し，クイントゥス・ルーフスのテクストは歴史書であり，15世紀までにイタリアの人文主義者の間で広く知られていた作品であった。ルセナは，シャルルからこの作品のフランス語訳を求められ，1470年にラテン語テクストからフランス語訳したテクストをシャルルに献呈している。彼は，この訳書において，古代のアレクサンドロス大王の世界について騎士的ロマンではなく，現実的な歴史的ヴィジョンをシャルルに提示することにより，それがシャルルにとっての「君主鑑」として利用されることを意図していたと考えられるのである。

　後者のクセノフォーンの『キュロス王の事績』のテクストは，15世紀前半にブルゴーニュ宮廷で活動したイタリアの人文主義者ポッジョ・ブラッチョリーニ（Poggio Bracciolini）によってギリシャ語からラテン語に訳されていたが，ルセナは，彼のラテン語訳（Cyropaedia）をフランス語に翻訳したのであった。その序文において，ルセナは，キュロス王が神から直接王としての支配権を授けられたことを述べているが，ヴァンデルヤークトによれば，そこに15世紀の君主権の支配理念における転換が見いだされる。すなわち，キュロス王に擬せられるブルゴーニュ公シャルルは，「正義を遂行し，公益を維持するために必要な偉大さ（magnificence）を（教会を媒介せずに）神から直接付与された」とするイデオロギーである[37]。ブルゴーニュ宮廷の年代記作者であったジョルジュ・シャトランも，フィリップ・ル・ボンからシャルルへの公位の継承を，カトリック教会の手を経ずに地上の王国（ブルゴーニュ公国）の統治者となった君主としてシャルルを位置づけ，ルセナと同様のイデオロギーにより，シャルルの即位を肯定したのである（Chastellain［1865］t. 7, p. 294 ; Vanderjagt［2001］pp. 192-193）。シャルルの君主としての存在意義は，前述した官房長ギョーム・ユゴネにより強調されることになる。ユゴネによれば，シャルルは，カトリック教会や全国議会の合意によって君主となったのではなく，彼の生来の《人間的徳》«vertu

---

[37] Vanderjagt［2005］pp. 334-335. シャルルが比定された古代の君主モデルとしては，アレクサンドロス大王，キュロス王の他にカエサルが挙げられる。Tabri［2004］pp. 79-80.

d'humanité» に基づいた《自然な君主》なのであった。1470 年にフランドルとエノーの政庁に送られたシャルルの書簡は，ユゴネを中心に起草されたと考えられているが，そこでは，個人的《威信》«magnificience» にもとづき《正義》と《公益》に意を用いる君主としてのシャルルのイメージが示されていたのである（Vanderjagt［2005］p. 336）。

シャルルの廷臣として，彼の統治イデオロギー形成にかかわったと考えられる人物は，その他にも，ユゴネと共にヘントで処刑された顧問ギィ・ド・ブリムや，ミラノ出身の人文主義者で外交使節を務めたジョヴァンニ・フィランジェリ・ディ・カンディーダ（Giovanni Filangieri di Candida），メヘレン高等法院長を務めたジャン・カロンドゥレ（Jehan Carondelet），法律顧問（請願審査官）ギョーム・ド・ロシュフォール（Guillaume de Rochefort）らを挙げることができるが，なかでも上述した 3 名の廷臣こそが，シャルルによる公領統治イデオロギーと宮廷の政治文化を体現した存在であったと言えるだろう。

IV. 君主儀礼としての冠婚葬祭と都市

ところで，シャルルの廷臣による政治的言説を通じたブルゴーニュ公の君主イメージの正統性のプロパガンダとともに，フィリップ・ル・ボン以降，ネーデルラントおよび南部公領の都市を舞台として展開されたブルゴーニュ公による様々なパフォーマンスは，儀礼を通じた君主イメージの浸透と君主による支配の正統性獲得の試みであったということができる。シャルルの治世下における都市と宮廷をめぐるいくつかの儀礼的パフォーマンスとその意義について以下考えてみたい。

(1) フィリップ・ル・ボンの葬儀

1467 年 6 月 15 日夕刻，フィリップ・ル・ボンは，ブルッヘの邸宅《プリンゼンホフ》«Prinsenhof» において没した（Chastellain［1864］t. 5, pp. 227-235）。続く 6 月 21 日の日曜日に，フィリップの葬儀がブルッヘにおいて行われることになった。この葬儀について詳細情報を提供する 15 世紀末の

逸名の著者による「（ブルゴーニュ）公フィリップ殿の葬儀」(*L'obsèque de monsieur le duc Phelippe*) によれば，フィリップの遺体は，4日間公の邸宅で安置されたのち，ブルッヘの都市の中心に位置するシント・ドナース参事会教会へと運ばれた。その葬列は，シャルルの指示により，参加者の身分，職務ごとに極めて厳格な服装規定に従って行われた。葬列の行列（プロセッション）が行われた通りの両側には篝火持ちが1,600名（《プリンゼンホフ》の臣下400名とブルッヘ都市民及び周辺住民から1,200名）配置され，葬列を見送った黒服姿の市民たちは2万人以上であったという[38]。葬列は，ブルッヘのすべての聖職者，托鉢修道会士，都市ブルッヘとブルッフセ・フレイエの当局者，宮廷役職者，貴族，トゥールネ司教をはじめとする近隣の高位聖職者，フィリップの家族と親族など厳格な身分的，社会的序列に従って構成され，《プリンゼンホフ》から都市の中心の大広場をぬけてシント・ドナース教会まで整然と行われた。続いてシント・ドナース教会でミサが行われたのち，葬列は再び《プリンゼンホフ》へと戻った。そして，翌日，黒衣の葬列が再び同じ行列でシント・ドナース教会へ向かった。そして，教会ではトゥールネ司教によるレクイエム・ミサが行われ，フィリップのための祈りがささげられた。フィリップの遺体は，主祭壇の前の納骨室に埋葬され，ブルゴーニュ公位の父から子への移行が行われた。シャルル自身は，この時点で依然としてシャロレ伯であったが，かかるフィリップの埋葬の儀礼は，シャルルの公位継承をシンボリックな形で示すものであったのである[39]。

フィリップは生前，歴代ブルゴーニュ公の墓所である南部公領の中心都市ディジョン近郊シャンモルのシャルトルーズ修道院に埋葬されることを求めていた。しかし，彼の遺体は，すぐにはディジョンへ運ばれず，息子のシャルルは，葬儀をブルッヘで行うことを選択したのである[40]。彼は，父親の葬儀をディジョンではなく，北部の公領の拠点の一つであったブルッヘにお

---

[38] Lory (éd.) [1869] p. 29 : «Item que les gens de la dicte ville et autres estrangiers en nombre de plus de vint mille personnes estoient pres que tousl habilliez de robes noires à leurs despens (...)» ; Tabri [2004] pp. 97-98.

[39] Lory (éd.) [1869] p. 245 ; Strohm-Olsen [2010] pp. 372-379.

[40] フィリップの心臓は，シント・ドナース教会にそのまま埋葬された。

いて行うことで，彼のブルゴーニュ公位継承をフランドル都市民の眼前で示すとともに，ブルゴーニュ公家の威光をフランドルの市民世界に開示するパフォーマンスとしたと考えられるのである[41]。

(2) シャルルとヨークのマーガレットの婚姻

フィリップの死から1年後，ブルッヘは，新たにブルゴーニュ公となったシャルルによるスペクタクルの舞台として選ばれることになる。後述するように，シャルルはブルゴーニュ公及びフランドル伯としてブルッヘへの入市式を1468年4月9日に行っていたが，彼は，同年7月3日にヨークのマーガレット（Margaret of York）との結婚式をブルッヘ近郊の都市ダム（Damme）で挙行し，その後，ブルッヘにマーガレットとともに入城して7月14日まで12日間にわたり10のトーナメント《*pas d'armes*》や6回の宴会をはじめとする数々の祝祭を催した[42]。通りでは，ブルッヘの兄弟団（乾木のマリア兄弟団）や修辞家集団（Rederijkerskamer）により準備された10の活人画（tableaux vivants）の舞台が設けられ，シャルルの武勇と徳をたたえるヘラクレスの12の偉業が示されるとともに，シャルルのライヴァルであったルイ11世に対抗して，イングランド王の妹との婚姻によるブルゴーニュとイングランドの結びつきを祝したエンブレムや，ブルゴーニュ公国内の統一と繁栄を祈念した「黄金の木」のシンボルが提示された[43]。とりわ

---

41) Tabri [2004] p. 98. フィリップは1436-38年のブルッヘ市民の公に対する反乱に対して市門の一部の閉鎖を含む厳しく対処し，1440年の入市式を通じてようやく都市と和解するというブルッヘ市民にとっては苦い過去があった（河原 [2003]）。しかし，ブルッヘはフィリップが最も好んだ宮廷所在地であり，またフィリップ自身，生前（1451年）にブルッヘの聖母教会に彼の死後の魂の救済のためのレクイエム・ミサの設定を求めていた。また，シャルルはフィリップの葬儀の2日後に，シント・ドナース教会に対して，父フィリップの魂のためのミサの設定を求めている。こうしたフィリップとブルッヘおよびシント・ドナース教会の関係については，Brown [2013] pp. 113-119を参照。

42) この婚姻の祝祭についての最も詳細な記述史料は，Olivier de la Marche, [1883-1888] t. 2, pp. 536-569 および Jean de Haynin, [1905-1906] t. 2, pp. 17-62 である。その他の史料および研究史的位置づけについては，Brown & Snmall [2007] pp. 54-57 を見よ。

け「黄金の木」のトーナメントは，歴代ブルゴーニュ公のスペクタクルの中で最も精巧な舞台を提供した。このトーナメントの直接の目的は，イングランドの騎士を迎えることによってイングランド王家の誉れをたたえ，新たに結ばれたイングランド王家とブルゴーニュ公家の同盟の絆を深めるという外交的意図を持つものだったが，同時にブルゴーニュ公家の君主権とシャルル個人の名誉と徳を賞揚するものであったと考えられる（Tabri [2004] p. 118）。この祝祭の経費の多くが都市ブルッヘによって負担されたことも見逃せない（Brown & Small [2007] p. 54）。新たなブルゴーニュ公シャルルの威光をブルッヘの都市当局もまた支えることで，都市とブルゴーニュ公権力との和合が意図されたと言えるであろう。

(3) シャルルの都市入市式

シャルルと都市を結びつけた今一つの重要な儀礼は，ブルゴーニュ公としてのシャルルの都市への入市式である[44]。シャルルは，1466年5月のコンフランの協定によりブルゴーニュ公領に帰属したピカルディ地方へ，当時まだシャロレ伯でしかなかったが，父フィリップの名代として赴き，アヴヴィルとアミアンへの入市式を行い，両都市から歓迎を受けていた。その後，1467年1月のフィリップの死後，第4代ブルゴーニュ公となったシャルルは，直ちにネーデルラントの主要な都市への一連の入市式を開始する。J. ヒュルバットが指摘しているように，フランス王権と同様，シャルルにとって入市式は，支配君主としての公シャルルの承認そして都市側の歓迎と服従の意思をシンボリックに表わす儀礼となったのである（Hurlbut [2013] p. 105）。

表3は，ブルゴーニュ公としてシャルルが行った公領内の都市への入市式の一覧である。1467年6月のヘントへの入市式をはじめとして，シャルル

---

43) Tabri [2004] pp. 112-119. この祝祭については，Goossenaerts [2013] pp. 97-104 および Oosterman [2013] pp. 241-249 を参照。
44) ネーデルラントにおける君主の都市入市式の意義については，Cauchies [1998] pp. 137-152 ; Blockmans [1998] pp. 155-166 ; Lecuppre-Desjardin [2004] pp. 138-158 ; Brown & Small [2007] pp. 25-28 を参照。

第 9 章　15世紀後半ブルゴーニュ公国における都市・宮廷・政治文化　　　*289*

表 3　シャルル・ル・テメレールの都市入市式 (1467-1477)

	年代	日　付	都　　市	活人画ステージ	十字軍モチーフ
1	1467	6月28日	Gent		
2	1467	7月3日	Mechelen	7	
3	1467	7月12日	Leuven		
4	1467	7月14日	Bruxelles		
5	1467	9月5日	Antwerpen		
6	1468	3月27日	Mons	8	＊
7	1468	4月1日	Soignies		
8	1468	4月4日	Maubeuge & Quesnoy		
9	1468	4月5日	Valenciennes		
10	1468	4月7日	Lille	23	
11	1468	4月9日	Brugge		
12	1468	4月21日	Damme & Sluis	3	
13	1468	4月22日	Middelburg		
14	1468	4月25日	Zierikzee & Goes		
15	1468	7月19日	Den Hague		
16	1468	7月22日	Leiden		
17	1468	7月23日	Haarlem & Amsterdam		
18	1468	7月27日	Delft		
19	1469	3月16日	Arras	11	＊
20	1469	4月22日	Saint-Omer	6	
21	1470	6月26日	Ostend		
22	1471	6月17日	Abbeville		
23	1472	5月15日	Douai	10	
24	1474	1月23日	Dijon	7	＊

＊：十字軍のモチーフを含む舞台が設定されたもの。
出典：Hurlbut [2013] pp. 107-112.

は24回 (28都市) の入市を行った。彼の入市式の時期は大きく 2 つに分けられよう。第 1 の時期は，1467年 6 月から翌1468年 7 月までの 1 年足らずの期間であり，ブルゴーニュ公としてネーデルラントの主要な都市をほぼカヴァーする形で入市を行っている。先述したように，最初に行われたヘントへの入市式は，ヘントの守護聖人聖リーヴェンの祝日と重なる 6 月28日が設定されたため，ヘントのギルドメンバーの反発と抵抗を招く結果となり，入市式は失敗に終わった。シャルルは，その後 2 ヵ月のうちにブラバントの

主要都市（メヘレン，ルーヴェン，ブリュッセル，アントウェルペン）に入城し，その半年後にはフランス語圏のモンスやヴァランシエンヌ，リールなどエノー，アルトワ伯領への入市を行った。この地域では，シャルルは，都市から盛大な歓迎を受けた。その後，北上してブルッヘをはじめとするフランドル伯領と北部ネーデルラントの主要5都市へ入城したのである（Hurlbut［2013］pp. 105-112）。

　1468年4月9日，シャルルは，ブルッヘに入城した。彼は都市の聖職者，都市参審人団により迎えられ，シント・ドナース教会でフランドル伯として教会の伝統的特権を誓約し，金の布を教会へ奉献した（Greve et al.（éds.）［2001-2014］t. 1, p. 133 ; Hurlbut［2013］p. 109）。その後，市庁舎へ赴き，市政役職者に対し都市の特権を認める誓約を行っている。その間，ブルッヘの主要な通りでは，数多くの豪華な舞台と装飾が準備されたと後代のデスパルスの年代記には記されているが，その詳細は記録されていない（Despars［1839-1840］2, pp. 393-394）。J. ヒュルバットは，このシャルルの入市式のプロセスが，キリストのエルサレムへの入場を模したパフォーマンスであった可能性を指摘しており，1436-38年のブルッヘへの反乱後にその秩序回復のために行われた1440年12月のフィリップ・ル・ボンによる入市式との共通性が注目される（Hurlbut［2013］p. 109）。なお，都市側は，市庁舎においてシャルルに聖ゲオルギウスと聖バルバラの銀の彫像2体を贈呈しているが，活人画の舞台設定は知られていない（Despars［1839-40］p. 394）。

　続く第2の時期は，1469年から1474年までで，シャルルは，主にフランス・フランドル地域の主要都市を中心に入市式を行い，1474年1月の南部ブルゴーニュ公領の都市ディジョンへの入城が最後となった。この時期の都市入市式の中で，アラス，サン・トメール，ドゥエ，ディジョンというそれぞれの地域の中心都市で活人画の舞台が設定されていることが注目されよう。それぞれの都市における活人画の表象を示した表4からわかるように，活人画の舞台には，聖書，古代（神話）の英雄，中世の騎士の英雄等多様な人物が登場しているが，いずれも，《高貴》，《正義》，《分別》といった君主のあるべき美徳を示し，シャルルがそれを備えた人物であることを強調するマイム劇となっていたのである（Hurlbut［2013］pp. 108-111）。

第9章　15世紀後半ブルゴーニュ公国における都市・宮廷・政治文化　　　*291*

表4　シャルル・ル・テメレールの都市入市式における活人画の表象

年代	都市	聖書の人物	古代（神話）の人物	騎士的人物	アレゴリー
1468	Mons	ジュディス 聖ヴァンサン 聖ヴォードゥルー	バッカス ヴィーナス		高貴と7つの美徳
1468	Lille		パリス		
1469	Arras	ゲトロ 聖ゲオルギウス ジェイル ロボアン アブメリック	マンリウス・トルクァトゥス スキピオ トロヤ人ブルートゥス ヴェルギリウス	アラゴン王 アーサー王	正義
1472	Douai	ダヴィデ ヨシュア マカベのユダ	ヘクトル アレクサンドロス カエサル	カール大帝 アーサー王 ゴドフロワ・ド・ブイヨン	分別と正義
1474	Dijon	イエス ギデオン エレミア ヨシュア ソロモン王 シェバの女王			分別と正義

出典：Lecuppre-Desjardin［2004］；Chabeuf［1902］

　そうした活人画についてもっとも詳細な記録は，1474年のディジョン入市式について残されている（Chabeuf［1902］；Quarré［1969］）。詳細は別稿（河原［2014］pp. 1-14）に譲るが，この入市式では，一連の7つの活人画の舞台が設けられ，旧約聖書からのモチーフに基づいて，エレミア，ギデオン，ソロモン王が登場する。シャルルは，預言者たちにより「汝らの王」としてディジョンのすべての身分（三身分）の者により迎えられ，ギデオンのごとく戦士としてシャルルと都市の敵と戦うことが期待される。そして最後の舞台において，ソロモン王とシェバの女王の前でイスラエルに代わる祖国（ブルゴーニュ公領）の「王位」を与えられるというストーリーとなっていた（河原［2014］p. 12）。ギデオンは，古代イスラエルの戦士であり，金羊毛

騎士団の守護者とみなされていた。彼は，ギリシア神話の英雄イアソンと並んで，先代のフィリップの時代からブルゴーニュ公の英雄モデルであり，息子のシャルルにおいてもそのモデルとしての重要性が継承されたと考えられる（今井［2013］pp. 13-20）。ギデオンは，信仰によって国々を征服し，敵軍を敗走させた英雄であるとともに，「指導者としての統率力を備え，イスラエルを解放した」（旧約聖書，士師記，第6章）人物であった。ギデオンは，その意味で，父フィリップにとってと同様，シャルルにとって信仰心を持つ理想の統治者のシンボルとしてディジョン市民に提示されたと言えるだろう。

　このディジョン入市式における活人画の舞台のシナリオを準備したのは，ディジョンの指導層（市長とエシュヴァン）とともに，シャルルの官房長ユゴネであったと考えられており，最後の舞台では，ユゴネの主君であるシャルルがブルゴーニュの《王》として旧約の王たるソロモンに重ね合わされて示されていた（Tabri［2004］pp. 123-124）。そこでは，ブルゴーニュ公と古代（旧約聖書）の世界との連続性が暗示され，ヘブライの王と同様，シャルルは，《徳》と《正義》を備えた統治者としての正統性を体現した信仰心を持つ《王》として都市ディジョンに受け入れられるという視覚的イメージが与えられたのである。

おわりに

　以上，ブルゴーニュ公シャルルと都市，宮廷の政治文化をめぐるいくつかの局面を検討してきた。シャルルは，ヴァロワ朝の歴代ブルゴーニュ公の中で集権的なブルゴーニュ国家の創設を意識的に試みた唯一の君主であった。フランス王権に対抗しうる法的，行財政的基盤を確立しつつ，君主としての正統性を華麗なスペクタクルを用いることにより打ち立てようと試みたのである。彼は，理想の君主モデルを，古代の王（ソロモン王，キュロス王，アレクサンドロス大王など）に見いだしていたが，シャルルに王としての正統性のイデオロギーを付与する役目を担ったのがユゴネをはじめとする宮廷イデオローグであったと考えられる。ナンシーにおけるシャルルの戦死によ

り，「ブルゴーニュ王国」の夢はその志半ばで潰えたが，新たな君主国家建設者（State-builder）としての彼の遺産は，カール5世をはじめとするハプスブルク家による近世の国家形成の道を切り開くものとなったと言えるであろう。

［文献・史料目録］

欧語

Arnade, P. [1991] Secular Charisma, Sacred Power : Rites of Rebellion in the Ghent Entry of 1467, *Handelingen der Maatschappij voor Geschiedenis en Oudheidkunde te Gent*, 45, pp. 69-94.

Arnade, P. [1996] *Realms of Ritual. Burgundian Ceremony and Civic Life in Late Medieval Ghent*, Ithaca.

Arnade, P. [1997] City, State, and Public Ritual in the Late-Medieval Burgundian Netherlands, *Comparative Studies in Society and History* 39, pp. 300-318.

Bartier, J. [1942] Un discours du chancelier Hugonet aux États Généraux de 1473, *Bulletin de la Commission royale d'Histoire*, 57, pp. 127-156.

Bartier, J. [1955] *Légistes et gens de finances au XVe siècle. Les conseillers des ducs de Bourgogne Philippe le Bon et Charles le Téméraire*, Bruxelles.

Blockmans, W. P. [1996] 'Crisme de leze magesté', les idées politiques de Charles le Téméraire, in : Duvosquel, J.-M., Nazet, J., Vanrie, A. (éds.), *Les Pays-Bas bourguignons. Histoire et Institutions, Mélanges A. Uyttenbrouck*, Bruxelles, pp. 71-81.

Blockmans, W. P. [1998] Le dialogue imaginaire entre princes et sujets : les joyeuses entrés en Brabant en 1494 et en 1496, in : Cauchies, J.-M. (éd.), *A la cour de Bourgogne. Le duc, son entourage, son train*, Turnhout, pp. 155-166.

Blockmans, W. P. & Prevenier, W. [1999] *The Promised Lands. The Low Countries under Burgundian Rule, 1369-1530*. Philadelphia.

Blockmans, W. P., Borchert, T.-H. et al. (eds.) [2013] *Staging the Court of Burgundy*, Turnhout.

Blondeau, Ch. [2005] 〈Imiter le Prince?〉 La diffusion des Faits et gestes d'Alexandre de Vasque de Lucène à la cour de Bourgogne, in : Freigang, C. & Schmitt, J.-C. (dir.), *Culture de cour en France*, Berlin, pp. 185-208.

Blondeau, Ch. [2009] *Un conquérant pour quatre ducs. Alexandre le Grand à la cour de Bourgogne*, CTHS-INHA, Paris.

Bonenfant, P. & Stengers, J. [1953] Le rôle de Charles le Téméraire dans le gouvenerment de l'État bourguignon en 1465-67, *Annales de Bourgogne*, 25, pp. 7-29, 118-133.

Boone, M. [1996] Les jurists et la reconstruction de l'État bourguignon aux Pays-Bas. État de la question, pistes de recherche, in : Duvosquel, J.-M., Nazet, J., Vanrie, A. (éds.), *Les Pays-Bas bourguignons. Histoire et Institutions, Mélanges A. Uyttebrouck*, Bruxelles, pp. 105-120.

Boone, M. [1997] Destroying and reconstructing the city : the incalculation and arrogation of princely power in the Burgundian-Habsburg Netherlands (14th-16th centuries), in : Gosman, M., Vanderjagt, A., Veenstra, J. (eds.), *The propagation of power in the medieval West. Selected proceedings of the international Conference (Groningen, 20-23 November 1996)*, Groningen, pp. 1-33. →邦訳ボーネ [2006]

Boone, M. [2003] La justice en spectacle. La justice urbaine en Flandre et la crise du pouvoir «bourguignon» (1477-1488), *Revue historique*, 308, pp. 43-65.

Boone, M. [2010a] *A la recherche d'une modernité civique. La société des anciens Pays-Bas au bas Moyen Age*, Bruxelles. →邦訳ボーネ [2013]

Boone, M. [2010b] Charles le Téméraire face au monde urbain : ennemis jurés et fatals ? in : Oschema, K. & Schwinges, R. C. (Hrsg. von), *Karl der Kühne von Burgund. Fürst zwischen europäischen Adel und der Eidgenossenschaft*, Zürich, pp. 185-201.

Boone, M. [2013] L'État bourguignon, un État inventeur ou les limites de l'invention, in : Paravicini, W. (dir.), *La cour de Bourgogne et l'Europe : Le rayonnement et les limites d'un modèle culturel. Actes du colloque international tenu à Paris les 9, 10 et 11 octobre 2007, (Beihefte der Francia 73)*, Paris, pp. 133-156.

Bossuat, R. [1946] Vasque de Lucène, traducteur de Quint-Curse, *Bibliothèque d'humanisme et Renaissance*, 7, pp. 197-245.

Boulton, D'arcy, J. D. & Veenstra, J. R. (eds.) [2006] *The Ideology of Burgundy. The Promotion of National Consciousness 1364-1565*, Leiden.

Braekevelt, J. [2012] *Pieter Bladelin, de Rijselse Rekenkamer en de stichting van Middelburg-in-Vlaanderen (ca. 1444-1472) : de ambities van een opgeklommen hofambtenaar versus de bescherming van het vorstelijke domein*, Brussel.

Brown, A. [1997] Civic ritual : the counts of Flanders and the city of Bruges in the later Middle Ages, *English Historical Review*, 112, pp. 277-289.

Brown, A. [1999] Bruges and the 'Burgundian Theatre-State': Charles the Bold and Our Lady of the Snow, *History*, 84, pp. 573-589.

Brown, A. [2006] Ritual and state-building : ceremonies in late medieval Bruges, in : Van Leeuwen, J. (ed.), *Symbolic Communication in Late Medieval Towns*, Leuven, pp. 1-28.

Brown, A. [2011] *Civic Ceremony and Religion in Medieval Bruges ca. 1300-1520*, Cambridge.

Brown, A. [2013] Exit Ceremony in Burgundian Bruges, in : Blockmans, W. P., Borchert, T.-H. et al. (eds.), *Staging the Court of Burgundy*, Turnhout, pp. 113-119.

Brown, A. & Small, G. [2007] *Court and Civic Society in the Burgundian Low Countries ca. 1430-1530*, Manchester.

第9章　15世紀後半ブルゴーニュ公国における都市・宮廷・政治文化

Brückele, W. [2013] Political Allegory at the Court of Charles the Bold : Pageantry, an Enigmatic Portrait and the Limits of Interpretation, in : Blockmans, W. P., Borchert, T.-H. et al. (eds.) [2013] *Staging the Court of Burgundy*, Turnhout, pp. 121- 132.
Calmette, J. [1949] *Les Grands ducs de Bourgogne*, Paris. →邦訳カルメット [2000]
Caron, M. T. & Clauzel, D. (éds) [1997] *Le Banquet du Faisan, 1454 : l'Occident face au défi de l'empire Ottoman*, Arras.
Cauchies, J.-M. [1996] *Louis XI et Charles le Hardi. De Péronne 1468-1477 à Nancy : le conflit*, Bruxelles.
Cauchies, J.-M. (dir.) [1998] *A la cour de Bourgogne. Le duc, son entourage, son train*, Turnhout.
Cauchies, J.-M. [2003] *Philippe le Beau. Le dernier duc de Bourgogne*, Turnhout.
Chabeuf, H. [1902] Charle le Téméraire à Dijon en janvier 1474, *Mémoires de la Société bourguignonne de géographie et d'histoire*, t. 18, pp. 79-349.
Chastellain, G. [1863-1866] (Kervyn de Lettenhove, éd.), *Oeuvres*, 8 vols., Bruxelles.
Cockshaw, P. [1982] *Le Personnel de la chancellerie de Bourgogne-Flandre sous les ducs de Bourgogne de la maison de Valois*, Heule.
Cockshaw, P. & C. Van den Bergen-Pantens (éd.) [1996] *L'ordre de la Toison d'or de Philippe le Bon à Philippe le Beau (1430-1505) : idéal ou reflet d'une société?*, Bruxelles.
Cuvelier, J., Dhondt, J., Doehaerd, R. (éds.) [1948] *Actes des États Généraux des Anciens Pays-Bas*, 1, (*Actes de 1427 à 1477*), Bruxelles.
De Clercq, W., Dumolyn, J., Haemers, J. [2007] "Vivre Noblement" : Material Culture and Elite Identity in Late Medieval Flanders, *Journal of Interdisciplinary History*, 38-1, pp. 1-31.
Despars, N. [1839-1840] (J. de Jonghe, ed.), *Chronijke van den lande ende grafscepe van Vlaenderen*, 4 vols., Brugge.
Dickinson, J. G. [1955] *The Congress of Arras, 1435*, Oxford.
Dubois, H. [2004] *Charles le Téméraire*, Paris.
Dumolyn, J. [1997] *De Brugse opstand van 1436-1438*, Heule.
Dumolyn, J. [2001] Les conseillers flamands au XVe siècle : rentiers du pouvoir, courtiers du pouvoir, in : Stein, R. (ed.), *Powerbrokers in the Late Middle Ages*, Turnhout, pp. 67-85.
Dumolyn, J. [2003] *Staatsvorming en vorstelijke ambtenaren in het graafschap Vlaanderen (1419-1477)*, Antwerpen/Apeldoorn.
Dumolyn, J. [2006a] Nobles, Patricians and Officers : The Making of a Regional Political Elite in Late Medieval Flanders, *Journal of Social History*, pp. 431-452.
Dumolyn, J. [2006b] Justice, Equity and the Common Good. Tha State Ideology of the Councillors of the Burgundian Dukes, in : Boulton, D'A. J. D. & Veenstra, J. R. (eds.), *The Ideology of Burgundy : The Promotion of National Consciousness 1364-1565*, Leiden, pp. 1-20.

Dünnebeil, S. [ed.] [2002-2003] *Die Protokolbüher des Ordens vom Goldenen Vlies*, I (*1430-67*) ; II (*1468*), Stuttgart.
Eichberger, D. [1988] The Tableau vivant : An Ephemeral Art Form in Burgundian Civic Festivities, *Parergon*, 6a, pp. 37-60.
Flammang, V. [2003] Compte de tutelle de Loyse de Layé. Veuve du chancelier Hugonet—1479, *Bulletin de la Commission Royale d'Histoire*, 169, pp. 51-162.
Gachard, L. P. [1833-1835] *Collection des documents inédits concernant l'histoire de Belgique*, Bruxelles, 3 vols.
Gachard, L. P. [1839] Note sur le jugement et la condamnation de Guillaume Hugonet, chancelier de Bourgogne et de Guy de Brimeu, comte de Meghem, seigneur d'Humbercourt décapité à Gand, le 3 avril 1477, *Bulletin de l'Académie royale de Bruxelles*, pp. 296-362.
Gosman, M., Macdonald, A., Vanderjagt, A. [2003-2005] *Princes and Princely Culture 1450-1650*, 2 vols., Leiden.
Goossenaerts, J. [2013] Charles the Bold's Ten Days of Marriage Celebration. Material Culture as a Means of Political Communication between Duke and City Council, in : *Staging the Court of Burgundy*, pp. 97-104.
Greve, A., Lebailly, E. et al. (éd.) [2001-2014] *Comptes de l'argentier de Charles le Téméraire duc de Bourgogne*, 6 vols., Paris.
Gunn, S. & Janse, A. (eds.) [2006] *The Court as a Stage. England and the Low Countries in the Late Middle Ages*, Woodbridge.
Haemers, J. [2004] *De Gentse opstand, 1449-1453. De strijd tussen rivaliserende netwerken om het stedelijke kapitaal*, Heule.
Haemers, J. [2008] *For the Common Good. State Power and Urban Revolts in the Reign of Mary of Burgundy (1477-1482)*, Turnhout.
Haemers, J. [2014] *De strijd om het regentschap over Filips de Schone. Opstand, facties en geweld in Brugge, Gent en Ieper* (*1482-1488*), Gent.
Haemers, J., Van Hoorebeeck, C., Wijsman, H. (dir.) [2007] *Entre la ville, la noblesse et l'État : Philippe de Clèves (1456-1528). Homme politique et bibliophile*, Turnhout.
Haynin, J. de [1905-1906] *Mémoires, 1465-1477* (Brouwers, D. D., éd.), 2 vols., Antwerpen.
Hurlbut, J. D. [1990] *Ceremonial Entries in Burgundy : Philip the Good and Charles the Bold (1419-1477)*, Doctoral Dissertation, Indiana University, UMI.
Hurlbut, J. D. [2013] Symbols for Authority : Inaugural Ceremonies for Charles The Bold, in : Blockmans, W. P. & Van Oosterik, A et al. (eds.), *Staging the Court of Burgundy : proceedings of the conference "The Splendour of Burgundy"*, London/Turnhout, pp. 105-112.
Kipling, G. [1998] *Enter the King. Theatre, Liturgy and Ritual in the Medieval Civic Triumph*, Oxford.
Kupper, J.-L. & George, P. [2007] *Charles le Téméraire de la violence et du sacré*, Liège.

第9章　15世紀後半ブルゴーニュ公国における都市・宮廷・政治文化　　　*297*

Lafortune-Martel, A. [1984] *Fête noble en Bourgogneau XVe siècle : le banquet du faisan (1454)*, Paris.
Lecuppre-Desjardin, E. [2004] *La ville des cérémonies. Essai sur la communication politique dans les anciens Pays-Bas bourguignons*, Turnhout.
Lecuppre-Desjardin, E. [2013] La ville creuset des cultures urbaine et princière dans les anciens Pays-Bas bourguignons, in : Paravicini, W. (dir.), *La cour de Bourgogne et l'Europe : Le rayonnement et les limites d'un modèle culturel. Actes du colloque international tenu à Paris les 9, 10 et 11 octobre 2007*, (Beihefte der Francia 73), Paris, pp. 289-304.
Lory, E.-L. (éd.) [1869] *Les obsêques de Philippe le Bon duc de Bourgogne, mort à Bruges en 1467*, (Extrait des Mémoires de la Commission des Antiquités de la Côte-d'Or).
Marix, J. [1937] *Les musiciens de la cour de Bourgogne au XVe siècle*, Paris.
Minois, G. [2015] *Charles le Téméraire*, Paris.
Olivier de la Marche [1883-1888] *Mémoires* (Beaune, H. & d'Arbaumont, J.) (éd.), 4 vols, Paris.
Oosterman, J. [2013] Scattered Voices. Anthonis de Roovere and Other Reporters of the Wedding of Charles the Bold and Margaret of York, in : Blockmans, W. P. & Van Oosterwijk, A. et al. (eds.), *Staging the Court of Burgundy : proceedings of the conference "The Splendour of Burgundy"*, London/Turnhout, pp. 241-247.
Paravicini, W. [1972] Zur Biographie von Guillaume Hugonet, Kanzler Herzog Karls des Kühnen, in : Paravicini, W. [2002] pp. 107-142.
Paravicini, W. [1975] *Guy de Brimeu : Der burgundische Staat und sein adlige Führungschicht unter Karl den Kühnen*, Bonn.
Paravicini, W. [1976] *Karl der Kühne oder das Ende des Hauses Burgund*, Göttingen.
Paravicini, W. [1991] The Court of the Dukes of Burgundy : A Model for Europe? In : *Princes, Patronage and the Nobility*. Oxford, pp. 69-102 (in : Paravicini, W. [2002] pp. 507-534).
Paravicini, W. [1999] Ordre et Règle. Charles le Téméraire en ses ordonnances de l' hôtel (in : Paravicini, W. [2002] pp. 671-713).
Paravicini, W. [2001] Die zwölf 'Magnificences' Karls des Kühnen, in : Gerd, A. (Hrsg. von) *Formen und Funktion Öffentlicher Kommunikation im Mittelalter*, Stuttgart, pp. 319-395.
Paravicini, W [2002] Krüger, K., Kruse, H. und Ranft, A. (Hrsg. von), *Menschen am Hof der Herzöge von Burgund. Gesammelte Aufsätze*, Stuttgart.
Paravicini, W. [2009] Reasonable Folly. Charles the Bold, Duke of Burgundy (1433-1477), in : Marti, S. et al., *Splendour of The Burgundian Court, Charles the Bold (1433-1477)*, Bruxelles, pp. 39-49.
Paravicini, W. [2010] Le parchemin de Montpellier, une image troublante du règne de Charles le Téméraire, *Journal des Savants*, pp. 308-370.

Paravicini, W. (dir.) [2013] *La cour de Bourgogne et l'Europe : Le rayonnement et les limites d'un modèle culturel*. Actes du colloque international tenu à Paris les 9, 10 et 11 octobre 2007 (Beihefte der Francia 73).

Paravicini, W. & Pravavicini, A. [2000] L'arsenal intellectuel d'un home de pouvoir : les livres de Guillaume Hugonet, chancelier de Bourgogne, in : Boutet, D. et Jacques, V. (éds.), *Penser le pouvoir au Moye Age : VIIIe-XVe siècle : études d'histoire et de littérature offertes à Françoise Autrand*, Paris, pp. 261-325 (in : Paravicini, W.[2002] pp. 143-208).

Paviot, J. (éd.) [1995] *Portugal et Bourgogne au XVe siècle (1384-1482)*. Recueil de documents extraits des archives de Bourgogne, Lisbonne-Paris.

Quarré, P. [1969] La 〈joyeuse entrée〉 de Charles le Téméraire à Dijon en 1474, *Bulletin de la Classe des Beux-Arts*, 51, pp. 326-345.

Ramakers, B. [2005] Multifaceted and Ambiguous. The Tableaux vivants in the Bruges Entry of 1440, in : Suntrup, R. et al. (eds.), *The Mediation of Symbol in Late Medieval and Early Modern Times* (Medieval to early modern culture, 5), Frankfurt am Main, pp. 163-194.

Roos, M. de [1996] Les ambitions royales de Philippe le Bon et Charles le Téméraire : un approche anthropologique, in : Cauchies, J.-M. (éd.), *Rencontres de Nimègue (21 au 24 septembre 1995) : Pays bourguignons et terres d'Empire (XVe-XVIe siècles) ; rapports politiques et institutions*, (Publication du Centre européen d'Etudes bourguignonnes (XIVe-XVIe siècles), no. 36, Neuchâtel), pp. 71-87.

Schnerb, B. [1990] Un thème de recherche : l'exercice de la justice dans les armées des ducs de Bourgogne (fin XIVe-fin XVe siècle), in : Cauchies, J.-M. (éd.), *Actes. Rencontres de Luxembourg (28 septembre au 1er octobre 1989) : La justice dans les Etats bourguignons et les régions voisines aux XIVe-XVIe siècles ; institutions, procédure, mentalités*, (Publication du Centre européen d'Etudes bourguignonnes (XIVe-XVIe siècles), no. 30), Neuchâtel, pp. 99-115.

Schnerb, B. [1999] *L'État burguignon, 1384-1477*, Paris.

Smagghe, L. [2012] *Les émotions du prince. Émotions et discours politique dans l'espace bourguignon*, Paris.

Stein, H. [1937] Un diplomate bourguignon du XVe siècle : Antoine de Haneron, *Bibliothèque de l'École des Chartes*, 98, pp. 283-348.

Stein, H. [1999] *Catalogue des actes de Charles le Téméraire (1467-1477)*, Sigmaringen.

Strohm-Olsen, R. [2010] *Narrative, Ritual and History : Inventing the Dynastic State in Fifteenth Century Burgundy*, Doctoral Dissertation, Northern Western University, UMI.

Tabri, E. A. [2004] *Political Culture in the Early Northern Renaissance. The Court of Charles the Bold, Duke of Burgundy (1467-1477)*, Lewiston.

Van Rompaey, J. [1973] *De Grote Raad van de hertogen van Boergondië en het Parlement van Mechelen*, Brussel.

Van Uytven, R. [1961] La Flandre et le Brabant, 'terres de promission' sous les ducs de Bourgogne?, *Revue du Nord*, 43, pp. 281-317.

Vanderjagt, A. [1981] *Qui sa vertu anoblist. The Concepts of noblesse and chose publicque in Burgundian Political Thought*, Groningen.

Vanderjagt, A. [1984] Burgundian Political Ideas between Laurentius Pignon and Guillaume Hugonet, *Fifteenth Century Studies*, 9, pp. 187-213.

Vanderjagt, A. [1995] Classical Learning and the Building of Power at the Fifteenth Century Burgundian Court, in : Drijvers, J. W. & Macdonald, A. A. (dirs.), *Centres of Learning. Learning and Location in Pre-Modern Europe and the Near-East*, Leiden, pp. 267-277.

Vanderjagt, A. [2001] Expropriating the Past. Tradition and Innovation in the Use of Texts in Fifteenth Century Burgundy, in : Suntrup, R. & Veenstra, J. R. (eds.), *Tradition and Innovation in an Era of Change*, Frankfurt am Main, pp. 177-201.

Vanderjagt, A. [2003] The Princely Culture of the Valois Dukes of Burgundy, in : Gossman, M. et al. (eds.), *Princes and Princely Culture 1450-1650*, 1, Leiden, pp. 51-79.

Vanderjagt, A. [2005] Practicing Nobility in Fifteenth-Century Burgundian Courtly Culture : Ideology and Politics, in : Knechtges, D. & Vance, E. (eds.), *Rhetoric and the Discourses of Power in Court Culture : China, Europe and Japan*, Seattle/London, pp. 321-341.

Vaughan, R. [1973/2002] *Charles the Bold. Tha Last Valois Duke of Burgudy*, Lonodn.

Vaughan, R. [1987] Chasing a Sphinx : Charles the Bold's Burgundy, *History Today*, 27, pp. 24-29.

Viltart, F. [2013] La garde et les ordonnaces militaires de Charles le Téméraire, des modèles militaires?, in : Paravicini, W. (dir.), *La cour de Bourgogne et l'Europe : Le rayonnement et les limites d'un modèle culturel. Actes du colloque international tenu à Paris les 9, 10 et 11 octobre 2007*, (Beihefte der Francia 73), Paris, pp. 157-181.

Walsh, R. J. [1976] The Coming of Humanism to the Low Countries. Some Italian Influences at the Court of Charles the Bold, *Humanistica Luvaniensia*, 25, pp. 146-197.

Walsh, R. J. [2005] *Charles the Bold and Italy, 1467-1477. Politics and Personnel*, Liverpool.

Wellens, R. [1974] *Les États Généraux des Pays-Bas, des origines à la fin du règne de Philippe le Beau (1464-1506)*, Heule.

Wijsman, H. [2010] *Luxury Bound. Illustrated Manuscript Production and Noble and Princely Book Ownership in the Burgundian Netherlands (1400-1550)*, Turnhout.

邦語

青谷秀紀 [2011]「癒しのポリティクス ―― 中世後期ネーデルラント都市の聖年とブルゴーニュ公」『清泉女子大学紀要』59号，21-36頁。

青谷秀紀［2012］「約束の地へ？──ネーデルラントの中のブルゴーニュ宮廷」『研究成果報告書 IV』（ヨーロピアン・グローバリゼーションと諸文化圏の変容に関する研究），東北学院大学オープン・リサーチ・センター，386-393 頁．

今井澄子［2013］「ブルゴーニュ公フィリップ・ル・ボンの「モデル」──〈ギデオンのタペストリー〉の政治的・宗教的機能」『大阪大谷大学紀要』47 号，12-29 頁．

カルメット, J.［2000］（田辺保訳）『ブルゴーニュ公国の大公たち』国書刊行会．

河原温［2002］「15 世紀フランドルにおける都市・宮廷・儀礼──ブルゴーニュ公のヘント入市式を中心に」高山博・池上俊一編『宮廷と広場』刀水書房，218-224 頁．

河原温［2003］「15 世紀フランドルにおける都市とブルゴーニュ公権力──フィリップ善良公のブルッヘ「入市式」（1440 年）を中心に」渡辺節夫編『ヨーロッパ中世の権力編成と展開』東京大学出版会，361-385 頁．

河原温［2010］「ブルゴーニュ公国における地域統合と都市──シャルル・ル・テメレールの政治文化を中心に」『歴史学研究』872 号，172-181 頁．

河原温［2011］「15 世紀ブルゴーニュ公国における地域統合とフランドル都市」渡辺節夫編『ヨーロッパ中世社会における統合と調整』創文社，243-261 頁．

河原温［2013］「シャルル・ル・テメレールと 15 世紀後半ブルゴーニュ宮廷の政治文化──宮廷イデオロギーをめぐって」『人文学報』（首都大学東京）475 号，1-13 頁．

河原温［2014］「シャルル・ル・テメレールの 1477 年ディジョン入市式について」『人文学報』（首都大学東京）490 号，1-14 頁．

中堀博司［2011］「ブルゴーニュ公国における宮廷と都市──都市ディジョンの位相──」『中・近世ヨーロッパにおけるコミュニケーションと紛争・秩序』（服部良久編，科研基盤研究（A）成果報告書 I）所収．

中堀博司［2012］「ヴァロワ家ブルゴーニュ公の公位継承と公妃の宣誓（1）──ディジョン入市式次第──」『宮崎大学教育文化学部紀要　社会科学　第 26・27 号，39-50 頁．

畑奈保美［2000］「1477 年マリー・ド・ブルゴーニュの「大特権」──低地の自立主義と『ブルゴーニュ国家』をめぐって」『歴史』（東北大学），94，1-33 頁．

畑奈保美［2011］「フランドルにおける援助金の交渉と徴収」『社会経済史学』77-2，41-55 頁．

畑奈保美［2012］「14-15 世紀ヨーロッパにおける一つの国家的統合の試み：ブルゴーニュ国家」『研究成果報告書』（ヨーロピアン・グローバリゼーションと諸文化圏の変容に関する研究），東北学院大学オープン・リサーチ・センター，137-149 頁．

藤井美男［2007］『ブルゴーニュ国家とブリュッセル──財政をめぐる形成期近代国家と中世都市──』ミネルヴァ書房．

堀越孝一［1996］『ブルゴーニュ家──中世の秋の歴史』講談社．

ボーネ, M.［2006］（青谷秀紀訳）「"都市は滅びうる"──ブルゴーニュ・ハプスブルク期（14-16 世紀）低地地方における都市破壊の政治的動機──」服部良久編訳『紛争のなかのヨーロッパ中世』京都大学出版会．

ボーネ, M.［2013］（ブルゴーニュ公国史研究会訳）『中世末期ネーデルラントの都市社

会 ―― 近代市民性の探究』八朔社。

第 10 章

ヴァロワ家ブルゴーニュ公の遺言
―― 伝来する 3 遺言書の比較分析より ――

中 堀 博 司

序

　中世後期ヨーロッパにおいておよそ百年に及んで形成されたブルゴーニュ公国 (1384-1477 年) の歴史に関して，近年わが国でも欧米における重厚な研究が幾分紹介されるようになった。そうしたなかでヴァロワ家歴代ブルゴーニュ公の遺言書が長く注目を浴びてこなかったことは意外でもある。しかしながら，J. シフォロ著『あの世の勘定書』(1980 年) が所謂「死の社会史」の動向を活気づかせて以降，ようやくごく最近になって豊富な史料が伝来するブルゴーニュ公国史についても視線が注がれるようになった (Chiffoleau 1980/2011)[1]。とりわけ，M. ゴド゠フェラギュによる中世後期フランス諸侯の遺言書に関する体系的な分析は，諸侯による墓所形成や葬送のあり様など多岐にわたって重要な側面を明らかにした斬新な成果と言えよう (Gaude-Ferragu 2004 ; id. 2005 ; id. 2008)。一方，B. シュネルブほか同公国の歴史を専門とする研究者らもブルゴーニュ公の信仰の問題については個別に論及しており，広く同公の十字軍思想の問題をも含めて，宗教心ないしは死生観をめぐる諸問題は，現在関心の高い研究対象の 1 つとなってきたと言ってよい (Schnerb 2005 b ; Sommé 1989 ; id. 1998 ; Paviot 2003)。
　ところで，4 代にわたるヴァロワ家ブルゴーニュ公が遺した遺言書に関しては，初代公フィリップ・ル・アルディ (在位 1363-1404 年) の 1386 年のも

---

1) 遺言書を主たる素材とする「死の社会史」の動向は，公証制度研究の動向とも表裏の関係をなしている (中堀 2013 b)。

のと，第3代公フィリップ・ル・ボン（在位 1419-1467 年）の 1426 年および 1441 年の2つをあわせて計3つが存在し，これらはすべてリル会計院文書の一部としてノール県文書館（リル）に伝存する[2]。また，これらすべての遺言書はすでに刊行され，これまで多くの歴史家が目を通してきたことも間違いないが，上述のように必ずしも十分に分析されてはおらず，1426 年に作成された第3代公フィリップの最初の遺言（以下，「第1遺言（書）」）については，先のゴド＝フェラギュが近年ようやく刊行したばかりである（Gaude-Ferragu 2008）。さらに，初代公フィリップの遺言は U. プランシェ師によって，また，第3代公の2つ目の遺言（以下，「第2遺言（書）」）は G. ペニョによって刊行されてはいるものの，後者についてはその重要性にもかかわらず部分的な翻刻にすぎず，筆者自身がこれに先立って完全な翻刻を行ったところである（後述第Ⅱ節以下参照）。なお，のちにフランス王シャルル 7 世となる王太子によって謀殺された第2代公ジャン・サン・プール（在位 1404-1419 年）と，ロレーヌ地方の都市ナンシィを目前に戦場で斃れた第 4 代公シャルル・ル・テメレール（在位 1467-1477 年）は，いずれも不慮の死のため無遺言で亡くなった。

　これらブルゴーニュ公の複数の遺言書については，上述の通り，第3代公フィリップの第1遺言書の翻刻を含めて，ゴド＝フェラギュによる一定の分析から，全体の概要が初めて明らかにされた。特に後述する通り，第3代公の第1遺言書と初代公の遺言書の親近性，例えば，これら2遺言書が当時一般的であった遺体，心臓および（心臓を除く）臓腑等を分けて埋葬する「分葬」の規定を欠いている点や，「盛大なる葬儀はほとんど魂に資することなき俗世の虚飾」（PLH [6]；PLB1 [5]。略記については後述参照）として葬儀の質素さを強調する点等が指摘され，さらに第3代公の第2遺言書に至っては，前2者とは大きな隔たりが見られることも明らかにされた。むろんここでも，それらの分析を基礎には置いているが，定期金設定の対象となった修道院・教会施設のブルゴーニュ公との所縁（特に巡礼などによる接点）や，

---

2) 詳細については後述参照。なお，公妃の遺言については，第3代公妃イザベルのものが伝来する（Sommé 1989 ; ADN, B 457, no. 16200）。

遺言執行人の指名にあたっての傾向（特にその公家役職における地位）など，依然として検討の余地は残されている。

そこで本論文では，近年の死生観に関する先行研究や刊行・未刊行史料によりながらも，筆者が翻刻した同公の第2遺言書を含め，3つの遺言書の全条項をリストアップした上で，それらの包括的な比較分析を行うことによって，ブルゴーニュ公があの世に臨んで何を抱き，また時間的推移とともにそれがどう変化したのかについて，公国4代百年の歴史における持続と変化の諸側面から具に検討してみたい。

I．菩提教会シャンモル修道院

(1) フランス諸侯の墓所形成

カルトジオ会シャンモル修道院は，俗に「ブルゴーニュ公のサン・ドニ」と称される通り，ヴァロワ家ブルゴーニュ公の菩提教会である。初代公フィリップが創建し，かつてはディジョン西郊に佇んでいた。革命後に破壊されたため，一部を除いてほとんど見る影もないが，このシャンモルに由来する遺物の中でもクラウス・スリューテルらによる『フィリップ・ル・アルディの墓』（1384-1410年，ディジョン市立美術館所蔵）は秀逸を極め，ブルゴーニュ公国の栄華と文化的高さを偲ばせるには十分なものである。

当該期フランスにおいて，諸侯は「諸侯国家」とも称される固有の領邦を王国内外に形成し，それに並行してディナスティの記憶を留める場としての独自の墓所をも形成していった。フランス王家が墓所をパリ北郊サン・ドニ修道院としたのは周知の通りであるが，ヴァロワ・ブルゴーニュ公家のシャンモル修道院やブルボン公家における首都ムラン西郊のクリュニィ会スヴィニィ修道院はその代表的なものである。また，ヴァロワ家に先行するカペ家のブルゴーニュ公も，ディジョン南郊のシトー修道院を墓所とした。その一方で，君侯個人の遺志に基づいて，アンジュー公家のように所縁のある司教座聖堂（アンジェ，ナポリ，エクス＝アン＝プロヴァンス）や，ブルターニュ公家のように首都ナントを中心に様々な宗派の教会に個々埋葬される

第10章　ヴァロワ家ブルゴーニュ公の遺言　　　　　　　　　　　　　　　　　　　　　　305

表1　中世後期フランス諸侯による墓所選択

	君　主	没年	教　会	場　所	教会（原語）	
フランス王	—	—	サン・ドニ修道院	パリ北郊	abbaye	St-Denis
ブルゴーニュ公（カペ家）	—	—	シトー修道院	ディジョン南郊	abbaye	Citeaux
ブルゴーニュ公（ヴァロワ家）	Philippe le Hardi	1404	カルトジオ会シャンモル修道院	ディジョン市壁外西側	chartreuse	Champmol
	Jean sans Peur	1419	カルトジオ会シャンモル修道院*	ディジョン市壁外西側	chartreuse	Champmol
	Philippe le Bon	1467	カルトジオ会シャンモル修道院	ディジョン市壁外西側	chartreuse	Champmol
	Charles le Téméraire	1477	サン・ジョルジュ参事会教会*	ナンシィ	collégiale	St-Georges de Nancy
フランドル伯	Louis II de Male	1384	サン・ピエール参事会教会	リル	collégiale	St-Pierre de Lille
	Marguerite de Flandre	1405	サン・ピエール参事会教会*	リル	collégiale	St-Pierre de Lille
アンジュー公	Louis Ier	1384	サント・シャペル（パリ）*イタリアのBariに埋葬	パリ	Ste-Chapelle	Paris
	Louis II	1417	アンジェ司教座聖堂	アンジェ	cathédrale	St-Maurice d'Angers
	Louis III	1434	ナポリ司教座聖堂	ナポリ	cathédrale	Naples
	René Ier	1480	アンジェ司教座聖堂	アンジェ	cathédrale	St-Maurice d'Angers
	Charles III	1481	エクス司教座聖堂	エクス＝アン＝プロヴァンス	cathédrale	St-Sauveur d'Aix-en-Provence
ベリィ公	Jean	1416	サント・シャペル（ブルジュ）	ブルジュ	Ste-Chapelle	Bourges
ブルボン公	Louis II	1410	クリュニィ会スヴィニィ修道院	スヴィニィ（ムラン西郊）	prieuré clunisien	Souvigny
	Jean Ier	1433	クリュニィ会スヴィニィ修道院	スヴィニィ（ムラン西郊）	prieuré clunisien	Souvigny
	Charles Ier	1456	クリュニィ会スヴィニィ修道院	スヴィニィ（ムラン西郊）	prieuré clunisien	Souvigny

ブルボン公	Jean II	1488	クリュニィ会 スヴィニィ修道院*	スヴィニィ (ムラン西郊)	prieuré clunisien	Souvigny
	Charles II	1488	リヨン司教座聖堂	リヨン	cathédrale	Lyon
ブルターニュ公	Jean IV	1399	ナント司教座聖堂	ナント	cathédrale	St-Pierre de Nantes
	Jean V	1442	トレギィエ司教座聖堂*	トレギィエ	cathédrale	St-Tugdual de Tréguier
	François Ier	1450	サン・ソブール修道院	ルドン	abbaye	St-Sauveur de Redon
	Pierre II	1457	ノートル・ダム参事会教会	ナント	collégiale	Notre-Dame de Nantes
	Arthur III	1458	カルトジオ会ナント修道院*	ナント	chartreux	Nantes
	François II	1488	カルメル会ナント修道院	ナント	carmes	Nantes

注:アスタリスク(*)は,無遺言ないし遺言書が見つからなかった場合の実際の墓所を示す。アンジュー公ルイ1世以外は,基本的に遺言通りの埋葬。

Gaude-Ferragu, M., *D'or et de cendres. La mort et les funérailles des princes dans le royaume de France au bas Moyen Age*, Villeneuve d'Ascq, PU du Septentrion, 2005, p. 52-53 をもとに筆者が省略・加筆。

ケースも見られた(江川 2002 ; Gaude-Ferragu 2005, p. 33-65 ; Kleinclausz 1901-1902 ; 表1)。

　もっとも,ブルゴーニュ公家の場合も,初代公フィリップがディナスティの墓所として意図的にそれを固定化しようとしたわけではない。実際,パリからディジョンに向かうルート上,ディジョンを目前にした場所(ディジョン市壁外西方すぐ)に,当初は当人のためだけにシャンモル修道院・礼拝堂は創建されたのである。遺言書を認めることなくモントロで謀殺された第2代公ジャンを,故人の遺志を慮ってシャンモルに埋葬したのは,第3代公フィリップであったし,また,遺言書においてはシャンモルを墓所と定めたとはいえ,いったん死没地ブルッヘに埋葬された第3代公を故人の遺言に従ってのちにシャンモルまで移送させたのは,第4代公シャルルだったので

ある。シャンモルが3代のヴァロワ家ブルゴーニュ公の眠る墓所となったのは，そうした結果の積み重ねでしかない（Schnerb 2005a, p. 691-698 ; Paravicini 2012 ; 中堀 2015b）。

(2) カルトジオ会とシャンモル修道院

カルトジオ会は，1084年にブルーノがグルノーブル近郊フランス・アルプスの渓谷に，仲間とともに隠修士生活を始めたのを出発点とする。共住生活と隠修士生活を融合し，中世後期にあっても厳格な戒律と清貧および観想の生活を継続していた。特に教皇イノケンティウス6世（1362年没）がアヴィニョン近郊のカルトジオ会修道院に埋葬されたこともあって，再び注目を集めていた。初代公フィリップは，共住しつつも独房で内省的観想生活を営むカルトジオ会を好んだとされる。ゴド＝フェラギュに拠れば，中世後期フランス諸侯の遺言書延べ45件のうち，司教座聖堂を墓所としたのが13件（29％），ベネディクト会が10件（22％），カルトジオ会および参事会教会が各5件（各11％），シトー会および托鉢修道会が各4件（各9％）である（Gaude-Ferragu 2005, p. 39-41, 51-57 ; 表1）。

シャンモル修道院は，1377/78年度から1403/04年度の間で総額約160,000フラン（=F）をかけて，初代公治世ではニコポリス十字軍に次ぐ多大な出費で建設が行われた。1388年に礼拝堂が奉献され，修道士が定住し，その後もさらに建設工事は継続され，1395年には修道院の内装が完了した（Van Nieuwenhuysen 1984, p. 433-436 ; Schnerb 1999, p. 125-133）。

シャンモルに由来する遺物の中で，ホラント伯領ハールレム出身の彫刻師クラウス・スリューテルとその一派が制作した複数の作品は特筆すべきである。1385年にディジョンに移住したスリューテル（1406年没）がかかわった彫刻としては，先の『フィリップ・ル・アルディの墓』，さらに旧修道院跡地に現在も遺される『シャンモル修道院礼拝堂扉口群像』（1385-1401年）および『モーゼの井戸』（1395-1405年）が最もよく知られたものである（Jugie / Kagan / Huynh 2004 ; 越 2009, p. 195-203）。これら現存するものだけですら卓越した芸術作品に溢れた教会・礼拝堂に，第3代公フィリップも祖父と父に続いて埋葬されることを望んだのである[3]。

Ⅱ. 遺言書の分析 —— 持続的側面 ——

(1) 3遺言書の概要

　まず，ここで比較分析を行うブルゴーニュ公の3つの遺言書の概要について説明を加えておきたい。

　1つ目は，初代公フィリップ・ル・アルディが1386年9月13日にアラスにおいて認めた遺言書（以下，PLHと略記）である。同公44歳の時，イングランド遠征を念頭において作成されたと見られる（ADN, B 455, no. 11607 ; Plancher / Merle 1739-81, Ⅲ, p. c-cvi, pr. CV ; Schnerb 1999, p. 134 ; Gaude-Ferragu 2005, p. 94）。2つ目は，第3代公フィリップ・ル・ボンが30歳直前の1426年7月4日にスロイスにおいて認めた第1遺言書（以下，PLB 1と略記）である。これも，同公がホラントおよびゼラントをめぐってジャクリーヌ・ド・バヴィエールと抗争しているさなかに作成されたものである（ADN, B 456, no. 15507 ; Gaude-Ferragu 2008, p. 473-486 ; id. 2005, p. 94-95）。1419年に第2代公である父ジャン・サン・プールが謀殺されてから，若き公フィリップ

---

3) ジャン・ド・マルヴィル，クラウス・スリューテル，クラウス・デ・ヴェルフェ作『フィリップ・ル・アルディの墓』（1384-1410年）は，黒大理石を用いて制作された初代公フィリップの墓。同公の横臥像と葬列をなす41体の「泣き人」が特徴であり，ジャン・ド・ラ・ユルタ，アントワーヌ・ル・モワテュリエ作『ジャン・サン・プールとマルグリット・ド・バヴィエールの墓』（1443-1470年，ディジョン市立美術館所蔵）はこの墓のほぼ忠実な模写である。また，マルヴィル，スリューテル作『シャンモル修道院礼拝堂扉口群像』（1385-1401年）は，聖母子像，初代公夫妻およびそれぞれの守護聖人洗礼者聖ヨハネおよび聖女カトリーヌの群像で，19世紀に当初の礼拝堂とほぼ同じ位置に建て直されたネオ・ゴシック様式の礼拝堂入口に現存する。さらに，スリューテル作『モーゼの井戸』（1395-1405年）は，シャンモル修道院大回廊の中央に設置され，預言者たち（モーゼ・イザヤ・ダニエル・ザカリヤ・エレミヤ・ダビデ）に囲まれた象徴的な井戸である。かつてはこの預言者たちの六角形の台座上にキリスト磔刑群像（聖母・聖ヨハネ・聖女マドレーヌ）が置かれ，全体の高さは7m近くあったと見られる。磔刑群像の断片はディジョン考古学博物館が所蔵する。

には嫡出子自体がなかったため,公国の行く末を考えると相続のあり方を早急に定めておく必要があった。こうした緊迫した状況がある程度緩和されるのは,1433年に嫡子シャルルが生まれて成長し,1435年にフランス王家との一応の和議も成立した後のことと思われる。第1遺言から15年の時が経過し,その内容を更新するため,公フィリップは1441年12月8日にルテルにおいて,第2遺言書（PLB2）を作成させた（ADN, B 456, no. 15764 ; Peignot 1829, I, p. 102-114 ; 中堀 2012 ; 同 2015a）。同公45歳の時であった。

　上述の通り,これらはすべてリル会計院文書に含まれるもので,ブルゴーニュ宮廷にかかわるその他の遺言書とともに複数のカートン（箱）に現在も保管されている。本論文では,表2の通り,各遺言書原文の« Item »を基準に条項番号を付し,略註記して比較考察を行う（例えば,PLH [1] ; PLB 1 [2] ; PLB 2 [3], 等々）。3遺言書の文字分量はほぼ同じであるが,序文・跋文を除いた条項数は,PLHが64条項,PLB 1が35条項,PLB 2が37条項で,初代公の遺言書のみがかなり細分化された記述となっている。ここでは,考察の中心にPLB 2を据え,それとPLB 1ならびにPLHを比較対照する形で分析を行う。

　全体的な特徴を改めて整理すると,PLB 1は,PLHをかなり忠実な見本として作成され,その中で相続のあり方などに変化が加えられている。続いてPLB 2は,第3代公治世下における公国支配領域の拡大と嫡子の誕生,そして公本人が創設した金羊毛騎士団およびドル大学の完成などを憂慮しつつ,全体を整理し直して作成された感が強い（表2 ; Gaude-Ferragu 2008, p. 462-463）。

　以下ではまず,これら3つの遺言書から共通点を導き出し,ブルゴーニュ公家における持続的な側面を摘出する。

(2) 墓所の選択

　3つの遺言書が共通して墓所とするのは,これまでも繰り返し述べてきたように,初代公フィリップが創建したシャンモル修道院である（PLH [2] ; PLB 1 [2] ; PLB 2 [2]）。

第Ⅲ部　宮廷と政治文化

表2　フィリップ・ル・アルディおよびフィリップ・ル・ボンの遺言書
注：各遺言書の条項番号は《Item》を基準に筆者が付した。
　　典拠については本文および参考文献を参照のこと。

	フィリップ・ル・アルディ 遺言書＝PLH 於アラス、1386.9.13（44歳）		フィリップ・ル・ボン 第1遺言書＝PLB1 於スロイス、1426.7.4（30歳直前）		フィリップ・ル・ボン 第2遺言書＝PLB2 於ルテル、1441.12.8（45歳）	
条項内容	条項番号	条項内容	条項番号	条項内容	条項番号	条項内容
霊魂救済	1	典拠 Plancher / Merle 1739-81, III, p. c-cvi, pr. CV (ADN, B 455, no. 11607). 聖三位一体、聖母マリア、天国の全法廷。	1	典拠 Gaude-Ferragu 2008, p. 473-486 (ADN, B 456, no. 15507). 聖三位一体、聖母マリア、天国の全法廷。	1	典拠 ADN, B 456, no. 15764 (en grande partie publié dans Peignot 1829, I, p. 102-114；中堀 2012：同 2015a. 聖母マリア、聖アンドレ、天国の全聖人・聖女。
墓所	2	カルトジオ会シャンモル修道院（未完成時、ディジョンのサント・シャペル）。	2	カルトジオ会シャンモル修道院。	2	カルトジオ会シャンモル修道院。
忠臣の埋葬	3	侍女トレモイユ・ジュリイ領主ミサを6,000 F。				
死者ミサ	3	待者トレモイユ・ジュリイ領主の複数の司祭に対し没後毎日死者ミサを自らの亡骸の足許に埋葬。	3	貧者・司祭に対し没後毎日死者ミサを実施するため6,000 F。Cf. PLH [4]	3	全負債の返済。Cf. PLH [7]；PLB1 [6]
葬儀	4	パリその他の都市の複数の司祭に対し没後毎日死者ミサを実施するため6,000 F。Cf. PLB1 [3]	4	できる限り早くシャンモルにて葬儀実施。葬儀日以降、貧者に対し2,000 F。Cf. PLH [5]	4	シャンモル修道院に対し定期金100 L.t.（原資1,500 F）加えて、公本人、故父母、故第2妃の鎮魂ミサのため、同じく定期金100 L.t.（原資同額1,500 L）。
葬儀の質素さ	5	できる限り早くシャント・シャペルにて葬儀実施。葬儀日以降、貧者に対し2,000 F。Cf. PLB1 [4]	5	「盛大なる葬儀はほとんど魂に資することなき俗世の虚飾」。葬儀日、各12リーヴルの蝋燭の、13の灯明を13名の貧者が持つ。等々。Cf. PLH [6]	5	シャンモルに対し、定期金原資2,000 F。寄付済の2,000 F に加えたもので、修道院の維持・修復等に充当。
負債返済	6	「盛大なる葬儀はほとんど魂に資することなき俗世の虚飾」。葬儀日、各12リーヴルの蝋燭の、13の灯明を13名の貧者が持つ。等々。Cf. PLB1 [5]	6	全負債の返済。Cf. PLH [7]；PLB2 [3]	6	カルトジオ会ボーヌ修道院に対し定期金100 L.t.。原資1,500 F。Cf. PLH [19]；PLB1 [13]

第10章 ヴァロワ家ブルゴーニュ公の遺言

負債返済	7	全負債の返済。Cf. PLB 1 [6]；PLB 2 [3]	負債返済の優先	7	最優先されるのは、自らの負債返済。Cf. PLH [8]	カルトジオ会リュニイ修道院に対し定期 60 L.t.。原資 900 F。Cf. PLH [20]；PLB 1 [14]
負債返済の優先	8	負債返済の優先順。①家政支出、②貸借金、③商品代金、④役人俸給・年金、⑤その他。Cf. PLH [8]	負債返済の優先	8	負債返済の優先順。①家政支出、②貸借金、③商品代金、④役人俸給・年金、⑤その他。Cf. PLH [8]	シトー修道院に対し定期金 100 L.t.。原資 1,500 F。Cf. PLH [15]；PLB 1 [9]
義父母の遺言執行	9	義母フランドル・アルトワ女伯および義父フランドル伯の遺言執行。	シトー	9	シトー修道院に対し定期金 100 L.t.。原資 1,500 F。等々。Cf. PLH [15]；PLB 2 [8]	クレルヴォ修道院に対し定期金 100 L.t.。原資 1,500 F。Cf. PLH [16]；PLB 1 [10]
シャンモル（24名の修道士と定期金設定）	10	公本人・父王ジャン2世・公祖・公妃・子々孫々の魂の安寧のため、シャンモルに24名の修道士からなる修道院設置。定期金 1,300 L.t.（原資は既にシャンモル近辺の修道院に投資済：年 100 L.t.、サランのバベールからの没収分年 600 L.t.、ギューム・ド・ラ・トレモイユと交換したシャロン近辺の領地その他年 300 L.t.）。	クレルヴォ	10	クレルヴォ修道院に対し定期金 100 L.t.。原資 1,500 F。Cf. PLH [16]；PLB 2 [9]	サン・タントワーヌ・アン・ヴィエンヌ修道院に対し定期金 100 L.t.。原資 1,500 F。Cf. PLH [17]；PLB 1 [11]
シャンモル	11	上記第10条項あわせると 1,000 L.t. なので、さらに年 400 L.t.（原資はブルゴーニュ城代管区収入の半分で、没後10年間）。	サン・タントワーヌ・アン・ヴィエノワ	11	サン・タントワーヌ・アン・ヴィエノワ修道院に対し定期金 100 L.t.。原資 1,500 F。Cf. PLH [17]；PLB 2 [10]	サン・クロード修道院に定期金 100 L.t.。原資 1,500 F。Cf. PLH [18]；PLB 1 [12]
シャンモル	12	上記第11条項について、万一不足の場合、確かな動産から 5,000 F 補塡。	サン・クロード	12	サン・クロード修道院同様に、シトー修道院に定期金 100 L.t.。原資 750 F。Cf. PLH [18]；PLB 2 [11]	ブザンソン、オタン、シャロン、マコン、オセール、アミアン、アラス、カンブレ、トゥルネ、テルアンヌの10司教座各教会に、年忌ミサのため各 300 F（計 3,000 F）。
シャンモル	13	シャンモル修道院教会・回廊等完成、備品装備のため、動産・不動産から原資 30,000 F、さらに4つの公礼拝堂金庫から 5,000 F（前条項）。	カルトジオ会ボーヌ	13	カルトジオ会ボーヌ修道院に定期金 100 L.t.。原資 1,500 F。Cf. PLH [19]；PLB 2 [6]	10司教座
			償還定期金について		償還定期金について	定期金は各教会に対し与えた基金から償還される。公の相続人も文書で、封、裁判にかからない定期金としてしえること。

シャンモル	14	上記第13条項のため、生前にこの遺言書の日付から上記1,000 L.t.に加え、300 L.の定期金も原資30,000 F から支給。	カルトジオ会リューイ	14	カルトジオ会リューイ修道院に定期金60 L.t.の定期金も900 F。原資から Cf. PLB [20]；PLB 2 [7]	4托鉢修道会 (13公伯領)	14	ブルゴーニュ・伯領、シャロレ、オセロワ、ブラバント、リンブルフ、アルトワ、ゼラント、エノー、ホラント、ナミューレの4托鉢修道会の全修道院に対し、回忌ミサのため各20 F。
シトー	15	シトー修道院に対し定期金100 L.t. 原資1,200 F。父、本人、先祖、公妃、子々孫々の霊魂救済のため。Cf. PLB 1 [9]；PLB 2 [8]	サント・シャペル	15	ディジョンのサント・シャペルの4礼拝堂（聖三位一体、聖母、福音記者聖ヨハネ、活礼者聖目ハネ）に対し定期金各20 L.t. 原資1,250 F。 Cf. PLH [22]	フランス近郊の3托鉢修道会	15	フランス近郊のドミニコ会、フランシスコ会、カルメル会に対し、戦争被害を受けた修道院建物の修復のため、それぞれ400 F. 300 F. 300 F (計1,000 F)。
クレルヴォ	16	クレルヴォ修道院に対し定期金100 L.t. 原資1,200 F。Cf. PLB 1 [10]；PLB 2 [9]	サント・シャペル	16	ディジョンのサント・シャペルに対し定期金30 L.t. 原資450 F。年2回の年忌ミサを実施（各ミサに15 L.t.）。Cf. PLH [23]	施療院等 (南部)	16	ブルゴーニュ・伯領、シャロレ、オセロワなど南部諸地方の貧しき教会や施療院等10,000 F。
サン・タントワーヌ・アン・ヴィエノワ	17	サン・タントワーヌ・アン・ヴィエノワ修道院に対し定期金100 L.t. 原資1,200 F。Cf. PLB 1 [11]；PLB 2 [10]	ドル大学	17	ドル大学に1名の教師と12名の貧しき学生の学寮創設のため定期金400 L. est.（原資はサランのトネール伯相続分）およそ4,000 F。Cf. PLB 2 [29]	施療院等 (北部)	17	ブラバント、リンブルフ、アルトワ、エノー、ホラント、ゼラント、ナミュールなど北部諸地方の貧しき教会や施療院等に対し10,000 F。
サン・クロード	18	サン・クロード修道院に対し定期金50 L.t. 原資600 F。Cf. PLB 1 [12]；PLB 2 [11]	貧しき教会 (フランドル)	18	フランドル・アルトワ諸地方の貧しき教会のため10,000 F。Cf. PLB 2 [17]	家政役人	18	家政役人に対し、その奉仕に報い、計20,000 F（家政上層10,000 F. 下層10,000 F）。Cf. PLH [39] [40]；PLB 1 [22]
カルトジオ会ボース	19	カルトジオ会ボース修道院に対し定期金100 L.t. 原資1,200 F。Cf. PLB 1 [13]；PLB 2 [6]	施療院等 (ブルゴーニュ、フランドル)	19	ブルゴーニュ地方の施療院等に対し大1,000 F、フランドル・アルトワ諸地方の施療院に対し1,000 F。Cf. PLB 2 [16] [17]	公妃	19	公妃に対する贈与・譲渡財産、寡婦産の売当等の効力確認。
カルトジオ会リューイ	20	カルトジオ会リューイ修道院に対し定期金60 L.t. 原資700 F。Cf. PLB 1 [14]；PLB 2 [7]	貧しき娘	20	ブルゴーニュ地方、フランドル・アルトワ諸地方の貧しき娘に対し1,000 F。	家政役人	20	侍従ほか家政役人になされた贈与・褒章・役職、定期金等は、終身のみ有可。

第10章　ヴァロワ家ブルゴーニュ公の遺言　　313

	No.		No.			No.	
兄王シャルル5世から	21	故兄王シャルル5世を後継ブルゴーニュ公に遺贈（パリのサン・ドニの聖遺物に関連）。	21	ブルゴーニュ地方、フランドル・ブラバント諸地方の4托鉢修道会の全修道院に対し、回忌ミサのため各20F。Cf. PLB 2 [14]	相続	21	嫡子シャロレ伯シャルルが包括相続人として全遺産を相続。直系相続人がいなければ、妹・甥・従兄弟等の最近親者へ。
サント・シャベル	22	ディジョンのサント・シャベルの4礼拝堂（聖三位一体・聖母・洗礼者聖ヨハネ、福音記者聖ヨハネ）に対し定期金各20L。原資1,000 L.t. Cf. PLB 1 [15]	22	家政役人に対し20,000 F（家政上層14,000 F、家政下層6,000 F）。Cf. PLH [39] [40]；PLB 2 [18]	シニオン山	22	フランドル伯位継承者は、シニオン山のフランシスコ会修道士らに500ドゥカート金貨。
サント・シャベル	23	ディジョンのサント・シャベルに対し定期金30 L。原資400 F。年2回のミサを実施（各ミサに15 L.t.）。Cf. PLB 1 [16]	23	故父ジャンの非嫡出子（公の異母兄弟）ギィに対しNinove, Vieux-Châteauの遺贈。500 L.t.相当か。	非嫡出子コルネイユ	23	非嫡出子（長子）コルネイユおよびその子孫に対し、ブラバント、フランドル、アルトワ、エノー、ホラント、ゼラントおよびナミュールから世襲定期金6,000 F。
公妃	24	公妃に、その身の回りの衣類・宝石類を保持。	24	故父ジャンの非嫡出女子（公の異母姉妹）フィリポットに婚資5,000 F。	非嫡出子アントワーヌ	24	非嫡出子アントワーヌおよびその子孫に対し、ブラバント、フランドル、アルトワ、エノー、ホラント、ゼラントおよびナミュールから世襲定期金2,500 F。
公妃	25	同様に、「伯のルビイ」ほかは、フランドル伯位継承者へ。	25	故公妃の遺言執行	故公妃	25	非嫡出女子マリオンに対し婚資15,000 F。
公妃	26	公の礼拝堂などで公妃が望むものは、半額で購入する旨。	26	生前、侍従たちほかの家政役人に対してなしていた贈与・報酬・役職・定期金等の確認・執行。	非嫡出女子マリオン	26	ブラバント収入役 Pierre du Chesne 邸にいる別の非嫡出女子に婚資12,000 F。
公妃	27	分割相続マルグリット	この遺言書で明記されない全金銀宝石類は、公妃が半額で購入し、当該遺言執行に充当する旨。	27	嫡出子なく没した場合、姉妹マルグリット、マリ、アンヌ、アニェスに対し分割相続。まず、長姉マルグリット（リッチモンド伯アルテュール妃）相続分は、ブルゴーニュ公領、Noyers、旧 Mansart du Bois パリ館、年金20,000 L.p.。年金原資はフランドルの領地。但し、夫の権限から免れる。	在フランドル非嫡出女子	27	在フランドルの別の非嫡出女子に対し婚資10,000 F。

調度品	28	その他の貴金属調度品は、公妃家政で用いるものを除いて、すべて競売で売り捌き、遺言執行に充当。	分割相続マリ	28	次姉マリ（クレーヴェ公アドルフ妃）相続分は、都市メヘレン、リル・ドゥエー、オルシィ都市・シャテルニー。但し、姉マルグリット年金分20,000 L.p.、叔父ヴェーヌール伯家系相続分、叔母エノー伯妃相続分50,000 F を負担ほか。また、夫の権限から免れる。	金羊毛騎士団	28	金羊毛騎士団について、建物の完成や旧騎士らのための定期金取得を完遂されたすべてのことを完遂する旨。
ディジョンのドミニコ会	29	ディジョンのドミニコ会修道院に対し、年2回の年忌ミサのため一度に200 F。	分割相続アンヌ	29	第3姉（妹）アンヌ（ベッドフォード公ジョン妃）相続分は、アルトワ伯領、パリ、アルトワ領、ベテューヌ領ほか。また故ジャン・ド・バヴィエールの権利、故マルグリットが嫡出子に没すべき年金20,000 L.p. を相続。もしアンヌが嫡出子なく没すると、この年金はアンヌ相続分は次姉マリとその子へ。夫の権限から免れる。	ドル大学	29	ドル大学に1名の教師と12名の貧しき学生の学寮創設のため最大10,000 F。
ディジョンのフランシスコ会	30	ディジョンのフランシスコ会修道院に対し、年2回の年忌ミサのため一度に200 F。	分割相続アニェス	30	末姉（妹）アニェス（クレルモン伯シャルル妃）相続分は、ブルゴーニュ伯領、パリ郊外コンフランの館、帝国側ドネール伯からの没収領等。また、長姉マルグリットが嫡出子なく没した場合ニェース公領とNoyersを取るべきルゴーニュ公領とNoyersを相続。但し、夫の権限から免れる。	尚書ニコラ・ロラン	30	尚書ニコラ・ロランおよびその相続人に対しレモンミレイの城舎等、10,000 サリュないし15,000 F での買い戻し可。
3巡礼地	31	サン・クロード、サン・タントワーヌ、ル・ピュイ聖母の各教会に対し200 F。	サヴォワ公	31	叔母マリ（父ジャンの妹）サヴォワ公アメデ8世（フェリックス5世）の夫とその子孫に4,000 L。	旧トネール伯財産	31	オランジュ公が主張する旧トネール伯財産のシャテルブラン、オルジュレ等に関して、ドル高等法院での審理可。

第10章　ヴァロワ家ブルゴーニュ公の遺言　　315

ブルゴーニュ公領の貧しき教会等	32	ブルゴーニュ公領の貧しき教会、施療院。シトー会教会等に対し 1,500 F。	従兄弟ヌヴェール伯の相続	32	従兄弟（父ジャンら）ヌヴェール・ルテル伯シャルルおよびブジャンの相続人かおよびエノーの領地（エタンプ伯領）。さらに、嫡子シャルルが没した場合、シャロレ伯領も。	32	嫡子シャルル未成年時の後見人は、公妃イザベル（筆頭）、トゥルネ司教ジャン・シュゴロ、ブザンソン大司教カンタン・メナール、カンブレ司教ニコラ・ド・ロラン、尚書プルゴーニュ元帥クロイ領主アントワーヌ、ブルゴーニュ元帥クロイ領主ジャン、シャルル伯ジャン・ド・ボルモン、エノー・バイイたるジャン・ド・クロイ、ルベ領主ユーグ・ド・エロールおよびサント領主コラール、ブラバント尚書ジャン・ド・ランド、フランドル高等バイイたるコラール・ド・コミーヌ、エチエンヌ・アルムニエほか。
パリの施療院等	33	パリの施療院に対し 200 F、カルトジオ会に対し 200 F、4托鉢修道会に対し各 100 F、ケレスティヌス会に対し 100 F、サント・カトリーヌに対し 100 F、ピエットに対し 100 F。	遺言執行人	33	遺言執行人は、トゥルネ司教ジャン・ド・トゥズィ（1,000エキュと金貨）、ペッツレヘム司教ロラン・ピニョン（公贖罪司祭）（500エキュ）、尚書ニコラ・ロラン（Montmirey、定期金 500 Lest.）、Beaurevoir領主ジャン・ド・ショック（Beuvy、リュ サンブール、定期金 500 L.t.）、オラン ジュ公ルイ・ド・シャロン（3,000エキュ相当宝石・タピスリ）、筆頭侍従ジャン・ド・クロション（1,000エキュ）、ブルゴーニュ元帥ジャン・ド・トゥレンション（1,000エキュ）、評議官ジャン・シュゴザ（500エキュ）、シャンモル修道院長、Henri Goedhals (doyen de Liège) (500エキュ)。Cf. PLH [60] : PLB 2 [33]	遺言執行人	33	遺言執行人は、公妃イザベル、オセールル司教ロラン・ピニョン（遺言執行のため国王不在時はセリュリモン司教 1,000 F、ビニョン 500 F、ルーヌスがその任にあたり、同 500 F）、トゥルネ司教ジャン・シュゴロ、ブザンソン大司教カンタン・メナール、尚書ニコラ・ロラン、筆頭侍従クロイ領主アントワーヌ、ブルゴーニュ元帥クロイ領主ジャン、サント領主ユーグ・ド・ラノイ、また、上記のトゥルネ司教以下には 100 サリュ以下には 100 サリュ相当までの宝石。Cf. PLH [60] : PLB 1 [33]

第Ⅲ部 宮廷と政治文化

ブルゴーニュ伯領の貧しき教会等	34	ブルゴーニュ伯領の貧しき教会、施療院。シトー会教会等に対し 500 F。	遺言執行	34	当該遺言書の公表および執行について、ローマ教皇庁至聖院の教会裁判権とパリ高等法院の世俗裁判権への服従。
カルトジオ会クラムシィ	35	クラムシィ（ニヴェルネ）近郊のカルトジオ会に対し 200 F。	遺言執行	35	直系嫡出相続人なく公本人が亡くなった場合、当該遺言書に従って忠実に遺言執行する旨。そのシャルルが亡くなった場合、相続書がいる場合、相続権剥奪。
スヴェール伯領での寄進	36	前条項以外の、スヴェール伯領の貧しき教会、托鉢修道会、施療院等々に対し 300F。	証人	跋文	トゥルネ司教、ベツレヘム司書、評議官・ブルッヘ・シント・ドナース参事会教会長 Raoul le Maire、ジョンベル領主ジャン・ド・トレモイユ、ブルゴーニュ元帥ジャン・ド・トゥロンジョン、サリンニイ領主ジャン、コミューヌ領主[ジャン]、Traves 領主アントワーヌ・ド・トゥロンジョン、ジルベール・ド・ランイ。当該遺言による遺贈が旧来の命令を退け、すべてに優先される旨。
パリの貧しき学生	37	パリの貧しき学生に対し 100 F。		36	
女性	38	身寄りなった貧しき女性に対し 100 F。	当該遺言の効力	37	当該遺言書が正式な遺言書として効力をもち、その内容が完遂されなければならない旨。
家政役人	39	家政役人に対し 20,000 F（家政上層 12,000 F、家政下層 8,000 F）。Cf. PLB 1 [22]：PLB 2 [18]		跋文	場所・日付以外、特記なし。
礼拝堂付き司祭	40	公に仕えた礼拝堂付き司祭に対し 600 F。			
ベリイ公	41	兄ベリイ公に対し「エジプトの大サフィア」。	家臣	43	フィリップ・ド・シャルトルに対し終身年金。
トレモイユ兄弟	42	トレモイユ兄弟（ギイ、ギヨーム）に与えた遺産、年金等の贈与の確認。	家臣	44	同じく、ジャン・ド・モルネに対し終身年金。
			家臣	45	嫡子ジャンに従えば、ベルトォ・ド・シャルトルに対し終身年金 200L。公位継承者は 1,000F で買い戻し可。
			家臣	46	侍童ウダール・ド・シャメロンに対し終身年金 200L。公位継承者は 1,000L で買い戻し可。

316

第10章　ヴァロワ家ブルゴーニュ公の遺言

家臣	47	同じ。ロビネ・ド・フロワニーに対し終身年金200L.t.。	助言
相続	48	公妃の同意のもと、嫡子ジャンがブルゴーニュ公、伯位、またブラバント公位、公妃没後、フランドル伯ヴィエール公位に就くこと、スヴェール・ド・シミイを放棄すること。次子アントワーヌが、公妃没後、ルテール伯領、ヌヴェール伯領、ドンスィを獲得。	
長女マルグリット	49	長女マルグリットに対し婚資として100,000F。50,000Fずつの管理・運用。	
次女マリ	50	次女マリに対し婚資として100,000F。	
動産相続	51	残りの動産を、公妃と嫡子ジャンが半々ずつ得て、負債返済も半々で行うこと。	
助言	52	まだ若年の後継者ジャンが助言を請うべき家臣たち。ドフィネ尚書ピエール・ドルジュモン、フランス提督ジャン・ヴィエンヌ、尚書ジャン、カナール、侍従ギイ＆ギョーム・ド・ラ・トレモイュ、アンソワ・ド・サラン、オリヴィエ・ド・ジュセイ、ブルゴーニュ元帥。	
	53	リルにおける公の臣下をそのまま継続採用。	助言
	54	公家政の4名の侍従ギイ＆ギヨーム・ド・ラ・トレモイュ、ジャン・ド・シャマロン、ド・ヴィエール伯、スヴェール・ド・モルネをその家政に継続採用。	助言
	55	嫡子ジャンの家政の侍従ピエール・ド・ヴィエール、トォ・ド・シャトル、Jean de Busseulをその家政に継続採用。	助言
	56	公家政のJacques de Serin、Jean de Pouques、Gilles de Wrollandesを嫡子家政に継続採用。	助言
	57	公家政の平騎士ピエール・ド・ラ・トレモイュ、ロビネ・ド・フロワニー、ジャン・フロンデル、ガヴィニョン・ド・スミュールを公妃が主となるため遺言執行人となる。Cf. PLB1 [33]; PLB2 [33]	助言
	58	公家政の既舎係平騎士のle Loup de Ventoux、Henry de Mussy、Damas de Busseul、le Borgne de Pouquieresを嫡子家政に継続採用。	助言
	59	公家政のLouis de Poissy、Claux Bahaygnon、Simon Bretelを嫡子家政に継続採用。	助言
	60	遺言執行人は、王シャルル6世、弟ベリィ公、公妃マルグリット、嫡子ジャンブルボン伯、公妃ルイ2世。ド・ヴィエール伯、ジュリィ領主イ6世。トレモイユ、シェリィ領主イ6世。フランス提督ジャン・ド・ヴィエンヌ、尚書ジャン、カナール、ギヨーム・ド・ラ・トレモイュ、ブルゴーニュ元帥ギイ・ド・ポンタイエ、アンソワ・ド・サラン、ベリィ公、ブルボン公の援助を受けて、常に公妃が主にたる。Cf. PLB1 [33]; PLB2 [33]	遺言執行人
	61	曖昧な点は遺言執行人の判断に委ねる。	遺言執行
	62	すべての動産・不動産は遺言執行が執行されるまで遺言執行人の手中にあり、バリ高等法院の管轄に置かれる。	遺言執行
	63	子たちの中で遺言に異論をとなえる者あらば、相続権を剥奪し、他の子に帰すこと。	遺言執行
	64	あらゆる点で同意されることを公妃、嫡子に願う。	遺言執行
	跋文	証人は、フランス提督ジャン・ド・ヴィエンヌ、トレモイユ領主ギイ、尚書ジャン、カナール、ブルゴーニュ元帥ギイ・ド・ポンタイエ、ギヨーム・ド・ラ・トレモイユ、ウダール・ド・シャスロン、公妃マルグリット、嫡子ジャン。	証人

「余の墓所を［次のように］定め，いかなる場所で他界しようとも，ディジョン近郊の余のカルトジオ会教会に移送のうえ埋葬し，かつ主が召された余のいとも親愛なる亡き殿たる父［ジャン・サン・プール］の傍らに，大祭壇に向かって右手を墓とすることを望み命じる。」(PLB 2 [2])

そもそも遺言書を遺せなかった父ジャンをシャンモルに埋葬したのが第 3 代公フィリップ自身であったことからすれば，少なくとも同公の脳裡にはその時点から自らの埋葬地についての考えは去来していたことと推測される。

また，存命中の全負債を速やかに返済する旨も共通して規定されているが，これもあの世での平穏を考えればある意味自然である（PLH [7]；PLB 1 [6]；PLB 2 [3]）。

(3) 定期金設定（カルトジオ会）

中世ヨーロッパにおいて，世俗の君侯による「慈善行為」ないしは「祈りの代償」としての定期金設定は極めて一般的なことであり，公本人をはじめ公妃や先祖・子孫の年忌（回忌）ミサのため，複数の修道院および教会施設を対象として規定されている（Vincent 2009, p. 137-139）。この年忌ミサ設定は，各君侯家門の周辺教会施設とのかかわりを特徴的に示す項目の 1 つであるが，全体的にはやはり根拠地ブルゴーニュ公領に距離的に近い教会が主要な対象となっている。

まず，初代公フィリップが帰依したカルトジオ会に対する定期金設定が挙げられる（Gaude-Ferragu 2008, p. 463-464, 475-476；id. 2005, p. 94-95；表 3；地図 1）。これは孫の第 3 代公にあっても継続されている。筆頭に来る菩提教会シャンモル修道院は別格とも言えるが，PLB 1 では特段の規定はなされていない。初代公以来，既に多大な投資が行われており，PLB 1 作成時の緊迫した状況下で特別な規定の必要性を感じなかったのかもしれない。一方，14 世紀前半にカペ家ブルゴーニュ公ユード 4 世によって創建された同会のボーヌ修道院や，12 世紀後半にブルゴーニュ北部シャティヨン近くにラングル司教ゴティエ・ド・ブルゴーニュによって創建されたリュニィ修道院も同じく対象とされる（中堀 2012, p. 37-38）。

第10章　ヴァロワ家ブルゴーニュ公の遺言　　319

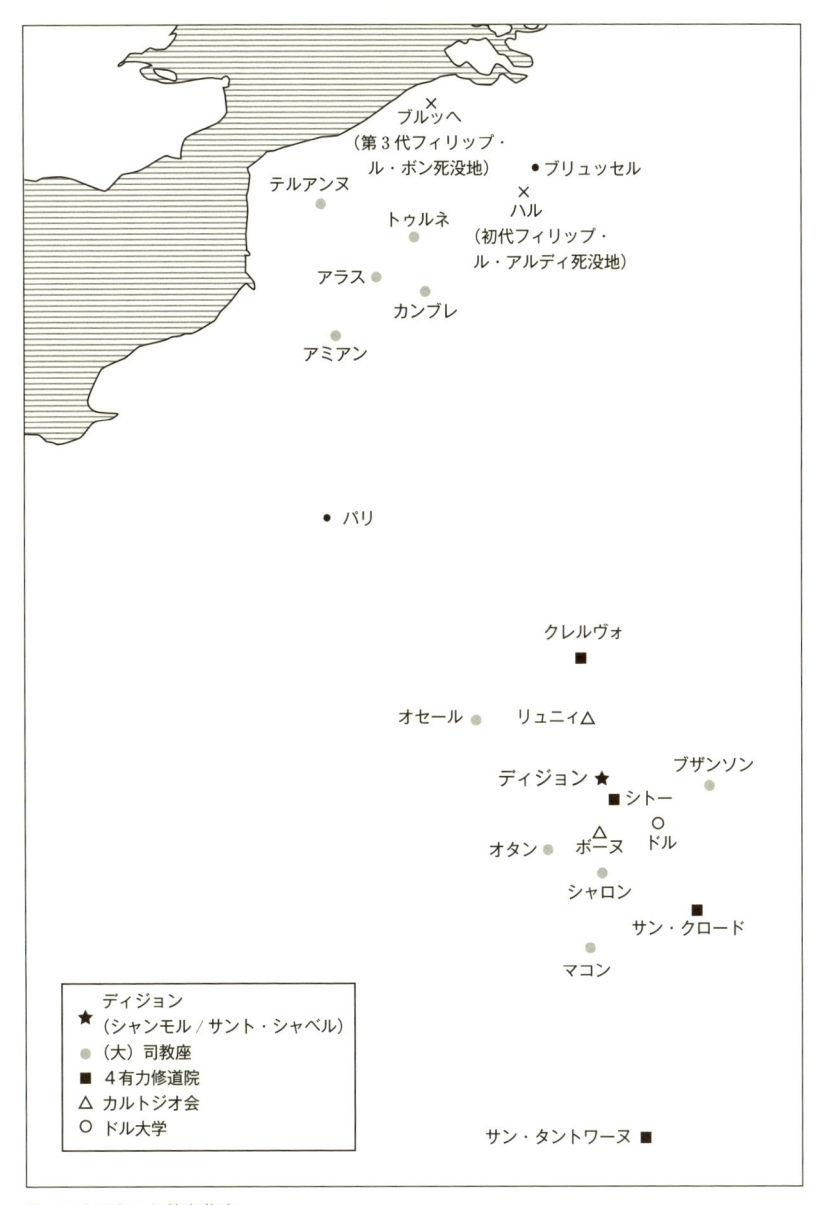

ブルッヘ ×
（第3代フィリップ・
ル・ボン死没地）
● ブリュッセル
テルアンヌ ●
トゥルネ ●
× ハル
（初代フィリップ・
ル・アルディ死没地）
アラス ●
カンブレ ●
アミアン ●

● パリ

クレルヴォ ■

オセール ●　リュニィ △

ディジョン ★　　ブザンソン ●
■ シトー
○
オタン ●　△ボーヌ　ドル
シャロン ●
サン・クロード ■
マコン ●

凡例：
★ ディジョン（シャンモル／サント・シャペル）
● （大）司教座
■ 4有力修道院
△ カルトジオ会
○ ドル大学

サン・タントワーヌ ■

注：3遺言書より筆者作成。

地図1　3遺言書関連地

表3 カルトジオ会各修道院に対する定期金設定（年単位額）

	PLH (1386年)	PLB 1 (1426年)	PLB 2 (1441年)
シャンモル Champmol	1,300 L.t. (他に資金35,000 F) → PLH [10]〜[14]	特に規定なし。	100 L.t. × 2 (原資 1,500 F × 2。 他に資金 2,000 F) → PLB2 [4]〜[5]
ボーヌ Beaune	100 L.t. (原資 1,200 F) → PLH [19]	100 L.t. (原資 1,500 F) → PLB1 [13]	100 L.t. (原資 1,500 F) → PLB2 [6]
リュニィ Lugny	60 L.t. (原資 700 F) → PLH [20]	60 L.t. (原資 900 F) → PLB1 [14]	60 L.t. (原資 900 F) → PLB2 [7]

注：L.t.＝トゥール貨リーヴル；F＝フラン

(4) 定期金設定（ブルゴーニュ周辺有力修道院）

次に，ブルゴーニュ周辺に所在する修道院として極めて著名なシトー，クレルヴォ，サン・タントワーヌ・アン・ヴィエノワ，サン・クロードの4修道院に対する定期金設定が挙げられる（Gaude-Ferragu 2008, p. 464-465, 474-475；表4；地図1）。シトー修道院は，周知のように1098年にロベール・ド・モレームがディジョン南郊に創建した，聖ベネディクトゥス戒律に従うシトー会の母修道院であり，上述のように同修道院創建以前に亡くなった最初の2代を除く歴代カペ家ブルゴーニュ公の菩提教会であった。続いてクレルヴォ修道院であるが，恐らく同じくシトー会で，同会を一躍有名にした聖ベルナールが創建したクレルヴォ修道院（シャンパーニュ地方）と思われる（Kleinclausz 1901-1902；Pacaut 1993, p. 139-161；Gras 1981, p. 70)[4]。3つ目のサン・タントワーヌ・アン・ヴィエノワ修道院はドフィネのヴィエノワ地方に位置し，ブルゴーニュからは若干距離があるが，これもよく知られた修道院である。聖アントニウスの聖遺物が当時流行していた「聖なる火」と呼ばれる感染性の壊疽性麦角中毒の患者を治癒したことから知られるようになり，13世紀末に聖アウグスティヌス会則に従うアントニウス会修道院として成立した（Kinossian 1999；マール 1995, 下, p. 119-120；ウォラギネ 2006, I, p.

表4　ブルゴーニュ周辺の有力修道院に対する定期金設定（年単位額）

	PLH（1386年）	PLB 1（1426年）	PLB 2（1441年）
シトー Citeaux	100 L.t. （原資 1,200 F） → PLH [15]	100 L.t. （原資 1,500 F） → PLB1 [9]	100 L.t. （原資 1,500 F） → PLB2 [8]
クレルヴォ Clairvaux	100 L.t. （原資 1,200 F） → PLH [16]	100 L.t. （原資 1,500 F） → PLB1 [10]	100 L.t. （原資 1,500 F） → PLB2 [9]
サン・タント ワーヌ・アン・ ヴィエノワ Saint-Antoine- en-Viennois	100 L.t. （原資 1,200 F） → PLH [17]	100 L.t. （原資 1,500 F） → PLB1 [11]	100 L.t. （原資 1,500 F） → PLB2 [10]
サン・クロード Saint-Claude	50 L.t. （原資 600 F） → PLH [18]	50 L.t. （原資 750 F） → PLB1 [12]	100 L.t. （原資 1,500 F） → PLB2 [11]

注：L.t.＝トゥール貨リーヴル；F＝フラン

274-275）。最後のサン・クロード修道院は，ブザンソン司教区（ブルゴーニュ伯領）南方に5世紀前半に成立した修道院で，サン・トヤン・ド・ジュウの名でも親しまれたベネディクト会修道院である。ブルゴーニュに近い巡礼地としては最も名高いものである（Itinéraires 1997, p. 16 ; Bully / Bully 2011, p. 6-7）。

これらに対する定期金を最初に規定した初代公は，当然その修道院自体と何らかの所縁があったと思われる。シトーについては，シャンモル創建以前

---

4) なお，PLB 1 を刊行したゴド＝フェラギュは，「このクレルヴォの修道士ら，修道院長および修道院」« religieux, abbé et couvent de Clerevaulx » を，ジュラ地方に位置する現クレルヴォ＝レ＝ラック（Clairvaux-les-Lacs）の「シトー会修道院」（abbaye cistercienne）と比定しているが，管見の限り，そこにはクリュニィ会系ジニィの修道院分院（prieuré de Gigny）しか見出せなかった。当分院の可能性を必ずしも否定するものではないが，文言上「分院長」ではなく「修道院長」であり，かつ，他の3つの有力修道院に比肩しうるものとして，かの聖ベルナールが創建したシャンパーニュ地方オーヴ県のシトー会修道院を指すものと理解した（Gaude-Ferragu 2008, p. 475 ; Locatelli 1992, p. 519, pl. X-XI）。

に亡くなった同公の次男シャルル（1373年4月18日生，同月21日洗礼，1374年7月11日没，同月13日埋葬）と三男ルイ（生後すぐ没，1378年1月10日埋葬）が同修道院に埋葬されている（Petit 1888, p. 93, 106-107, 500, 506）。またクレルヴォについては，初代公フィリップが1374年1月22日と1375年7月31日に少なくとも立ち寄っていることはわかる（Petit 1888, p. 102, 119）。サン・クロードとサン・タントワーヌについては，前者は1376年11月12日に，後者は1365年6月14-15日にそれぞれ訪れているが，1383年5月には，26日にサン・クロード，29日にサン・タントワーヌと続けて巡礼している。さらに1387年10月にも，日は特定できないが両修道院に巡礼していることがわかる。このように，初代公がこれら巡礼地としても名高い修道院に崇敬の念を抱いていたことは容易に推測できる（Petit 1888, p. 21, 102, 132, 157）。また，その治世後半には低地地方に完全に定着してしまった第3代公フィリップも，治世前半にあってはサン・クロードに1422年3月27-28日，1432年3月2-3日，1442年11月17日，1443年7月17-19日と10年おきに訪れており，同修道院に対する帰依は強かったようである。それ故に，PLHおよびPLB1では定期金の額がサン・クロードのみ他の3修道院の半分でしかなかったのに対し，PLB2では他と同額にまで引き上げられたものと考えられる（Vander Linden 1940, p. 23, 99, 215, 219；表4）。

(5) 家政役人に対する慰労金

その他，3遺言書における共通点として，家政役人に対する謂わば慰労金が挙げられる（PLH [39] [40]；PLB1 [22]；PLB2 [18]；Gaude-Ferragu 2008, p. 468-469, 478）。総計20,000Fのなかからその身分，期間および貢献度に応じて，贈与することが定められている。もっとも3遺言書のあいだで公家家政の上層部と下層部での金額の配分は異なっている。即ち，PLHでは上層12,000Fに対し下層8,000F，PLB1では上層14,000Fに対し下層6,000F，最後に，PLB2では上・下層10,000Fずつの半々である。ただし，上層部の内訳で明記されるのは，PLHでは「騎士および平騎士」のみで，PLB1およびPLB2では「騎士，平騎士，評議官，書記官，礼拝堂付き司祭」とされる。一方PLHでは「礼拝堂付き司祭」は次の条項に別立て

第 10 章　ヴァロワ家ブルゴーニュ公の遺言　　*323*

で600Fと規定がなされている（PLH [40]）。なお，家政下層は「料理人，鷹匠，狩猟係」等以下の者らを指した。家政規模は代が下るにつれて増大するので，家政下層部の配分が高まったのは，下層の人員増大と関連してとのことと考えられる。

Ⅲ．遺言書の分析 ── 変化 ──

(1) 10司教区，13公・伯領における祈り

まず，PLB 2 に特徴的な年忌（回忌）ミサ設定について論じる。ブルゴーニュ公の支配領域の広がりとその全域での祈りを規定するのが，次の関連10司教座における年忌ミサ設定である。

> 「同じく，以下のように望み命じる。即ち，ブ̇ザ̇ン̇ソ̇ン̇，オ̇タ̇ン̇，シャロン，マコン，オセール，アミアン，アラス，カンブレ，トゥルネそしてテルアンヌの大司教座ないしは司教座の教会の各々において，余が他界した日に命日の年忌ミサ，つまり前夜ミサと翌朝の鎮魂ミサ［あわせたもの］を毎年続けて挙げること。これを執り行うために余は，上述の教会の各々に対し，一度に国王良貨金額300 F，つまり上述10教会に対し3,000 Fに上る金額を遺贈し，上述の諸教会に資して命日の年忌ミサの負担を支えるために定期金購入および収入に用い換えられる。」（PLB 2 [12]）

金額自体は低いかもしれないが，南部支配領域に相当するブザンソン，オタン，シャロン，マコン，オセールの5司教区と北部支配領域に相当するアミアン，アラス，カンブレ，トゥルネ，テルアンヌの5司教区の，ほぼ公国全域を覆う10司教座聖堂に対し，年忌ミサを設定する規定は，PLHにもPLB1にも見当たらない。公家傍系によって継承されたヌヴェールを欠くとはいえ，支配領域の司教座をブルゴーニュ公が掌握していた証左とも言えるだろう（Tabbagh 1998；地図1）。

これに関連する条項として，さらに公国の 13 公・伯領における 4 托鉢修道会，即ちフランシスコ会，ドミニコ会，カルメル会，聖アウグスティヌス会による年忌ミサが指定される。PLB 1 では「余のブルゴーニュ，フランドルおよびアルトワ地方の 4 つの托鉢修道会の修道院すべてに対し各 20 F」(PLB 1 [21])，また PLH では「パリの 4 托鉢修道会の各々に対し 100 F」(PLH [33]) と規定されてはいるが，PLB 2 での領域と対象の拡大は著しい。

「同じく，余のブルゴーニュ公領および伯領，シャロレ，マコネ，オセロワ [以上，南部支配領域で，以下は北部]，ブラバント，リンブルフ，フランドル，アルトワ，エノー，ホラント，ゼラントそしてナミュールの，余の諸地方の 4 つの托鉢修道会の修道院すべてに対し，余と上述した人々の霊魂の救済のために一度はその各修道院で命日の年忌ミサを執り行うため各修道院に一度に 20 F を遺贈する。」(PLB 2 [14])

なお，アルトワ伯領の都市アラス近郊のドミニコ会，フランシスコ会およびカルメル会修道院に対しては，戦争被害の代償として計 1,000 F，それぞれ 400 F，300 F，300 F の贈与が規定され，その替わり命日の年忌ミサを毎年挙げる旨も忘れていない (PLB 2 [15])。

貧しき教会および施療院等に対しても，南北領域単位で 10,000 F を贈与することが規定される (Gaude-Ferragu 2008, p. 466-467, 477-478)。ここでは必ずしも年忌ミサが指定されているわけではないが，代償としての祈りが含意されていると見てよいだろう。南部は「ブルゴーニュ公領および伯領，シャロレ，マコネ，オセロワ」を対象とし (PLB 2 [16])，北部は「ブラバント，リンブルフ，フランドル，アルトワ，エノー，ホラント，ゼラントそしてナミュール」(PLB 2 [17]) を対象とする。PLB 1 にも規定はあるが，「余のフランドルおよびアルトワの諸地方の貧しき教会」に対し 10,000 F (PLB 1 [18]) と北部所領のみで，施療院等全体に対しては南北それぞれの各 1,000 F とあり (PLB 1 [19])，南北のバランスを欠いている。他方，PLH ではブルゴーニュ公領の貧しき教会，施療院等およびシトー会の教会

に対し 1,500 F（PLH [32]），ブルゴーニュ伯領の貧しき教会等に 500 F（PLH [34]），ヌヴェール伯領のそれに対して 300 F（PLH [36]）として南部所領を対象にした規定が見られるのみである。とはいえ，初代公の場合，北部支配領域に関する権益は，本来公妃たるフランドル女伯マルグリットに属するもので，フランドル伯の遺産を相続して 2 年経っただけの時点で，公の相続や遺贈の対象とはなり得なかったとも推測される。

(2) 金羊毛騎士団とドル大学

さて，第 3 代公フィリップの PLB 2 に最も独自な条項の 1 つが聖地イェルサレムのフランシスコ会修道院に対するものである（Gaude-Ferragu 2008, p. 465 ; Paviot 2003, p. 88）。

> 「[……] 余よりも長く生きたならば，余の上述の息子シャロレ伯 [シャルル・ル・テメレール] と，相継いでフランドル伯となるであろうフランドル伯領における余の他のすべての相続人および継承者は，毎年続けて自らの出費において金額 500 ドゥカートを，[イェルサレムの] シオン山のフランシスコ会修道士らに対し，同シオン山の修道院および修道士全体のために与え送らなければならない。[……]」（PLB 2 [22]）

特に定期金設定の規定があるわけではないが，後世のフランドル伯も引き続き 500 ドゥカートを寄贈する旨が規定される。同公が父ジャンのニコポリス遠征中に生まれ，下記の金羊毛騎士団（1430 年創設）や雉の誓いの宴（1454 年）など，十字軍に宿命づけられていたことを顕著にあらわす 1 条項である[5]。

十字軍ないしはイェルサレム巡礼と関連して，同公が創設した金羊毛騎士団については，特に騎士団本拠地である都市ディジョンにおけるその建造物等の完成と旧騎士団員に対する定期金設定が規定された（PLB 2 [28]）。こ

---

5) フランシスコ会修道士がイェルサレムのシオン山に定着したのは，1335 年から 1337 年までの間とされる（Balard 2006, p. 373）。

の建造物について明記はないが，間違いなくその主たるものは公の宮廷礼拝堂たるサント・シャペルである。同条項は，PLH および PLB1 における「聖三位一体」に替えての，PLB2 での同騎士団守護聖人たる「聖アンデレ」への帰依と密接に結びつく（PLH [1]；PLB1 [1]；PLB2 [1]；Gaude-Ferragu 2008, p. 463）。

> 「第1に，余が他界することを主が望んだ時，余は余の霊魂を主に委ね，また，主の栄光を受けた聖処女マリア，我が主使徒聖アンデレ，そして天国のすべての聖人聖女に委ねる。」（PLB2 [1]）

同様に同公がブルゴーニュ伯領の中心都市ドルに 1423 年に創設したドル大学については，1名の教師および 12 名の貧しき学生のために学寮を設置し，10,000 F まで贈与することが定められている（PLB2 [29]）。PLB1 [17] でも同学寮のため定期金エチエンヌ貨 400 L および 4,000 F の贈与が規定されているが，PLB2 ではよりまとまった金額と言える。第3代公フィリップおよび第4代公シャルルに仕えた著名な年代記作者オリヴィエ・ド・ラ・マルシュやメヘレン高等法院初代法院長ジャン・カロンドゥレも同大学で学んだ政治エリートである（Theurot, 1998, I, p. 470；II, p. 1130-1131）。

これら騎士団および大学は，初代公が菩提教会シャンモル修道院を創建するために大きな資金を投じたのに匹敵して，第3代公がその完成を最も憂慮したものであったと見られる。

(3) 相続

さて，相続については，むしろ共通点と見ることもできるが，3遺言書の間で最も特徴があらわれている項目であり，特に第3代公の遺言作成の本質にかかわると考えられよう（Gaude-Ferragu 2008, p. 469-470）。

初代公の場合，遺言書作成当時，既に嫡子ジャンが 15 歳になっており，さらに他にも男子はいたので，嫡子がフランドル女伯たる公妃の遺産をもあわせて相続さえできれば，大きな懸念はなかったと思われる（PLH [48]）。一方，第3代公の場合，フランス王家との対立関係から，とりわけ治世当初

第 10 章　ヴァロワ家ブルゴーニュ公の遺言

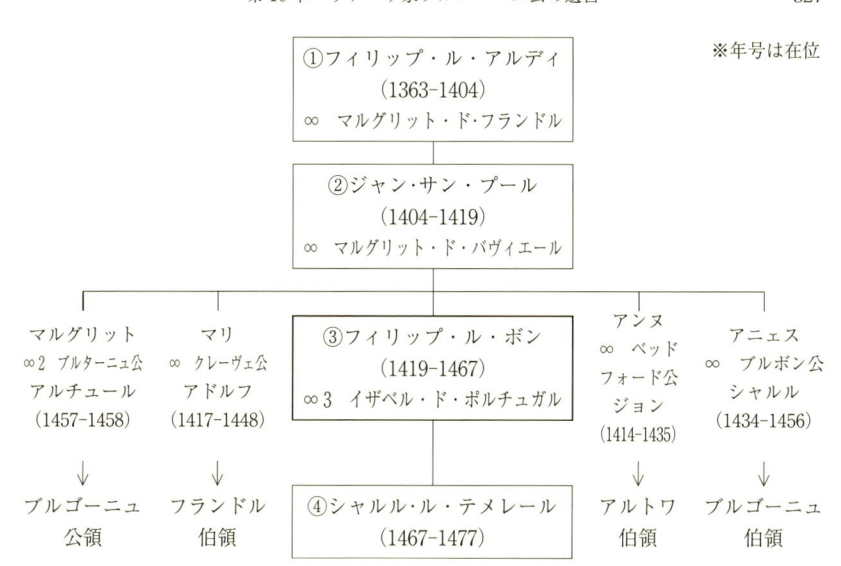

```
                    ①フィリップ・ル・アルディ
                         (1363-1404)
                    ∞ マルグリット・ド・フランドル

                    ②ジャン・サン・プール
                         (1404-1419)
                    ∞ マルグリット・ド・バヴィエール
```

※年号は在位

マルグリット	マリ	③フィリップ・ル・ボン	アンヌ	アニェス
∞2 ブルターニュ公 アルチュール (1457-1458)	∞ クレーヴェ公 アドルフ (1417-1448)	(1419-1467) ∞3 イザベル・ド・ポルチュガル	∞ ベッド フォード公 ジョン (1414-1435)	∞ ブルボン公 シャルル (1434-1456)
↓	↓	④シャルル・ル・テメレール	↓	↓
ブルゴーニュ 公領	フランドル 伯領	(1467-1477)	アルトワ 伯領	ブルゴーニュ 伯領

出典：Bonenfant, P., *Philippe le Bon. Sa politique, son action*, études présentées par A. M. Bonenfant-Feytmans, Bruxelles, De Boeck, 1996, p. 394-410 他を参照しつつ，筆者作成。

系図1　ヴァロワ・ブルゴーニュ公家

の1420年代にはかなり緊迫した情勢下にあった。公自身がまだ若かったこともあるが，先妻2人に先立たれた上に嫡子もおらず，結局，男女を問わず嫡出子なき場合にはブルターニュ公家，クレーヴェ公家，イングランド王家，ブルボン公家に嫁いだ4姉妹マルグリット，マリ，アンヌおよびアニェスに遺産を分割相続することを定めている（PLB 1 [27]-[30]；系図1）。初代公が，一般に女子相続排除規定を有する親王領としてではなく，むしろ封建諸侯領としてブルゴーニュ公領を獲得したことを示す証左である（Schnerb 1999, p. 40-43）。しかし，1430年代に入ると，再々婚の相手ポルトガル王女イザベルとの間に嫡子シャルルが誕生し（1433年），少なくとも分割相続に対する懸念は多少なりとも払拭できたであろう。その結果，包括相続人として嫡子シャルルが指定され，その後見人についても規定された（PLB2 [21] [32]）。

(4) 嫡出子および非嫡出子に対する財産分与

相続とともに，公本人ないしはその亡父が遺した嫡出子および非嫡出子に対する財産分与の規定がある。PLH では，長女マルグリットと次女マリに対し，婚資としてそれぞれ 100,000 F の贈与が定められた（PLH [49] [50]）。一方，PLB 1 では，亡父公ジャンの非嫡出子，従って第 3 代公フィリップからすれば異母兄弟姉妹となるギィとフィリポットが対象である。前者にはニノヴとヴュウ＝シャトォの諸領地，後者には 5,000 F の贈与が規定された（PLB 1 [23] [24]）。さらに，PLB 2 においては，公本人の非嫡出子に関する規定が際立っている。非嫡出子コルネイユおよびアントワーヌに対し，ブラバント，フランドル，アルトワ，エノー，ホラント，ゼラントおよびナミュールの北部諸所領から，それぞれ国王貨幣 6,000 F と 2,500 F の世襲定期金の設定が規定される。一方，非嫡出の女子マリオン他 2 名に対しても，国王貨幣 10,000 F から 15,000 F までの婚資が贈与されることとされた（PLB 2 [23]-[27]）。年長のコルネイユは 1452 年における都市ヘントとの戦いで若くして戦死するが，アントワーヌとマリオンはその後もブルゴーニュ宮廷において重要な位置を占めた（中堀 2013a, p. 5-6）。これら非嫡出子にかかわる条項は PLB2 に顕著と言ってよく，それに比して PLH では後述する筆頭侍従ギィ・ド・ラ・トレモイユ以下，家臣に対する個別の条項が際立っている（PLH [42]-[47]）。

(5) 遺言執行人

最後に，3 遺言書の遺言執行人について検討しよう。各遺言書の執行人は，表 5 の通りである（PLH [60]；PLB1 [33]；PLB2 [33]；Gaude-Ferragu 2008, p. 470-471）。

まず，主たる遺言執行人は公妃である（PLH [60] ③マルグリット・ド・フランドル；PLB2 [33] ①イザベル・ド・ポルチュガル）。ただし，公妃がいなかった PLB 1 には，この規定はもちろんない。次に，公国統治における文官・武官の各頂点にあった尚書（PLH [60] ⑨ジャン・カナール；PLB 1 [33] ③ニコラ・ロラン；PLB 2 [33] ⑥ニコラ・ロラン）とブルゴーニュ元帥（PLH

表5　3遺言書の遺言執行人（記載順）
注：3遺言書で複数回出てくる役職，地位，人物は太字・下線。

	PLH [60]（1386.9.13）	PLB1 [33]（1426.7.4）	PLB2 [33]（1441.12.8）
①	フランス王シャルル6世（公の甥）	**トゥルネ司教**ジャン・ド・トワズィ　※PLB1 [跋]	**公妃イザベル・ド・ポルチュガル**　※PLB2 [32]，**主たる遺言執行人**
②	ベリィ公ジャン（公の兄）※PLH [41]	ベツレヘム司教**ロラン・ピニョン**（公の聴罪司祭）※PLB1 [跋]	オセール司教**ロラン・ピニョン**（公の聴罪司祭）
③	**公妃マルグリット・ド・フランドル**　※PLH [24]〜[27] [48] [跋]，**主たる遺言執行人**	**尚書ニコラ・ロラン**　※PLB1 [跋]	※同上不在時　セリンブリア（現シリウリ）司教シモン・ド・ルース（公妃の聴罪司祭）
④	嫡子ヌヴェール伯ジャン　※PLH [48] [跋]	ボルヴォワール領主ジャン・ド・リュクサンブール	**トゥルネ司教**ジャン・シュヴロ　※PLB2 [32]
⑤	ブルボン公ルイ2世（公の義兄弟。兄前王シャルル5世妃がブルボン公の妹）	オランジュ公ルイ・ド・シャロン	ブザンソン大司教カンタン・メナール　※PLB2 [32]
⑥	ドフィネ尚書ピエール・ドルジュモン（パリ高等法院司法官。兄前王の遺言執行人）※PLH [52]	**筆頭侍従**ルベ領主ジャン	**尚書ニコラ・ロラン**　※PLB2 [32]
⑦	[**筆頭**]**侍従**ラ・トレモイユ及びシュリィ領主ギィ6世　※PLH [3] [42] [52] [54] [跋]	**ブルゴーニュ元帥**トゥロンジョン領主ジャン　※PLB1 [跋]	**筆頭侍従**クロイ領主アントワーヌ　※PLB2 [32]
⑧	フランス提督ジャン・ド・ヴィエンヌ　※PLH [52] [跋]	評議官 Henri Goedhals（リエージュ参事会長）	**ブルゴーニュ元帥**フリブール伯ジャン　※PLB2 [32]
⑨	尚書ジャン・カナール（シント・ドナース参事会長，のちアラス司教）※PLH [52] [跋]	評議官ジャン・シュザ	サント領主ユエ・ド・ラノイ　※PLB2 [32]
⑩	侍従ギヨーム・ド・ラ・トレモイユ（のちブルゴーニュ元帥）※PLH [42] [52] [54] [跋]	シャンモル修道院長	

⑪	ブルゴーニュ元帥ギィ・ド・ポンタイエ ※PLH［跋］		
⑫	アンソォ・ド・サラン ※PLH[52]		
⑬	ウダール・ド・シャズロン ※PLH［46］［54］［跋］		
証人	PLH［跋文］：ジャン・ド・ヴィエンヌ, [筆頭侍従] ラ・トレモイユ領主ギィ6世, 尚書, ブルゴーニュ元帥, ギヨーム・ド・ラ・トレモイユ, ウダール・ド・シャズロン, 公妃, 嫡子ヌヴェール伯ジャン。	PLB 1［跋文］：トゥルネ司教, ベツレヘム司教ロラン・ピニョン, 尚書, 評議官シント・ドナース参会長 Raoul le Maire, ジョンベル領主ジャン・ド・ラ・トレモイユ, ブルゴーニュ元帥, サリニィ領主ルルダン, コミーヌ領主ジャン, トラーヴ領主アントワーヌ・ド・トゥロンジョン, ジルベール・ド・ラノイ。	
後見人・助言者	PLH［52］：ドフィネ尚書ピエール・ドルジュモン, フランス提督ジャン・ド・ヴィエンヌ, 尚書, [筆頭侍従] ギィ6世およびギヨーム・ド・ラ・トレモイユ, アンソォ・ド・サラン, オリヴィエ・ド・ジュセイ, ブルゴーニュ元帥		PLB 2［32］：公妃, トゥルネ司教, ブザンソン大司教, カンブレ司教ジャン・ド・ブルゴーニュ, 尚書, 筆頭侍従クロイ領主アントワーヌ, ブルゴーニュ元帥, シャルニィ領主ピエール・ド・ボフルモン, ジャン・ド・クロイ（エノー・バイイ）, ルベ領主ピエールおよびサント領主ユエ・ド・ラノイ, ブラバント尚書 Jean Bont, コラール・ド・コミーヌ（フランドル高等バイイ）, エティエンヌ・アルムニエ。

［60］⑪ギィ・ド・ポンタイエ；PLB 1［33］⑦トゥロンジョン領主ジャン；PLB 2［33］⑧フリブール伯ジャン）も欠かせない存在であったことがわかる（Cockshaw 1982, p. 38-53；Schnerb 2000, p. 66-94, 199）。

　さらに，これら両役職と同等ないしはそれ以上の立場にあったのが，家政

のトップとして，恐らく公に最も近い家臣であった筆頭侍従である（PLH [60] ⑦ラ・トレモイユ領主ギィ6世；PLB 1 [33] ⑥ルベ領主ジャン；PLB 2 [33] ⑦クロイ領主アントワーヌ；Caron 1987, p. 137）。いずれも公の右腕と言ってよい家臣であり，ラ・トレモイユ領主に至っては，初代公は遺言書第3条項でこの者をシャンモルの自身の遺体の足許に埋葬することを定めているし，それ以外にも度々記載が見られる（PLH [3] [42] [52] [54] [60] [跋文]）。むろん第3代公の筆頭侍従であったルベ領主ジャンおよびクロイ領主アントワーヌも同様に重要な人物である（De Smedt 2000, p. 6-8, 34-38）。前者ルベ領主は第3代公治世当初から筆頭侍従であり，金羊毛騎士団創設当初のメンバー（第3番）で，後者クロイ領主は前者の女婿であり，前者から引き継ぐ形で1426年から1428年の間に筆頭侍従となった。また，前者同様に金羊毛騎士団の当初メンバー（第15番）でもある。尚書ニコラ・ロランが1456年に失墜した後1465年までの間がクロイ領主のキャリアにおける絶頂期であったとされる。ただし，その親フランス王家の立場から，公フィリップの後継者たるシャルルの不興を買ったことはよく知られている。

さらに，上述した通りブルゴーニュ公は数多くの司教座を掌握したが，特にトゥルネ司教の役割は極めて重要であったことも付け加えておく必要がある（PLB 1 [33] ①ジャン・ド・トワズィ；PLB 2 [33] ④ジャン・シュヴロ；Schnerb 1999, p. 203-204）。同様に聖職者という点では，公の側近としての聴罪司祭という立場からベツレヘム司教となり，さらにオセール司教にも就いたロラン・ピニョン（PLB 1 [33] ②；PLB 2 [33] ②）は特筆すべきである（Schnerb 2005b, p. 1323, n. 23）。同公のいずれの遺言書においても執行人の第2位に名を列ねている。

このように，遺言執行人としては公妃が筆頭に立ち，その公妃を支える形で尚書・元帥・筆頭侍従の三役および司教（ら），さらには信任の厚い家臣たちが，亡き公の最終遺志の執行という極めて重要な責務を負うことになったのである。

結　び

　これまで初代および第3代の2人のブルゴーニュ公フィリップの3つの遺言書について比較分析を行ってきたが，改めて本論での考察を整理したうえで擱筆したい。
　遺言書は，「死ほど確かで，死の時ほど不確かなことはない」（3遺言書［序文］）故に，良きキリスト教徒として無遺言で没することを望まぬ個人の「最終意志」を表し，当人のためこの世とあの世を取り結ぶべきものである。しかし，ここでの3遺言書はいずれも初代公が創建したシャンモルでの埋葬を願うものである以上，必然的に初代公のある意味純粋な宗教的信条の実現を願うその遺言書（PLH）の影響が強く見られると言ってよい。特にカルトジオ会（シャンモル，ボーヌ，リュニィ）や，ブルゴーニュ周辺の4つの有力修道院（シトー，クレルヴォ，サン・タントワーヌ・アン・ヴィエノワ，サン・クロード）に関する規定にはPLH以来の持続性がある。
　むろんシャンモルでの埋葬を自ら定めた第3代公にしても，生地ブルゴーニュ公領や首都ディジョンに対する同公なりの想いはあったであろう。しかし，それはフランス筆頭諸侯かつ国王の叔父として王国政権を掌握した祖父フィリップや，その祖父の王国における地位を維持し続けようと野心を燃やした父ジャンに対する想いに集約される。言い換えれば，初代公が，その父王ジャン2世から与えられたブルゴーニュの地において，自らカルトジオ会に帰依してシャンモル修道院を創建し，独り埋葬されることを望んだのに対し（傍らに忠臣を埋葬することは望んだにせよ，フランドル女伯たる公妃マルグリットすらも北方の生地フランドル伯領のリルにあるサン・ピエール参事会教会にその父母とともに眠ることを望んだ），第3代公は祖父や父が眠るシャンモルにこそ埋葬されることを望んだのである。強いて言えば，第3代公にとってサン・クロードに対してだけは何かしらの想いがあったことは看取される。ともかくも，第3代公の第1遺言（PLB 1）は，特に初代公の遺言の影響を強く受けていることは疑いない。
　とすれば，PLB 1の眼目は，やはり嫡出子なき状況下での，4姉妹に対す

る分割相続にあったと言わねばならない。さらに PLB 2 にあっては、ようやくにして授かった嫡子に対する一子包括相続にこそ眼目があった、と。

しかしながら、PLB 2 にはそれに止まらないより強い動機が窺える。あるいは、むしろ遺言書を書き替えるにはそれなりの動機がないはずはないと言うべきかもしれない。第3代公フィリップは、半ば低地諸都市に定住したにもかかわらず、シャンモルをその永眠の地とすることを改めて確認した。この間 1432 年 1 月に、同公は、その十字軍理念の象徴たる金羊毛騎士団の本拠を、「旧都」ディジョンのブルゴーニュ公邸に附設するサント・シャペルと定めていた（中堀 2015c）。このサント・シャペルの完成を願った公であればこそ、父祖や子孫への念とともにその郊外に眠ることには大きな意味があったと思われる。サント・シャペルとともに、PLB 2 には聖地シオン山のフランシスコ会への寄進も規定されている。これらにおいてはじめて、「聖地への想い」という第3代公の宗教的信条の発露が見出されよう。もちろん、同公が創設したものとしてのドル大学への懸念も忘れてはならない。

第3代公フィリップは、これまで論じてきた通り、確かにその支配圏の 10 司教座、13 公・伯領の全体において様々な規定を行った。しかし結果的に、その遺言内容の比重としては、墓所の置かれた根拠地である南部支配領域への偏重を否定することはできない。同公は、この世においては「こちら側の邦」（低地諸地方）に定着したが、あの世に臨んでは父祖の眠る生まれ故郷の「あちら側の邦」（ブルゴーニュ諸地方）を選んだのである。それは、やはり肥沃で静穏な修道制の故郷でもあるブルゴーニュへの想いが強かったからか、あるいは、フランス筆頭諸侯の地位を兼ねたブルゴーニュ公位こそが同公のレゾン・デートルだったからか、あるいはそのいずれもからか。

この第2遺言書が作成された 1441 年は、まだブルゴーニュ公国の先行きが不透明な時期であり、同公が 1467 年に亡くなるまでにはまだ 4 半世紀も残されている。再度書き替えるつもりはなかったのか、気になるところではある。

参考文献

略記
ADN　Archives départementales du Nord（Lille）
PCEEB　Publication du Centre européen d'études bourguignonnes（XIVe-XVIe s.）

史料・基礎文献
ADN, B 456, no. 15764.（解題および全訳：中堀 2012 ; 同 2015a）
Gaude-Ferragu, M. 2008 :« Métamorphoses testamentaires. Les dernières volontés de Philippe le Bon, duc de Bourgogne（1426 ; 1441）», dans Kasten, B.（hg.）, *Herrscher- und Fürstentestamente im westeuropäischen Mittelalter*, Köln, Böhlau, p. 457-486.
Peignot, G. 1829 : *Choix de Testamens anciens et modernes, remarquables par leur importance, leur singularité, ou leur bizarrerie, avec des détails historiques et des notes*, Paris, Renouard ; Dijon, V. Lagier, 2 vol.
Petit, E. 1888 : *Itinéraires de Philippe le Hardi et de Jean sans Peur, ducs de Bourgogne, d'après les comptes de dépenses de leur hôtel (1363-1419)*, Paris, Impr. nationale.
Plancher, Dom U. / Merle, Dom Z. 1739-1781 : *Histoire générale et particulière de Bourgogne*, Dijon（2e éd., Paris, Palais Royal, 1974）, 4 vol.
Vander Linden, H. 1940 : *Itinéraires de Philippe le Bon, duc de Bourgogne (1419-1467) et de Charles, comte de Charolais (1433-1467)*, Bruxelles, Palais des Académies.

研究文献
Balard, M. 2006 : *Les Latins en Orient (X^e-XVe siècle)*, Paris, PUF.
Bonenfant, P. 1996 : *Philippe le Bon. Sa politique, son action*, études présentées par A. M. Bonenfant-Feytmans, Bruxelles, De Boeck.
Bully, A. / Bully, S. 2011 :« L'abbaye de Saint-Claude（Jura）à la fin du Moyen Age. Enjeux et enseignements d'un grand chantier », *Revue d'histoire de l'Eglise de France*, t. 97, no. 238, p. 5-33.
Caron, M. -Th. 1987 : *La noblesse dans le duché de Bourgogne (1315-1477)*, Lille, PU de Lille.
Chiffoleau, J. 1980/2011 : *La comptabilité de l'au-delà. Les hommes, la mort et la religion dans la région d'Avignon à la fin du Moyen Age (vers 1320-vers 1480)*, Paris, A. Michel, 2011（1e éd., Ecole française de Rome, 1980）.
Cockshaw, P. 1982 : *Le personnel de la chancellerie de Bourgogne-Flandre sous les ducs de Bourgogne de la maison de Valois (1384-1477)*, Kortrijk-Heule.
De Smedt, R.（dir.）2000 : *Les Chevaliers de l'Ordre de la Toison d'or au XVe siècle. Notices bio-bibliographiques*, 2e éd., Frankfurt am Main etc.
Gaude-Ferragu, M. 2004 :« Les dévotions princières à la fin du Moyen Age : les testaments des ducs de Bourgogne et de leur famille（1386-1477）», *Revue du Nord*,

t. 86, p. 7-23.
Gaude-Ferragu, M. 2005 : *D'or et de cendres. La mort et les funérailles des princes dans le royaume de France au bas Moyen Age*, Villeneuve d'Ascq, PU du Septentrion.
Gaude-Ferragu, M. 2008 : « Métamorphoses testamentaires. Les dernières volontés de Philippe le Bon, duc de Bourgogne (1426 ; 1441) ». →「史料・基礎文献」参照
Gras, P. (dir.) 1981 : *Histoire de Dijon*, Toulouse, Privat.
Itinéraires 1997 : *Itinéraires monastiques jurassiens entre Franche-Comté et Suisse*, Lons-le-Saunier, Centre Jurassien du Patrimoine.
Jugie, S. / Kagan, J. / Huynh, M. 2004 : *La chartreuse de Champmol et le Puits de Moïse*, Paris, Ed. du patrimoine.
Kinossian, Y. 1999 : « Hospitalité et charité dans l'ordre de Saint-Antoine aux XIVe et XVe siècles », dans Dufour, J. / Platelle, H. (dir.), *Fondations et œuvres charitables au Moyen Age. Actes du 121e congrès national des sociétés historiques et scientifiques, section histoire médiévale et philologie (Nice, 1996)*, Paris, CTHS, p. 217-230.
Kleinclausz, A. 1901-1902 : « L'art funéraire de la Bourgogne au Moyen Age », *Gazette des Beaux-Arts*, 1901, p. 441-458 ; 1902, p. 299-320.
Locatelli, R. 1992 : *Sur les chemins de la perfection. Moines et chanoines dans le diocèse de Besançon vers 1060-1220*, St-Etienne, PU de St-Etienne.
Pacaut, M. 1993 : *Les ordres monastiques et religieux au Moyen Age*, nouv. éd. aug., [Paris], Nathan.
Paravicini, W. 2012 : « Theatre of Death. The Transfer of the Remnants of Philip the Good and Isabel of Portugal to Dijon, November 1473-February 1474 », in Spiess, K.-H. / Warntjes, I. (ed.), *Death at Court*, Wiesbaden, Harrassowitz, p. 33-115.
Paviot, J. 2003 : *Les ducs de Bourgogne, la croisade et l'Orient (fin XIVe siècle-XVe siècle)*, Paris, PU de Paris-Sorbonne.
Schnerb, B. 1999 : *L'Etat bourguignon, 1363-1477*, Paris, Perrin.
Schnerb, B. 2000 : « *L'Honneur de la Maréchaussée* », maréchalat et maréchaux en Bourgogne des origines à la fin du XVe siècle, Turnhout, Brepols.
Schnerb, B. 2005 a : *Jean sans Peur. Le prince meurtrier*, Paris, Payot.
Schnerb, B. 2005 b : « La piété et les dévotions de Philippe le Bon, duc de Bourgogne (1419-1467) », *Comptes-rendus des séances de l'Académie des Inscriptions et Belles-Lettres*, 149e année, no. 4, p. 1319-1344.
Sommé, M. 1989 : « Le testament d'Isabelle de Portugal et la dévotion moderne », *PCEEB*, no. 29, p. 27-45.
Sommé, M. 1998 : *Isabelle de Portugal, duchesse de Bourgogne. Une femme au pouvoir au XVe siècle*, Villeneuve d'Ascq, PU du Septentrion.
Tabbagh, V. 1998 : « Pouvoir épiscopal et pouvoir ducal dans les Etats des ducs Valois de Bourgogne », *PCEEB*, no. 38, p. 15-29.
Theurot, J. 1998 : *Dole, genèse d'une capitale provinciale des origines à la fin du XVe siècle. Les structures et les hommes*, Dole, 2 vol.

Van Nieuwenhuysen, A. 1984 : *Les finances du duc de Bourgogne Philippe le Hardi (1384-1404). Economie et politique*, Bruxelles, Ed. de l'Univ. de Bruxelles.
Vincent, C. 2009 : *Eglise et société en Occident (XIIIe-XVe siècle)*, Paris, A. Colin.
ヤコブス・デ・ウォラギネ（前田敬作・今村孝訳）2006：『黄金伝説』全4巻，平凡社。
エミール・マール（柳宗玄・荒木成子訳）1995：『ヨーロッパのキリスト教美術 —— 12世紀から18世紀まで ——』上・下，岩波書店（原著1945年）。
江川温 2002：「中世フランス国王の墓所と墓」，江川温・中村生雄編『死の文化誌 —— 心性・習俗・社会 ——』昭和堂，167-188頁。
越宏一 2009：『ヨーロッパ美術史講義 中世彫刻の世界』岩波書店。
中堀博司 2012：「ブルゴーニュ公フィリップ・ル・ボンの第2遺言書（1441年）—— 前編 ——」『宮崎大学教育文化学部紀要（社会科学）』26・27，21-38頁。
中堀博司 2013a：「クレーヴェとポルトガル —— ブルゴーニュ公家の婚姻政策に関する覚書 ——」『宮崎大学教育文化学部紀要（社会科学）』28，1-29頁。
中堀博司 2013b：「両ブルゴーニュにおける公証制度の展開 —— ブルゴーニュ公国形成期を中心に ——」『宮崎県地域史研究』28，79-94頁。
中堀博司 2015a：「ブルゴーニュ公フィリップ・ル・ボンの第2遺言書（1441年）—— 後編 ——」『宮崎大学教育文化学部紀要（社会科学）』33，19-37頁。
中堀博司 2015b：「あの世に向かって —— 二人のブルゴーニュ公フィリップの葬送と後継者たちの思惑 ——」，服部良久編著『コミュニケーションから読む中近世ヨーロッパ史 —— 紛争と秩序のタペストリー ——』ミネルヴァ書房，86-107頁。
中堀博司 2015c：「ブルゴーニュ公国の解体 —— その歴史的位相 ——」，池田嘉郎・草野佳矢子編『国制史は躍動する —— ヨーロッパとロシアの対話 ——』刀水書房，239-264頁。

第 11 章

ブルゴーニュ公国とエラスムスの君主論
—— 中近世における「君主の鑑」——

河野 雄一

はじめに

　本論文ではおもに宗教改革以前のエラスムス（Desiderius Erasmus, c. 1466-1536）の政治的著作を取り上げる。具体的には，「君主の鑑」（speculum regis/principiis）の伝統を下敷きにして，同時代のブルゴーニュ公国やフランス・ヴァロワ朝の廷臣による君主論との比較からエラスムスの政治思想を顧みることになる。それにより，前者がアレクサンドロス大王（Aleksandros ho Megas, 356-23 B. C.）やカエサル（Gaius Julius Caesar, 100-44 B. C.）を称揚して世俗統治原理をキリスト教から切り離そうとしたのとは対照的に，エラスムスがあくまでキリスト教的敬虔が君主には必要であると考えていたことが明らかになるだろう。こうしたエラスムスの君主論は，取り巻きによって判断を歪められる可謬性の回避を，自然や幸運に委ねるものではない。それは各人の発展や没落の責任を，教育や自分自身の勤勉による規律，努力の有無に求める彼の人間観に基づいており，この人間観こそエラスムス思想世界の中心をなしているのである。

　エラスムスの名声は，生前からヨーロッパ全土に及んでいた。たとえば 1516 年からは，のちのカール 5 世（Karl V, 在位スペイン王 1516-56, 神聖ローマ皇帝 1519-56. 以下同）の名誉顧問官を務め，1535 年には教皇パウルス 3 世（Paulus III, 1534-49）によって枢機卿位就任への打診を受けたものの結局辞退した。またこれにとどまらず，彼は晩年に至るまで各国の王侯貴族，聖職者，人文主義者や宗教改革者などと書簡を通した交流によって一定の影響力を保ち続けた当時の最重要人物のひとりであった。

しかし，このようにエラスムスは広くヨーロッパ世界に活躍の場を広げながらも，彼と祖国ブルゴーニュ公国との関係はけっして浅いものではなかった。自身の作品をたびたびブルゴーニュ家に献呈している点からもそれは明らかである。エラスムスは，1492 年にはフィリップ善良公（Philippe le Bon, 1419-67）の私生児ユトレヒト司教ダヴィッド・ド・ブルゴーニュ（David de Bourgogne, d. 1496）によって司祭に叙されている。また 1500 年前後にはアドルフ（Adolph de Bourgogne, 1490?-1540）の母フェーレのアンナ（Anna van Veere, c. 1471-1518）の庇護を受け，アドルフ自身にも 1498 年『徳の追求についての弁論』（*Oratio de virtute amplectenda*（以下，*De virtute amplectenda* と略））を，さらに後年，アドルフの息子アンリ（Henri）には 1530 年『子供の礼儀作法についての覚書』（*De civilitate morum puerilium*）を捧げている。さらに，エラスムスは，フィリップ端麗公（Philippe le Beau, 1482-1506）には『オーストラリア大公フィリップへの頌詞』（以下，『パネギュリクス』と略）（*Panegyricus ad Philippum Austriae ducem*（以下，*Panegyricus* と略），執筆 1503，出版 1504），先述のようにカール 5 世には 1516 年『キリスト者の君主の教育』（*Institutio principis christiani*）を捧げてその名誉顧問官に就任しており，善良公の私生児ユトレヒト司教フィリップ・ド・ブルゴーニュ（Philippe de Bourgogne, 1464-1524）には 1517 年『平和の訴え』（*Querela Pacis*）を捧げている。

　エラスムスについては 16 世紀以来の長い研究史があり（Mansfield [1979]：[1992]：[2003]），彼を非政治的な観想主義者とする古典的解釈の原型を提示したのがホイジンガである（ホイジンガ [2001] 252 頁）。こうしたエラスムスの通俗的イメージは専門的な研究者によって大幅に修正を加えられ，文学作品という伝統的な研究対象のみならず，彼の神学や言語の領域にも次第に関心が寄せられつつある。とはいえ，エラスムスへの関心は文学，神学，教育学など細分化された学問分野の枠組みに留まる傾向があり，エラスムスの政治思想への関心が高まったとは言いがたい。

　エラスムスをブルゴーニュ公国という現実の歴史状況との関わりから捉える試みとして，ジェイムズ・トレイシー『エラスムスの政治学』（Tracy [1978]）は騎士道エートスに触れた「いままでのところ最も完璧な研究」で

第 11 章　ブルゴーニュ公国とエラスムスの君主論　　　*339*

あると高く評価されている（Mansfield［2003］p. 21）。それにもかかわらず，トレイシーの当該研究書では，エラスムスの精神の働きについてはほとんど明らかにされていない（Dealy［1984］pp. 61-7）。また，同時代のブルゴーニュ公国やフランス・ヴァロワ朝の君主論との比較がなされているわけでもない。

　そこで，本論文はエラスムスと縁の深いブルゴーニュ公国史に政治思想史の視座から光を当てつつ，彼の君主論を 15 世紀後半のブルゴーニュ公国や 16 世紀初頭のフランスの廷臣のそれと比較して「君主の鑑」の系譜に位置づけることで，精神の働きを明らかにしながら彼の思想的特徴を析出することを試みる。研究史における本論文の独自性は，一方では『キリスト者の君主の教育』や『平和の訴え』の内容を表面的に瞥見するばかりで，他方ではマキアヴェッリとの類型的な二項対立に陥る傾向にあったエラスムス政治思想についての従来の先行研究とは，取り扱う著作や比較の対象が部分的に異なり，個別の著作内容の単なる要約に留まることなく，エラスムスの思想それ自体の解明を包括的観点から試みる点にある。すなわち，従来ほとんど研究の俎上に登ることもなく邦訳さえ存在しない初期著作『徳の追求についての弁論』や『パネギュリクス』を扱うことで，エラスムス研究を幅と深みにおいて拡大しながらブルゴーニュ公国史研究に寄与すると同時に，同時代のブルゴーニュやそれと直接の敵対関係にもあったフランスの廷臣の君主論との比較を通してエラスムスの独創性を明らかにすることにある。

　議論の手順としては，第 1 に，「君主の鑑」論の歴史的展開について概観し，ソールズベリーのヨハネス（Johnnes Saresberiensis, c. 1115/20-80）とトマス・アクィナス（Thomas Aquinas, c. 1225-74）によってもたらされた新たな点を確認する。第 2 に，こうした伝統的言説を利用した 15 世紀後半のブルゴーニュ公国や 16 世紀初頭のフランスの廷臣の君主観を見ることで，エラスムスの君主論との対照を際立たせる。第 3 に，エラスムスによってブルゴーニュの君主たちに捧げられた君主論を取り上げてその特徴を確認し，最後に「君主の鑑」の伝統におけるエラスムス君主論の思想史的意義とオリジナリティに触れて本論文を終えたい。

I. 中世における「君主の鑑」

本節では，エラスムスや同時代の他の人文主義者の君主論を検討する前提として，彼らがその文学的伝統を継承していた「君主の鑑」論について，おもに柴田平三郎の研究書『中世の春』に依拠しながら[1]，ソールズベリーのヨハネスとトマス・アクィナスを中心に見ていくことにする。

(1) 「君主の鑑」

「君主の鑑」論とは，君主の教育を目的として理想の君主像を描いた書物の総称である（柴田［2003］312-3頁）。この種の書物を広義に捉えるならば，イソクラテス（Isokrates, 436-338 B. C.）『ニコクレスに与う』（$Πρòς Νικοκλεα$）などにその先例を見いだすことができる。しかし，「君主の鑑」論を古典古代における支配者に勧告や訓戒を与えた書物や書簡とは区別される狭義の中世独特のものとみなすならば，一般的にアウグスティヌス（Aurelius Augustinus, 354-430）『神の国』（*De civitate Dei*）第5巻第24章「キリスト教的皇帝の幸福はなにか，またどれほど真実か」の一節が嚆矢とされる[2]。というのも，特殊中世的な「君主の鑑」論の始点は，中世キリスト教世界に思想的基礎をもたらしたアウグスティヌスに求めるのが妥当だからである。彼の影響によって，9世紀カロリング時代以降にはこうした形式の著作が陸続と生み出されることになる（柴田［2003］313, 315頁）。

このような中世的な「君主の鑑」論は，キリスト教原理に基づく教育的・政治的意図を含んでいる。というのも，題材は特に旧約聖書に求められ，題名には「教養」（eruditio），「教育」（institutio），「統治」（regimen），「舵取り・指揮」（gubernatio）といった言葉が使用されているからである。「鑑」（speculum）という言葉が題名に用いられる場合，こうした書物の目的は

---

[1] 柴田自身も指摘しているように，「君主の鑑」論に関する基本文献は極めて少なく（柴田［2003］），未開拓の研究領域たる当該分野において，近年では柴田の概説を凌駕する研究は国内外に見当たらないからである。

[2] 邦訳に関しては，アウグスティヌス［1982］，426-7頁参照。

「鑑」に映すように理想の君主像を描くことで現実の君主に影響を及ぼすことにある（柴田［2003］315頁）。

「君主の鑑」論の特質とは，統治者個人の人格に議論の中心が置かれ，社会的な次元にはないということである。ここには，よき君主とは臣民にとって道徳的模範となる人格であり，そうしたよき君主によってこそよき統治がなされうるという考え方が見出される。それゆえ，「君主の鑑」論とは，高潔な人格に理想の君主像を見出して，君主自身に自己省察を促す書物である（柴田［2003］315-6頁）。

(2) ソールズベリーのヨハネス『ポリクラティクス』

従来のカロリング朝の「君主の鑑」論の伝統は，ソールズベリーのヨハネス『ポリクラティクス』(Policraticus) においても踏襲されている。しかし『ポリクラティクス』は，従来の「君主の鑑」論に対して2つの新たな特徴を打ち出している。1つは，宮廷官僚層をなす支配者層への道徳的訓戒の拡大であり，もう1つは，支配者を含む大きな政治社会の枠組みの中でよき統治の議論を展開する姿勢である。こうしたヨハネスの姿勢は，12世紀における集権的封建国家の台頭への反応を示すものであった。ヘンリー2世 (Henry II, 在位 1154-89) 治世下のイングランド宮廷政治の現状を憂うヨハネスは，宮廷の愚行の核心を追従に見いだし，そうした現状を矯正する統治者像の提示を目的としていたのである（柴田［2003］312, 340, 369, 371頁）。

ヨハネスは旧約聖書やローマの歴史における統治者の例が君主や宮廷官僚層にとって有益だと考えていた。それゆえ，彼は統治者層が聖書や教父著作のみならず異教古典も繙くべきだと考える。そうした書物は，支配者層が実際の歴史から範例として教訓を引き出すのに役立つであろう。異教古典に関して，ヨハネスはプラトン (Platon, c. 429/427-c. 347 B. C.) やアリストテレス (Aristoteles, 384-22 B. C.) を部分的に知っていたもののギリシア語を解さなかった一方，キケロ (Marcus Tullius Cicero, 106-43 B. C.) から最大の影響を受け，ウェルギリウス (Publius Vergilius Maro, 70-19 B. C.) などのラテン詩人も頻繁に引用している。特筆すべきは，スエトニウス (Gaius Suetonius Tranquillus, c. 60-c. 130/60) をはじめとした歴史家の書物であり，こうした

歴史書が統治者の模範あるいは反面教師として利用された。ただし，ヨハネスは実際には撰文集（floriegia）を使っており，これらの書物に直接当たって引用しているわけではない（柴田［2003］381-4頁）。

ヨハネスにとって，学芸の最終的な目的とは学知（scientia）の修得に留まらず，叡智（sapientia）から徳（virtus）を涵養し，腐敗せざる判断（incorruptum iudicium）をなしうる人格（persona）を陶冶することであった。ヨハネスによれば，支配者層をも含む君主の徳や人格が統治を左右する。それゆえ，「徳の涵養」や「人格の陶冶」の重要性を説く『メタロギコン』（*Metalogicon*）と政治理論書『ポリクラティクス』には同じ精神を共有する内的な連関が存在する（柴田［2003］380, 387頁）。

とりわけ重要なのは，カントーロヴィチによって注目された，ソールズベリーのヨハネスの「王法理論」（lex regia）に関わる議論である（カントーロヴィチ［2003］146-60頁）。ヨハネスの解釈では，「君主は法から解放されている」（Princeps legibus soltus est ; Dig, I, 3, 31）というローマ法の格言は，君主の無制限の権力を認めるものではない。「公的人格」（persona publica）を担う君主は，法から解放されていると同時に法によって拘束されており，法の主人でありながらその下僕でもある。かくして，ヨハネスは12世紀以降に復活したローマ法の研究によって，「神の法」を「衡平」によって人間に伝える媒介者として君主を捉えることで，王権理論の表現様式を典礼から法学に作り替えた（柴田［2003］342-8頁）。

このようにソールズベリーのヨハネスは伝統的な「君主の鑑」を踏襲しながらも，対象を君主個人から支配者層に拡大して大きな政治社会の枠組みにおいて議論したのみならず，ローマ法の「レクス・レギア」の解釈によって王権を法学的に根拠づけることになった。

(3) トマス・アクィナス『君主の統治について』

トマス・アクィナス『君主の統治について』（*De regimine principum*, c. 1267）も伝統的な「君主の鑑」論の体裁をとっている。しかし，ソールズベリーのヨハネスにも見られない新たな要素がトマスの「君主の鑑」論には見いだされる。それは，キリスト教ラテン中世世界へ流入したアリストテレス

の影響である。ただし，この時代にはアリストテレスに対する3つの立場が鼎立していた。一方には，伝統的なアウグスティヌス思想を墨守してアリストテレスを敵視するフランシスコ会の保守的な立場があった。他方には，パリ大学人文学部を拠点とし，アリストテレス哲学をアヴェロエス（Averroes ; Ibn Rushd, 1126-98）の解釈にしたがって取り入れ，信仰と理性に関して「二重真理説」をとるラテン・アヴェロエス主義者の急進的な立場があった。こうした状況で，トマスはドミニコ会の師アルベルトゥス・マグヌス（Albertus Magnus, 1193/1200-80）らと同様に中道（via media）をとる。トマスはキリスト教以前の政治の自然性を認める異教の政治哲学を，原罪という観念が教義の根幹にあるキリスト教の中に取り込むことで，神学を新たに体系化しようとした（柴田［2009］205-6, 211 頁）。

　トマスにとって，「罪」（peccatum）という観念の扱いが最大の課題であった。彼はムールベケのグイレルムス（Guillelmus de Moerbeka, 1215/35-c. 86）によってラテン語訳されたばかりのアリストテレス『政治学』（Politica）と『ニコマコス倫理学』（Ethica Nichomachea）から，「共通善」（bonum commune）の追求が，奴隷とは異なる自由人の共同体および統治者の目的だとする思想を継承している。トマスは，「罪に対する罰と矯正」（poena et remedium peccati）というアウグスティヌス的政治観に，アリストテレスに基づく政治的自然主義を融合させることで，従来の政治観を覆滅することなくその修正・転換を図った。これによって，罪によって汚されていない自然的な政治という観念が，従来とは決定的に異なるかたちで新たに受容されることになった（柴田［2009］194-217 頁/Brett［2006］p. 132）。

II．15・16 世紀におけるブルゴーニュ公国とフランスの君主論

　前節で見たように，中世には「君主の鑑」論という政治的言説が存在したが，エラスムスの時代のブルゴーニュ公国やフランス・ヴァロワ朝でもこうした作品が利用されていた。そこで，次節でエラスムス作品を検討する前段階として，本節では彼とは対照的な態度を示した同時代のブルゴーニュ公国やフランスの廷臣の君主観を検討する。

(1) エラスムス著作におけるブルゴーニュ公国史

エラスムスの政治的著作はブルゴーニュ公国の君主に献呈されており，彼の著作からブルゴーニュ公国史の同時代的状況を概観したうえで，とりわけシャルル突進公（Charles le Téméraire, 1467-77）時代のブルゴーニュ公国宮廷人の言説の特徴を探る。

『パネギュリクス』では，フィリップ端麗公自身の双方の家系が模倣すべき先祖として称讃される。フィリップ豪胆公（Philippe le Hardi, 1363-1404）は，その軍事的徳が敬虔さをはるかに凌駕し，母方の曽祖父フィリップ善良公は，父方の祖父フリードリヒ3世（Friedrich III, 1440-93）と並んで慎ましさと賢明さにおいて卓越している。また，祖父の「偉大な戦士」シャルル突進公は戦場での勇気ゆえに燦然と輝く称讃を得て，父マクシミリアン（Maximilian I, 1493-1519）は戦争と平和の双方において優秀さが見られる。

ブルゴーニュ公国は長らくフランス王国と敵対関係にあり[3]，1477年にシャルル突進公がナンシーの戦いで戦死したあと混乱状況にあった[4]。しかし，フィリップ端麗公は外交において親仏政策をとり，その主導でフランスとスペインのあいだに条約を締結させた[5]。端麗公は，フアナ（Juana, 1479-1555）との結婚によって，スペインにおいてカスティーリャとアラゴンの双方の王太子に就任したが[6]，こうした長期にわたる遠方への外国旅行はヘルダーラントとの戦争と同様にブルゴーニュ公国を荒廃させることに

---

[3] *Panegyricus*, ASD IV-1, p. 40/CWE 27, p. 22.

[4] *Panegyricus*, ASD IV-1, p. 84/CWE 27, p. 66 ; *Institutio principis christiani*, ASD IV-1, p. 192/CWE 27, p. 262（エラスムス［1989b］340頁）. エラスムスは，たとえシャルル突進公に圧政の要素があったとしても，その戦死によって無秩序と貨幣価値の変動による政治的・経済的不安定がもたらされたことから，無秩序より圧政のほうがましと考えている（Mansfield［2003］pp. 35, 201/河野［2015a］27頁：［2015c］79頁）。

[5] このことは神聖ローマ帝国の中にあっても，ブルゴーニュ公国の独立性が高く，自治的要素が強かったことを示唆している。ただし，統一への志向と州権主義の相克の中でネーデルラントの政治は展開されていた（川口［1995］110-6頁）。

[6] *Panegyricus*, ASD IV-1, pp. 42-3/CWE 27, p. 24.

なった[7]。

　1506年に端麗公は急死し，6歳のカール（のちのカール5世）が所領を継承する。同時に，祖父マクシミリアンが後見人，叔母マルグリート（Margueriete d'Autriche, 執政1507-30）が執政となり，実質的にネーデルラントの統治はマルグリートに委ねられることになった。

　1515年にカールが「土着の君主」としてブルゴーニュ公に即位し，1516年には母方の祖父アラゴン王フェルナンド（Fernando II, 1479-1516）が死去したため統治者としてスペインに赴くことになる。エラスムス『キリスト者の君主の教育』はその直前にカールに捧げられ，1517年には『平和の訴え』が刊行された。この後もカール，フランソワ1世（François I, 1515-47），ヘンリー8世（Henry VIII, 1509-47）の三君主の覇権争いによってヨーロッパは混乱した状況にあった[8]。宗教改革の進展や「トルコの脅威」はそれに拍車をかけることになったが，世俗君主はこうした混乱を利用して集権化を図っていった。後年，エラスムスは，『対トルコ戦争論』（*Utilissima consultatio de bello Turcis inferendo*, 1530）において，以下のように述べる。

> 年配者は我々に物事の状態は70年前になっていると語るが，それをもしこの時代と比較するなら，信じがたいと言われるのは，民衆の自由，都市の権威，議会の威厳，教会の階層秩序への尊敬がどれほど衰えてしまったかである。反対にどれほど多くが君主の力に，どれほど多くが取立てに，要するに「君主に喜ばれたのは法である」と彼［君主］にあまりにも投げつけられることによってどれほど多くの付加が増えたのか。このことはたとえ年配者たちが語らなくても，それほど古くない年代記や記録から十分に明白である[9]（［　］内は執筆者の補足。以下同）。

---

7) *Institutio principis christiani*, ASD IV-1, pp. 184-5/CWE 27, p. 256（エラスムス［1989b］332頁）.
8) *Colloquia*, ASD I-3, p. 577/CWE 40, p. 821（エラスムス［1969］274頁）.
9) *De bello Turcico*, ASD V-3, p. 78/CWE 64, p. 261.

ここで述べられているのは、君主権力が増大する一方、人々の自由のみならず君主以外の諸権威への尊敬の衰退が著しいことである。こうした状況はシャルル突進公の治世以来の市民的自由の衰退である可能性が指摘されており[10]、ここで確認したブルゴーニュ公国史を踏まえて廷臣たちの君主観、権力観を見ていくことにする。

(2) シャルル突進公時代の廷臣

ここでは、おもにファンデルヤークトや河原温に依拠しながら、シャルル突進公の治世において、ギヨーム・ユゴネ（Guillaume Hugonet, c. 1420-77）をはじめとした廷臣が、君主権力を増大させるように統治理念を形成したことを確認する（河原［2013］/Vanderjagt［2003］/ケーニヒスベルガー［2007］）。

フィリップ善良公の宮廷の蔵書には、神学、ロマンス、歴史の他、ギリシア・ラテン古典の仏訳や、イタリアなどの人文主義者の著作の仏訳が存在していた。善良公と息子のシャルル突進公による世俗統治を支えるために、こうした著作の「正義」（justice）や「公共善」（le bien publique）といった観念が利用された（Tabri［2004］p. 46/Vanderjagt［2003］pp. 45-53/河原［2013］4頁）。

こうした観念を強調しながら、官房長（chancelier）ギヨーム・ユゴネは突進公のもとで統治理念を形成していく。彼はキケロ、セネカをはじめとしたラテン古典の他、バルトルス・デ・サクソフェラート（Bartolus de Saxoferrato, c. 1313/14-57）やバルドゥス・デ・ウバルディス（Baldus de Ubaldis, c. 1327-1400）ら中世イタリア法学者の著作も所蔵していた。ユゴネは、君主政、貴族政、民主政各々の政体の有用性を認めながらも、とりわけ君主政の重要性を説き、突進公の個人的威信（magnificence）を強調することで彼の君主としての存在意義を高めた。ここで注意すべきは、ユゴネが教会や全国議会などの合意を権力のレジティマシーとすることを否定し、それを突進公個人の「人間的徳」（vertu d'humanité）に求めていることである（河原［2013］5-8頁）。

---

10) CWE 64, p. 261, n. 253.

また，ヴァスコ・ドゥ・ルセナ（Vasco du Lucèna, c. 1435-1512）は，クルティウス・ルフス（Cuintus Curtius Rufus, ?-53）『アレクサンドロス大王の事績』（*Faits et gestes d'Alexandre*, 1468）[11]と，ポッジョ・ブラッチョリーニ（Poggio Bracciolini, 1380-1459）によってラテン語訳されていたクセノポン『キュロスの教育』の仏訳（*Le traité des faiz et haultes prouesses de Cyrus*, 1470）を突進公に捧げた。『アレクサンドロスのロマン』（*Roman d'Alexandre*）という伝説からなる騎士道物語は中世から知られてきたが，ルセナは『アレクサンドロス大王の事績』が「君主の鑑」として機能するように歴史書としての現実的ヴィジョンを提示した（Tabri［2004］pp. 66-73／河原［2013］7-8頁）。また，彼は『キュロスの教育』の序文で，王としての支配権が神から直接キュロスに授けられたことを述べている。ここには教会を媒介としない神からの直接の権力授与という15世紀の君主権の統治理念における変換が見出される（Vanderjagt［1981］pp. 334-5／河原［2013］8頁）。

このように，シャルル突進公時代のユゴネ，ルセナといった廷臣は，教会や全国議会などの合意を権力のレジティマシーとすることを否定してそれを君主個人に求めると同時に，支配権が神から直接君主に授与されたものだとして君主権の増大に寄与した。ブルゴーニュ公国の集権化の過程では，アレクサンドロス大王やキュロスなどの異教の古代君主が歴史的現実として提示されて模範とされたことから，従来のキリスト教原理に基づく中世の「君主の鑑」論とは質的に異なる世俗統治原理が，「君主の鑑」として示されることになった。

(3) 16世紀初頭フランスの君主論

次に，ブルゴーニュ公国と長らく敵対関係にあったヴァロワ朝フランスにおける君主論の特徴を見るために，おもにチャーチや佐々木毅などに依拠しながら，16世紀初頭の廷臣クロード・ド・セセル（Claude de Seussel, c.

---

11) エラスムスは，1517年にクルティウス・ルフスによるアレクサンドロス伝のテクストと注釈をストラスブールのマティアス・シューラー（Matthias Schürer）に送っている（Fantham［1989］p. xli）。

1450-1520）とギヨーム・ビュデ（Guillaume Budé, 1468-1540）を取り上げる。ユゴネやルセナなどブルゴーニュ公国の廷臣との大きな違いは，セセルやビュデがラテン語のみならずギリシア語に堪能だったことである。

　エラスムス『キリスト者の君主の教育』とほぼ同時期の1515年に，フランスではセセルが『フランス王国論』（*La Monarchie de France*, 1519）を執筆していた。当該作品の目的は，ルイ12世の称讃を通してフランソワ1世に政治上の教育を施すことであった（Church [1941] p. 22/佐々木 [1981] 8頁/毛織 [1956] 90頁）。それゆえ，君主への教育目的を有しているという意味では，当該著作は「君主の鑑」論に分類されうる[12]。しかし，セセルは『フランス王国論』の冒頭で，これまで統治や国のあり方がこれまで哲学者や神学者によって論じられてきたが，人間の善性に期待するこれらの作品は実践的なものではないという判断を下している。こうしたセセルと「君主の鑑」論の関係は，マキアヴェッリとその関係に類似したものである。というのも，セセルとマキアヴェッリの両者は，形式上「君主の鑑」論という体裁をとりながらも，その内容において従来の「君主の鑑」論を批判して現実的に有効な政治理論を示そうとしたからである（柴田 [1987] 30頁）。

　セセルは3政体を比較し，共和政ローマ，ヴェネツィアをそれぞれ民主政と貴族政の例として取り上げるが，共和主義的自由や自治への共感はない。一方，王政は権力の集中ゆえに分裂や混乱に対して迅速な対応が可能であり，選挙に基づかない王政には持続的な安定性が存在する。こうした王政は専制政治の可能性を孕むものとはいえ，セセルにとって，哲人王はありえないものであった（佐々木 [1981] 6頁：[2014] 11-2頁/Hexter [1973] p. 223）。

　セセルによれば，王権は宗教，正義，ポリス（慣習化した法や特権）という3つの制約に服するものであり（Seysse [1961] pp.113-51 佐々木 [1981] 13頁：[2014] 7頁/Hexter [1973] pp. 224-7），この点で，セセルを立憲主義者と捉える見解も存在する（毛織 [1958] 15頁/田上 [1999] 76頁）。それに

---

12) ただし，ビュデ『君主教育論』がフランスの代表的「君主の鑑」論のリストに数えられているのに対し，セセル『フランス王国論』は数えられていない（柴田 [1987] 30頁）。

もかかわらず，王への権力集中への傾向が彼の王権制限論それ自体の中に見いだされる。セセルは3つの制約に服する国制を「貴族政によって制約された王政」と捉えるが，あらゆる機関権限の源泉たる国王にとって授権の撤回は理論的にはいつでも可能であった。改革や新政策の主導権を有する国王は，「必要」を理由として法令や慣習の改廃のみならず課税が可能である一方 (Seyssel [1961] p. 119)，『フランス王国論』には課税に対する被治者の同意や抵抗権への言及はない。このように，セセルには権力の契機を強調して王自身の絶対的優越性に向かう要素があり，彼を絶対主義思想の先駆者として捉える見解も存在する (毛織 [1956] 102 頁)。

しかし，経験の重要性を説くセセルの立場は，自由と平等を原理とする近代政治思想とは異なるものであった。というのも，共同体の秩序を重視する彼の議論は，権力をその枠内で考える伝統的ヨーロッパ政治思想と矛盾するものではなく，むしろその実現を促進するものであったからである。セセルの議論はフランソワ1世，アンリ2世 (Henri II, 1547-59) のもとで，王権集中に関心を持つ立場からは斥けられたが，宗教戦争と政治的混乱の中でフランソワ・オトマン (François Hotman, 1524-90) などによって再評価され，王権制限論の嚆矢と目されるようになった (佐々木 [1981] 25-9 頁：[2014] 11 頁)。こうしたセセルの議論は，体裁上は「君主の鑑」論ながら，実質的には制度論であり，こうした制度論中心のものを「君主の鑑」論として扱うべきかどうかには議論の余地があるだろう。

フランソワ1世にはビュデも『君主教育論』(*De l'institution du Prince*, 執筆 c. 1518-9，出版 1547) を捧げている。当該著作は彼の死後に出版された唯一のフランス語著作で，すでに成人に達した君主に対してその理想像，およびそれに近づく方法を勧告したものである (岩井 [1994] 1 頁)。ビュデは第2部において，プルタルコス『英雄伝』(βίοι Παράλληλοι) の抜粋から，古典古代の指導者による現実問題への対処，とりわけアレクサンドロス大王やその父フィリッポス2世 (Phillipos II, 382-36 B. C.) の行動を繰り返し語る (Budé [1965] p. 96 ff)。古代最強の王アレクサンドロス大王は，前節で見たように，後代の理想的君主像として考えられていたが，ビュデの著作もその例から漏れるものではない。ただし，ビュデによるアレクサンドロスの強調

点は，彼が領土拡大による世界制覇を目指したこと自体ではなく，学芸振興による文化発展を擁護したことにあった（Budé [1965] p. 85/岩井 [1994] 4頁）。

それにもかかわらず，ビュデには王権強化への方向性が確実に存在する。彼は権力集中の問題点を認識しながらも，王権集中による公共善の実現を訴えたばかりか（Bolgar [1970] p. 201/Keohane [1980] p. 61/田上 [1999] 78頁），国王は神によって力を授けられて導かれると主張した（毛織 [1958] 17頁）[13]。また，「君主は法から解放されている」という法諺の解釈において，ビュデは，神が法への自発的服従を国王に要求するとしながらも，慎重・高貴・衡平において完全性を有する国王を拘束する規則は不要だと述べた。このように，ビュデによるローマ法の法諺の利用は，王権に対する司法的制限を無効にして王権を強化するものであった（佐々木 [2014] 17-8 頁/毛織 [1956] 20-1 頁/田上 [1999] 76 頁/ケーニヒスベルガー [2007] 227 頁/McNeil [1975] p. 103）。

次節では，こうした同時代の君主論を踏まえたうえで，エラスムスの君主論を概観する。

Ⅲ．エラスムスの君主論

「君主の鑑」論とは，しばしば題名に「教養」（eruditio），「教育」（institutio）といった言葉を含む点に示されるごとく，教育目的を有して君主教育論としての機能を果たすことが多い。しかし前節で述べたとおり，16 世紀初頭にはこうした「君主の鑑」論の伝統を非現実的で役に立たないとして批判する態度がセセルやマキアヴェッリに見られるようになった。また，シャルル突進公治下のブルゴーニュ公国では「君主の鑑」として異教の古代君主が提示されたように，君主権力を拡大する傾向が強かった。これに対して，エラスムスは「君主の鑑」論の伝統に対して批判的な態度をとらない。

---

[13] こうしたビュデの議論に示されるように，教権からの自律を図る王権への権力集中は，国家形成のプロセスにおいて権力制限と相関的に展開しうるものである。

第 11 章　ブルゴーニュ公国とエラスムスの君主論

『キリスト者の君主の教育』という題名が表すように，彼の君主論は君主教育論としての「君主の鑑」論の系譜に位置づけられる。ボーンによれば，エラスムスの考えは同じ倫理的論点が中世の先行者と共通しており，古典古代から直接借用された諸点を除けば，12 世紀以後の著作家と密接な関連があるのは明らかである[14]。ただし，エラスムスの献呈書がブルゴーニュ公の現実政治に与えた影響について，ボーンは「カール 5 世の人生はエラスムスの教えのほとんどすべてのまさに正反対のものを例証するよう運命付けられていた」と述べて否定的に見ている[15]。

君主への集権化が進む時代の中で，エラスムスはセセルやビュデと同様にギリシア語の修得に励んだ。1499 年から翌年にかけてのイングランド滞在で，ジョン・コレット（John Colet, 1466-1519）のパウロ書簡講解を聞いた彼は，ギリシア語の必要性を痛感し，『格言集』（*Adagiorum collectanea*, 1500）や，トマス・モアとともに訳した『ルキアノス小品集』（*Luciani opuscura*, 1506）を上梓するなどギリシア語に堪能となった。エラスムスはイソクラテス『ニコクレスに与う』，プルタルコス『モラリア』（*Moralia*）所収の 5 編をラテン語に翻訳し，ギリシア古典の知見を活かしてブルゴーニュ公カールへの「君主の鑑」として君主教育論を執筆した。以下では，ブルゴーニュ公国の君主たちに捧げられた 3 著作，『徳の追求についての弁論』，『パネギュリクス』，『キリスト者の君主の教育』[16] からエラスムスの君主論の特徴を探

---

14) ボーンは，ソールズベリーのヨハネスやトマス・アクィナスを除いて，その著作家の誰かとのより直接的な関係を推測することは可能とは思われないが，エラスムスはヨハネスもトマスも校訂してはいないと述べている（Born [1965] pp. 127-8）。

15) Born [1965] p. 22. もっとも，カール 5 世は生前譲位をしており，ここにエラスムス『キリスト者の君主の教育』の影響を見ることは不可能ではないかもしれないが，臆測の域を出るものではない。歴史学で必要とされる現実への影響についての議論に関しては，研究者自身の偏見から牽強付会に陥る危険性がある一方，影響関係の「無」に着目することでよりよい把握をなしうる可能性があることを指摘しておきたい。

16) 当該 3 作品は，いずれも君主自身の省察に寄与する教育目的を有している。「頌詞」と「君主の鑑」の関係については，Tracy [1978] pp. 17-8 を参照。『パネギュリクス』と『キリスト者の君主の教育』の両著作には明確な関連がある（Ep. 337, Allen II, p. 93 / CWE 3, pp. 114-5 / CWE 71, p. 9（エラスムス [2004] 216-7 頁））。

りたい。そうすることによって文学と統治の関係，ブルゴーニュやヴァロワ朝の廷臣との対照のみならず，彼の「君主の鑑」論が彼の思想世界の基底にある人間観，すなわち教育や各人自身の努力が結果を左右するという見方を反映していることが明らかになるであろう。

(1) 文学と統治

エラスムスは，『パネギュリクス』において，真の知恵は哲学的著作についての読書よりもむしろ旅行を含めた実際の経験や記憶から得られると考え，経験知の重要性を唱えている[17]。しかし，彼はとりわけ君主の子弟への教育を中心に扱う『キリスト者の君主の教育』においては，むしろ実践よりも理性«ratio»や意見«opinio»を重視する。というのも，航海に喩えられる統治において失敗は許されないからである。《実用によってではなく，理性によって分別があるように，君主の精神はすべてに先んじて原理や命題によって教育されるべきである。物事の経験を，それをある世代は否定したが，年長者の助言が補完していた》[18]。統治者やその子弟は君主たるものにふさわしい実直で健全な意見を修得すべきであり，あらかじめ《俗悪な意見の毒に対する一種の薬》«pharmacis quibusdam aduersus vulgarium opinionum venena»を備えるようにしなければ，巷間の俗説たる大衆の誤謬によって君主への忠告が虚しいものとなる。というのも，精神«animus»こそすべての生の理が生じる泉であり，これが汚染されれば回復は困難をきわめると彼は見ているからである[19]。

また，エラスムスは，書物ほど誠実かつ有益に真実を告げ，恥をかかせずに忠告を与えるものは他にないと述べ，君主はより優れた者となることを目指して書物を繙くよう心掛けよと勧告する。《高名な人物の範例》は精神を鼓舞するのに寄与するが，その際には取捨選択をする判断力が重要である。

---

17) *Panegyricus*, ASD IV-1, pp. 48-9/CWE 27, pp. 29-30.
18) *Institutio principis christiani*, ASD IV-1, p. 149/CWE 27, p. 218（エラスムス［1989b］281-2頁）.
19) *Institutio principis christiani*, ASD IV-1, pp. 140-1/CWE 27, p. 210（エラスムス［1989b］270-1頁）.

エラスムスはプラトンと同様に弁証法がこうした判断力を損ねる危険性を示唆し[20]，弁証法修得後に読むべき書物についても助言を与えている。まず，「箴言」，「集会の書」，「知恵の書」，次に「福音書」，3番目にプルタルコス『金言集』（*Apophthegmata*），『モラリア』，その次にセネカである。そして，アリストテレス『政治学』，キケロ『義務について』（*De officiis*）も有益だが，プラトンのほうが傾聴に値し，キケロの『法律について』（*De legibus*）も受け売りにすぎないとする[21]。

ただし，エラスムスは読書のメリットとデメリットを指摘し[22]，君主の模範は異教徒ではなくあくまでキリストであり，キリスト教の範囲で古典の読解はなされるべきだと考えていた[23]。彼は『徳の追求についての弁論』において文学的教育と宗教的敬虔の関連を示唆して[24]，統治に関与する君主には学識と宗教的敬虔の双方が必要だと考える。また，彼は宮廷人に喜びを与えるのは深き無知と底知れぬ迷信の双方だと指摘し，君主にキリスト教

---

20) *Institutio principis christiani*, ASD IV-1, p. 169/CWE 27, p. 238（エラスムス［1989 b］309頁）．このことは，修辞学的伝統とされる人文主義者の代表者たるエラスムスが，プラトンによる哲学の側からの修辞学批判に理解を示していたことを示唆している．ただし，先に見たように，エラスムスは経験，記憶，実際の危険から得られる真の知恵に対して，哲学者の著作が眠気を誘う空疎な知恵を作り出す可能性を指摘しており，哲学に対する批判を忘れているわけではない（*Panegyricus*, ASD IV-1, pp. 48-9/CWE 27, pp. 29-30）．

21) *Institutio principis christiani*, ASD IV-1, p. 180/CWE 27, pp. 250-1（エラスムス［1989b］324-5頁）．エラスムスは後年の児童教育論において，道徳哲学の著作は幼児の理解には早すぎると考えているが，その中心的内容としてアリストテレス『ニコマコス倫理学』，キケロ『義務について』，セネカ『道徳書簡集』，プルタルコス『モラリア』といった古典のみならず，パウロ書簡というキリスト教的内容も重視していた（*De pueris instituendis*, ASD I-2, p. 46/CWE 26, p. 318（エラスムス［1994］52頁））．

22) *Institutio principis christiani*, ASD IV-1, p. 180/CWE 27, p. 251（エラスムス［1989 b］325頁）．

23) *Institutio principis christiani*, ASD IV-1, p. 179/CWE 27, p. 250（エラスムス［1989 b］324頁）．古典作品の選別に関しては，*Enchiridion*, LB V, 9D/CWE 66, p. 36,（エラスムス［1989a］27頁）．エラスムスがキリスト教と異教古典を対等ではなく目的と手段の階層関係において捉えていることに関しては，Ep. 181, Allen I, p. 406/CWE 2, p. 88；CWE 66, p. 317. n. 36 も参照．

は不要だと言う宮廷人を批判したが[25]，エラスムスが 15 世紀後半のブルゴーニュ公国における廷臣と著しい違いを見せるのはまさにこの点であった。

(2) 専制批判

エラスムスは，アレクサンドロス大王やカエサルに対する態度において，シャルル突進公治下の廷臣やヴァロワ朝の廷臣と顕著な違いを示している。先に見たように，ブルゴーニュ公国では，ルセナがシャルル突進公への「君主の鑑」としてアレクサンドロス大王を用い，フランス・ヴァロワ朝でもビュデが文化発展の擁護者として大王を模倣すべきことをフランソワ1世に説いている。また，多くの都市国家では君主による統一と安定を歓迎してカエサルが讃美されていた[26]。

こうした異教古典古代におけるアレクサンドロス大王やカエサルなどの英雄を理想の君主像として捉え，世俗統治原理をキリスト教と切り離して考えようとする動きに対して，エラスムスは一貫して批判的である。『パネギュ

---

24) *De virtute amplectenda*, LB V, 71D, 72D/CWE 29, pp. 12, 13. こうした文学的教育と宗教的敬虔の関係について，エラスムスは後年の『キケロ主義者』(*Ciceronianus*, 1528) において，雄弁や学問の目的とは「キリストを知り，キリストの栄光を祝福すること」であり，自身の目的を「名誉ある行いへと人々を説得すること」であると考えていた (*Ciceronianus*, ASD I-2, p. 709/CWE 28, p. 447)。

25) *De virtute amplectenda*, LB V, 72D/CWE 29, p. 13.

26) たとえば，カエサルの暗殺者ブルートゥスやカッシウスは，ダンテ『神曲』(*La Divina commedia*) で地獄に落とされていたが，その後の共和主義の台頭において逆に称揚されるようになる。マキアヴェッリもカエサル批判を行っており，エラスムスが共和主義からどの程度の影響を受けていたかは今後の研究課題となる。エラスムスは『キケロ主義者』でブルーニをはじめ多くのイタリア人文主義者に言及してラテン語文体を批評しており，少なくとも彼らの著作を読んでその内容は知っていたが (河野 [2012] 179 頁)，マキアヴェッリへの言及はない。エラスムスのカエサル批判には，ローマに内乱をもたらしたカエサルを厳しく批判するルカヌス『内乱』(*De bello civili*) の影響が考えられる。エラスムスは『現世の蔑視』において，闘争中の派閥をスッラ (Sulla, 138-78 B. C.) の時代と結びつけており，共和政末期のローマ史との関連で祖国ブルゴーニュ公国内の派閥抗争を捉えている (*De contemptu mundi*, ASD V-1, p. 57/CWE 66, p. 150)。

リクス』においては，アレクサンドロス，カエサルの 2 人は平和であった人々のうえに戦争の脅威を放ったと述べられる[27]。エラスムスは彼らの徳の一部を認めながらも[28]，彼らが自分たちの祖国にとっては有害で，他の人々には苛酷であったと捉えている[29]。『キリスト者の君主の教育』では，キリスト者にとって，アレクサンドロスやカエサルやクセルクセス (Xerxes, c. 519-465 B. C.) を模範に選ぶことは愚かで，容易に暴君への道を突き進むことになると述べられる[30]。

このように，エラスムスは，君主教育における文学や歴史書の取捨選択が極めて重要であると考えてアレクサンドロスなどを否定的に捉えている点で，ブルゴーニュ公国やフランス・ヴァロワ朝の廷臣と対照的である。法と君主の関係においてもエラスムスは彼らと違うスタンスを示す。

> 今日さえ王には欠けていない，彼らの耳にかようなことをさえずる人は：「何ゆえ躊躇なさいますか？ 御身が君主であることをお忘れですか？ 御身のお気に召すのが，法ではございませんか？ 御身は法よりも偉大です。王は規則からではなく，精神の欲望から生きるべきです。どんな場合でも御身のものは何でも手に入れ，すべては御身のものです。御身には生殺与奪の自由があります。御身に正しいのは，見られるものを加えることで，正しいのは御身が望むときに取り除くことです」[31]。

エラスムスは，こうした廷臣の言葉を《学識ある清廉潔白な人々》による

---

27) *Panegyricus*, ASD IV-1, pp. 72, 75/CWE 27, pp. 52, 56.
28) *Panegyricus*, ASD IV-1, p. 77/CWE 27, p. 58.
29) *Panegyricus*, ASD IV-1, p. 50/CWE 27, pp. 30-1.
30) *Institutio principis christiani*, ASD IV-1, pp. 180-2/CWE 27, pp. 250-2（エラスムス［1989b］324-8 頁）．エラスムスは，格言「アルキビアデスのシレノス」でもカエサル，アレクサンドロスなどを強盗として捉え，同時代の教皇ユリウス 2 世やアレクサンドロス 6 世を示唆している（*Sileni Alcibiadis*, in *Adagia*, III. iii. 1, ASD II-5, p. 182/CWE 34, p. 276（エラスムス［2015］152 頁））．
31) *Panegyricus*, ASD IV-1, p. 63/CWE 27, p. 43.

《セイレーンの致命的な歌》«Syreni exitialis cantilena»と表現し，とりわけ法規範に拘束されない暴君の出現を危惧していた[32]。エラスムスの批判精神は，彼が自身の著作を献呈したフィリップ端麗公やカール 5 世といった君主も免れるものではなかったが[33]，そうした君主を養育し，彼らの精神を形成するのに寄与する宮廷人に対しても当然向けられていた。エラスムスは格言「アルキビアデスのシレノス」で宮廷における本末転倒なあり方を以下のように述べる。

> 裏切り者や君主の敵と呼ばれる人は，君主に法律を超えたこと，また衡平を欠いたことを許さないが，これは彼［君主］が君主を真に行うのを願い，他により眉をひそめるものはない野獣たる暴君の像から最大限に離れることを願う人である。反対に君主たちの相談役，友人，後援者と言われるのは，彼ら［君主たち］を倒錯した教育によって腐敗させ，愚かな意見で汚し，打算的な同意によって弄び，悪しき助言によって人民の憎悪へと［君主を］おびき寄せ，戦争や国々の狂った動乱に巻き込む。圧政の何かに近づくとき，君主の威厳は増加すると言われることがあるが，［実のところ］これ［圧政］は最も悪しき事柄の大きな部分を占めるものである[34]。

---

32) セイレーン／誘惑という隠喩はキリスト教文学における文学的常套句であり，エラスムスは『現世の蔑視』においても用いている（*De contemptu mundi*, ASD V-1, p. 42/CWE 66, p. 137, 306, n. 15）。追従について，エラスムスは『パネギュリクス』や『キリスト者の君主の教育』でも頻繁に取り上げ，亡国や圧政の原因になりうるとしてその危険性を指摘している（*Panegyricus*, ASD IV-1, pp. 60-1, 81 / CWE 27, pp. 41, 62；*Institutio principis christiani*, ASD IV-1, p. 175/CWE 27, p. 245（エラスムス［1989b］318 頁））。

33) *Colloquia*, ASD I-3, p. 506/CWE 40, p. 687（エラスムス［1969］297-8 頁）．エラスムスは自身の著作を献呈した当の君主をも他の著作で批判的に扱っている点で，「エラスムス，ビベス，エリオットはみな，支配階級に対し徹底的に愛想の良い傾向があった」というスキナーの主張（スキナー［2009］274 頁）は誇張だというマンスフィールドの指摘は正鵠を射たものである（Mansfield［2003］p. 37）。

34) *Sileni Alcibiadis*, in *Adagia*, III. iii. 1, ASD II-5, p. 172/CWE 34, p. 270（エラスムス［2015］140 頁）。

このように自身で法を体現する君主の判断を歪めてその権力強化を助長するのが追従者であった。次節では、こうした専制化への抑制についてのエラスムスの議論を見ていきたい。

(3) 君主・貴族・市民

エラスムスは私人《privatus》[35]と君主を区別する。私益のために生きている私人には自分の人生についての自由な選択がある一方、君主は私益のためではなく公益に奉仕すべき存在である[36]。自由であるが従うのをより好む私人と違って、祖国への奉仕を求められる統治者には実践的生活と観想的生活《καί τὸν βίον πρακτικὸν καί τὸν θεωρητικὸν》の双方が必要であり、バランスのとれた穏健な精神の傾向が必要であるが、このことが意味することを以下検討しよう[37]。

エラスムスは、自然の才能や幸運よりも教育の影響力や自身の勤勉さの重要性を認識していた[38]。というのも、彼は《勤勉は天賦の才における欠乏を埋め合わせるかもしれない》[39]と述べ、《幸運》《fortuna》は我々に無関係というエピクテトスの格言[40]を覚えておくように忠告するからである。エラスムスによれば、「自然」《natura》や「幸運」の祝福による賜物が豊かであっても濫用すれば致命的になる[41]。それゆえ、彼は精神を発展させるのは自分次第だとし、天賦の才や教師の期待に応えるべく努力するよう促す[42]。ここからは、各人の発展や堕落において、努力の有無による各人自

---

35) ここでの「私人」とは、官職に就いていない個人を意味し、官職に就いていない貴族は含まれる可能性がある。また、「私人」は個人であり、社会の総体を意味する後注53の「人民」とは異なるが、「人民」の構成要素となりうるものである。
36) ノブレス・オブリージュを担うべき指導層の責任については、*Institutio principis christiani*, ASD IV-1 p. 199/CWE 27, p. 269（エラスムス［1989b］348頁）を参照。
37) *De virtute amplectenda*, LB V, 69A/CWE 29, p. 7.
38) *Panegyricus*, ASD IV-1, p. 60/CWE 27, p. 41.
39) *De virtute amplectenda*, LB V, 67A/CWE 29, p. 4.
40) エピクテトス『要録』（*Enchiridion*）3章（エピクテトス［1968］386頁）を参照。
41) *De virtute amplectenda*, LB V, 72A/CWE 29, p. 12.
42) *De virtute amplectenda*, LB V, 72B/CWE 29, p. 12.

身の責任を重視するエラスムスの基本的な人間観が窺える[43]。

ただし,彼は各人の責任を重視しながらも,幼年時も同様に考えていたわけではない。というのも,幼年時の可塑性に特別の注意を払って,両親による教育者の注意深い選定や,君主の取り巻きの責任の重要性を指摘しているからである[44]。

> というのも,通常その[君主の]子供は追従者の群れのあいだで教育されるからですが,彼ら[追従者]は徳の道をまったく知らず,その習俗や弁論は[物質的]成功以外何も知りませんが,彼らから大事な事柄や救済策は何も聞くこともなく,このひとりの君主を高慢や暴力へと駆り立てる以外には,すべてのものから何も学びません[45]。

このように,エラスムスは,物質的利益にしか関心がなく徳の道を知らない追従者が君主を高慢や暴力へと駆り立てることを批判する。というのも,追従は君主権力の増大をもたらし,君主個人の私益の追求を唆しては,直接関

---

43) こうした各人の発展や堕落における自身の責任を重視する立場は,エラスムスの人間本性論や自由意志論と深い関係がある。人間の自由意志と神の恩寵に関わる救済の問題は後年のルターとの論争においてさらに詳しく展開されるが,人間の責任を強調するエラスムスにとって,救済は人間から切り離された神の恣意的な選定として捉えられているわけではない。むしろ彼は人間の意志と神の意志とのあいだに,ある種の連続性を見てとっているだけではなく,人間側の道徳的あり方がその死後の救済に関する神の選定に関与するという応報的救済観を示唆しており,こうした救済観は初期著作『現世の蔑視』から見られるものである(*De contemptu mundi*, ASD V-1, p. 48/CWE 66, p. 142)。エラスムスにおける人間の自由意志と神の恩寵の関係については,河野[2014]を参照。

44) 教育者の選定については,『キリスト者の君主の教育』の付録のイソクラテス『ニコクレスに与う』や,プルタルコス『モラリア』においても追従者と友人の区別が重視されていた。これに加えてエラスムスは乳母,従僕,教師役,役人の選定も重要だとして,知性と道徳性を備えた者が助言者となるよう厳しく選り分ける必要があることを指摘する(*Institutio principis christiani*, ASD IV-1, pp. 139-40, 176, 204/ CWE 27, pp. 208-9, 247, 274(エラスムス[1989b]267-9,318,320,355頁))。彼はこうした側近の理性的判断による忠告や諫言を君主の判断に瑕疵がある場合の修正手段として考えていた。

45) *Panegyricus*, ASD IV-1, p. 81/CWE 27, p. 62.

係のない民衆や国全体の利益を損なうからである。

　エラスムスは宮廷の主な２つの疫病として誣告と追従をあげているが，追従は君主自身の精神に魔法をかけるものである[46]。それゆえ，彼はこうした甘言を弄してキリストの教えは不要であると言う廷臣の言葉を《致命的な魔法》«exitialis incantatio»と表現する[47]。エラスムスはこうした追従に対して，たとえ君主が法によって拘束されるのを否定するとしても，君主自身の抑制が必要だと考える[48]。《君主自身は法に従って，他方で法は衡平と誠実の原型に応じて他の場所というよりもむしろよりよい進行における共同体のことへ向かう。よき知恵と腐敗なき君主はある種の生きている法にほかならない》[49]。ただし，エラスムスは，君主自身の判断に瑕疵がある場合には，君主の側近の理性的判断による忠告や諫言が修正手段となりうると考えていたのみならず，君主に改善可能性がない場合には市民や議会の同意によって抑制しなければならないと考えていた[50]。

　このように君主への権力集中の弊害を懸念するエラスムスは，権力の源泉についても君主権の増大に寄与したブルゴーニュ公国やヴァロワ朝の廷臣と立場を異にしている。16世紀のネーデルラントでは，最高権力の絶対性を否認する伝統的権力観が通念となっており，君主は法によって拘束される一方，法を運用する裁判官でなければならないとされていた（川口［1995］164, 171頁）。しかし，シャルル突進公時代の廷臣は，教会や全国議会などの合意を権力の源泉とすることを否定し，支配権が神から直接君主に授与されたものだと考えていた。他方，フランスのセセルやビュデも，フランス王

---

46) *Panegyricus*, ASD IV-1, p. 60/CWE 27, p. 41.
47) *De virtute amplectenda*, LB V, 72C/CWE 29, p. 13.
48) *Institutio principis christiani*, ASD IV-1, p. 179/CWE 27, pp. 249-50（エラスムス［1989b］323-4頁）.
49) *Institutio principis christiani*, ASD IV-1, p. 194/CWE 27, p. 264（エラスムス［1989b］342頁）. こうした君主自身の抑制についてのエラスムスの議論は，神授権理論においても同様である。
50) *Lingua*, ASD IV-1A, p. 102/CWE 29, p. 335. エラスムスは，『平和の訴え』における市民の同意のみならず，『リングア』では議会の同意を加えている（河野［2015c］78頁）.

が神によって直接裁可されたとしており，とりわけセセルは共和主義的自由や自治への憧憬とは無縁であった[51]。

これに対して，国王は神意ではなく人民の同意によって授権されたと主張したアンドレーア・アルチャート（Andrea Alciato, 1492-1550）[52]と同様に，エラスムスは人民の同意による信託に君主の権利の源泉を見出し[53]，ローマ共和政やアテナイ民主政という歴史上の実例から君主をかならずしも必要なものと考えず[54]，悪しき君主の野望を抑えるために抵抗や王権の停止も示唆している[55]。このような場合に市民の側にも理性が必要であり，そうした理性的判断を涵養するために教育が必要だと彼は考えていた。

　舵取りへと向けられるべき君主が第一に思い出すべきであるのは国の主

---

[51] ただし，クリネンによれば，フランスの歴代諸王は，すでにカペー朝のレジスト（法律顧問）の時代から，少なくとも表向きは立法権を無制限に行使してきたのであり，13世紀には「立法絶対主義」が確立していた（Krynen [1993] / 藪本 [2006] 100頁）。

[52] アルチャートは，ビュデから法学研究におけるライバルとみなされていた（McNeil [1975] p. 74）。

[53] *Institutio principis christiani*, ASD I-1, p. 136/CWE 27, p. 206（エラスムス [1989b] 265-6頁）; *Querela Pacis*, ASD IV-2, p. 88/CWE 27, p. 313（エラスムス [1961] 72頁）; *Colloquia*, ASD I-3, p. 519/CWE 40, p. 701（エラスムス [1969] 318頁）。こうした立場には，トマス，ビトリア，アルトゥジウス，グロティウスが見出される（松森 [2009] 197-201頁）。ここでいう「人民」とは，さまざまな職能的・地域的法団体によって構成された社会の総体を意味しており，個人をギルド，都市，州などの法団体に編成してその中に個人を埋没させる身分制社会に適合的な概念であった（川口 [1995] 181頁 / ブースマ [2007] 295頁）。

[54] *Institutio principis christiani*, ASD IV-1, p. 203/CWE 27, p. 272（エラスムス [1989b] 353頁）。菊池理夫は，エラスムスが「ギリシア・ローマの古典研究から共和政体の可能性も示唆している」と指摘している（菊池 [1987] 62頁）。

[55] *Querela Pacis*, ASD IV-2, p. 87/CWE 27, p. 312（エラスムス [1961] 70頁）; *Dulce bellum inexpertis*, in *Adagia*, IV. i. 1, ASD II-7, p. 36/CWE 35, p. 428（エラスムス [1984] 333頁）。河野 [2015a] 13頁参照。当該箇所に関して，エラスムスは「アルキビアデスのシレノス」で「人民の同意がそのように [君主に] 与えた権力そのものを，それにもかかわらずこのように奪い去ることができる」（*Sileni Alcibiadis*, in *Adagia*, III. iii. 1, ASD II-5, p. 172/CWE 34, p. 270.（エラスムス [2015] 140-1頁））と簡潔に表現している。

な希望が少年の正しい教育にかかっているということであり，そのことをクセノポンは『キュロスの教育』において思慮深く言った。というのも，未熟な世代はどれだけの学問分野にもついていくからである。それゆえしっかりと最高の堕落していない教師のもとで国にとって健全な立派な学問を吸い込むように，公的な学校や私的な学校，女子教育について配慮が第一に持たれるべきである。こうした方法で多くの法や罰が不要になるだろう。たしかに正しいものは市民たちによって自発的に従われる。かくも多くの力を教育は持っている。正しく教育された人間はいくらか神的生物に達する。対して誤って教育された人間は最も粗暴な者や獣に堕落する。そのうえ君主にとって市民ができるだけ自分の最善のものを持つことよりも重要なことはない[56]。

　ここでは，教育が国の死命を左右しうるものであるという認識が示され[57]，教育によって市民が教化されれば法は不要になるという，人間の善性を信頼した見解が述べられている[58]。エラスムスにおいては，君主自身，その側近，そして市民の三者による理性的判断が期待されている。彼は『痴愚神礼讃』で指摘したように，聖俗両界において腐敗・堕落がはびこる同時代において人間の可謬性を看破していたが，そうであればこそ君主や貴族を含む支配層のみならず市民道徳の維持・改善をも企図していた。というの

---

56) *Institutio principis christiani*, ASD IV-1, p. 188/CWE 27, p. 259（エラスムス［1989b］336 頁）。当該引用の末尾における人間が教育によって神的にも獣にもなりうるという教育観は，新プラトン主義的な中間的存在としての人間観と深い関連がある（河野［2015b］74, 77 頁）。
57) エラスムスは『反野蛮人論』において，国の病気や安全がかかっているものとして君主の教育，説教者，教師の3つをあげている（*Antibarbari*, ASD I-1, p. 53/CWE 23, p. 30）。
58) エラスムスは人間の善性を信頼する単純なオプティミストとしての側面が強調される傾向にあるが，こうした見方は一面的である。というのも，彼は人間一般の堕落しやすい傾向を指摘しており（*De contemptu mundi*, ASD V-1, p. 58/CWE 66, p. 151；*Institutio principis christiani*, ASD IV-1, pp. 151, 219/CWE 27, pp. 220, 287（エラスムス［1989b］284, 376 頁）），理想論を説く側面と同時に現実を鋭く見つめる眼差しが存在するからである。

も，エラスムスは，プラトンの哲人王思想と人間の改善可能性に基づいて，キリストを模範とする君主の出現によって市民道徳をも向け変えることができると考えているからである（磯部［1986］126-8頁）。この意味で，エラスムスは，君主のみならず広く宮廷人のあり方を問題にしたソールズベリーのヨハネス『ポリクラティクス』以来の「君主の鑑」論の中世的伝統を継承しながらも，さらに市民教育の問題にまで拡大した点でこうした伝統に新たな側面をもたらしたのである。

結　論

　本論文では，エラスムスの君主論を，中世以来の「君主の鑑」論の伝統や，同時代の15世紀後半から16世紀初頭のブルゴーニュ公国やフランス・ヴァロワ朝を含む歴史的コンテクストに位置づけ，それらの廷臣の主張とは対照的なエラスムスの政治思想に光を当てることを試みてきた。エラスムスはブルゴーニュ公国の君主たちに『徳の追求についての弁論』，『パネギュリクス』，『キリスト者の君主の教育』といった君主教育論を捧げたが，これらは君主に道徳を説く「君主の鑑」論という中世の伝統に属するものであった。この伝統において，プラトンやアリストテレスのみならずイソクラテス，クセノポン，プルタルコスを含むギリシア古典への，翻訳によらない原典への直接の参照が可能になったという思想史的意義ではセセルやビュデと共通していた。

　しかし，ローマ共和政やアテナイ民主政の実例から君主政を自明視せず君主権力を抑制しようとする方向性こそ，エラスムスが，君主権力の増大を図る彼らやシャルル突進公治世下のブルゴーニュ公国の廷臣と決定的に異なる点であった。こうした方向性は，アレクサンドロス批判や君主と法の関係の議論に顕著に見出され，君主権力の源泉においてもエラスムスは立場を異にしている。古典古代の歴史上の実例から君主政を自明視せず，市民教育の必要性に言及することによって「君主の鑑」論を支配者層に留まらない社会的な次元にまで拡大した点に，エラスムスの政治思想史上のオリジナリティが認められるのである。

第 11 章　ブルゴーニュ公国とエラスムスの君主論　　　　　　　　　　　　*363*

[文献目録]

欧語
〈Primary Sources〉
省略形

LB → *Desiderii Erasmi Roterodami Opera omnia*: emendatiora et auctiora, ad optimas editiones, praecipue quas ipse Erasmus postremo curavit, summa fide exacta, doctorumque virorum notis illustrata / recognovit Joannes Clericus, Leiden, 1703-6 (repr.; Hildesheim, 2001-).

ASD → *Opera omnia Desiderii Erasmi Roterodami*, Amsterdam, 1969-.

CWE → *Collected Works of Erasmus*, Toronto, 1974-.

Allen → *Opvs Epistolarvm Des. Erasmi Roterodami*, denvo recognitvm et avctvm per P. S. Allen, New York, 1992.

ERSY → *Erasmus of Rotterdam Society Yearbook*, 1981-.

Dig → *Corpus juris civilis*, 5 vols., containing *the Glossae ordinariae to Decretum Gratiani* (vol. I), Decretales Gregorii IX, Liber Extra (vol. II), Liber Sextus and later Decretals(vol. III), Venice, 1584.

Antibarbari, ASD I-1/CWE 23.
Ciceronianus, ASD I-2/CWE 28.
Colloquia, ASD I-3/CWE 39-40. →邦訳 エラスムス [1969].
De bello Turcico, ASD V-3/CWE 64.
De civilitate moram puerilium, ASD I-8/CWE 25.
De contemptu mundi, ASD V-1/CWE 66.
De pueris instituendis, ASD I-2/CWE 26. →邦訳 エラスムス [1994].
De virtute amplectenda, LB V/CWE 29.
Dulce bellum inexpertis, in *Adagia*, IV. i. 1, ASD II-7, pp. 9-44/CWE 35, pp. 399-440. →邦訳 エラスムス [1984].
Enchiridion, LB V/CWE 66. →邦訳 エラスムス [1989a].
Institutio principis christiani, ASD IV-1/CWE 27. →邦訳 エラスムス [1989].
Lingua, ASD IV-1A/CWE 29.
Panegyricus, ASD IV-1/CWE 27.
Querela Pacis, ASD IV-2/CWE 27. →邦訳 エラスムス [1961].
Sileni Alcibiadis, in *Adagia*, III. iii. 1, ASD II-5, pp. 159-90/CWE 34, pp. 262-82. →邦訳 エラスムス [2015].
Budé, Guillaume [1965] *L'institution du Prince*, in *Le Prince dans la France des XVIe et XVIIe siècles*, par Bontems, C. et al., Paris pp. 77-139.
Lucène, Vasque de [1957] *Le Traité des Faiz et haultes prouesses de Cyrus*, par Danielle Guerne, diplôme d'archiviste paléographe, École Nationale des Chartes, Paris.

Seyssel, Claude de [1961] *La monarchie de France et deux autres fragments politiques*, textes établis et présentés par Jacques Poujol, Paris.

〈Secondary Sources〉

Bolgar, R. R. [1970] 'Humanism as a Value System, with reference to Budé and Vives,' in *Humanism in France at the End of the Middle Ages and in the Early Renaissance*, ed. by A. H. T. Levi , New York, pp. 199-215.

Born, L. K. [1965] *The Education of a Christian Prince*, New York, (1936, repr).

Bouwsma, W. J. [1995] 'Litberty in the Renaissance and Reformation,' in *The Origins of Modern Freedom in the West*, ed. by R. W. Davis, California. pp. 203-34. → 邦訳 ブースマ [2007].

Brett, A. [2006] 'Scholastic Political Thought and the Modern Concept of the State,' in *Rethinking the Foundation of Modern Political Thought*, ed by. Annabel Brett and James Tully, Cambridge, pp. 130-48.

Church, W. F. [1941] *Constitutional Thought in Sixteenth Centucy France: A Study in the Evolution of Ideas*, Cambridge.

Dealy, R. [1984] 'The Dynamics of Erasmus' Thought on War,' in ERSY 4, pp. 53-67.

Fantham. E. [1989] 'Erasmus and the Latin Classics,' in CWE 29, pp. xxxiv-l.

Hexter, J. H. [1973] *The Vision of Politics on the Eve of the Reformation: More, Machiavelli, and Seyssel*, New York.

Huizinga, J. [1924] *Erasmus of Rotterdam*, trans. by F. Hopman, New York →邦訳 ホイジンガ [2001].

Kantorowicz, E. H. [1957] *The King's Two Bodies: a Study in Mediaeval Political Theology*, Princeton. → 邦訳 カントーロヴィチ [2003].

Keohane, N. O. [1980] *Philosophy and the State in France*, Princeton, N. J.

Koenigsberger, H. G. [1995] 'Parliaments and Estates,' in *The Origins of Modern Freedom in the West*, ed. by R. W. Davis, California, pp. 135-77. → 邦訳 ケーニヒスベルガー [2007]

Krynen, J. [1993] *L'Empire du roi. Idées et croyances politiques en France, XIIIe-XVe siècle*, Paris, (spec. la IIIe partie, *L'absolutisme*), pp. 341-455.

Mansfield, B. [1979] *Phoenix of His Age: Interpretations of Erasmus c.1550-1750*, Toronto.

Mansfield, B. [1992] *Interpretations of Erasmus c.1750-1920: Man on His Own*, Toronto.

Mansfield, B. [2003] *Erasmus in the Twentieth Century: Interpretations c.1920-2000*, Toronto.

McNeil, D. O. [1975] *Guillaume Budé and Humanism in the Reign of Francis I*, Genève.

Skinner, Q. [1978] *The Foundations of Modern Political Thought*, 2 vols. Cambridge. → 邦訳 スキナー [2009].

Tabri, E. A. [2004] *Political Culture in the Early Northern Renaissance: The Court of Charles the Bold, Duke of Burgundy (1467-77)*, Lewiston.

Tracy, J. D. [1978] *The Politics of Erasmus: A Pacifist Intellectual and his Political*

Milieu, Toronto.
Vanderjagt, A. [1981] *Qui sa vertu anoblist: The Concepts of Noblesse and chose publique in Brugundian Political Thought*, Gronigen.
Vanderjagt, A. [2003] 'The Princely Culture of the Valois Dukes of Burgandy,' in *Princes and Princely Culture, 1450-1650*, ed. by Martin Gosman, Alasdair MacDonald, Arjo Vanderjagt, Leiden, pp. 51-79.

邦語
〈一次文献〉
アウグスティヌス [1982]『神の国 (一)』服部英二郎 (訳), 岩波文庫。
エピクテトス [1968]『要録』鹿野治助 (訳)『キケロ・エピクテトス・マルクス・アウレリウス』中央公論社 (世界の名著13), 383-408頁。
エラスムス [1961]『平和の訴え』箕輪三郎 (訳) 岩波文庫 →原著 *Querela Pacis*.
エラスムス [1967]「魚食い」『対話集』二宮敬 (訳)『エラスムス・トマス・モア』中央公論社 (世界の名著17), 280-348頁 →原著 *Colloquia*.
エラスムス [1984]「戦争は体験しない者にこそ快し」月村辰夫 (訳), 二宮敬『エラスムス』講談社 (人類の知的遺産23), 282-357頁 →原著 *Dulce bellum inexpertis*.
エラスムス [1989a]『エンキリディオン』金子晴勇 (訳)『宗教改革著作集』第2巻, 教文館, 7-180頁 →原著 *Enchridion*.
エラスムス [1989b]『キリスト者の君主の教育』片山英男 (訳)『宗教改革著作集』第2巻, 教文館, 263-376頁 →原著 *Institutio principis christiani*.
エラスムス [1994]『子どもたちに良習と文学を惜しみなく教えることを出生から直ちに行うことについての主張』中城進 (訳)『エラスムス教育論』二瓶社, 1-144頁 →原著 *De puertis instituendis*.
エラスムス [2004]「マルティヌス・ドルピウス宛書簡」大出晁 (訳)『愚神礼讃』慶應義塾大学出版会, 209-275頁。
エラスムス [2015]「アルキビアデスのシレノス」金子晴勇 (訳)『格言選集』知泉書館 →原著 *Sileni Alcibiadis*.
〈二次文献〉
磯部隆 [1986]「近代政治思想史の形成と宗教意識 (二) —— 神義論と「自由意志」論争をめぐって ——」『名古屋大學法政論集』第108号, 89-150頁。
岩井俊一 [1994]「ギヨーム・ビュデの君主論の意図」『Les Lettres Françaises』第14号, 1-6頁。
川口博 [1995]『身分制国家とネーデルランドの反乱』彩流社。
河野雄一 [2012]「中世の継承者としてのエラスムス —— 1520年代の論争を通して ——」『西洋中世研究』第4号, 170-184頁。
河野雄一 [2014]「エラスムスにおける「寛恕」と限界」—— 時間的猶予における改善可能性 ——」『法學政治學論究』第100号, 59-90頁。
河野雄一 [2015a]「エラスムス政治思想における「医術」」『法學政治學論究』第104号, 1-32頁。

河野雄一［2015b］「エラスムスにおける善悪・運命・自由意志」『新プラトン主義研究』第 14 号, 73-82 頁.

河野雄一［2015c］「エラスムス『リングア』における言語と統治 —— 功罪と規律 ——」『中世思想研究』第 57 号, 69-82 頁.

河原温［2013］「シャルル・ル・テメレールと 15 世紀後半ブルゴーニュ宮廷の政治文化 —— 宮廷イデオロギーの形成をめぐって ——」『人文学報』第 475 号, 1-14 頁.

カントーロヴィチ, エルンスト・H.［2003］『王の二つの身体 —— 中世政治神学研究 ——（上）』小林公（訳）ちくま学芸文庫→原書 Kantorowicz［1957］.

菊池理夫［1987］『ユートピアの政治学 —— レトリック・トピカ・魔術 —— 』新曜社.

ケーニヒスベルガー, H. G.［2007］「議会および全国身分制会議」中村博行（訳）『西洋における近代的自由の起源』鷲見誠一・田上雅徳監訳, 慶應義塾大学出版会, 189-245 頁→原著 Koenigsberger［1995］.

佐々木毅［1981］『近代政治思想の誕生 —— 16 世紀における「政治」—— 』岩波新書.

佐々木毅［2014］『主権・抵抗権・寛容 —— ジャン・ボダンの国家哲学 —— 』（オンデマンド版), 岩波書店.

柴田平三郎［1987］「《君主の鑑》(1)」『獨協法学』第 25 号, 25-72 頁.

柴田平三郎［2003］『中世の春 —— ソールズベリのジョンの思想世界 —— 』慶應義塾大学出版会.

柴田平三郎［2009］「〈訳者解説〉トマス・アクィナスと西欧における〈君主の鑑〉の伝統」トマス・アクィナス（柴田平三郎訳）『君主の統治について —— 謹んでキプロス王に捧げる —— 』岩波文庫, 139-231 頁.

スキナー, クエンティン［2009］『近代政治思想の基礎』門間都喜郎（訳）春風社→原著 Skinner［1978］.

田上雅徳［1999］『初期カルヴァンの政治思想』新教出版社.

ブースマ, ウィリアム・J.［2007］「ルネサンスと宗教改革における自由」田上雅徳（訳）『西洋における近代的自由の起源』鷲見誠一・田上雅徳監訳, 慶應義塾大学出版会, 289-334 頁→原著 Bouwsma［1995］.

ホイジンガ, J.［2001］『エラスムス』宮崎信彦（訳）ちくま学芸文庫→原著 Huizinga［1924］.

松森奈津子［2009］『野蛮から秩序へ —— インディアス問題とサラマンカ学派 —— 』名古屋大学出版会.

毛織大順［1956］「セイセルの〈フランス大君主国〉について」『法政研究』第 23 巻, 第 2 号, 89-102 頁.

毛織大順［1958］「第十六世紀の前半期におけるフランス国王の官吏の政治思想」『政治研究』第 6 号, 14-25 頁.

藪本将典［2006］「〈改革王令〉に見るフランス・ルネサンス期の立法者像」『法學政治學論究』第 68 号, 97-129 頁.

執筆者紹介

齋藤　絅子（さいとう　けいこ）　…第1章
1942年生まれ。明治大学文学部名誉教授。九州大学大学院博士課程文学研究科単位取得退学。文学博士。
主著・主論文：『西欧中世慣習法文書の研究 ──「自由と自治」をめぐる都市と農村 ──』九州大学出版会, 1992年。「中世エノー伯領における共同体の「自由」と制定法」『駿台史学』147号, 2013年, ほか。

藤井　美男（ふじい　よしお）　…序, 第2章
1956年生まれ。九州大学大学院経済学研究院教授。九州大学大学院経済学研究科博士後期課程単位取得退学。博士（経済学）。
主著・主論文：『中世後期南ネーデルラント毛織物工業史の研究 ── 工業構造の転換をめぐる理論と実証 ──』九州大学出版会, 1998年。『ブルゴーニュ国家とブリュッセル ── 財政をめぐる形成期近代国家と中世都市 ──』ミネルヴァ書房, 2007年。「中世後期南ネーデルラントの商業組織に関する考察 ── ロンドンのフランドル=ハンザを中心に ──」『経済学研究』（九州大学）第79巻第5・6合併号, 2013年, ほか。

青谷　秀紀（あおたに　ひでき）　…第3章
1972年生まれ。明治大学文学部准教授。京都大学大学院文学研究科博士後期課程研究指導認定退学。博士（文学）。
主著・主論文：『記憶のなかのベルギー中世 ── 歴史叙述にみる領邦アイデンティティの生成 ──』京都大学学術出版会, 2011年。「聖なる権威の在り処をもとめて ── 15世紀後半のリエージュ紛争とブルゴーニュ公 ──」服部良久編著『コミュニケーションから読む中近世ヨーロッパ史 ── 紛争と秩序のタペストリー ──』ミネルヴァ書房, 2015年, ほか。

加来　奈奈（かく　なな）　…第4章
1982年生まれ。日本学術振興会特別研究員（PD）。奈良女子大学大学院人間文化研究科博士後期課程修了。博士（文学）。
主著・主論文：「ブルゴーニュ・ハプスブルク期のネーデルラント使節 ──「カンブレの和」実現に向けての活動を中心に ──」『寧楽史苑』第53号, 2008年。「ネーデルラントの統一と分裂」大津留厚・水野博子・河野淳・岩崎周一編『ハプスブルク史研究入門 ── 歴史のラビリンスへの招待 ──』昭和堂, 2013年。「16世紀前半ネーデルラントの統一と渉外活動 ── 1529年カンブレ平和条約履行におけるネーデルラント使節ジャン・ド・ル・ソーの機能 ──」岩本和子・石部尚登編『「ベルギー」とは何か？ ── アイデンティティの多層性 ──』松籟社, 2013年, ほか。

舟橋　倫子（ふなはし　みちこ）　…第5章
1967年生まれ。慶應義塾大学・中央大学非常勤講師。慶應義塾大学大学院文学研究科後期博士課程単位取得退学。博士（歴史学）。
主著・主論文：「12世紀ベルギーにおける修道院と周辺社会 ── アッフリゲム修道院とブリュッセル地域 ──」『エクフラシス』第3号, 2013年。「中世ブリュッセルの都市と宗教 ── ミッシェル・ヴィシュマールの遺言書を素材として ──」『ユーラシア・アフリカ大陸における都市と宗教の比較史的研究』中央大学人文科学研究所研究叢書, 2014年, ほか。

執筆者紹介

花田　洋一郎（はなだ　よういちろう）　…第6章
1968年生まれ。西南学院大学経済学部教授。九州大学大学院経済学研究科博士課程単位取得退学。博士（経済学）。
主著・主論文：『フランス中世都市制度と都市住民 ―― シャンパーニュの都市プロヴァンを中心にして ――』九州大学出版会，2002年。「14世紀後半フランス王国及びブルゴーニュ公領の財務官僚ニコラ・ド・フォントゥネ ―― 地方役人の社会的上昇の軌跡と富の蓄積 ――」『社会経済史学』第77巻第2号，2011年。「中世後期フランス都市における都市議事録 ―― トロワ都市評議会議事録（1429-1433年）の分析 ――」『比較都市史研究』第32巻第1号，2013年，ほか。

畑　奈保美（はた　なおみ）　…第7章
1969年生まれ。東北学院大学・尚絅学院大学非常勤講師。東北大学大学院文学研究科博士後期課程修了。博士（文学）。
主著・主論文：「ブルゴーニュ時代フランドルのシャテルニー統治」『史学雑誌』第116編第9号，2007年。「フランドルにおける援助金の交渉と徴収」『社会経済史学』第77巻第2号，2011年。「ブルゴーニュ国家 ―― 14・15世紀ヨーロッパにおける「統合」の試み」渡辺昭一編『ヨーロピアン・グローバリゼーションの歴史的位相「自己」と「他者」の関係史』勉誠出版，2013年，ほか。

金尾　健美（かなお　たけみ）　…第8章
1954年生まれ。川村学園女子大学教授。パリ第4大学歴史学研究科博士課程修了。博士（歴史学）。
主著・主論文：「ヴァロワ家ブルゴーニュ公フィリップ・ル・ボンの財政 (1) ～ (7)」『川村学園女子大学研究紀要』第9巻第1号（1998年）～第22巻第2号（2011年）。La levée d'argent dans le duché de Bourgogne en 1421 d'après le compte du bailliage d'Auxois, in KANO, O. et LEMAITRE, J.-L. éds.; *Entre texte et histoire. Etudes d'histoire médiévale offertes au professeur Shoichi Sato*, Paris, 2015, ほか。

河原　温（かわはら　あつし）　…第9章
1957年生まれ。首都大学東京都市教養学部教授。東京大学大学院人文科学研究科博士課程中退。博士（文学）。
主著・主論文：『中世フランドルの都市と社会 ―― 慈善の社会史 ――』中央大学出版部，2001年。『都市の創造力』岩波書店，2009年。「中世ブルッヘの兄弟団と都市儀礼 ―― 15世紀「雪のノートルダム」兄弟団の活動を中心に ――」深沢克己・桜井万里子編『友愛と秘密のヨーロッパ社会文化史 ―― 古代秘儀宗教からフリーメイソン団まで ――』東京大学出版会，2010年，ほか。

中堀　博司（なかほり　ひろし）　…第10章
1968年生まれ。宮崎大学教育文化学部准教授。九州大学大学院文学研究科博士後期課程単位取得退学。博士（文学）。
主著・主論文：「領邦の記憶 ―― ブルゴーニュ公国南部におけるオフィシエ（1386-1435年）――」藤井美男・田北廣道編『ヨーロッパ中世世界の動態像 ―― 史料と理論の対話 ――（森本芳樹先生古稀記念論集）』九州大学出版会，2004年。「あの世に向かって ―― 二人のブルゴーニュ公フィリップの葬送と後継者たちの思惑 ――」服部良久編著『コミュニケーションから読む中近世ヨーロッパ史 ―― 紛争と秩序のタペストリー ――』ミネルヴァ書房，2015年。「ブルゴーニュ公国の解体 ―― その歴史的位相 ――」池田嘉郎・草野佳矢子編『国制史は躍動する ―― ヨーロッパとロシアの対話 ――』刀水書房，2015年，ほか。

河野　雄一（かわの　ゆういち）　…第 11 章
1980 年生まれ。慶應義塾大学非常勤講師（2016 年 4 月以降）。慶應義塾大学大学院法学研究科後期博士課程単位取得退学。博士（法学）。
主著・主論文：「中世の継承者としてのエラスムス ── 1520 年代の論争を通して ──」『西洋中世研究』第 4 号，2012 年。「エラスムスにおける「寛恕」と限界 ── 時間的猶予における改善可能性」（『法學政治學論究』第 100 号，2014 年。「エラスムス『リングア』における言語と統治 ── 功罪と規律 ──」『中世思想研究』第 57 号，2015 年，ほか。

ブルゴーニュ国家の形成と変容
―― 権力・制度・文化 ――

2016 年 3 月 31 日 初版発行

　編　者　藤井　美男

　著　者　ブルゴーニュ公国史研究会

　発行者　五十川直行

　発行所　一般財団法人　九州大学出版会
　　　　　〒814-0001　福岡市早良区百道浜 3-8-34
　　　　　九州大学産学官連携イノベーションプラザ 305
　　　　　電話　092-833-9150
　　　　　URL　http://kup.or.jp/
　　　　　印刷・製本／大同印刷㈱

Ⓒ Yoshio Fujii, 2016　　　　　　　　ISBN978-4-7985-0180-2

中世後期南ネーデルラント毛織物工業史の研究
工業構造の転換をめぐる理論と実証
　　　藤井美男　　　　　　　　　Ａ５判・320頁・7,000円

フランス中世都市制度と都市住民
シャンパーニュの都市プロヴァンを中心にして
　　　花田洋一郎　　　　　　　　Ａ５判・354頁・5,800円

森本芳樹先生古稀記念論集
ヨーロッパ中世世界の動態像
史料と理論の対話
　　　藤井美男・田北廣道 編著　　Ａ５判・640頁・9,400円

中世盛期西フランスにおける都市と王権
　　　大宅明美　　　　　　　　　Ａ５判・378頁・6,400円

フランス・ルネサンス王政と都市社会
リヨンを中心として
　　　小山啓子　　　　　　　　　Ａ５判・296頁・5,400円

アールツ教授講演会録
中世末南ネーデルラント経済の軌跡
ワイン・ビールの歴史からアントウェルペン国際市場へ
　　　エーリック・アールツ／藤井美男　監訳
　　　　　　　　　　　　　　　　Ａ５判・96頁・1,500円

アールツ教授講演会録2
中世ヨーロッパの医療と貨幣危機
ある君主の検屍報告と貨幣不足問題の分析
　　　エーリック・アールツ／藤井美男　監訳
　　　　　　　　　　　　　　　　Ａ５判・108頁・2,400円

（表示価格は税別）　　　　九州大学出版会